KB140728

李基白韓國史學論集 ⑬

韓國史散稿

李 基 白 著

一 潮 閣

차례

|제1편|
학문과 진리

|제2편|

학문의 열매

― 서평 · 논문평 ―

|제3편|
학자의 삶

|제4편|
국사 이야기

■후기

|제1편|
학문과 진리

『한국사 시민강좌』 간행사

학문(學問)은 진리(眞理)를 탐구하는 것을 그 사명으로 한다. 학문은 진리의 탐구라는 그 맡은 바 사명을 충실히 이행함으로써 그 사회를 밝히는 등불이 될 수 있고, 반대로 그 맡은 바 사명을 저버림으로써 사회를 암흑의 세계로 떨어지게도 한다. 그러므로 박은식(朴殷植) 선생이 「학(學)의 진리는 의(疑)로 좇아 구하라」는 글에서 "학술(學術)로써 천하를 구한 자도 있고, 학술로써 천하를 살(殺)한 자도 있다"라고 한 말은, 우리 모두가 가슴에 깊이 새겨 두어야 하리라고 믿는다.

오늘날 한국사학이 크게 발전하기는 하였지만, 이를 연구하는 학자들이 감당해야 할 이 같은 사명에 비추어 본다면, 결코 소망스러우리만큼 성장하였다고 할 수는 없다. 그러므로 한국사학이 더욱 발전하기 위해서는 연구실에서 책과 더불어 씨름하는 노력이 보다 더 필요하다고 믿는 것이 편집자의 입장이다. 연구에 몰두한 나머지 시계를 계란인 줄 알고 끓는 물 속에 넣은 어느 과학자의 이야기와 같은 일화를 남기는 역사학자가 많이 나오기를 편집자는 바라고 있다.

그러나 역사학자들이 연구실에서 연구에 몰두하고 있는 동안, 세상에서는 한국사학의 문제를 둘러싸고 무척 시끄러운 논란이 벌어지고 있다. 어떤 사람은 민족을 위한다는 구실 밑에, 어떤 사람은 현실을 위한다는 명분 아래, 한국사를 자기들에게 유리하도록 이용하고 있는 것이다. 그 결과 한국사학은 마치 제단(祭壇) 위에 놓인 희생물과 같이 되어 가고 있는 실정이다. 이러한 상황 속에서 빚어진 일종의 위기의식이 연구실에서 연구에 전념하기를 염원해온 역사가들로 하여금 우리 시민과 더불어 우리 역사문제에 관하여 서로 이야기를 나누어야겠다는 생각들을 하게끔 만든 것이다. 말하자면 연구실과 시민을 연결 지어 주는 끈이 필요하다고 느끼게 된 것이다. 이 시민강좌는 바로 그러한 우리 역사학계의 일반적인 요구에 부응하여 탄생하게 되었다고 할 수가 있다.

위의 목적을 위하여 첫째로 이 시민강좌는 오늘날 한국사학에서 논란의 대상으로 부각되어 일반 시민들이 간절히 알고 싶어 하는 쟁점들을 차례로 다루어 보고자 한다. 여기에는 학문하는 사람의 임무의 하나가 연구를 통하여 얻은 성과를 시민과 더불어 공유하는 데 있다는 사실에 대한 역사학자들의 노력 부족을 반성하는 뜻이 담겨 있다. 그러므로 이 강좌는 우리 학계의 연구 성과를 최대한 흡수 · 소화하여 이를 되도록 많은 시민에게 전달하도록 노력할 것이다. 물론 이 강좌에 실린 글들에서 제시된 견해가 모두 옳으리라고 주장하는 것은 아니다. 그러나 적어도 역사적인 진리에 충실하려는 역사가들의 진지한 노력을 나타내 보임으로써, 어떻게 하는 것이 진정 우리 역사를 올바로 이해하는 길인가를 우리 시민과 더불어 같이 생각해 보고자 하는 것이다.

둘째로 이 시민강좌는 우리 사회에서 한국사의 진리를 위한 파수꾼의 구실을 담당하게 되길 바란다. 역사적 현상에는 논란의 여지가 없는 객관적인 진리가 존재한다는 것이 편집자의 신념이다. 그리고 객관성이 결여된 주장은 진리에 위배되는 것이며, 따라서 절대로 이를 받아들여서는 안 되는 것이다.

요컨대 한국사학은 진리를 어기면서 어떤 특정 세력의 이익을 위하여 봉사하는 시녀가 될 수는 없다. 그것은 곧 한국사학을 죽음으로 몰아가는 것이다. 그리고 죽어 버린 한국사학이 민족이나 인류를 위하여 아무런 쓸모도 없는 폐물이 되고 말 것임은 스스로 명백한 일이다.

셋째로 이 시민강좌는 한국사에 관한 사실을 합리적·과학적으로 이해하고, 이를 체계화된 지식으로 제시하고자 한다. 비합리적·비과학적인 사고는 우리를 낡은 과거의 세계로 되돌아가게 하고, 체계화되지 않은 지식은 우리를 산만한 사실(史實)의 쓰레기 속에 묻히게 할 것이다. 그러므로 어떠한 역사상의 특정 사실을 다루든지, 이를 시대적으로는 앞뒤의 사실들과 사회적으로는 동시에 일어난 다른 현상들과의 상호 관련 속에서 합리적·과학적으로 이해하도록 노력하고자 한다. 이러한 작업을 통해서 특정 사실의 역사적 의의를 보다 올바르고 보다 새롭게 이해할 수가 있게 되리라고 생각한다. 그리고 이렇게 얻어진 새로운 이해 내지는 해석을 통하여 우리가 당면하고 있는 현재의 역사적 상황도 올바르게 인식할 수 있게 되리라고 믿는다. 그러한 목적을 이루기 위하여, 이 강좌는 역사가들이 겪어온 고민을 함께 나누고, 또 세계사적인 넓은 안목을 가질 수 있도록 노력하려고 한다.

이상과 같은 취지에서 이 『한국사 시민강좌』를 시작하고자 한다. 편집자는 이 강좌가 역사학자들의 일방적인 노력만으로는 성공할 수가 없다는 것을 잘 알고 있다. 다시 말하면 이 강좌는 시민과 더불어 자라고 시민과 더불어 커야 할 것이다. 그러므로 시민 여러분의 아낌없는 원조와 기탄 없는 편달이 있기를 간절히 바라는 바이다. 그렇게 함으로써 이 강좌가 민족과 인류의 발전에 이바지하는 하나의 자그마한 주춧돌 구실을 다할 수 있게 되기를 바라 마지 않는다.

〈『한국사 시민강좌』 창간호, 1987년 8월〉

민족의 이상을 깊이 생각할 때다

우리나라 역사의 큰 흐름을 나는 역사 창조에 참여하는 사회적 기반이 점차 확대되어 갔다는 관점에서 파악할 수가 있다고 본다. 이것은 곧 보다 많은 민족 구성원이 점점 자유와 평등을 누릴 수 있게 되었다는 것을 뜻한다.

자유와 평등이라면 흔히들 이를 서로 상충·모순되는 것으로 이해하는 경향이 있다. 실제에 있어서 그러한 점이 있는 것은 사실이다. 그러나 근본을 따지면 그렇게 볼 수가 없다는 것이 내 생각이다. 가령 근대에 와서 과거의 신분 제도를 혁파한 것은 누구나가 평등한 입장에서 정치 활동의 자유와 경제 활동의 자유를 위시해서, 직업 선택의 자유, 결혼의 자유 등의 여러 자유를 누릴 수 있게 한다는 뜻이 있는 것이다. 그러므로 평등이 없이는 자유가 무의미하고, 자유가 없이는 평등이 또한 무의미하다. 이 점을 명백히 인식한다는 것은 대단히 중요한 일이라고 생각한다.

모든 민족 구성원이 자유와 평등을 누릴 수 있도록 한다는 것은 오늘의 우리가 이루어야 할 민족의 이상이라고 생각한다. 이것은 또한 사회적 정의가 실현된 국가를 건설한다는 것을 뜻한다고 말할 수가 있다.

이렇게 본다면 해방 이후 우리가 당면한 민족적 과제의 하나인 통일의 문제도 해결의 실마리를 찾을 수 있을 것으로 믿는다. 즉 남과 북에서 민족 구

성원 모두가 자유와 평등을 누릴 수 있는 사회가 실현된다면, 통일은 자동적
으로 이루어질 것이기 때문이다.

어떤 사람들은 통일은 민족의 지상 과제이므로 어떻게든 통일만 되면 그만
이라고 생각하기도 한다. 그러나 우리 민족이 지향해야 할 이상의 실현이 보
다 중요한 것이다. 통일도 이 이상의 실현을 위하여 도움이 되어야만 한다.
우리는 이것저것 눈앞의 당면한 사실들에만 얽매이지 말고 민족의 높은 이상
에 대하여 깊이 생각해야 할 시점에 있다고 생각한다.

〈『중앙일보』, 1995년 1월 9일〉

진리에 대한 믿음을 심어 주는 일

나는 원래 무능한 사람이다. 무능할 뿐만 아니라 마음 또한 약한 사람이다. 그래서일 것이지만, 사람들 앞에 나서기가 그렇게 힘들게 느껴질 수가 없었다. 이러한 습성은 지금도 별로 변하지 않고 있다. 50년 가까이 교단에서 강의를 하며 오늘에 이르렀고, 그래서 학생들 상대의 강의에는 어느 정도 익숙해진 편이긴 하지만, 조금만 색다른 자리에서 말을 하게 되면 긴장이 되고 떨리기조차 한다. 이렇게 말하면 혹 믿지 않는 사람이 있을지도 모르겠다. 그러나 다음과 같은 이야기를 들으면 그렇구나 하고 수긍하지 않을까 싶다.

나는 중학교에 입학했을 때부터 일요일마다 선친을 따라 함석헌 선생의 성서 모임에 참석하였었다. 그때 들은 이야기가 별로 남아 있지 않은 것을 보면, 나는 뒷구석에서 억지로 시간을 보내곤 했던 것 같다. 그런데 연말의 크리스마스에는 간단한 다과를 차려 놓고 참석자들이 돌아가며 이야기를 하는 것이었다. 내 차례가 되었는데 도무지 무슨 말을 해야 할지 짐작이 안 가는 것이다. 방바닥만 보고 잠잠히 있는 나에게 자꾸 재촉을 하는 바람에 나는 결국 울음을 터뜨리고 말았었다. 그러한 것이 나라는 사람이다.

이렇게 주변머리가 없는 나는 장차 커서 무슨 일을 할 수가 있을까 하는 것이 은근히 걱정이 되지 않을 수 없었다. 그래서 나는 공부나 하자고 생각했던 것 같다. 책을 읽는 것은 혼자서 가능한 것이고, 세상 사람들을 상대로 하지 않아도 되기 때문이다. 말하자면 낮에는 밭을 갈고 밤에는 책을 읽고, 여름에는 일을 하고 겨울에는 공부를 하는 그런 생활을 하려고 한 것이다.

그런데 변하는 세월 속에서 다른 재간이 없는 나는 배운 것을 교단에서 학생들에게 나누어 주며 입에 풀칠을 하는 생활을 지금껏 해왔다. 그러나 나는 항상 '교수'이기보다는 '학자'로 자처하며 지내 왔다. 대학에서의 교육이란 학문을 매개로 하는 것이기 때문에, 학문과 교육의 상호 관계에 대해서는 큰 심리적 갈등을 겪지 않으면서 지금껏 지내온 셈이다.

이렇게 학문이라는 울타리 속에서 학자로서의 생활에 전념할 수 있었던 것은 오로지 내가 무능했기 때문이라고 생각하고 있다. 그리고 그것은 내 학문을 위해서 하나님이 내려준 특별한 축복이었다고 믿는 것이다. 무능한 덕으로 해서 잡무에 얽매이지 않고 오로지 학문에만 전념할 수 있었기 때문이다. 나라고 어찌 세속적인 욕심이 없을 수가 있겠는가. 만일 감투를 가지고 유혹을 했더라면 나같이 마음 약한 사람은 곧 끌려갔을 것이다. 그런데 무능한 나는 그런 유혹을 받지 않았다. 생각해 보면 공부하는 사람에게 그 이상 다행한 일이 또 있을 수가 없다.

박은식 선생은 학문이란 "실로 천지를 개벽하고 세계를 좌우하는 능력"이 있는 것이라고 하였다. 식민지시대의 가혹한 현실 속에서 일생 동안 독립운동에 앞장섰던 그분의 이 같은 말은 나에게 큰 힘이 되어 주었다. 비록 금싸라기를 건져 내지는 못했지만, 나같이 공부만 하는 것도 반드시 무의미한 일만은 아닐 것이라고 생각한 것이다.

그런데 오늘의 상황은 어떠한가. 한마디로 말해서 권력과 재부(財富)가 세상을 좌우하는 시대가 되었다. 좀 과장해서 말한다면, 학문이란 권력을 가지고 이렇게도 하고 저렇게도 할 수가 있다고 생각하고 있다. 또 돈만 있으면 학문을 살 수도 있다고 생각한다. 그러므로 학문을 하는 학자란 실로 초라한 존재로 전락하고 말았다. 박은식 선생의 말은 오늘날 한낱 낡아빠진 넋두리가 된 것이다.

권력과 재부를 최고의 가치로 생각하고 있는 정치가나 기업가들은 그렇다고 하자. 적어도 학자들은 그 같은 풍조에 대해 비판을 했어야 옳았을 것이다. 그런데 비록 비판을 하는 경우에라도, 그들이 디디고 선 입장은 근본적으로 비판받는 자와 별로 다름이 없는 경우가 대부분이다. 다만 현실적인 입장에 차이가 있을 뿐인 것이다. 보다 높은 견지에서 아래를 내려다보는 것과 같은 비판이 아닌 것이다. 그러기에 목적을 달성하기 위해서는 수단·방법을 가리지 않는 것을 당연하게 생각하고 있는 것이다.

이러한 상황에 이르게 된 것은 요컨대 진리에 대한 믿음이 없기 때문이라고 나는 생각하고 있다. 진리란 만물의 근본 원리라고 할 수가 있다. 그러므로 진리를 배반하면 개인도 민족도 파멸을 초래할 수밖에 없는 것이다. 그런데 민족이 지상이고 혹은 민중이 지상이기 때문에, 진리를 탐구한다는 학문도 이를 위해서 봉사해야 한다고 하는 것이다.

언뜻 들으면 그럴 듯도 하다. 그러나 나는 이러한 주장에는 근본적인 과오가 있다고 생각한다. 즉 진리를 따르지 않으면 민족도 민중도 파멸할 수밖에 없다는 지극히 평범한 사실을 무시할 수 있기 때문이다. 그러므로 거기에는 거짓과 사기가 도사리고 있다. 예를 들어 이러한 경우를 생각해볼 수가 있다. 사람은 심장의 활동으로 인해서 온몸에 피를 공급하고 생명을 유지할 수가 있는 것이다. 따라서 심장이 파열하면 사람은 죽기 마련이다. 이것은 누구도 거역할 수 없는 진리인 것이다. 그런데 인간이 중요하기 때문에 그 진리를 어겨도 괜찮다고 한다면 그것은 사기이며, 결국은 살인을 하는 것이 아니겠는가.

이같이 진리를 어기면 사람은 살 수가 없다. 그러므로 지상인 것은 바로 진리인 것이다. 위에서 든 비근한 예는 누구나가 쉽게 이해할 수가 있다. 그런데 그것이 사회의 일이 되면 사람들은 잘 이해하지 못하게 된다. 일반적으로 그러한 사고의 훈련을 받아 오지 못한 까닭이다. 이것은 실로 우리 사회의 치명적인 결함이라고 하지 않을 수 없다.

나는 지난 연말에 내가 봉직하고 있는 학교에서 정년을 기념하는 강연을 한 바가 있다. 그때 나는 지나간 연구 생활을 대강 회고한 뒤에, 결론으로서 진리의 기반 위에 확고하게 서야 한다고 말하였다. 그렇지 않으면 개인도 민족도 인류도 망할 것이라고 하였다. 마지막 고별 강연이라서 좀 강한 어조로 말하였다. 그랬더니 한 학생이 진리란 시대에 따라서 달라지는 상대적인 것이 아니냐는 항의 비슷한 질문을 하였다.

나는 역사가로서 모든 역사적 사실들은 시대적으로나 사회적으로나 상대적인 존재라는 점을 누구보다도 강조해 왔다. 가령 성리학은 사회적으로 볼 때, 고려 말기에 신진 사대부들에게 환영받은 이념이었지만 권문세족들에게는 바람직스럽지 못한 것이었다. 또 시대적으로 볼 때, 고려 말·조선 초에는 긍정적인 역할을 했지만 조선 후기에는 부정적인 역할을 하였다. 그러나 이같은 상대적인 입장은 그 어느 것이나 이를 진리라고 부를 수 있는 성질의 것이 아니다. 상대적 입장 전체를 포괄하고 있는 원리 혹은 법칙이 진리인 것이다. 시대적인 변화를 꿰뚫고 있는 법칙, 혹은 사회적인 다양성을 일관하는 법칙, 그 법칙이 바로 진리인 것이다. 그리고 그것은 물론 민족이나 계급을 초월하는 것이다.

그런데 그 학생의 목소리는 실은 우리 사회에 널리 번져 있는 상당히 강력한 목소리인 것이다. 그렇기 때문에 사람들은 자기 입장을 곧 진리로 믿고 무

슨 수단·방법을 동원해서라도 이를 관철시키려고 한다. 나는 그들이 절대
적인 진리의 존재를 모르고 있다고는 생각하지 않는다. 실은 다 알고 있는 것
이다. 그러면서도 자기 입장을 정당화하기 위해 그렇게 주장할 뿐인 것이다.
그러나 그렇게 함으로써 사회 자체가 파멸하게 되면, 결국 그 해독을 그들도
나누어 짊어질 수밖에 없다는 것은 명백하다.

예수는 "우리가 피리를 불어도 너희는 춤추지 않았다"라고 노여운 심정을
말한 바가 있다. 나의 목소리는 물론 지극히 낮은 것이다. 그러나 진리에 대
한 믿음을 확고히 해야 한다는 것은 우리 모두의 생존과 연결된 중대한 문제
이다. 진리에 대한 믿음을 굳게 해야 한다는 주장이 헛된 메아리로 끝나지 않
기를 기원하며 나는 지금껏 살아오고 있다.

〈『교수신문』, 1995년 3월 1일〉

일제시대에 경험한 몇 가지 일들

머리말

나는 일제시대에 남다른 특별한 경험을 가지고 있지 못하다. 그저 일반적인 한국 사람이 겪은 그러한 경험을 가지고 있을 뿐이다. 그러므로 특별히 공개할 만한 이야깃거리가 있는 게 아니다. '그러나 한편 생각하면, 그 같은 한 평민의 경험이 곧 우리 민족 모두의 경험일 것이고, 따라서 어쩌면 더 소중한 것일 수도 있다는 생각을 가지게 되었다. 감히 청탁에 응하여 펜을 들게 된 까닭이다.

선친의 스크랩북

선친은 일제시대에 신문 기사를 오려서 스크랩북을 만들었다. 선친이 지적해 주는 부분을 내가 오려 붙이곤 했는데, 전부 일곱 책이다. 일제 말기에는 그 스크랩북이 경찰의 눈에 띌까 걱정이 되어서 다른 책들과 함께 독에 넣어 땅에 묻었다. 해방 뒤에 꺼낸 이 스크랩북은 선친이 월남할 때 가지고 와서 지금은 내가 보관하고 있다. 신문지가 삭아서 쉬 떨어져 나가기 때문에 만지기도 조심스러워진다. 그런데 마이크로필름으로 모든 신문을 볼 수가 있게 된 지금은, 그 스크랩북의 내용은 별로 가치가 없다고 할 수 있을지 모르겠다. 그러나 군데군데 선친이 감상을 적어 놓은 글들은 일제하에서 신음하는 한 한국인의 심정을 나타내 주는 것이어서, 참고가 되지 않을까 싶다. 그래서 여기에 그 몇 대목을 옮겨 보려고 한다.

스크랩북의 맨 처음에는 1930년 남강(南岡)이 돌아갔을 때 기사를 모아 놓았던 것을 붙여 두었다. 그러나 진정한 스크랩북은 1936년 4월 16일자 동아일보의 사설 「에티오피아는 망하는가」에서부터 시작하고 있다. 에티오피아가 이탈리아에 병합되는 기사부터 시작한 것도 뜻이 있어 보이는데, 그 사설에 다음과 같이 적어 놓고 있다.

한 예언! 에티오피아는 망하는가? 국제연맹도 망하리라. 이런 글이 이 조선에서 나왔다. 이런 소리가 조선 같은 데서 나오리라.

그 사설 밑에는 '에티오피아 황제 어린이에 대인기. 빗발치는 편지'라는 보도가 붙여져 있는데, 거기에 적힌 글은 다음과 같다.

그래도 처음에는 정의감으로 세계의 언론이 비등. 그 다음에는 약소민족에게 동정. 이제는 오직 어린이들의 마음만이 저들에게 향한다. 20세기의 현상. 이 다음의 세대는 광명일까?

1937년 9월 15일자 「사학 장려의 필요와 방안」이란 사설에 대하여는 다음과 같이 적었다.

사학! 사학! 얼마나 아름다운 말인가? 봄볕따라 움 돋는 일과 같다. 전국이 사학일 때에 그 나라가 이상의 나라이리라.

1937년 10월 14일의 사설은 전문이 깎이고 '호외'라고만 인쇄되어 있다. 거기에는 다음과 같이 적혀 있다.

조선아, 네 무슨 하고 싶은 말을 생생한 대로 하며, 네 무슨 세상이 움직여지는 것을 생생한 대로 보도조차 하여 보겠는가?

그 뒤는 교육·문화에 관한 기사나 논설이 많은 편이다. 계속해서 소감을 적은 글들이 있지만 여기에 다 옮길 수가 없다. 훗날 그런 기회를 가졌으면 하는 희망을 갖고 있다.

우리말의 두 마지막 수업

함석헌 선생의 '마지막 수업' 이야기를 나는 이미 오산동창회에서 펴낸 『함석헌 선생 추도 문집』에 쓴 일이 있다. 그러나 일제 식민통치하에서 겪은 체험을 적어 달라는 부탁을 받고, 이 사실을 빠뜨릴 수가 없다고 생각되었고, 또 독자도 다르리라고 생각되어, 여기에 다시 적기로 한다.

중학교 2학년 말의 일이었다고 기억한다. 그러니까 1938년 2월쯤이었을 것이다. 그즈음 일제는 학교 강의를 일본어로 하도록 강요하였다. 그때까지 오산학교에서는 일본어를 가르치는 두 명의 일본인 교사를 빼고 일본어로 강의하는 교사는 없었다. 그랬기 때문에 교사들은 크게 당황하고 있는 모습이 역력하였다. 학생들의 얼굴을 제대로 쳐다보며 강의하는 교사를 볼 수가 없었다. 가령 특히 인상에 남아 있는 역사 교사인 박한석(朴漢錫) 선생은 교탁과 창밖을 교대로 쳐다보면서 강의를 하였다. 다른 교사들의 태도도 대동소이하였다.

그런 중에서 수신(修身)을 가르치시던 함석헌 선생만은 여전히 우리말로 강의를 계속하였다. 그리고 이것을 우리는 당연한 일로 생각하고 있었다. 그러던 어느 날, 선생의 수업 도중에 평안북도의 일본인 시학관이 교장 선생과 함께 우리 반으로 들이닥친 것이다. 문을 급히 여느라고 요란하게 소리를 내던 광경을 나는 지금도 기억하고 있다. 함 선생이 우리말로 강의하는 현장을 적발하려는 의도가 분명하였다. 뒤에야 안 일이지만, 선생 중에는 일본 경찰과 내통하는 이가 있었다 한다.

함 선생은 잠시 뜸을 들이고 나서 일본말로 강의를 계속하였다. 우리가 상상하던 이상으로 일본말에 능숙한 선생의 강의를 들으면서 우리는 놀란 가슴을 진정시킬 수가 있었다. 그러나 그 뒤 얼마 안 가서 선생께서는 학교를 떠나시었다. 필시 이 사건과 무관하지 않으리라는 것이 우리들의 느낌이었다. 그래서 우리는 이 수업 시간을 실질적인 선생의 '마지막 수업'으로 기억하게 되었다.

같은 시기에 오산학교에서 겪은 동생(이기문)의 다음과 같은 증언도 함께 적어 두는 것이 좋을 듯하다. 『신동아』 1980년 1월호에 실린 「어린 시절의 독서」란 글에서 그는 다음과 같이 말하고 있다.

소학교 4학년 때 '조선어'가 없어지던 마지막 광경은 지금도 내 머릿속에 똑똑히 새겨져 있다. 그때 우리 담임 선생은 선친의 심우(心友)의 한 사람으로 매우 엄격한 분이었는데, 그날은 숙제를 해오지 않은 것도 책망을 하지 않고, 두어 시간 남짓 우리말로 편지 쓰는 법을 자세히 가르치시고 시조도 몇 수 가르치시더니, 이것으로 '조선어'는 마지막이라고 하시는 것이었다. 나직하게 떨리는 목소리와 함께 선생의 눈에 눈물이 번쩍이는 것을 보았을 때, 우리 교실은 한동안 울음바다가 되었다. 내게 소설가의 소질이 조금이나마 있었더라면 아마 알퐁스 도데의 「마지막 수업」보다도 감동적인 작품을 쓸 수가 있었을 것이다.

선친의 심우란 분은 유선도(劉善道) 선생이신데, 해방 직후 한창 활동할 나이에 폐결핵으로 세상을 뜨셨다. 유 선생은 일제 치하에서 돌이킬 수 없을 정도로 건강이 악화되어 있었는데, 선생의 죽음이 민족의 고통과 결코 무관하지는 않았을 것이다.

집총 훈련과 졸업생 환송회

중학교 몇 학년 때인지 분명하지 않으나 목총을 쥐고 하던 군사 훈련이 3·8식 소총을 쥐고 하는 집총 훈련으로 바뀌었다. 이에 대해서 장차 군대에 끌어가려는 계획에서일 거라고 하여 학생들은 크게 반발을 하였다. 학교 선생님들은 일본 당국과 학생들 사이에서 고민할 수밖에 없었다. 이때에 교무 주임이시던 박희병(朴熙秉) 선생이 우리들에게 만일 남강 선생이 너희들이 총을 멘 것을 보면 크게 기뻐했을 거라고 하며 타일렀다. 이 말의 절반은 맞고 절반은 틀렸다. 남강은 한국을 위하여 총을 메는 것을 기뻐했지 일본을 위하여 총을 메는 것을 기뻐했을 까닭이 없기 때문이다. 어떻든 이 한마디로 인해서 사태는 가라앉게 되었다.

김문택(金文澤)은 나와 동기동창이다. 고향이 진남포였지만 오산에 와서 학교를 다녔다. 그의 부친인 김정선(金旺善) 선생이 남강이 생존해 계시던 당시의 오산 졸업생으로서 자기 자식도 또한 오산에 보낸 것이다. 김문택은 졸업 후 일본에 유학을 갔는데, 학병에 걸려서 군대에 끌려갔다. 그러나 곧 탈출하여 중국으로 가서 광복군에 소속되어 군사 훈련을 받다가 해방을 맞았다. 이미 고인이 된 그는 그의 탈출 경로와 광복군 시절의 일들을 적은 장문의 글을 남겼는데, 탈출기는 『신동아』에 실렸고, 광복군 시절의 기록은 독립기념관에서 발행하는 「한국독립운동사연구」에 실려서 광복군 연구의 기본 사료의 하나가 되었다. 이것을 보면 박희병 선생의 말씀이 옳았던 것이 아닐까 하는 생각도 든다. 우리 동기동창이 졸업할 때에 이른바 '창씨(創氏)'를 하지 않은 친구가 네 명 있었는데, 그중의 한 명인 박용규(朴容圭)는 바로 박 선생의 자제이다.

1941년 봄 우리가 졸업할 때에, 예년과 같이 졸업생 환송회가 있었다. 환송회는 처음부터 무거운 분위기 속에서 진행되었다. 너무나 급박하게 변해 가는 시국의 영향 때문이었다. 한참 환송회가 진행되는 도중에 졸업생 중의 한 명이 단상으로 뛰어올라 갔다. 그러고는 비분강개한 어조로 지금 오산의 전통이 죽어 가고 있다고 외치었다. 그리고는 준비했던 칼을 꺼내서 팔목을 그었다. 선혈이 흘러 단상에 떨어졌다. 졸업생이나 재학생이나 선생님들이나 모두 경악하고 침통해하지 않을 수 없었다. 환송회는 곧 중단되었다. 이로 인해서 그가 일본 경찰에 끌려가 고생을 한 것은 물론이다. 그는 왕지균(王旨均)이란 친구인데, 광운대학교에 교수로 봉직하다가 현재 정년으로 퇴직하였다.

도항증과 이른바 '창씨'

일본의 덴리(天理) 대학에는 조선학회가 있다. 그 학회에서는 매년 대회를 개최하는데, 그 대회를 알리는 통지서에 "도항(渡航) 절차를 밟는 데 있어서 초청장을 필요로 하실 분은 사전에 연락하여 주시기 바랍니다"라고 적혀 있다. 여기서 '도항'이란 한국에서 일본으로 가는 것을 말한다. 가령 이 같은 통지서가 미국이나 영국 같은 나라에서 왔다면 으레 '출국'이라 적혀 있을 것이다. 그런데 일제시대에 식민지 한국에서 이른바 '본토'인 일본으로 가는 데 사용하던 '도항'이란 말을 아직도 사용하고 있다. 나는 이 대목을 읽으면서 심한 모욕과 분노를 금할 수가 없었다.

일제시대에 현해탄을 건너 일본으로 가는 데는 도항증이 필요하였다. 그것

없이는 일본에 갈 수가 없었다. 나는 1941년 3월에 오산중학을 졸업하였는데, 일본에 유학하기 위하여 도항증을 신청하였다. 그런데 그것이 거절되었다. 그 이유는 이른바 '창씨'를 하지 않았기 때문이었다. '창씨'란 일본식으로 성을 바꾸는 것인데, 그 기한은 1940년 말까지였다. 선친은 그 기한이 지나도록 '창씨'를 하지 않았다. 그 이유로 해서 도항증을 내줄 수가 없다는 것이었다. 선친은 결국 아들의 장래를 위해서 '창씨'란 것을 할 수밖에 없었다. '이(李)' 밑에 '원(園)'자를 하나 붙였던 것이다. 그렇게 해서 겨우 도항증을 얻은 나는 와세다(早稻田) 대학에 다닐 수가 있게 되었다. 나는 지금껏 나로 인해서 선친으로 하여금 원하지 않는 일을 하게 하여 마음을 아프게 해드린 것을 죄스럽게 생각하고 있다.

일본은 지금도 이른바 '창씨'가 강제가 아니라고 하는 모양이다. 법적으로 반드시 해야 한다고 되어 있지가 않았으므로 강제가 아니라고 하는 것으로 안다. 그러나 실제로는 온갖 불이익을 주며 협박을 하고서도 강제가 아니었다고 하면 그것은 옳다고 할 수가 있을까. 학병의 경우도 이것은 마찬가지이다. 이즈음 한창 문제가 되고 있는 정신대도 또한 그러하다. 법률의 문장이 강제라고 되어 있지가 않으니 실제로 강제가 아니었다고 하는 것은 사기꾼들이나 하는 소리다. 한편 '창씨'를 했다고 해서 친일파였다고 하는 사람들도 당시의 실정을 모르고 하는 말이다. '창씨'를 했다는 이유로 선친이 친일을 했다고 한다면, 나는 결코 이를 용인할 수가 없다.

이원전 씨의 죽음

이원전(李元銓) 씨는 한 마을에 사는 평범한 농가의 아들이었다. 대단히 의지가 강한 분이어서, 영하 20도가 되기 일쑤인 한겨울에도 내복을 입지 않고 지내는 분이었다. 추위에 지지 않기 위해서였다. 나보다 오산중학 3년 선배

인 그는 중학을 졸업한 뒤 일본 동경으로 유학을 갔다. 그는 거기서 가정 형
편상 신문배달을 하며 고학을 했다.

그러다가 일본 경찰에 붙잡혀서 유치장 생활을 1년 남짓 했다. 그의 숙소
를 검색하던 일본 경찰이 이른바 불온서적을 발견한 때문이었다. 일본 경찰
은 수시로 한국인 학생의 숙소를 수색하였다. 나도 그런 경험이 있다. 학교에
서 기숙사로 돌아와보니, 경찰이 와서 내 방 수색을 하고 갔다고 하며 경시청
으로 오라는 호출서를 주는 것이었다. 경시청에 가서 안 일이지만, 어느 양서
전문 고서점에 칼라일의 『프랑스 혁명사』를 구해 달라고 한 것이 원인이었
다. 그 책방 주인은 머리를 박박 깎고 있었는데, 뒤에 생각하니 사상 관계로
형을 살고 나온 분이 아니었던가 싶다. 그런 책방에 '혁명'에 관한 책을 주문
했으니 그냥 넘겨 버릴 수가 없었던 모양이다.

이원전 씨가 경찰에 끌려간 이유는 이광수(李光洙)의 『민족개조론』을 필사
한 것을 소지하고 있었던 때문이었다. 『민족개조론』을 나는 좋게 생각하고
있지를 않다. 민족에게 희망보다는 비관적 감정을 심어 주기 때문이다. 그러
나 한국 민족을 가리키는 '민족'이란 말이 붙은 제목만으로도 충분히 일본
경찰의 조사 대상이 될 만한 것이었다. 당시의 분위기는 일반적으로 '민족'
이란 말조차 일종의 금기어같이 되어 있었다. 그런데 이원전 씨는 그 『민족
개조론』을 선친에게서 빌려다 베낀 것이다. 필시 일본 경찰은 그 출처를 다
그쳐 물었을 터인데, 그는 끝내 출처를 대지 않았다. 그래서 선친에게까지 해
가 미치지는 않았다. 그러나 그 과정에서 그가 심한 고문을 겪어야만 했던 것
은 물론이다. 그런 속에서 그는 폐결핵에 걸렸다. 그리고 이미 돌이킬 수 없
는 단계에 이르러서야 일본 경찰은 그를 석방하였던 것이다.

이원전 씨와 동기동창인 엄영식(嚴永埴) 씨의 연락을 받고, 이미 동경에 가
있던 나도 풀려 나는 그를 마중 갔었다. 그는 문자 그대로 피골이 상접한 상

태였으며, 무시로 기침을 하고 있었다. 곧 귀향길에 올랐으나, 얼마 안 있어 세상을 떠났다는 소식에 접하였다. 이리하여 아까운 생명 하나가 사라져 버렸던 것이다.

어느 일본 육사 출신 장교

나는 일제시대에 이른바 징병 1기였다. 그래서 학병에서는 면제되었다. 그러다가 해방이 되기 약 2개월 전인 1945년 6월 20일에 군대에 끌려가서 만주 흥안령의 아루산(阿爾山)이란 곳에 배치되었다. 약 1개월 가량 훈련을 받았는데, 도망치는 친구가 있었다. 그 일대는 나무 한 그루 없는 초원 지대라서 숨을 곳이 없었다. 곧 붙잡혀 왔는데, 영창에 가두지는 않고 다시 훈련에 합류시키었다. 당시 만주의 군대는 상당수가 태평양 쪽으로 이동되었기 때문에, 병력이 모자라서 그렇게 관대하게 처리했던 것 같다.

그런 일이 두 번 있은 뒤에, 우리를 회유할 목적으로 한국인 장교를 지휘관으로 임명해 보냈다. 일본 육사를 갓 나온 견습사관이었는데, 매우 의지가 굳게 보이는 인상이었다. 그분은 우리를 온천이 있는 곳에 데리고 가기도 하였다. 아루산이란 말은 몽고말로 온천이란 뜻이라고 한다. 거기서 한국 여인들이 빨래를 하는 것을 보았다. 우리가 한국말로 지껄이자 먼저 알은 체를 하였다. 뒤에야 안 일이지만 그들은 위안부였다.

이렇게 얼마를 지낸 뒤였다. 저녁의 쉬는 시간에 그가 나를 부른다는 것이다. 방안에 들어가서 꼿꼿한 자세로 상관에 대한 경례를 한 것은 물론이다. 그런데 그분은 우리말로 '이 형'이라고 부르며 내 손을 잡고 편히 앉으라는 것이다. 나는 물론 그렇게 반가울 수가 없었지만, 오히려 놀란 감정이 더 앞섰다는 것이 사실일 것이다. 그런데 그 뒤의 말에 나는 더 놀라게 되었다. 그는 만주의 군사적인 형세를 간단히 이야기하고는, 필시 소련군이 진격해 올

것이므로 우리가 이에 대비해야 한다는 것이다. 즉 그때에 화약고를 불지르고 무기를 탈취해서 소련군에 내응해야 한다는 것이다. 그러니 협력을 해줘야겠다는 것이다.

나는 원래 남을 믿기 잘하는 성품이라서인지, 혹은 그의 태도가 워낙 진지해서인지, 그의 말 자체를 의심했다는 기억은 전혀 없다. 다만 겁이 날 뿐이었다. 그래서 나는 원래 마음이 약한 데다가, 지금 대세가 이미 기울었는데 그런 모험까지 하지 않아도 되지 않겠느냐고 완곡하게 거절했었다. 그 뒤 대학에 재학 중이던 몇 친구도 불리어 갔다. 말을 안 하므로 확인하지는 못했지만, 대개 같은 말을 들었을 것이라고 짐작했었다. 그러다가 며칠 뒤에 다시 부르는 것이다. 아무래도 이 형이 협력을 해야 되겠다는 것이었다. 그러니 이제 또 거절하기도 힘들어서 협력하겠다고 대답을 하였다.

이 일은 그러나 그분의 마음속의 계획으로 끝나고 말았다. 그것은 우리 부대가 곧 해체되어 여기저기로 분산·배치되었기 때문이다. 그분이 어디로 갔는지도 물론 알 수가 없었다. 어떻든 일본의 육사 출신 장교 중에 그런 분이 있었다는 사실이 그저 놀라울 뿐이었다.

해방 뒤에 고향에 돌아와서 그분의 이름을 알게 되었다. 전쟁이 끝난 뒤 그분은 곧 고향으로 돌아왔는데, 도중에 정주(定州)에 들러서 강연을 했다고 한다. 강연 끝에 여기에 혹 이기백을 아는 분이 있느냐고 물었다 한다. 마침 거기에 내 작은할아버지가 계셔서 만나 보게 되었다. 그래서 그와 헤어지기까지의 내 소식을 집에서 알게 되었는데, 이때 그가 최주종(崔周鍾) 씨라는 것도 알게 된 것이다. 해방 뒤 1948년 가을쯤에 국방경비대와 가까운 충무로에서 꼭 한 번 그분을 만났다. 무척 반가워하면서 지금은 바쁘니 다시 만나자고 했는데, 지금껏 만날 기회를 얻지 못하였다.

포로수용소의 한국인과 일본인

소련군의 참전으로 만주에서도 약간의 전투가 있었다. 그러나 곧 전쟁은 끝나고, 일본군은 모두 포로가 되었다. 나도 약간의 우여곡절 끝에 역시 포로가 되었다. 비록 해방 뒤의 이야기이긴 하지만, 여기서 꼭 해두고 싶은 이야기가 있다.

소련군은 포로를 한 울타리 안에서지만 한국인·중국인·몽고인·일본인, 이렇게 민족별로 나누어 수용했다. 그러므로 서로 내왕도 할 수 있는 형편이었다. 그중에서 한국인이 가장 청결하고 부지런하고 활동적이었다. 아침 일찍 일어나서 널빤지를 뜯어다가 2층 다락을 만들어 비좁은 잠자리를 해결하였으며, 차가운 땅바닥의 냉기를 막기 위하여 보초병에게 요청하여 철조망 밖의 풀잎을 베어다 깔고 잤으며, 새끼를 뭉쳐서 공을 만들고 네모진 막대기를 배트로 삼아 야구를 했다. 그랬더니 한국인이 최고라면서, 우리를 데려다 일본군을 시베리아로 수송하는 열차에 곡식을 싣고 취사 시설을 하는 일을 맡기었다. 뒤에는 그 일대에 분산되어 있던 포로들을 치치하루의 대수용소에 합류하게 하였는데, 거기서는 교양 강좌를 실시하기도 하였다.

이에 대해서 가장 더럽고 게으르고 무기력한 생활을 한 것은 일본인들이었다. 그들은 세수하는 일이 없어서 얼굴은 때투성이였고, 옷은 남루하였으며, 활기라고는 조금도 찾아볼 수가 없었다. 일본인 군의관이 있어서 급한 환자가 생기면 신세를 지기도 했는데, 그도 더럽기는 다른 일본 포로들과 마찬가지였다. 일제시대에 일본인들이 한국인들 욕하기 위하여 사용하던 말들 그대로를 일본인들이 하고 있었다.

나는 이때에 일본인들이 한국인의 기를 죽이기 위하여 사용하던 민족성이란 것이 어떤 것인가를 분명히 알게 되었다. 요컨대 민족성이란 선천적인 것이 아니라 후천적인 것이다. 희망이 있느냐 없느냐에 따라서 그렇게 다르게 나타나는 것이다. 민족성론은 그러므로 침략주의자들의 이론이라고 깨우치게 된 것이다.

끝맺는 말

할 이야기가 더 있는 것도 같지만, 지정된 매수도 다해 가니 이제 그만 끝내야 하겠다. 대단치도 않은 이야기들을 늘어놓아 지면을 소비한 것 같아서 마음에 걸린다. 그러나 한편 생각하면 노상 불필요한 이야기만도 아니지 않느냐 하는 생각도 든다. 혹 한두 군데라도 참고할 데가 있다면 그 이상의 다행이 없겠다.

〈『계간사상』, 1995년 여름호〉

작은 애국자

　스페인으로부터 이탈리아로 가는 여객선 안에서였다. 승객의 대부분이 스페인 사람, 프랑스 사람인 속에 초라한 옷차림의 이탈리아 소년 하나가 있었다. 이 소년은 어둡고 우울한 얼굴을 하고 한구석에 쪼그리고 앉아 있었다. 소년은 난폭한 아버지에 의해 곡마단에 팔려서 여기저기 끌려 다니며 갖은 고생을 하고 지냈었다. 스페인에까지 끌려온 소년은 학대와 굶주림을 견딜 수가 없어서 도망을 쳤다. 그리고는 이탈리아 영사의 도움을 받아 이 여객선을 타고 고향으로 가는 중이었다.

　마음이 상처투성이인 이 소년은 누구와도 말을 하지 않고 수평선을 바라보고 있을 뿐이었다. 그러던 중 떠들어대던 세 명의 승객이 마침내 이 소년의 입을 열게 하였다. 기구한 운명의 이야기를 들은 세 승객은 술기운 반 동정심 반으로 이 소년에게 몇 푼의 동전을 주었다. 그 돈을 호주머니에 넣은 이 소년은 밝은 얼굴이 되어 침상에 올라가 휘장을 내리고 이 돈을 어떻게 쓸 것인가를 여러 가지로 궁리하고 있었다.

　이탈리아인이 아닌 세 승객은 식탁에 둘러앉아 여전히 잡담을 하고 있었다. 이야기가 이탈리아에 미치자 이들은 제가끔 욕을 하는 것이었다. 한 승객은 이탈리아의 여관이 불친절하다고 하였다. 한 승객은 이탈리아의 기차 속에는 사기꾼과 도둑이 많다고 하였다. 또 한 승객은 이탈리아의 관리들이 무식하다고 하였다. 그때였다. 세 승객 머리 위에 동전이 쏟아져 내린 것이다. 침상의 휘장을 걷은 소년이 그들로부터 받은 동전을 내던진 것이다. 그리고는 "내 조국을 욕하는 사람들에게서 동정을 받고 싶지 않다"라고 분노에 가득 찬 말을 하였던 것이다.

이탈리아의 작가 아미치스가 지은 『쿠오레』라는 책에 나오는 이야기이다. 1920년대에 이미 『사랑의 학교』라는 이름으로 우리말 번역이 나왔었는데, 오늘날도 같은 이름으로 여러 번역이 나와 있다.

나는 어린 시절 이 대목을 읽으면서 많은 감동을 받았지만, 지금도 읽을 때마다 눈물을 금할 수 없다. 어떤 번역에는 이 대목에 「작은 애국」이란 제목을 단 것과 같이, 이것은 하나의 작은 일에 지나지 않는다. 그러나 이것은 분명 마음속으로부터 우러나온 진정한 애국이다.

우리나라에도 이와 비슷한 작은 애국자의 이야기가 전해지고 있다. 3·1운동 때의 일이었다. 11세의 어린 여학생이 태극기를 들고 만세를 부르며 기뻐하다가 일본 경찰에 붙들렸다. 일본 경찰은 그 어린 여학생에게 어째서 기를 들고 기뻐하느냐고 물었다. 그랬더니 그 여학생은 "당신들은 참으로 무식하오. 얼마 전에 우리 어머니가 조그마한 바늘 한 개를 잃고 반나절을 찾다가 얻어 가지고는 대단히 기뻐하였소. 하물며 삼천리금수강산을 찾았거늘 어째서 기쁘지 않더란 말이오"라고 대답하였다. 명답을 한 어린 여학생의 지혜도 놀라운 것이지만, 그 마음속의 진정한 애국심에 더욱 감격스럽다.

역시 3·1운동 때의 일로, 이런 이야기도 전한다. 시골의 조그마한 골목에 살고 있던 한 여인이 경찰서 앞에서 만세를 불렀다. 일본 경찰은 그 여인을 붙들어다가 누가 시켰느냐고 물었다. 그랬더니 그 여인은 "너희는 닭을 못 보았느냐. 닭이 새벽이 되어 우는 것도 누가 시킨 줄 아느냐. 우리나라가 독립할 서광이 비치기에 내가 저절로 만세를 부른 것이다"라고 대답하였다. 시골의 무식한 여인의 이 지혜도 나라를 사랑하는 애국심이 3·1운동을 3·1운동이게 한 것이다. 우리의 자랑거리요 독립의 초석인 것이다.

조수미(曹秀美)라면 이제는 널리 알려진 세계적인 소프라노 가수이다. 카라얀으로부터 1세기 만에 한 번 신이 내려 주는 아름다운 목소리의 소유자라는 극찬을 받은 그녀는, 1993년에는 음악의 나라 이탈리아에서 가장 뛰어난 소프라노 가수에게 주는 황금기러기상을 받기도 하였다. 그녀는 얼마 전에 귀국 독창회를 가졌는데, 그 독창회는 청중들의 열기로 가득 찼다고 한다. 꽃·사랑·새·고향을 주제로 하는 우리나라 가곡들을 주로 불렀는데, 그 노래들을 담은 음반이 나왔기에 나는 그것을 즐기는 것으로 만족하고 있다.

그 조수미 씨가 기자와의 인터뷰에서 자기는 노래를 부르는 것이 애국을 하는 것이라고 생각한다는 말을 하였다. 나는 이 말을 들으며 진한 감동을 받지 않을 수 없었다. 과연 음악가의 애국은 어떤 것이어야 하는가. 음악을 뛰어나게 잘하는 것이 음악가의 애국이 되는 게 아닌가. 조수미 씨는 음악에도 자기가 태어난 나라의 색깔을 나타내야 한다고 생각하고 있다. 그래서 외국에서도 우리나라 가곡을 즐겨 부르고 있으며, 외국에서 녹음한 음반에도 우리 가곡을 넣었다. 이것은 더욱 애국하는 길이 될 것이다. 실로 자기가 할 일을 잘하는 사람이 애국자이기도 한 것이다. 비록 작은 애국자일 것이지만, 그러나 진정한 애국자일 것이다. 그녀는 노래를 통해서 우리 국민을 기쁘게 하고, 우리가 한국인임을 자랑스럽게 하고 있는 것이다.

김원룡(金元龍) 교수는 해방 후 우리나라 고고학의 선두주자였다. 오늘날의 고고학자들은 대부분 그의 지도를 받고 자랐다고 해도 지나친 말이 아닐 정도이다. 그런데 그는 사실을 사실대로 밝히는 것을 학자의 사명으로 생각하였다. 그렇기 때문에 우리나라 역사를 거짓을 섞어서 과장하기를 좋아하는 사이비 학자들로부터 종종 비난을 받기도 하였다. 이러한 비난에 대해서 김 교수는 다음과 같이 말하고 있다. "진실한 학문을 하는 것이야말로 궁극적으로 애국을 하는 것이며, 그저 자기 나라, 자기 민족을 추켜올리고 애국·애족을 떠든다고 애국이 되는 것이 아니다. 독일 민족이 세계 제일이요, 신국(神國) 일본이 만방(萬邦)에 으뜸이라고 하며, 결국은 나라를 패망으로 몰고간 히틀러, 도조(東條) 등이 진정한 애국자일까. 국사를 긍정적으로 이해하려는 국민운동은 때로 그 필요가 있을지 모르나, 학자들이 덩달아서 확실한 근거 없이 그저 국사를 미화하고 확대하고 불리한 것은 삭제하여 버린다면, 그것이야말로 국사의 왜곡이요 말살이며, 긴 눈으로 보아 애국이 아니라 해국(害國)이 될 것이다."

  김 교수의 이 말은 그대로 옳다고 믿는다. 학문이란 무엇인가. 진리를 탐구하는 것이다. 그러므로 학자의 임무는 진리를 밝히는 것이다. 그 맡은 바 진리 탐구의 임무를 충실하게 수행하는 것이 곧 학자의 애국도 되는 것이다. 만일 진리에 어긋나는 어리석은 학설을 발표한다면, 가령 단군(檀君)의 뼈가 발굴되었는데 그 연대가 5천 년 전이라고 하여 세계 역사학자들의 비웃음을 산다면, 그가 애국을 했다고 할 수가 있을까. 오히려 나라를 망신시키는 것이 아닌가. 이와는 달리 만일 훌륭한 연구를 발표하여 세계 역사학자들의 존경을 받는다면, 그것이야말로 우리나라의 명예를 빛내는 것이요, 따라서 애국을 하는 것이 아닌가.

  애국을 가장 소리 높이 외치는 사람은 직업적인 정치가요, 직업적인 혁명가들이다. 그들은 스스로가 위대한 애국자로 자처하고 '애국·애국' 하는 것이다. 그러나 그들은 거의 모두가 권력에 눈이 어두워 허덕이는 자들이다. 권력을 위해서는 물불을 가릴 줄 모른다. 다른 사람의 인권도 무시하고, 다른 사람의 생명까지도 무시하기가 일쑤다. 그러므로 그들의 얼굴 표정부터가 일반 사람들과는 다르다. 그러한 자들이 위대한 애국자인 척하는 것이다. 이 것은 분명히 잘못된 일이다. 애국이란 국민들에게 자존심을 심어 주고 기쁨을 안겨 주는 것이어야 한다. 그런데 그와는 반대로 국민들을 슬프게 하고, 밖에서 얼굴을 들고 다닐 수 없게 하면서도, 스스로 애국자로 자처하는 것은 용납될 수 없는 일이다.

나는 오늘날 우리나라에는 작은 애국자, 그러나 진정한 애국자가 절실히 요망되는 때라고 생각하고 있다. 그들 작은 애국자들로 인해서 우리나라는 우리 국민 모두가 자랑스럽게 생각하는 훌륭한 나라가 될 것이다.

〈『진선』 8, 진선여중고등학교, 1996년 1월〉

진리를 더불어 공유하기를 바라며

나는 학문 연구를 우리나라 사상사에서부터 시작하였다. 사상의 커다란 흐름 속에서 오늘의 우리가 지향해야 할 방향이 찾아지기를 바랐던 것이다. 그런데 나같이 무능한 사람에게는 그저 앞길이 멀다는 느낌뿐이다.

게다가 나이가 70을 넘고, 20년 가까이 만성 간염에 시달리다 보니, 일은 더욱 힘들게 되었다. 의사는 무리를 하지 말라고 한다. 그러나 학자가 공부를 안 하면 죽은 거와 무슨 차이가 있겠는가. 어차피 죽는 바에는 공부를 하다가 죽는 게 나을 듯싶다.

그러자니 다른 일에서 오는 피로를 덜기 위해 되도록 세상일과의 인연을 끊어야 한다. 그것이 교만으로 비칠까 두렵기는 하다. 그러나 하고 싶으면서 아직 하지 못한 일들을 마무리 짓고 싶은 생각에서 약간 독한 마음을 먹고 그렇게 살기로 하였다.

특혜를 받아서 70세에 정년이 되었다. 그랬더니 이제 무엇을 하겠느냐는 질문을 더러 받게 되었다. 그때마다 생각나는 대로 대답하여 왔었다. 그런데 최근에는 스스로 정리를 해서 차례를 정하고 일을 해야겠다는 생각을 가지게 되었다.

내가 우선 해야 할 당면한 일은, 내 이름으로 내는 '한국사학론집'을 완성하는 것이다. 전부 10권으로 구성되도록 계획된 이 논집은 결코 전집이 아니다. 그러나 중요한 사론이나 논문들을 정리하여 번호를 매겨서 내는 것이다. 몇 책을 제외하고는 과거에 간행했던 것에 번호를 붙이는 것이고, 출판사 일조각의 배려가 있어 큰 어려움은 없다. 다만 고대사에 관한 논문들을 모아서 새로이 간행해야 할 『한국고대정치사회사연구』가 문제로 남아 있다. 이 책까지 간행되면 일단 이 작업은 끝나는 셈이다.

논집을 끝낸 뒤에 하고 싶은 일은 쉬운 개설을 쓰는 일이다. 『한국사신론』은 나로서는 온 정력을 쏟아서 쓴 본격적인 개설서이다. 그런데 그 밖에 한 20년 전에 어느 소년 잡지에 연재했던 분류사적인 개설이 있다. 많은 사진을 곁들인 것인데, 여기에 수정·보충을 더하여 단행본으로 간행하려고 한다. 이것은 원고가 이미 출판사에 넘어간 지 오래므로, 가까운 장래에 『우리 역사의 여러 모습』이란 제목으로 간행될 것이다.

그리고 또 하나 쉽게 풀어 쓴 개설서를 쓰고 싶다. 실은 이것도 꼭 30년 전에 신라 말까지 써낸 것이 있다. 누워서도 재미있게 읽을 수 있는, 그러면서도 우리나라 역사의 큰 흐름을 환하게 알 수 있는, 그런 책을 구상한 것이다. 최근 그런 유의 책이 많이 나와서 좀 기분이 내키지 않는다. 그러나 몇 책을 읽어 보니 별로 마음에 들지가 않는다. 그래서 용기를 내서 다시 써볼 생각이다. 책 제목은 『한국사의 흐름』이 될 것이다.

위의 세 개설서를 나의 개설 3부작으로 구상한 지 오래이면서도 그동안 미루기만 해왔다. 아마 그 절실한 느낌을 가지지 못한 데다가, 건강에 겁이 난 때문이었을 것이다. 그러나 이제는 이 일을 나의 작업의 우선적인 순위에 두고 싶다.

1987년부터 나는 『한국사 시민강좌』를 펴내고 있는데 곧 18집이 나온다. 한국사를 둘러싼 논쟁이 떠들썩할 때에, 그대로 있어서는 안 되겠다는 사명감을 갖고 시작한 것이다. 많은 애로를 각오했으나, 실로 '기적'이란 말로 표현할 수밖에 없는 많은 독자의 호응을 받았다. 죽을 때까지 이 『한국사 시민 강좌』에 최선을 다할 것이다.

　학문을 한다는 것은 무엇인가. 결국 진리를 드러내서 이를 남과 더불어 공유하는 것이 아니겠는가. 내가 어느 정도 이 목적을 이루었는지 알지 못한다. 그러나 진리를 거역하면 개인도 민족도 인류도 파멸한다는 사실을 밝히고 널리 펴는 일에 작은 힘이나마 보태고 싶다. 그 속에서 우리 민족의 이상이 찾아진다면 무슨 바람이 또 있겠는가.

〈『동아일보』, 1996년 2월 12일〉

지기(知己)

고려시대에 염경애(廉瓊愛)라는 아름다운 이름을 가진 여인이 있었다. 그의 남편은 최루백(崔婁伯)인데, 『고려사(高麗史)』 열전(列傳)에 효자로 그 이름을 남기고 있는 인물이다. 수원(水原)의 향리인 그의 아버지가 사냥을 나갔다가 호랑이에게 먹히어 죽었다. 이에 최루백은 위험하다고 말리는 것을 듣지 않고 호랑이를 쳐죽여 아버지의 원수를 갚았다. 그리고 배를 갈라서 아버지의 뼈를 추려 모아 장례를 지냈다 한다.

향리 가문 출신인 최루백은 뒤에 과거(科擧)에 급제하여 중앙관직을 얻게 되었다. 그러나 생활이 가난하여 그의 처 염경애는 아들·딸 여섯을 낳아 기르며 많은 고생을 하였다. 그러다가 최루백의 관직이 점점 높아져서 간관직(諫官職)인 좌정언(左正言)이 되었을 때에 염경애는 무척 기뻐하였다 한다. 최루백이 간관은 녹(祿)이 많은 관직이 아니라고 하자, 염경애는 당신이 하루라도 천자(天子)와 함께 앉아 시비(是非)를 논하게 된다면, 비록 생활은 가난하더라도 기쁜 일이라고 하였다. 최루백은 이 말에 감동하여 보통 여자의 말이 아니라고 하였다. 그러다가 생활이 제법 살 만하게 되었을 때 47세의 나이로 결혼한 지 23년 만에 염경애는 세상을 떠났다. 최루백은 아내의 죽음을 슬퍼하여 스스로 묘지명(墓誌銘)을 지어 무덤에 넣어 두었다. 우리나라 여자의 묘지명으로 남아 있는 것은 이것이 가장 오래된 것인데, 남편의 사랑이 구구절절이 스며 있다.

사람은 누구나 남의 인정을 받기를 원한다. 노력을 하고도 인정을 못 받으면 마음이 허전하기 마련이다. 반드시 많은 사람으로부터가 아니라도 좋다. 자기가 마음으로 존경하는 사람으로부터 인정받기를 원한다. 그래서 사람들은 지기(知己)를 칭송하는 것이다. 비록 전통시대의 남녀차별이 심한 고려사회에서 살았지만, 염경애는 남편의 따뜻한 사랑과 지극한 존경을 받았다. 보람된 삶을 살았다고 해서 좋을 듯싶다.

신라 애장왕(哀莊王) 때에 황룡사(皇龍寺)에 정수(正秀)라는 승려가 있었다. 어느 겨울날 눈이 많이 내리는 저녁에 삼랑사(三郎寺)라는 절에 갔다가 황룡사로 돌아가고 있었다. 도중에 한 여자 거지가 갓난 어린애를 안고 누워서 거의 얼어 죽게 되어 있는 것을 보았다. 정수는 이를 불쌍히 여겨서 안아서 몸을 녹여 주었다. 여자 거지가 되살아나자 정수는 자기 옷을 벗어서 여자를 덮어 주고는 벌거숭이가 되어 달려서 황룡사로 돌아왔다. 그런데 한밤중에 하늘로부터 왕궁에 울리는 소리가 있어서, 황룡사의 정수를 왕사(王師)로 봉하라고 하였다. 사정을 알게 된 왕은 정수를 궁성에 맞아들여 국사(國師)로 삼았다 한다.

『삼국유사(三國遺事)』에 나오는 이 이야기는 우리에게 감동을 안겨 주는 대목의 하나이다. 정수는 사람이 아니라 하늘로부터 인정을 받게 된 것이다. 이것은 사람이 바랄 수 있는 최고의 영예라고 해야만 하겠다.

범은 죽어서 가죽을 남기고 사람은 죽어서 이름을 남긴다고 한다. 그런데 후대에 이름을 남기는 사람은 과연 인류의 몇 분의 일이나 되는 것일까. 또 후대에 이름을 남긴 사람들은 모두 진실로 존경을 받을 만한 사람들일까. 실로 의문이 아닐 수 없다. 도리어 이름을 남기지 못한 사람들 중에 더 훌륭한 분들이 있을 수 있는 것은 아닐까. 이 세상이 아니라 저 하늘에 그 이름을 남긴 사람들이야말로 진실로 훌륭한 사람들일 수 있는 게 아닐까. 만일 정수의 그 일이 이 세상에 알려지지 못했다면 그는 하늘에 이름을 남긴 사람이 되었을 것이다. 『성경』에서는 이를 하늘에 적을 둔 사람이라고 하였다.

　이 세상에서 남의 인정을 받는 것은 기쁜 일이다. 그러나 하늘의 인정을 받는 것은 더 기쁜 일이다. 만일 우리가 하늘과의 관계에 생활의 중심을 두고 살아간다면 우리의 생활은 훨씬 더 진실하고 아름다운 것일 수 있는 게 아닐까.

〈『史友會報』 5, 이화여대 사학과 동창회, 1996년 6월〉

하늘을 상대로 하면

부여(扶餘) 나라에서는 영고(迎鼓)라는 축제일에 재판을 했다고 한다. 먹고 마시고 노래하고 춤추는 즐거운 축제일에 죄인을 재판했다는 것이 도무지 잘 믿어지지가 않는다. 그래서 그것은 재판을 한 것이 아니라 재판을 중단했다 는 뜻이리라는 새로운 해석을 내리는 학자도 있다. 언뜻 생각하면 그럴듯하 게 느껴진다. 그러나 그것은 역시 우리 스승들이 이해했던 것과 같이 재판을 했다는 뜻으로 받아들여야 옳다고 생각한다.

다 아는 일이지만 예수는 유월절이라는 이스라엘 최대의 축제일에 재판을 받고 십자가에 못 박혀 사형을 받았다. 이 생생한 예가 부여에서도 축제일에 재판을 할 수 있었을 것이라는 판단을 굳게 한다.

그래서 인류학을 전공하는 학자들에게 두루 문의를 해보았다. 그 결과 그 러한 예가 다른 민족에서도 있었음을 알게 되었다. 서아프리카 다호메이족 의 '연례 풍습'이란 축제에서는 음악, 무용, 향연, 연설, 결혼, 법령 공포 등이 행해지는데, 이와 더불어 범법자에 대한 처벌이 행해졌다고 한다. 또 남아프 리카 스와질란드의 잉콸라 축제에서는 의례적으로 일단 왕이 축출되는데, 이 어 왕의 군대가 반란군을 진압·처벌하고 왕을 다시 모셔 온다고 한다. 이것 은 혼란된 우주의 질서를 바로잡는 상징적 의미를 지니는 것이라 한다. 그러므로 부여에서도 혼란된 우주의 질서를 바로잡는 의미를 지닌 재판을 영고라는 축제 때에 행했다고 생각되는 것이다.

그러면 왜 축제일에 재판을 한 것일까. 그 이유는 아마도 재판은 신(神)이 하는 것이라는 신앙 때문이었던 것 같다. 이스라엘에서는 모세가 재판관을 임명하고 그들에게 지시하기를, 재판이란 하나님이 직접 하는 것이므로 권력자의 협박 같은 것을 두려워하지 말라고 하였다 한다. 그러므로 이스라엘 사람들은 재판은 하나님이 하는 것으로 믿었던 셈이다. 이 같은 생각은 원시 게르만 민족에게도 있었다. 즉 재판은 신의 명령에 의하여 사제(司祭)만이 행하는 것으로 믿고 있었다. 내가 식탁에 앉아서 이런 이야기를 했더니, 아내가 하는 말이 천벌(天罰)이란 것도 그런 것이 아니냐고 한다. 그래서 사전을 찾아보니, 천벌은 천제(天帝), 즉 하나님이 벌을 주는 것이라고 풀이가 되어 있었다.

축제는 다 아는 바와 같이 신을 모셔다가 제사를 지내는 행사이다. 그 신이 와서 우주의 질서를 어지럽게 한 범법자를 처벌하는 재판을 하여 질서를 바로잡는 것이다. 오늘날 우리의 상식으로는 이해가 안 되는 축제일에 행해지는 재판은 그래서 있었던 것이다.

신이 재판을 한다는 생각은 어쩌면 고대인의 무지와 몽매에서 말미암은 것으로 처리해 버릴 수도 있다. 그래서 내로라 하고 잘났다는 사람들은 겁이 없다. 목적을 위해서는 어떠한 수단과 방법을 써서라도 이를 관철하려고 한다. 그렇게 해서 성공한 예를 역사상에서 얼마든지 찾아볼 수가 있다. 이성계(李成桂)는 우왕(禑王)과 창왕(昌王)을 신돈(辛旽)의 핏줄기라고 조작해서 몰아내고 드디어 왕위에 올라 새 왕조를 건설하였다. 그 과정에서 최영(崔瑩)을 죄인으로 몰아 죽이었다. 『고려사』는 조선 왕조가 선 뒤에 편찬된 역사책이지만, 최영이 사형을 당하는 날 송도의 시민들은 철시를 하고, 거리의 어린애나 부녀자들도 눈물을 흘렸다고 적어 놓았다. 그런데 그보다 더 심각한 일이 생겨 났다. 송도 부근에 있는 덕물산(德物山)에는 무당촌이 있다고 한다. 거기서 모 시는 주신(主神)은 최영 장군인데, 그 주신에게 바치는 돈육을 성계육(成桂肉) 이라고 부른다는 것이다. 실로 끔찍한 일이 아닐 수 없다.

신라 시대에 욱면(郁面)이라는 계집종이 있었다. 집주인이 날마다 절에 가 서 염불을 하였는데, 욱면이도 주인을 따라가서 뜰에서 염불을 하였다. 주인 은 일을 하지 않고 따라와 염불을 하는 욱면이 미워서 밤마다 두 섬의 벼를 찧게 하였다. 욱면은 이를 열심히 찧고는 또 절로 가서 염불을 하였다. 아마 피곤해서 졸립기 때문이었겠지만, 욱면은 땅에 말뚝을 박고 거기에 양손을 비끄러매고는 흔들며 자신을 격려하였다고 전한다. 그랬더니 하늘로부터 소 리가 있어서 욱면이 불당에 들어와서 염불을 하게 하라고 하였다. 승려들이 욱면을 불당으로 이끌어 오자 그의 몸이 솟구쳐 천장을 뚫고 하늘로 올라갔 다. 그리고는 구름을 타고 아름다운 음악 소리를 들으며 서쪽 극락으로 왕생 했다고 한다. 이상이 『삼국유사』에 나오는 이야기이다.

욱면의 이야기는 물론 종교적인 전설로 꾸며진 것이다. 그러나 우리가 이 이야기를 듣고 감동을 느끼게 되는 것은, 욱면이 보다 높은 세계와 정신적인 교통을 하고 있었다는 데 있다. 필시 현실은 가련한 계집종의 애달픈 죽음이 었을 것이다. 그 애달픈 죽음을 애달픔 이상의 것으로 만든 데에 이 전설의 위대함이 있다. 거기에는 비극을 비극으로만 생각하지 않는 높은 세계가 있 는 것이다.

나는 최근에 소설을 별로 읽지 못하고 있다. 그러나 우리나라 문학에 비극 적인 결말로 끝나는 것이 얼마나 있는지 궁금해질 때가 있다. 이 세상만 두고 보면 비극이겠지만, 하늘을 상대로 하고 보면 승리일 수도 있는 것이다. 비극 이 없다는 것은 결국 하늘에 대한 믿음, 진리에 대한 믿음이 없다는 뜻도 된다. 그러면 그것은 우리들의 마음 자세가 허약하다는 것을 말해 준다고 볼 수 있는 게 아닐까. 일제의 고난기에 하늘과 별을 노래한 윤동주 시인은 역시 위대한 시인이었다.

이제 머지않아 대통령 선거가 있다고 한다. 그래서 대통령이 되려고 열심히 뛰어다니는 사람들이 있다. 그런데 그들 일부의 언동을 보면, 그들이 민족을 위해서, 나라를 위해서, 인류를 위해서 희생적으로 일하겠다는 염원을 품고 있는 것 같지가 않게 느껴진다. 오히려 반대로 자기가 대통령이 되기 위해서는 민족이 어떻게 되든, 나라가 어떻게 되든, 인류가 어떻게 되든 상관이 없다는 것 같은 인상을 풍기고 다니는 경향조차 엿보이는 듯하다. 이런 풍조는 기업인, 교육자, 노동자, 심지어는 학생에 이르기까지 온 국민 속에 스며들고 있다. 실로 가슴이 저려 오는 일이 아닐 수 없다.

하늘과 더불어 사귀는 사람이 그리워지는 때다. 목마른 사슴과 같이 진리를 사모하는 사람이 그리워지는 때다.

〈『21세기 문학』 창간호, 1997년 봄〉

잊지 못할 스승 김이열(金彝烈) 선생

나는 할아버지의 모습을 전혀 기억하지 못한다. 그것은 내가 난 지 2년 뒤에 할아버지가 돌아가셨기 때문이다. 할머니로부터 들은 이야기로는 할아버지는 어린 나를 무릎에 앉히고 장래의 교육을 무척 걱정했다고 한다. 그것은 아버지가 신학교다, 빈민굴이다 하며 가사를 돌보지 않았기 때문이었다. 그래서 내 장래를 위해서 과수원을 사놓으셨는데, 훗날 아버지는 그 과수원 일에 열성을 다하여 나와 동생들이 대학에 갈 수가 있었다.

할아버지가 돌아가셨을 때 종조부인 남강(南崗)이 무척 슬퍼하셨다 한다. 호랑이라는 별명을 가진 남강이 애타게 흐느껴 우는 모습을 보고 가족들은 모두 놀라워했었다. 그리고는 상여를 새로 만들어서 장례를 치르게 했다는 것이다. 이렇게 남강이 아끼던 할아버지의 일을 모두들 잘 모른다. 연통제(聯通制) 사건 때문에 고통을 당했다는 정도의 이야기가 알려져 있을 뿐이다.

그런 할아버지에 대한 글을 쓴 분이 김이열 선생이시다. 선생은 내가 오산중학에 입학한 1936년에 간행된 교지 『오산(五山)』에 「수상한 나무꾼」이란 글을 실으셨다. 보통학교 교장이시던 선생께는 어울리지 않는 제목의 글이다. 내용인즉 3·1운동 때 일본 헌병에 의해서 불탄 교사의 터를 한 나무꾼이 뒷산에서 서성거리며 바라보다가, 감옥에 있는 남강을 대신해서 백방으로 노력하여 학교를 재건한 이야기이다. 그런데 그 수상한 나무꾼이 바로 나의 할아버지(李允榮)였다는 것이다.

김이열 선생은 오산학교 2회 졸업생이고, 할아버지는 1회 졸업생이다. 그러므로 서로 잘 알고 있었다. 선생은 1926년 일찍 돌아가셨기 때문에 거의 잊혀진 할아버지의 공로를 알리기 위해서 그 글을 쓰셨을 것이다. 지금 다시 읽어 보고 싶지만 그 교지를 찾을 길이 없다. 늘 아쉬움이 남는 대목이다.

우리나라에는 사회적인 공로가 있지만 세상에서 그 이름이 잊혀진 분들을 일사라 하여 존경해온 전통이 있다. 장지연(張志淵) 선생이 지은 『일사유사(逸士遺事)』는 그 한 예이다. 김이열 선생은 그 전통을 이어서 「수상한 나무꾼」을 썼을 것이다. 그리고 나도 그 정신을 받들어서 지금 선생에 관한 글을 쓰는 것이다.

내가 선생을 처음 대하게 된 것은 보통학교(초등학교) 입학 때였다. 나는 1930년 4월에 보통학교에 입학했는데, 내가 난 것이 1924년 10월이므로 학력 미달이었다. 이 철없는 장난꾸러기를 앞에 놓고 교장이던 선생께서 몇 가지 질문을 하셨다. 난감한 질문이라서 잠잠히 있었더니, 그럼 신발은 몇이냐고 물으셨다. 뒤에 생각해 보니 식구가 몇이냐는 뜻의 질문이었던 것 같다. 질문은 그것뿐이었고 아무 대답도 못했는데 입학이 허락되었다. 그리고 바로 교장 선생이 1학년 담임이었기 때문에 1년 동안 가르침을 받았다. 그러나 철없는 나는 열심히 공부를 했다는 생각이 들지 않는다.

내가 보통학교를 졸업할 때까지 선생은 교장 직에 계셨다. 학교의 실질적인 기둥이었다고 함이 옳을 것이다. 그러므로 무언의 감화를 끼치고 있었다. 그러다가 내가 중학교에 들어간 지 몇 년 안 되어 선생께서는 학교를 떠나셨다. 그때가 함석헌(咸錫憲) 선생께서 학교에서 물러나시던 1930년대 말이었는데, 이렇게 하나 둘 남강의 정신을 이어받은 세대가 물러나고 있었다.

　바로 옆에 있는 오산중학의 학생이던 나는 보통학교 교정에서 있었던 선생의 이임식을 지켜볼 수가 있었다. 일제의 강압이 심해지던 시절이라서 선생은 하고 싶은 말씀도 별로 못하시고 아쉬운 석별의 뜻만을 전하셨다. 그때 선생께서는 누가 옆에서 약간 건드리기만 해도 울음을 쏟아 버리실 것 같은 그런 처연한 모습이었는데, 나는 그 모습을 60년이 지난 지금도 선명하게 기억하고 있다.

　선생은 오산에서 배우셨고, 오산에서 교육을 담당해 오셨다. 그러므로 오산과는 정신적으로 떨어질 수 없는 관계였던 것이다. 그런 선생께서 시국의 형세 때문에 오산을 떠나시는 심정이 얼마나 쓰렸던 것일까 싶다. 그때의 선생의 모습은 곧 식민통치하에서 시달리는 민족의 모습 그것이었던 것이다.

〈『현대월보』, 1997년 2월호〉

작은 애국자가 되라

사람은 다분히 이기적인 동물이라고 나는 생각하고 있다. 이기적이란 것은 남을 희생시키더라도 나만은 이익을 챙겨야겠다는 생각이다. 그런데 그 같은 이기주의는 결국 그 자신이 소속해 있는 사회 자체를 파괴하고, 그 결과 자신의 존립도 위험에 빠뜨리고 만다. 그러므로 그 같은 위기로부터 사회를 구출해 내는 것은 결국 남을 위하여 스스로가 불이익을 감수할 줄 아는 사람이라고 할 수 있다. 이 일은 정신적인 노력의 결과로 이뤄지는 것으로서 결코 쉽지가 않지만 우리가 소속된 사회를 살리기 위해서는 꼭 필요한 일이다.

이 같은 말이 어쩌면 고리타분한 도덕적인 설교로 들리는지 모르겠다. 그러나 이것은 단순한 설교가 아니라 객관적인 진리이다. 진리란 누구도 거역할 수 없는 것이며, 이를 거역하면 모두 패망하게 된다.

그런데 오늘의 우리나라 현실을 보고 있노라면, 이 진리의 위력을 피부로 느끼지 않을 수 없다. 정치를 하는 사람들은 저마다 자기가 애국자라고들 하지만, 그 애국자라는 사람들이 뒷거래로 돈을 챙겨 사회를 어지럽히고 있다. 기업가나 노동자도 이기적인 면에서는 조금도 다름이 없다. 애국이란 국민을 기쁘게 하고 그 나라 국민임을 자랑스럽게 생각하도록 해야 한다. 그런데 그들의 행동은 국민을 슬프게 하고 얼굴을 들고 나다닐 수 없게 한다. 그러면 서도 애국을 한다는 것은 거짓말이다.

문민정부에는 학생시절에 운동권에서 활약하던 사람들이 적지 않다는데, 신문에서 전하는 대로라면 그들도 별로 다름이 없다고들 한다. 그러고 보면 오늘의 학생운동은 뭔가 잘못돼 있는 것이 아닌가 싶다. 세계가 다 아는 바와 같이 북한은 주체사상 때문에 사회가 불안하고 국민은 기아선상에서 허덕이고 있다. 그런데 그 주체사상을 받드는 주사파가 우리 학원 안에서 공공연히 활동하고 있다는 것이 실로 신기하기만 하다. 그들도 애국을 외치고 있지만, 실은 애국이 아니라 해국(害國)을 하고 있다. 필시 훗날에 통계 숫자를 가지고 그들의 사회 진출 후의 활동과를 연결시켜 가며 그 정체를 밝히는 연구가 행해지는 시기가 올 것이라고 나는 믿고 있다.

정치에는 정치의 이론이 있고, 경제에는 경제의 이론이 있다. 이것은 문학이나 예술이나 자연과학에서도 마찬가지이고 그러한 이치를 깨우쳐 아는 것은 결코 쉽지 않다. 그러므로 열심히 공부를 해야 하는 것이다. 4년이란 그리 긴 시간이 아니다. 열심히 공부를 해도 모자란다. 그런데 공부를 안 하고 떠들기만 하면 그 뒤에 무엇이 남는 것일까. 어떻게든 남을 희생시키고 자기의 이익을 독차지하려는 잔꾀밖에는 남지 않을 것이다.

매년 봄이 되면 대학은 분주해진다. 많은 젊은이들이 졸업을 하고 사회로 나가는가 하면, 또 새로 입학을 하여 들어오기도 한다. 그들 모두는 누구나 꿈에 부풀어 있을 것이다. 이 젊은이들이 우리 민족을 버티어줄 든든한 기둥이 되어 주기를 우리 모두는 바라고 있다. 그들의 존재로 인해서 우리 민족 모두가 기뻐하고 자랑스러워하기를 바라고 있다. 그러나 그것은 반드시 신문지상에 이름이 오르내리는 유명인이 되라는 것은 아니다. 각자가 민족의 한 구성원으로서 각자의 처지에서 최선을 다하는 인간이 되라는 것이다. 그것은 지극히 작은 애국이 되겠지만, 거짓이 없는 진정한 애국이 될 것이다. 그리고 이 작은 애국자들이 우리 민족을 위대하게 만드는 것이다.

〈『한림학보』, 1997년 3월 5일〉

행복한 왕자

높은 담이 둘러쳐진 아름다운 궁성 안에서 슬픔을 모르고 살아온 행복한 왕자가 있었다. 이 왕자가 죽자 도시의 한복판에 높은 축대를 쌓고 그 위에 그의 동상을 세웠다. 동상의 온몸은 순금으로 덮였고, 두 눈에는 반짝이는 사파이어가, 칼자루에는 빨간 루비가 박혀 있었다. 이 도시의 시민들은 이 아름다운 행복한 왕자의 동상을 아주 좋아했다.

그러나 이 왕자는 높은 축대 위에서 도시의 온갖 추한 것과 비참한 것을 다 보게 됐다. 그래서 이 왕자는 늘 슬픔에 젖어 눈물을 흘리며 지내게 됐다.

날씨가 추워지는 초겨울에 제비 한 마리가 이 도시에 날아왔다. 이 제비는 다른 친구들이 모두 남국으로 날아간 뒤에도 갈대가 좋아서 처져 있다가 늦어진 것이었다. 제비는 행복한 왕자의 동상 밑에서 하룻밤을 지내기로 했다. 그런데 눈물을 흘리며 간청하는 왕자의 요청으로 제비는 칼자루에 박혀 있는 루비를 빼다가 삯바느질을 하는 가난한 여자에게 가져다주는 심부름을 했다. 그 다음날 제비는 남국으로 떠나려 했으나, 왕자의 간청으로 눈의 사파이어를 빼다가 가난한 극작가에게 전해 줬다. 다음날도 왕자의 간청을 물리치지 못한 제비는 남은 한쪽 눈의 사파이어를 불쌍한 성냥팔이 소녀에게 갖다 줬다.

이리하여 행복한 왕자는 앞을 못 보는 장님이 됐다. 이에 착한 제비는 왕자와 늘 함께 있기를 결심했다. 그리고 자기가 본 것들을 눈먼 왕자에게 이야기해 줬다. 왕자의 요청으로 제비는 도시를 돌아다니며 본 고통스럽고 비참한 일들을 알려 줬다. 부잣집 대문 앞에 앉아 있는 거지들, 다리 밑에 누워 있다가 경비원에게 쫓겨나 빗속을 헤매는 어린 사내아이들의 이야기 같은 것이다. 이 이야기를 들은 왕자는 자기 몸을 덮은 금을 한 조각씩 떼다가 나누어 주게 했다. 이리하여 금은 모두 벗겨지고 행복한 왕자의 동상은 추한 모습으로 변해 버렸다. 그러는 동안 눈이 내리는 추운 겨울이 됐다. 그리고 추위를 견디지 못한 제비는 결국 왕자의 발 아래 떨어져 죽고 말았다. 그 순간 납으로 된 왕자의 심장도 두 조각으로 쪼개졌다. 그리고 죽은 제비는 쓰레기통에 버려졌고, 추한 왕자의 동상은 철거됐다. 철거된 동상은 용광로에서 녹여졌는데, 심장만은 녹여지지가 않아 제비의 시체가 있는 쓰레기통에 버려졌다.

이상은 오스카 와일드가 쓴 「행복한 왕자」라는 동화의 줄거리다. 그런데 이 동화의 클라이맥스는 그 끝머리 부분이다.

하느님이 천사에게 명해 그 도시에 가서 제일 귀중한 것 둘을 가져오라고 했다. 명을 받은 천사는 쓰레기통에 버려진 왕자의 납으로 된 심장과 죽은 제비를 가져왔다. 그랬더니 하느님은 천사를 칭찬하며 다음과 같이 말했다.

"오, 똑바로 잘 찾아왔구나. 작은 새는 내 낙원에서 언제까지나 노래를 부를 것이요, 이 행복한 왕자는 내 황금의 도시에서 나를 찬미하리로다."

이 세상에서는 실패로 끝난 비극이지만 하늘나라에서는 승리일 수가 있다. 상대적인 세계와 절대적인 세계에서는 가치판단의 기준이 정반대일 수 있는 것이다. 이 사실을 아는 것이 중요하다. 오스카 와일드의 이 동화는 그 점을 웅변으로 이야기해 주고 있다. 실로 인생의 깊은 진리를 말해 주고 있는 것이다. 모두 한 번 읽고 감동을 같이 나누기를 바라는 뜻에서 이 이야기를 소개한 것이다.

〈『한림학보』, 1997년 4월 16일〉

신선한 공기가 필요하다

신라 효소왕(孝昭王) 때의 일이다. 망덕사라는 절을 짓고 그 낙성회를 열게 됐는데, 효소왕은 친히 가서 공양을 했다. 그때 초라한 모습의 한 승려가 몸을 움츠리고 뜰에 서서 자기도 재(齋)에 참석하기를 청했다. 아마 그를 측은히 여겼는지, 효소왕은 그 승려가 말석에 참여하는 것을 허락했다.

재가 끝나자 효소왕은 그 승려를 희롱해 말하기를, "이제 가거든 다른 사람들에게 국왕이 친히 불공드리는 재에 참석했다고 말하지 말라"라고 했다. 그랬더니 그 승려는 웃으면서 대답하기를, "폐하도 또한 다른 사람들에게 진신(眞身)의 석가(釋迦)를 공양했다고 말하지 마시오"라고 했다.

승려는 말을 마치자 몸을 솟구쳐 하늘을 날아 남쪽으로 가버렸다. 효소왕은 놀랍고 부끄러워 동쪽 산에 달려 올라가서 그가 간 방향을 향해 절하고, 사람을 시켜 간 곳을 찾아보게 했다. 그리고 그 승려가 있었다는 비파암(琵琶岩) 밑에 석가사라는 절을 지었다 한다.

이 이야기는 『삼국유사』에 실려 있는 것이다. 다 아는 바와 같이 『삼국유사』는 승려인 일연(一然)이 지은 책이므로, 인간의 상식으로는 믿을 수 없는 종교적인 이야기가 많이 적혀 있다. 신앙이 없는 나는 과연 이 이야기를 어느 정도 믿어야 하는지를 잘 모른다. 그러나 이 대목을 읽을 때마다 진한 감동을 느끼지 않고는 넘어갈 수가 없다.

요즘 아무리 민주주의의 시대라고 하지만, 그래도 대통령의 권력은 대단하다. 그래서 그 권력을 등에 업은 비리가 얼마나 많은가. 하물며 옛날 국왕의 권력은 대통령에 비길 수 있는 성질의 것이 아니다. 효소왕 때라면 신라가 반도를 통일한 지 얼마 안 되는 전제주의시대여서 더욱 그렇다. 그런데 이 설화에서 국왕의 권위는 땅에 떨어지고 있다. 실은 국왕은 스스로 그의 권위와 관용을 한껏 뽐내려고 했다. 하지만 그 권위가 한계성을 드러내고 있는 것이다.

국왕의 권위가 통하지 않는 이유는 그의 막강한 권력으로도 정신의 세계를 지배할 수가 없었기 때문이었다. 초라한 모습의 승려가 과연 진신의 석가였는지 어떤지를 나는 모른다. 아마 실제로는 그렇지 않았을 것이다. 그러나 그 승려는 정신적 세계에서 석가를 대신하는 존재로 비쳐졌던 것으로 보인다. 그리고 그 정신적 세계의 상징적 존재가 정치적 세계의 실제 지배자보다 우위에 있다는 것을 이 설화는 말해 주고 있는 것이다.

이렇게 말하면 모두들 비웃을지 모른다. 아마도 현실을 모르는 몽상가의 헛소리쯤으로 생각할 것 같다. 자기의 출세와 축재를 위해 동분서주하는 현실주의자는 말할 것도 없다. 소위 사회정의를 부르짖는 진보주의자들까지도 이 점에서는 조금도 다를 게 있어 보이지 않는다. 그러나 그 같은 추세는 결국 우리 모두를 파멸로 이끌어 가고 있는 것이다.

로맹 롤랑은 물질주의가 사람들의 생각을 무겁게 짓누르고 있고, 약삭빠른 이기주의 속에서 질식 상태로 죽어 가고 있는 이 세계에 창문을 열고 자유로운 공기를 들어오게 해야 한다고 했다. 그래서 '선을 위해 괴로워한 위대한 정신의 소유자들', 베토벤·톨스토이·미켈란젤로·밀레·간디 등의 전기를 썼다.

우리도 로맹 롤랑과 같이 창문을 열고 신선한 공기를 마셔야 한다. 그래야 우리 모두가 살 수 있는 것이다.

〈『한림학보』, 1997년 6월 4일〉

열 사람의 '바보'

어느 돈 많은 농부에게 세 아들이 있었다. 맏아들은 군인으로 출세하여 귀족의 딸과 결혼하여 잘 살았다. 그러면서도 부인의 사치로 돈이 모자라 아버지한테서 자기 몫으로 3분의 1의 땅을 받아 갔다. 둘째 아들은 상업을 하여 큰돈을 벌고 역시 상인의 딸과 결혼하여 잘 살았다. 그러나 이 욕심 많은 둘째도 역시 아버지로부터 자기 몫으로 3분의 1의 땅을 받아 갔다.

하지만 이들은 마귀의 꾐에 넘어가서 모두 몰락하고 말았다. 맏아들은 세계 정복을 꿈꾸며 다른 나라를 침략하다가 졌다. 또 둘째는 욕심을 부려 너무 많은 물건을 샀다가 빚을 갚지 못하고 파산하였다.

셋째 아들은 좀 모자라는 바보였다. 그는 부모를 모시고 농사에만 전념하였다. 그리고 괘씸한 형들을 잘 돌봐 주었으므로 가정에 분란이 없었다. 이를 시기한 마귀는 셋째를 꼬여서 형제간에 싸움을 붙이려고 하였다. 마귀는 온갖 방법으로 셋째를 골려 주려고 하였지만 일밖에 모르는 그는 이에 굴하지 않고 방해하는 마귀들을 모두 붙잡아 죽이려고 하였다.

셋째 아들은 살려 달라고 애원하는 마귀로부터 만병통치약을 얻게 되었다. 이때 마침 공주가 난치병에 걸려서, 셋째는 하나밖에 남지 않은 그 약으로 공주의 병을 고치려고 하였다. 그런데 그는 문을 나서다가 여자 거지의 손이 불편한 것을 보고 불쌍히 여겨 그 약으로 손을 고쳐 주었다. 그런데도 셋째가 궁성에 도착하자 때마침 공주의 병이 나았고, 이로 인해 그는 공주와 결혼하였다. 그리고 왕이 죽은 뒤에 왕위에 오르게 되었다.

그런데 이 왕은 여전히 노동복을 입고 일만 하였다. 또 그 나라 백성들도 각기 부지런히 일하여 먹고사는 것으로 만족하였다. 이에 늙은 마귀가 변신하여 나타나서 군사강국이 되기를 권하나 성공하지 못하였다. 또 돈으로 유혹하였으나 실패하였다. 다른 나라 군대를 동원, 침략하여 왔으나 이쪽에서 상대하지 않으므로 절로 물러가 버렸다. 끝으로 머리로 일하는 방법을 가르친다면서 높은 망대 위에 올라가 연설을 하던 마귀는 결국 기진맥진하여 밑으로 떨어져 죽고 말았다고 한다.

아마 많은 사람들은 이것이 톨스토이가 지은 「바보 이반」의 줄거리임을 알았을 것으로 생각한다. 이 이야기는 다음과 같이 끝나고 있다. 바보 이반은 두 형을 위시하여 누구든지 찾아와서 먹여 달라면 이를 쾌히 허락하였다. 그러나 손에 못이 박이지 않은 사람은 남이 먹다 남은 음식 찌꺼기를 먹어야 하는 것이 이 나라의 관습이었다고 한다.

연암(燕巖) 박지원(朴趾源)도 일하지 않고 먹는 사람을 혹독하게 비판하였다. 그의 「민옹전(閔翁傳)」이란 소설을 보면 종로 네거리에 득실거리는 사람들은 주먹이 들락거릴 만한 큰 입을 가지고 곡식을 먹어 치우는 황충(蝗蟲)보다 더 해로운 존재로 묘사되고 있다. 만일 박지원이 오늘의 서울에 살고 있었다면, 여의도에 그 같은 인간 황충이 득실거린다고 하지나 않았을까 싶다.

오늘날 우리나라는 온 국민이 위기의식에 잠기는 심각한 국면을 맞이하고 있다. 그래서 저마다 국가를 위하여 많은 말들을 한다. 또 자기가 이 위기를 극복하기 위하여 대통령이 되어야겠다고들 한다. 그러나 조금만 눈을 바로 뜨고 보면, 마귀의 유혹에 빠져서 꾀를 부리며 국민을 속이는 경우가 많다는 걸 알게 된다. 바보처럼 욕심 없이 일하는 사람이 없다. 그리고 바로 이 사실이야말로 진실로 민족적 위기를 말해 주는 징조가 아닌가 생각한다.

이반은 바보로 되어 있으나, 다른 말로 표현하면 의로운 사람이라 할 수가 있다. 의인(義人) 열 사람이 없어서 소돔은 불의 심판을 받고 멸망하였다고 한다. 그러면 서울에는 불의 심판을 면하게 할 열 사람의 의인, 아니 열 사람의 바보가 있는 것일까. 또 부산과 광주에는 그를 구원해줄 열 사람의 바보가 있는 것일까. 곰곰이 생각해 보면 실로 암담한 기분이 되지 않을 수 없다.

지금 우리 모두가 "원컨대, 단 열 사람의 바보라도 있을지어다"라고 간절한 기원을 올릴 때가 아닌가 싶다.

〈『한국일보』, 1997년 6월 9일〉

현대한국학연구소 개소식 축사

저는 원래 촌놈이라서 이러한 자리에서 축사를 하는 데 어울리지 않는 사람입니다. 그러나 유영익 소장과의 30여 년에 걸친 인간적·학문적 교류관계로 말미암아 거절하지 못하고 이 자리에 섰습니다.

축사로 되어 있습니다만, 실은 축하한다기보다는 감사하다는 뜻을 우선코자 합니다. 국민의 한 사람으로서, 또 학계에 몸담고 있는 한 사람으로서 현대사 연구의 중요성을 늘 절감해 오던 터입니다. 이 점은 여기에 모이신 여러 선생님들께서도 한결같이 느끼실 것으로 믿습니다. 그 중요한 일을 맡아줄 연구소가 탄생한다는 것은 우리 모두의 감사의 대상이 되기에 충분하다고 믿습니다. 일일이 거명을 하지는 않겠습니다만, 이 일에 참여하여 힘쓰신 여러분께 우선적으로 감사의 뜻을 전해야 하겠습니다.

우리나라 현대사 연구의 중요성을, 저 자신은 고대사 전공입니다만, 늘 강조해 오던 터였습니다. 그것은 민족의 현재 및 장래와 직결되는 문제이기 때문에 그러합니다. 더구나 현재 우리 학계는 수정주의의 영향을 강하게 받고 있어서 이것을 시정해야 할 필요성을 절감하고 있는 실정입니다. 이 같은 점도 현대사에 대한 새로운 시각에서의 연구를 촉구하고 있다고 하겠습니다.

현대사 연구는 국가에서 세운 기관에서도 물론 가능한 일입니다. 그러나

보다 바람직한 것은 민간의 연구소가 하는 것이라고 생각합니다. 그것은 국
가기관인 경우 자칫하면 집권하고 있는 정권과 결탁할 가능성을 내포하고 있
기 때문입니다. 민간기관으로서는 대학의 연구기관이 적절하리라고 생각하
는데, 연세 대학은 그중에서도 가장 적절한 대학이지 않을까 합니다. 연세 대
학은 한국학 연구의 오랜 전통을 가지고 있습니다. 현재 '국학연구원'으로
되어 있습니다만, 이 연구소는 6·25동란이 끝나고 서울을 수복한 직후 백낙
준 선생께서 애써 세우시고 키우신 것입니다. 당시의 명칭은 '동방학연구소'
였는데, 이 연구소를 세우신 백낙준 선생께서는 이를 대단히 자랑스럽게 생
각하셨습니다. 설립 후에 발간된 『동방학지(東方學志)』 창간호를 보면 당시
학계의 최고 권위자들이 다투어 역작을 투고했습니다. 그 뒤 이에 자극을 받
아 각 대학에서 다투어 연구소를 설립할 만큼 이 연구소의 설립은 오늘날 대
학마다 난립하다시피 많은 연구소가 서는 데 결정적인 구실을 했습니다. 이
같은 전통이 있는 연세 대학에 이제 또 하나의 새로운 연구소인 현대한국학
연구소가 설립된 것은 그 전통에 어울리는 당연한 결과라고 생각합니다.

　연구소를 소개하는 문서에 따르면 많은 연구계획이 세워져 있고, 이들 모
두가 유익하고 적절한 것이라고 생각됩니다. 이 계획은 유영익 소장 이하 참
여한 여러분의 경험에 바탕을 둔 것이라고 생각되며, 이러한 계획들을 추진
함으로써 현대사 연구의 신기원이 이루어지기를 기원하여 마지않습니다. 다
만 저로서도 몇 가지 생각나는 바가 있어서 참고가 되기를 원하는 생각에서
이 자리를 빌어 간단히 말씀드려 둘까 합니다.

　첫째는 연구 인원의 확보 문제입니다. 당연한 일입니다만, 사람이 없으면
연구를 할 수가 없습니다. 종래 연구 인원은 대학의 교수로써 충당되어 왔습
니다. 그러나 이제는 강의를 담당하는 교수만으로는 연구 인원을 만족스럽
게 충당할 수가 없게 되었습니다. 저는 이 연구 인원의 부족을 연구소의 연구

원으로써 보충해야 할 단계에 왔다고 생각하고 있습니다. 현재 박사학위를
소지하고 있으면서도 직장을 얻지 못하고 있는 사람이 많이 있는 걸로 압니
다. 그러한 아까운 인력을 흡수할 곳이 연구소가 아닌가 합니다. 그러므로 박
사연구원을 많이 두는 것이 요망됩니다. 물론 여기에는 많은 애로가 있다고
생각합니다. 대학의 재정적 뒷받침이 우선 필요할 것은 당연합니다. 이 제도
를 확립함으로써 연세 대학이 또 하나의 모범을 다른 대학들에 보여 주었으
면 하는 바람입니다. 다만 현대사 연구에 있어서는, 아까도 잠깐 말씀드렸습
니다만, 현대사를 바로 보는 눈을 가진 연구원을 충분히 찾을 수가 있을까 하
는 문제가 고민으로 남을 것으로 추측됩니다. 그러한 애로는 교육을 통해서
타개하도록 노력할 수밖에 없겠습지요. 어떻든 박사연구원을 많이 확보함으
로써 연구소가 활기차게 운영되도록 하는 것이 바람직하지 않을까 하는 생각
을 해봅니다.

　둘째로는 현대사에 관한 기본사료를 수집·간행하는 장기계획을 세웠으
면 하는 희망을 말씀 드리고 싶습니다. 아마 당장 정리와 출판이 가능한 우남
문서가 첫 계획으로 실천될 것으로 믿어지며, 이것은 유익한 작업임에 틀림
이 없습니다. 또 모두가 기대하고 있는 바입니다. 그러나 한편 장기적인 계획
을 세울 필요가 있습니다. 제가 여러 차례 예를 들어 가며 역설한 적이 있습
니다만, 독일의 *Monumenta Germaniae Historica*는 150여 년의 긴 세월 동
안 유럽 여러 나라에서 독일 중세사 관계 고문서들을 찾아다가 정리·교정해
서 출판한 것입니다. 이 작업은 아직도 계속해서 진행되고 있는 것으로 알고
있습니다. 이 같은 독일의 경우를 모범으로 해서 우리나라에서도 몇백 년의
장기적인 연속사업이 필요하다고 생각합니다. 가능하다면 그러한 장기 계획
이 세워져서 추진되기를 희망합니다.

　셋째로는 우리 현대사를 올바른 관점에서 정리해 주었으면 하는 것입니다.

본 연구소를 소개하는 문서를 보면 '한국적 시각'에 입각해서 한국현대사를
서술하고 이론 개발을 촉진한다고 되어 있습니다. 이것은 적절한 목표의 제
시라고 생각합니다. 짐작컨대 이 '한국적 시각'을 특히 강조한 이유는 수정
주의적 견해에 대한 비판이 담겨 있는 것으로 생각됩니다. 수정주의가 이론
적으로 날카로운 시각을 제시하는 것 같은 인상을 주기 때문에 국내의 적지
않은 수의 학자들이 이에 추종하고 있는 것 같습니다.

   그러나 그 이론에는 근본적인 결함이 있습니다. 즉 사랑이 결핍되어 있다
는 것입니다. 한국에 대한 따뜻한 사랑이 없기 때문에 이 날카로운 시각은 결
국 얼음과 같은 것이 되고 말았습니다. 그러한 관점에서는 역사적 진실을 찾
아낼 수가 없습니다. 그러한 진실이 없는 학설에 우리 학자들이 추종하고 있
다는 것은 실로 큰 문제가 아닐 수 없습니다. 말로는 민족을 위한다지만 실제
로는 비(非)민족적인 것입니다. 그러므로 우리 민족에 대한 따뜻한 애정을 토
대로 한 역사적 진실을 추구하는 연구가 이 연구소에서 이루어지기를 희망하
는 것입니다.

   그러나 민족에 대한 애정을 가지라는 것이 결코 사실을 왜곡하라는 뜻일
수가 없다는 것은 새삼 말할 필요가 없을 줄로 압니다. 다시 말하면 엄정한
객관성을 유지하도록 해야 할 것입니다. 그것이 진실로 민족을 사랑하는 것
입니다. 더구나 외국인 학자에게 우리 민족을 사랑하라고 강요할 수는 없습
니다. 실은 모든 학자는 그가 연구하는 대상에 대하여 애정을 갖는 것이 기본
적인 태도입니다. 그러므로 한국을 연구하는 어느 나라의 학자도 한국에 대
한 애정을 가져야 합니다. 그것은 결코 한국에 대한 편애를 가지라는 것이 아
닙니다. 인류의 한 구성분자로서 한국 민족에 대한 정당한 애정을 가지라는
것입니다. 이런 경우에 그들을 설득할 수 있는 유일한 방법은 객관적인 사실
을 제시하는 것이라고 생각합니다. 객관적으로 봐서 구체적인 사실이 이러

이러하므로 그 주장은 잘못된 것이라고 비판하는 수밖에 없습니다. 그러므로 객관성을 유지하는 것은 가장 긴요한 일 중 하나라고 보며, 이 연구소가 그러한 임무를 수행하게 되기를 바랍니다. 그리하여 한국 학자들은 민족주의적이기 때문에 믿을 수가 없다고 하는 말을 깨끗이 불식할 수 있게 되기를 염원합니다.

현대사에 대한 연구는 물론 역사 연구의 한 부분입니다. 비록 오늘과 가까운 시대라고는 하지만, 결국 지나간 일들이라는 점에서는 고대사나 다를 것이 없습니다. 그러나 현대사는 그를 이어서 다가오는 장래와 직결되는 시대의 역사입니다. 따라서 민족의 장래와 깊은 관계를 가집니다. 그렇기 때문에 현대사를 올바로 이해하는 것은 민족의 장래를 올바로 판단하는 직접적인 발판이 됩니다. 오늘 새로이 출발하는 이 연구소가 그 같은 중대한 임무를 감당해 가는 중심적인 기지가 되기를 간절히 바라면서 이 축사를 마치려고 합니다.

〈『현대한국학연구소 휘보』, 1997년〉

고향 생각

나는 실향민이다. 평안도가 고향인 나는 고향을 잃은 지가 오래다. 일제시대에 일본군에 끌려가 만주에 있다가 전쟁이 끝나면서 소련군의 포로가 되었을 때, 철조망 밖으로 오가는 이웃나라 여인네들을 보면서 나는 얼마나 고향을 그리워했던가. 그러다가 전쟁이 끝난 다음 해인 1946년 정월에야 고향으로 돌아왔다. 돌아온 지 달포가 지나자 나는 할머니의 안타까워하는 눈길을 피하여 서울로 왔다. 실은 해방이 되면 나는 북경으로 유학을 가리라고 마음먹고 있었다. 그러나 그 당시의 정세가 그것을 허락하지 않았으므로, 서울로 와서 공부를 계속하기로 한 것이다.

그리고 지금껏 나는 서울서 살고 있다. 그러므로 서울은 나의 제2의 고향이 된 셈이다. 제2의 고향이란 사람이 성장한 뒤에 만난 연인과 같은 것이다. 실제로 나는 서울을 연인과 같이 사랑하고 있다. 이제 너무나 비대해진 서울은 사랑스러운 데가 없는 삭막한 곳이 되었다. 그래도 남산에 오르면 삼각산에서 뻗어 내린 산줄기를 바라볼 수가 있고, 유유히 흐르는 한강의 물줄기를 굽어볼 수가 있다. 서울은 역시 아름다운 도시다. 모르기는 하거니와 세계의 어디를 가도 이같이 웅장하고 아름다운 자연환경을 지닌 대도시를 찾기가 힘들 것이라고 생각한다.

　제2의 고향이 연인과 같다면, 제1의 고향은 어머니와 같다. 다 커서도 어머니의 품이 그립듯이 고향은 역시 그리운 곳이다. 꿈에도 잊을 수가 없는 곳이다. 요즘 김희갑 씨가 곡을 붙인 정지용(鄭芝溶) 시인의 〈향수〉란 노래가 큰 인기를 끌고 있다. 누구나가 갖고 있는 고향에 대한 그리운 감정을 잘 나타낸 시요, 곡이다. 그 시에는 "그곳이 차마 꿈엔들 잊힐 리야"라는 구절이 다섯 번이나 되풀이해서 나온다. 그렇게 차마 꿈엔들 잊을 수 없는 곳이 고향이다.

　나의 고향은 평안북도 정주(定州)에 있는 용동(龍洞)이라는 작은 마을이다. 호수가 20호 정도밖에 안 되는 작은 마을이라서, 고향을 떠난 지 50년이 넘지만, 나는 한 집 한 집 어김없이 그 위치와 모습까지 그려 놓을 수가 있다. 그리고 그 집마다에 살고 있던 사람들도 모두 기억해낼 수가 있다. 최근에는 건망증이 심해져서 잘 잊어버리곤 하지만, 어려서 20여 년을 살아온 고향의 옛 기억만은 머리 속에 아직도 생생하다.

　내 고향 마을은 오산학교(五山學校)를 창립한 남강(南岡)이 평안도 일대에 흩어져 있는 같은 문중 사람들을 모아서 세운 동족촌이었다. 이상적인 농촌을 건설한다고 무척 노력하였다고 하는데, 그의 형님 집을 마을 한가운데 지어 놓았다. 그래서 가운데 집이라고 하였는데, 그 가운데 집이 바로 내가 자란 집이다. 집 앞에는 밭이 있어서 어머니가 각종 채소류를 가꾸었는데, 나는 강냉이를 따다 구워 먹기를 좋아했다. 그 앞에 나있는 길을 건너 이어지는 밭에는 삼을 심곤 했다. 삼을 베서 삼는 날은 어른·아이 할 것 없이 온 가족이 밤을 새어 가면서 껍질을 벗기느라고 야단법석이었다.

　채소밭 앞에는 늙은 느티나무가 하나 서 있었다. 서너 명이 팔을 맞잡아야 둘레를 감쌀 수 있는 큰 나무였으므로 어쩌면 천 년은 되었는지도 모르는 거목이었다. 나무 밑동은 속이 궁글어서 뱀이 무시로 드나들고 있었으므로, 어른들은 우리가 접근하지 못하게 하였다. 옛날에는 바닷물이 그 앞에까지 들어와서 그 느티나무에 배를 매었다는 전설 같은 이야기가 전해 오고 있다.

우리 집 뒤쪽의 언덕 위에도 대여섯 그루의 아름드리 느티나무가 있었다. 이 느티나무들은 실로 온 마을 사람들의 사랑을 받았다. 더운 여름철이면 노인들이 여기 모여서 더위를 식힐 수가 있었다. 단오에는 아낙네들이 그네를 매고 그네뛰기를 하던 곳이기도 하다. 이곳은 또 하학한 뒤에 소년들이 떠들며 날뛰던 곳이기도 하다. 남강이 마을 사람들을 모아 놓고 일본의 침략을 "독수리가 닭 뜯어먹듯이 하다"라고 하며 마을 사람들의 각성을 촉구한 곳이기도 하다.

그 무렵 기독교인이 된 남강은 이 등성이 동쪽에 교회를 세웠다. 교회의 장로였던 남강은 가끔 설교도 하였다는데, 한번은 새 옷을 갈아입고 앉아 있는 가족 여인네들에게 "옷 갈아입고 예배당에 왔다고 천당 갈 줄 아나. 송철네 애나 좀 봐줘라"라고 호통을 쳤다는 곳이다. 송철이라는 분은 가난할 뿐 아니라 눈이 멀어서 그 집 애들이 모두 구질구질하였기 때문에 그랬다고 한다. 1936년경이었을 것이다. 도산(島山) 선생이 오셔서 저녁 예배 시간에 말씀을 하신다고 해서 온 동네 사람들이 이 교회에 모이었다. 그러나 일본 경찰의 제지로 끝내 말씀을 못 하시고 그냥 떠나시게 되었다. 중학교 1학년 학생이던 나는 그때 꼭 한 번 선생의 모습을 바라볼 수가 있었다.

그 등성이의 서남향한 느슨한 비탈에 우리 집 과수원이 있었다. 내가 만 두 살이 되던 해에 세상을 뜨신 할아버지가 내 앞으로의 학비를 위해서 사놓으셨다는 것이다. 그 사과나무가 자라기 전에는 학교 월사금을 못 내서 내가 떼를 쓰며 울어댔다고 하는데, 뒤에는 이 과수원 덕분에 우리 형제들이 학비 걱정 없이 공부를 할 수 있게 되었다. 사과나무 가꾸는 일은 손이 많이 들어서 나는 여름방학이 되면 매일 2시간 이상 노동을 해야만 했다. 가을이 되면 사과를 따는 일도 큰일이어서, 온 가족이 들러붙어 일해야 했다. 썩어 가는 사과도 결국 가족들이 처치하게 되는데, 실은 병든 사과가 더 맛이 좋았던 것이다. 그래서 얼마나 많이 먹었던가. 또 과수원에 지어 놓은 원두막은 매력이 있는 곳이어서, 여름철에 일하다가 지치면 그곳에서 낮잠을 즐기었다.

뒷등성이를 넘어서면, 약 1킬로미터 가량 떨어진 곳에 오산학교가 있었다. 학교에 가노라면 고려 때의 토성(土城)을 깎아 내고 만든 고개를 넘어야 했다. 이 토성은 학교를 둘러싸고 2킬로미터 이상의 길이를 가진 큰 성이었다. 그 토성의 서쪽은 거의 자취가 희미해진 석성(石城)과 연결되는데, 석성은 제석산(帝釋山) 등성이를 타고 바다까지 이어졌다. 나는 그 석성이 내륙으로 오봉산(五峯山)까지 연결되고 있는 것을 확인하며 하루 종일 답사한 일이 있었다. 필시 북방족의 침입을 막기 위해서 쌓은 것일 텐데, 고려 때에는 이 같은 장성이 여러 군데에 있었던 것 같다. 그러므로 내 고향은 북방족의 침입을 막는 한 방어기지이기도 했던 셈이다.

제석산 꼭대기에는 장군바위가 있다. '인(人)'자 모양으로 두 개의 큰 바위가 서로 기대고 서 있는데, 어떻게 산꼭대기에 그런 바위가 생기었는지 신기하기만 했다. 이 장군바위는 우리 고향의 한 상징물같이 되었다. 나의 중학 동창들 중에는 매 일요일 아침마다 그 장군바위에 올라가곤 하는 그룹이 있었다. 그것이 일본 경찰의 사찰에 걸려 경찰서에 끌려가서 모진 고통을 겪기도 했었다.

적어 가자면 한이 없을 것이다. 그같이 눈앞에 아른거리는 고향의 옛 모습이 그저 그립기만 하다. 죽기 전에는 한 번 가볼 수가 있을까. 마을 앞의 늙은 느티나무는 아직도 살아 있을까. 등성이의 느티나무들은 또 어떻게 되었을까. 과수원의 옛 나무들은 모두 베어 버렸을 텐데, 새로 과목들을 심었을까. 아마 제석산의 장군바위는 틀림없이 옛날 그대로 버티고 있을 게다.

「향수」를 지은 정지용 시인에게는 고향을 읊은 또 하나의 시 「고향」이 있

다. 이 시는 "고향에 고향에 돌아와도 / 그리던 고향은 아니러뇨"로 시작된
다. 그리고 맨 마지막 구절은 "고향에 고향에 돌아와도 / 그리던 하늘만이 높
푸르구나"로 끝난다. 모르기는 하거니와 이제 고향에 돌아가면 나도 그와 마
찬가지로 높푸른 하늘만을 쳐다보며 향수를 달래야 할 것만 같다.

〈1997년〉

진리에 겸허한 마음으로

오늘날 우리는 민족과 국가의 총체적 위기에 부딪히고 있다. 혹은 말하기를 외환위기라 하고, 혹은 말하기를 경제위기라 한다. 겉으로 나타난 현상은 그렇다. 그러나 조금만 정신을 가다듬고 속을 들여다보면 나라가 기둥째 무너져 내리고 있지 않나 하는 위기감을 느끼지 않을 수 없게 된다.

이 같은 위기에 처해서 우리는 구한말의 우국지사들을 회상하게 된다. 1905년 일본의 강압으로 을사조약이 불법적으로 강제 체결되었을 때에 장지연(張志淵)은 「오늘에 목 놓아 크게 곡한다」는 글을 썼다. 만일 장지연이 지금 환생을 한다면, 그는 또 한번 「오늘에 목 놓아 크게 곡한다」는 글을 쓰지 않을까 싶다.

또 민영환(閔泳煥)은 스스로 목숨을 끊었다. 그 뒤 그를 따르는 많은 분들이 있었다. 솔직히 말해서 나는 그분들이 왜 살아서 더 많은 일을 하려고 하지 않았을까 하는 아쉬움을 가져 왔다. 근본적으로는 지금도 이 생각에 변함이 없다. 그러나 이번의 사태를 당해서 그분들의 심정을 천 분의 일, 혹은 만 분의 일 정도는 이해할 것 같은 기분이 되었다. 온몸에서 기운이 빠져나가 사지를 지탱하기가 힘들게 느껴졌던 것이다.

오늘의 경제위기, 외환위기는 왜 생겼는가. 기업가를 선두로 온 국민이 국제수지를 무시하고 분수에 지나치게 많은 외화를 낭비하여 빚더미 위에 올라 앉았기 때문이다. 이제 다른 나라들이 돈을 더 이상 빌려 주지 않아 빚을 갚지 못하면 국가부도가 난다고 한다. 실로 한심한 일이다. 이것은 밖으로부터 강요된 것이 아니라 우리 스스로 그렇게 자초한 것이다.

오늘의 위기를 흔히 IMF 사태라고 부르기도 한다. 나는 그렇게 부르는 것이 불합리한 게 아닌가 생각하는 편이다. 만일 진정 그러하다면 IMF가 손을 떼면 문제가 해결되어야 한다. 그런데 실상은 정반대다. IMF가 손을 뗄까 봐 전전긍긍하고 있다. 그러면서도 IMF에 의하여 오늘의 위기가 빚어진 것 같은 인상을 주는 용어를 사용하는 것은 사태의 진상을 흐리게 하고 따라서 그 해결의 길을 막는 것이다. 분명히 오늘의 위기는 우리 스스로 자초한 것이다. 그리고 이를 해결하기 위해서는 우선 밖으로부터 돈을 더 빌려야 한다. 그런데 이렇게 자꾸 돈을 빌리다 보면 장차 더 심각한 고통을 감당할 수밖에 없을 것이다.

원래 우리 민족은 저력이 있으므로 능히 이 위기를 극복할 수가 있으리라고들 한다. 옳은 말이다. 그러나 막연하고 감상적인 민족에 대한 신념만으로는 안 된다. 구체적인 방법이 있어야 한다. 과거의 역사적 경험이 그 점을 가르쳐 주고 있다. 사태의 올바른 진단과 올바른 처방을 필요로 한다.

또 '하면 된다' 고도 한다. 그러나 이것은 심히 곤란한 말이다. 지금껏 그래서 무모하게 일을 벌였고 무모하게 돈을 빌려다 썼다. 그렇게 해서 이 지경에 이른 것이다. '하면 된다' 는 것은 요컨대 욕망을 채우기 위해서 내 마음 내키는 대로 저돌적으로 하겠다는 것이다. 이 풍조가 기업가나 정치인만이 아니라 온 국민을 지배하고 있다. 그 지나친 욕망이 화근이 된 것이다.

물질적 풍요로움을 바라는 욕망 자체를 반드시 나무랄 수는 없을 것이다. 그러나 분에 넘치는 지나친 욕망은 죄악의 씨가 된다. 수단, 방법을 가리지 않다 보니 정경유착이 되었고, 부정축재가 생겼다. 오늘의 외환위기는 이 사실과 표리 관계에 있다.

그러므로 '하면 된다'가 아니라 '올바로 하면 올바로 된다'로 생각을 바꿔야 한다. 올바로 한다는 것은 무엇인가. 진리에 따른다는 말이다. 인간사회를 지배하고 있는 원리·원칙이 진리다. 그 진리를 따라야 살 수가 있다.

예언자 예레미아는 국민을 향해서 하느님의 말에 순종치 않으면 예루살렘이 바빌론 군대에게 점령되고 백성들은 바빌론에 붙잡혀 가서 포로생활을 하리라고 경고하였다. 이 예언은 사실로 나타났다. 종교적으로 이야기하는 하느님의 말은 학문적으로 이야기하면 진리다. 그 진리에 겸허한 마음으로 순종해야 산다.

일부 사람들은 민족이 지상이라고 하며 진리를 무시하려 한다. 그러나 진리를 어기고 살아남을 민족은 이 지구상 어디에도 없다. 대통령도 노동자도 이 원칙에서 벗어날 수 있는 게 아니다. 그러므로 우리가 다시 회생하려면 인간사회를 지배하는 원리·원칙인 진리를 존중하고 두려워하는 겸허한 마음을 가져야 한다.

〈『한국일보』, 1997년 12월 31일〉

국난과 민족의 저력

지금 우리나라는 국제통화기금(IMF)의 도움과 제약을 받지 않으면 안 되는 경제적인 비상사태를 맞이하고 있다. 실로 얼굴을 들고 밖에 나다니기가 부끄러울 지경이다. 이것은 온 국민이 한결같이 느끼고 있는 바와 같이 국난이다. 이 국난을 하루빨리 극복할 수 있기를 원하는 것은 우리 모두의 한결같은 바람이다.

이 간절한 바람 속에서 과거에 국난을 당하여 이를 극복한 민족의 저력을 일깨우는 목소리가 자못 높다. 사실 우리 민족은 많은 위기에 처해서 이를 극복한 경험을 가지고 있다. 그리고 그 경험은 우리에게 큰 힘을 보태어 준다.

그런데 안타깝게 생각하는 것은, 그 민족의 저력에 대한 인식이 지극히 안이한 감상적 성격을 띠고 있다는 점이다. 즉 민족적 저력이 발휘된 역사적 경험들은 한결같이 피와 눈물을 흘리며 겪은 일들이었다는 점을 망각하고 있는 것이다. 의병(義兵) 활동, 3·1운동, 4·19혁명 같은 경우를 생각하면 곧 알 수가 있다. 그런데 이 점을 깨닫지 못하고 민족의 저력을 말하는 것은, 어쩌면 고통과 정면으로 대결하기를 원하지 않고 관념적인 도피행위를 하고 있는 게 아닌가 하는 우려를 자아내게 한다. 그것은 결코 민족의 저력을 올바로 인식하는 것이 아니다. 오히려 그 반대다. 이번의 경제적 위기를 자초하게 된 경위가 바로 그러한 안이한 사고방식의 결과라고 해서 잘못이 아니다. 그러므로 그 같은 사고방식으로는 국난을 극복할 수가 없다.

추상적이고 감상적인 관념으로써가 아니라 구체적이고 실제적인 방법으로써만 이 국난을 극복할 수가 있다. 그 구체적이고 실제적인 방법은 진리의 터전 위에서 발견되는 것이다. 우주를 꿰뚫고 있는 법칙, 인간사회를 지배하는 원리·원칙, 이것이 진리다. 이 진리의 터전 위에 섬으로써 민족의 저력은 발휘되고 위기가 극복되는 것이다.

가령 임진왜란 때에 일본의 해군을 격파하고 국난을 극복한 이순신(李舜臣)의 경우를 생각해 보자. 병력이 우세한 일본의 해군은 우리 해군이 먼저 움직여서 한바다로 나와 주기를 바라고 있었다. 그러나 이순신은 우세한 병력을 가지고 기지에 머물고 있는 일본 해군을 공격하기를 원하지 않았다. 그들이 기지를 떠나서 근해로 나오는 기회를 기다리고 있었다. 그날은 곧 일본 해군을 격파하는 날일 것이었다. 세심한 전투 준비를 갖추고 긴장 속에서 기다림의 전략을 쓴 것이다.

그러자 일본 해군은 우리 해군을 한바다로 끌어내기 위하여 거짓 정보를 흘렸던 것이었다. 이 거짓 정보에 속은 정부는 이순신에게 해군을 출동시키기를 명하였다. 그러나 일본 해군의 유인작전을 꿰뚫어 알고 있는 이순신은 출전을 하지 않았다. 이에 정부에서는 그를 명령에 따르지 않는 비겁한 지휘관으로 몰아 그 직책을 박탈하고 원균(元均)에게 넘겨 출전케 하였다. 그 결과 우리 해군은 전멸을 당하고 만 것이다.

겨우 처형은 면한 이순신은 백의종군(白衣從軍)을 하며 얼마나 많은 눈물을 흘렸던가. 아끼던 함선을 잃은 데다가 또 모친과 아들을 잃은 그는 마음의 쓰라린 아픔을 눈물로 씻어 내야만 했다. 그러한 그가 주로 고깃배로 구성된 해군을 가지고 명량(鳴梁)에서 일본 해군에 결정적 타격을 가하였다. 해전의 이치를 잘 터득하고 있음으로 해서 이순신은 민족의 수호자가 되고 민족의 저력을 발휘한 구국의 인물이 되었던 것이다.

그러한 그가 결국 퇴각하는 일본 해군을 쫓다가 전사하였다. 많은 사람들이 그가 전쟁 뒤에 편안치 못할 것을 짐작했기 때문에 스스로 죽음의 위험에 자신을 노출시켰다고 한다. 이러한 추측은 헛된 상상만은 아닌 것 같다. 그러나 끝내 목숨을 내던진 그는 실로 우리 민족의 저력을 발휘한 대표적 인물이 되었다.

나폴레옹의 프랑스 군대가 러시아를 침략했을 때 러시아군의 사령관은 쿠투조프였다. 그는 침략군에게 수도 모스크바를 내주었지만, 끝내는 싸우지도 않고 침략군을 물러나게 하였다. 그도 이순신과 같이 비겁하다는 비난을 받았으나, 그의 전략이 성공한 것이다. 우리는 쿠투조프에게서 러시아 민족의 저력을 찾아볼 수 있듯이, 이순신에게서 우리 민족의 저력을 가슴으로 느낄 수가 있다.

이 작은 글에서 이순신 한 사람의 이야기를 너무 많이 하지 않았나 하고 생각할는지도 모르겠다. 임진왜란 때 많은 피를 흘린 의병들의 항전 역시 민족의 저력을 나타내 주는 것임을 나도 잘 알고 있다. 그러나 특히 이순신을 거론한 데에는 그만한 이유가 있다. 그것은 민족의 저력이 실제로 어떻게 발휘되는가를 우리에게 너무도 극명하게 잘 알려 주고 있기 때문이다. 공허한 장담이 아니라 이치에 맞는 구체적인 방법이 중요한 것이다.

민족의 저력을 말할 때에 더러 다른 민족이 가지지 못한 저력을 우리 민족만이 가지고 있는 것같이 이야기하는 경우가 있다. 그러나 이 같은 생각은 교만에서 말미암은 착각이다. 모든 민족은 한결같이 그들의 저력을 가지고 있다. 그럼에도 불구하고 그들의 저력을 발휘하여 성공한 민족이 있고, 반대로 그 저력을 발휘하지 못하고 실패한 민족이 있다.

그 같은 차이는 왜 나타나는가. 그것은 다름 아니라 인간사회를 지배하는 원리·원칙을 지켰는가 안 지켰는가 하는 차이인 것이다. 정치의 원리·원칙을 지키면 정치가 성공하고, 안 지키면 실패한다. 경제에 있어서나 학문에 있어서도 이는 마찬가지이다. 만사가 다 그러하다. 그러므로 사물의 원리·원칙, 즉 진리를 존중하지 않으면서 입으로만 민족의 저력을 말하는 것은 국민을 속이는 것이다. 진정으로 민족의 저력을 발휘하는 사람은 진리를 지키는 진리의 파수꾼들이다.

거듭 말하지만 민족, 민족 한다고 해서 민족을 위하는 게 아니다. 진리를 지킴으로써 진실로 민족을 사랑하는 애국자가 되는 것이다. 또 그렇게 함으로써 민족의 저력을 발휘할 수 있는 것이다. 진리를 지키는 것은 결코 안이한 일이 아니다. 진리는 피와 눈물로 지켜지는 것이다. 그 같은 민족의 전통, 민족의 저력을 오늘의 우리도 가슴 깊이 새겨야 한다.

〈『조선일보』, 1998년 3월 5일〉

『한국음악사학보』창간 10주년을 축하하면서

한참 오래 전의 일이지만, 어느 공석상에서 이해구(李惠求) 선생을 뵈었을 때였다. 선생께서는 일부러 나를 찾아서, 우리나라 국사개설서들의 음악에 관한 서술 분량이 너무 적은 것에 대해 불만을 표시하셨던 것이다. 나도 개설 서를 써내고 있었으므로, 아마 이 점에 유의하라는 뜻으로 특히 말씀하셨던 것이리라는 생각이 들었다. 그래서 이 점에 유의해야겠다고 생각은 하였지 만, 워낙 음악에 관한 지식이 모자라고, 또 그것을 당시의 다른 역사적 사실 들과 어떻게 연결을 지어야 하는지를 잘 모르기 때문에, 뜻대로 되었다고 생 각하지를 못하고 있다.

곰곰이 생각해 보면 인간의 모든 활동에 음악은 거의 필수적으로 수반되는 것이다. 논밭에서 일하는 농부도, 베틀에서 베를 짜는 아낙네도 노래를 불렀 다. 어린애를 재우려면 자장가를 불러야 했다. 마을 축제(祝祭)나 나라의 의식 (儀式)에서 혹은 종교적 행사에서 음악이 필수적인 것임은 물론이다. 이렇게 음악은 인간생활에서 중요한 일면을 이루고 있건만, 역사서술에서 그 중요한 일면이 소홀히 다루어지는 것은 분명히 잘못된 일이라고 하지 않을 수 없다.

솔직히 말하면, 나는 음치에 가깝도록 음악을 잘 모른다. 보통학교(초등학 교)나 중학교에서는 일주일에 한 시간씩 음악을 배웠다. 나는 중학교 시절에

김세형(金世炯) 선생이나 이인범(李仁範) 선생 같은 유명한 음악가로부터 음악을 배우는 행운을 가졌었다. 일제시대의 암울한 분위기 속에서 이인범 선생이 부르는 〈희망의 노래〉를 들으며 우리는 얼마나 가슴이 벅차오르는 감동을 느꼈는지 모른다. 그러나 대체로 말하면, 음악시간은 일종의 즐기는 시간 정도로 생각하고들 있었다. 그런 중에서도 동창 중에는 음악을 전공하는 친구가 나오기도 하였다. 그는 일제 말기에 나와 함께 일본군대에 끌려갔는데, 휴식시간에 가끔 구슬픈 노래를 불러 우리의 가슴을 아프게 했다. 전쟁이 끝나고 해방이 되었건만, 그는 영 소식이 끊기고 끝내 돌아오지 못하고 말았다.

학교에서 배운 음악은 서양음악이었다. 한 번도 우리의 전통음악을 배운 일이 없었다. 학교에서뿐만이 아니라, 전통음악은 우리의 생활 속에서도 점점 사라져 가고 있었다. 시골에서 부르는 전통음악은, 일제시대의 어두운 분위기의 영향으로 인해서, 자포자기적이고 퇴폐적인 것이 많았다. 그래서 그것은 뜻있는 사람들로부터 비판의 대상이 되기가 일쑤였다. 그러나 우리의 전통음악이 그러한 것일 수만은 없다는 것은 너무도 당연하다. 그러므로 우리는 현대에 살릴 수 있는 전통음악을 찾도록 노력해야 할 것이다. 최근에 판소리를 좋아하는 풍조가 널리 번져 가는 것은 다행스런 일이 아닐 수 없다. 이것은 결코 우연히 이루어진 것이 아니며, 그렇게 되도록 노력한 분들이 애쓴 결과라고 생각한다.

전통음악은 하나의 역사적 사실로서 역사연구의 대상이 된다. 한편 이 전통음악을 오늘에 살리는 것은 또 다른 문제에 속한다. 그것은 현대의 우리 생활감정에 맞아야 할 것이기 때문이다. 창극(唱劇)의 발생이 그러한 예에 들지 않을까 싶다. 얼마 전에 김동진(金東振) 씨가 판소리의 창법을 도입해서 오페라 〈춘향전〉을 작곡했다는 소식을 접한 일이 있다. 나는 그것의 성공 여부를 잘 모르지만, 시도해 봄 직한 일이라고 생각해 본다. 그러나 이것은 문외한인

나의 어설픈 느낌일 뿐이다. 어떻든 우리 전통음악이 잘 보존되어야 함은 물론이지만, 또 동시에 새롭게 현대에 살려서 세계에 빛낼 수 있는 길을 여러모로 모색해야 할 것으로 생각한다.

송방송(宋旁松) 교수의 노력으로 한국음악사학회(韓國音樂史學會)가 창립되고 『한국음악사학보』가 창간된 지 10년이 되었다고 한다. 나 자신이 『한국사 시민강좌』를 편집ㆍ간행한 경험에 비추어서 아는 바이지만, 이 일은 여간 어려운 것이 아니다. 원고를 수집하는 것도 그렇고, 출판비용을 마련하는 것도 그렇다. 『한국사 시민강좌』가 작년에 창간 10주년을 맞았는데, 이제 이 『한국음악사학보』도 창간 10주년을 맞았다고 한다. 실로 축하해 마지않을 일이다. 지금까지 우리 음악의 위상을 드높이는 데 노력해온 빛나는 성과를 바탕으로 더욱 커다란 발전이 있기를 빌어 마지않는다.

〈『한국음악사학보』 20, 1998년 6월〉

학자의 삶과 민족의 장래

나는 이즈음 무척 반계(磻溪) 유형원(柳馨遠)을 그리워하게 되었다. 그는 원래 서울에서 태어났으나 22세 때인 1643년에 여주(驪州)로 이사했고, 32세 때인 1653년에 부안(扶安)으로 이사하여 1673년에 52세로 세상을 떠날 때까지 거기서 살았다.

부안에서는 소나무와 대나무 숲 사이에 초가집을 짓고 세상과는 인연을 끊고 살았다. 주위가 조용해야 편안한 마음으로 깊은 생각을 할 수 있다는 옛 어른의 말을 가슴에 새겨 넣었던 것 같다. 그렇게 살고 싶으면서도 선뜻 그러지 못하고 지내다 보니 마음으로는 더욱 그가 그리워지는가 보다.

유형원은 시골에 살면서 오직 저술에 전념하였다. 그는 마음에 깨우치는 바가 있으면 한밤중에라도 일어나서 글을 쓰곤 하였다 한다. 그러고도 오히려 부족해서 매일 저녁마다 "오늘도 또 헛되이 지냈구나" 하며 한탄하였다는 것이다. 그런 기분을 어느 정도는 알 만도 하다.

그의 대표적 저술은 『수록(隨錄)』인데 31세 때 시작하여 49세 때인 1670년에 완성되었다고 하니, 18년이 걸린 셈이다. 『수록』은 정치·경제·군사 등 당시의 사회가 당면한 여러 문제들을 개혁하여 이상국가를 건설하려는 의도를 담은 것이었다. 그러나 저술이 끝난 지 꼭 100년, 세상을 떠난 지 97년 만

인 1770년에야 『수록』은 겨우 출판되었다. 우리가 지금 실학(實學)의 시조로
추앙하는 유형원도 100년의 세월이 지난 뒤에야 세상의 인정을 받게 된 셈이
다. 학문이란 원래가 그런 것인지도 모르겠다.

물론 오늘의 사회가 당장 필요로 하는 지식을 제공해 주는 학문도 있어서
학자들이 정치가와 어울리는 경우를 종종 볼 수가 있다. 미국에서는 흔히 그
러하므로 나쁠 게 없다고들 한다. 나는 미국학계의 사정에 어두우므로 과연
미국의 학문을 상징하는 대표적 학자들도 그러고 있는지 어떤지를 모른다.
그러나 추측컨대 그러하지는 않을 것이다. 그러고서는 연구가 되지 않을 것
이기 때문이다.

학자는 정치가와 일정한 거리를 두고 있는 것이 옳다고 나는 생각한다. 왜
냐하면 천하가 다 아는 바와 같이 정치가는 국가와 민족의 공적인 이익보다
는 자기 집단의 사적인 이익을 위하여 부심하는 경우가 더 많기 때문이다. 그
결과 정책에 확고한 기준이 없게 되는 것이다.

적절한 예가 될지 모르겠지만 학문 분야에서 예를 든다면, 기초과학이나 인
문학을 홀시하는 정책도 결국은 그 같은 사고방식의 결과일 것이다. 기초과
학이나 인문학은 민족의 먼 장래를 위하여 필수적인 학문분야이다. 이 학문
의 뿌리가 깊어야 꽃도 좋고 열매도 많은 것이다. 이같이 뿌리를 무시하는 잘
못에 대한 비판의 자유를 학자는 일정한 거리에서 지켜 나가야 하는 것이다.

유형원은 말하기를, 옛 사람들은 법을 제정함에 있어서 도리〔道〕로써 하였
는데 후세 사람들은 사사로움〔私〕에 인연하여 법을 제정하므로 사회가 문란
해졌다고 하였다. 여기서 말한 도리란 곧 원리·원칙인 것이며, 진리를 말하
는 것이다. 이 인간의 도리, 인간사회를 꿰뚫고 있는 원리·원칙, 곧 진리를
강조하는 학문은 현실사회가 썩지 않게 하는 소금의 구실을 한다. 그리고 사
사로움에 치우침으로써 사회가 문란해지고 민족이 패망하게 된다는 경고를

할 책무 또한 학문이 감당해야 한다.

　유형원과 같은 학자가 그리운 때다. 유형원과 같이 일생 동안 조용히 공부만 하다가 죽는 학자가 많았으면 좋겠다. 그리고 유형원과 같이 도리의 중요성, 원리·원칙의 중요성, 진리의 중요성을 강조하는 학자가 많았으면 좋겠다. 그것이 이 사회, 이 민족의 장래를 위하는 길이 되겠기 때문이다.

〈『한국일보』, 1999년 1월 4일〉

나의 20세기―『한국사신론』

나의 첫 개설서는 1961년 3월에 『국사신론』이란 이름으로 간행되었다. 어설픈 개설이긴 하지만, 이 책을 쓰면서 나는 몇 가지 목표를 세웠었다.

그 첫째는 과거의 연구성과를 충실히 반영한다는 것이었다. 그리고 내가 참고한 모든 연구논저를 참고란에 적어 넣어서 연구입문서의 구실도 감당하도록 하였다. 둘째는 민족적인 자주성을 강조하는 것이었다. 이 뜻을 서론에서 특히 강조해 두었는데, 자연히 일제의 식민주의사관에 대한 체계적인 비판을 처음으로 시도한 것이 되었다.

이 서론은 그 후 여러 사람이 다투어 식민주의사관을 비판하게 되는 계기를 마련해 주었다. 한편 일반 독자에게는 우리 민족에 대한 열등감을 씻어 주는 계기가 되기도 하였다. 어떤 분은 외국에서 이 서론을 읽고 눈물을 흘렸다는 말을 해주었는데, 나는 그분의 공감을 얻은 것만으로도 이 책의 저술이 충분한 보상을 받은 것이라고 생각하고 있다.

이 『국사신론』이 더욱 화제가 된 것은, 미국 하버드 대학의 와그너 교수가 영역을 제의해온 때문이었다. 꼼꼼하고 까다롭기로 이름난 그가 번역을 제의해 온 이유는 아마 학계의 연구 성과를 최대한으로 반영한 것에 호감을 느낀 때문이 아니었던가 싶다. 훗날 이 책은 일본어 · 중국어(대만 · 북경) · 말레

이시아어·스페인어 등으로도 번역되었는데, 현재 러시아어 번역이 완성되었으나 출판비가 여의치 않아서 간행이 지연되고 있다.

그 뒤 나는 한국사를 체계화할 나름대로의 길이 찾아지는 것 같아서 『국사신론』을 전폭적으로 개정하고, 책 이름도 『한국사신론』으로 바꾸었다. 『한국사신론』은 무엇보다도 지배세력의 변화에 기준을 두고 한국사의 발전을 체계화한 데에 그 특색이 있다. 즉 지배세력의 사회적 기반이 처음에는 점점 좁아지다가, 통일신라를 고비로 반대로 점점 넓어져간 것으로 이해했는데 이것은 나의 독자적인 견해였다. 이 같은 견해를 기본적인 토대로 하고 나는 한국사의 발전과정을 모두 16개의 시대로 구분했던 것이다.

이에 대해서는 지배계급을 중심으로 역사를 보았기 때문에 피지배계급인 민중은 무시했다는 비판이 있었다. 그러나 나는 신석기시대의 지배세력은 씨족원이고, 현대에는 민중이 지배세력으로 등장하게 되었다고 하였다. 물론 씨족원이나 민중은 지배계급이 아니다. 내가 말한 지배세력은 역사를 이끌어간 주도세력이란 뜻이다. 그러므로 지배세력을 지배계급으로 본 것은 전적으로 그렇게 본 사람의 잘못이다.

또 시대구분에 대하여는, 너무 짧게 구분한 것이 아니냐는 의견이 있었다. 그들에 의하면 시대구분은 고대·중세·근대의 3구분법에 따라야 한다는 것이다. 그러나 사람에 따라서 각양각색의 개념을 나타내는 고대·중세·근대는 실은 무의미한 것이라는 게 내 생각이다.

『한국사신론』의 또 하나의 특색은 한국사의 독자성을 최대한으로 살리려고 한 것이었다. 가령 조선시대의 사회를 우선 고유한 용어로서 '양반사회'라고 부르는 것이 옳다고 생각한 것이다. 그리고 나서 그 성격을 규정할 때에 보편적 개념으로써 해야 한다는 것이다. 보편성이 없는 학문은 학문이 아니므로, 이 마지막 절차는 당연히 중요한 것이다.

그런데 종종 일정한 이론에 얽매여서 한국사의 독자성을 무시하는 경우가 흔히 있다. 그러나 일찍이 성호(星湖) 이익(李瀷)이 "우리나라는 스스로 우리나라이므로 그 규제와 형세가 절로 중국사와 달라야 한다"라고 갈파한 바와 같이, 한국사의 독자성을 중시해야 한다. 그러고 나서 세계사와 비교를 해야 한다.

『한국사신론』은 원래 국한문 혼용이었기 때문에 읽기가 어렵다는 말이 있어서 금년 초에 한글판을 새로 냈다. 그 머리말에서 나는 미켈란젤로의 말을 인용해서 "10세기 뒤에 보라"라고 하였다. 확실한 사실에 근거해서 한국사의 큰 흐름을 개관한 이『한국사신론』이 오래도록 생명을 유지하면서, 한국의 과거에 대한 인식뿐만이 아니라 현재와 미래에 대한 전망에도 도움이 되기를 희망하고 있고, 또 그럴 수 있으리라고 믿고 있다.

〈『조선일보』, 1999년 11월 9일〉

책을 사랑하는 마음

한국 사람들이 책을 안 읽는다는 말을 들을 때마다 서글픈 생각이 든다. 몇 년 전에 유엔 산하의 어느 기관에서 조사한 바에 의하면, 동아시아 여러 민족들 중에서 한국인이 술을 제일 많이 마시고, 반면에 책은 제일 적게 읽는다고 한다. 참으로 부끄러운 일이 아닐 수 없다.

책은 인간의 지혜가 담긴 보고(寶庫)이다. 또 책은 언제든지 대화를 나눌 수 있는 정다운 친구이기도 하다. 책은 지적인 성자의 길잡이가 되고, 정신적인 위안의 동반자가 된다. 책이 없는 세상은 쓸쓸한 사막에 비유할 만하다.

책을 읽으며 기뻐서 혼자 웃는 것은 얼마나 즐거운 일인가. 책을 읽다가 슬퍼서 혹은 감격해서 홀로 한숨을 짓기도 하고 눈물을 흘리기도 하는 것은 또 얼마나 마음을 깨끗하게 하고, 이웃과의 거리를 가깝게 하는 것인가. 책과 대화를 하며 인생을 살아간다는 것은 인간이 누릴 수 있는 가장 큰 행복의 하나다. 상허(尙虛) 이태준(李泰俊, 1904~?)이 책을 인공(人工)으로 된 문화 가운데 꽃이라고 하고, 또 천사(天使)라고도 한 것은 결코 지나친 말이 아니다.

이같이 우리에게 행복을 보장해 주는 책을 가까이 하고 사랑하는 습관을 어려서부터 몸에 익혀야 한다. 그것이 늙어서 죽을 때까지 여생을 즐기며 살 수 있는 확실한 길의 하나이다.

책은 그것이 양서(良書)일수록 오래도록 생명을 누리게 된다. 우리는 그것을 고전(古典)이라고 부르며 아끼고 존중한다. 이같이 고전이라고 부를 수 있는 양서를 많이 저술해낸 민족이 곧 문화민족이 된다. 한 나라의 문화적 수준을 가늠하는 잣대는 여럿이 있겠지만, 그 중의 하나가 위대한 고전을 많이 가지고 있느냐 없느냐에 있다.

그런데 고전이 될 수 있는 뛰어난 저술이 나오기 위해서는 일반 국민이 책을 사랑하고 많이 읽어야 한다. 그러한 기름진 토양 속에서 아름다운 문화의 꽃이 피어날 수가 있다. 그러므로 책을 사랑하는 것은 결과적으로 민족을 사랑하는 것이 되기도 한다. 아니, 고전은 인류의 공유재산이기 때문에 곧 인류를 사랑하는 것이 되기도 한다.

〈1999년〉

역사의 진리와 사랑

풀무학원에 오기에는 왠지 겁나고, 미안한 생각이 듭니다. 생각해 보면 어쩌면 선친의 가르침과는 어긋난 삶을 살고 있는 것 같습니다. 도시에 살고, 노동은 하지를 않고 있습니다. 젊어서 공부할 땐 몰랐는데, 요즘 혼자 생각해 보면 좀 허전한 느낌이 듭니다.

나는 우리나라 역사를 공부하는 학자로 살아왔습니다. 우리나라의 역사를 어떻게 정리할 수 있을까 생각해 왔습니다. 역사를 보는 방법이나 방향을 제시한 분들의 가르침에 따라 역사공부도 해봤습니다. 함석헌 선생님의 『뜻으로 본 한국역사』는 원래 『성서적 입장에서 본 조선역사』였습니다. 하나님의 섭리를 찾으려는 궁극의 목적으로 쓰신 글이었습니다. 저는 이 섭리를 원리·원칙을 제시해 주시는 일로 그에 따라 살도록 하는 거라고 믿습니다. 그 원리·원칙을 찾아보는 작업이 중요합니다. 즉 역사적 사실을 보고, 거기에 나타난 뜻을 살펴, 시대의 전후, 사회적 관계 속에서 작용하는 원리·원칙을 찾아보아야 합니다. 최근에 그것을 '진리'라는 말로 표현해 봅니다. 이 진리는 역사를 지배한 원리·원칙으로, 그에 따라 순종하면 좋지만 그렇지 않으면 벌을 주시는 게 아닌가 생각하며, 그렇게 믿고 그런 작업을 해왔습니다.

그런데 역사적 사실에 나타난 진리를 캐는 것은 객관적인 관찰도 중요하지만 그 외에 사랑이 필요하다는 것을 느꼈습니다. 구체적인 예인데요, 백제 성왕 때 사절단이 중국(양 나라)에 갔어요. 그런데 그 나라에 반란이 일어나 왕이 쫓겨나 백제사절단이 왕을 만날 수 없는 처지가 되어 궁성 앞에서 통곡을 했다는 사실이 중국책에 나옵니다. 숨길 수 없는 객관적 사실이지요. 이것을 일본 학자들은 중국에 사대하는 예행연습이라면서 사대주의의 표현으로 풀었습니다.

그런데 앞뒤를 살펴보니까 백제와 중국이 동맹을 맺어서 잃은 땅을 회복하기 위한 북진운동의 하나로 외교적인 노력을 하는 사건이었습니다. 임금께 받은 사명을 실천할 수 없는 상황이 된 것을 보고 백제사절단이 통곡을 한 것입니다. 그렇게 이해해야 한다고 생각합니다. 일본 역사학의 대가인 경성제대의 교수가 그 앞뒤 사실을 몰랐을 리 없습니다. 그런데 해석을 그렇게밖에 못했습니다. 전혀 사랑이 없어요. 백제인에 대한 애정이 없어요. 백제인에게 없을 뿐 아니라 한국인 전체에 대한 애정이 없기 때문이지요.

역사의 올바른 이해를 위해 사랑이 중요하다고 느껴져요. 여러분 나이 때 읽은 톨스토이의 「사람은 무엇으로 사는가」라는 글은 그의 민화 중 하나인데, 사람은 사랑으로 산다는 것을 이야기를 통해 보여 줍니다. 하나님이 천사에게 아무개의 영혼을 불러오라고 시키지요. 그래 땅에 와서 그 사람을 찾았더니, 그는 남편이 죽고 방금 쌍둥이를 출산한 상황이었어요. 그 부인이 내가 죽으면 갓난아기를 기를 사람이 없으니 몇 년 뒤에 불러 달라고 간청을 하지요. 천사가 하나님께 이런 상황을 보고했어요. 그랬더니 세상에 있으면서 사람이 무엇으로 사나 알게 될 거라면서 하나님이 노해서 다시 보내십니다. 그 부인을 하나님께 데려가고 천사는 날개가 찢어져 벌거숭이가 되어 있다가 구둣방 주인한테 구원을 받습니다. 거기서 6살 된 쌍둥이 아이들의 신을 지어 달라고 오는 부인을 만납니다. 그 부인은 자기가 낳은 아이들이 아닌데 이런 저런 이유로 맡아 키우게 됐다고 합니다. 그 아이들은 천사가 혼을 불러간 부인이 낳은 쌍둥이었습니다. 그 얘길 듣고 천사는 사람은 사랑으로 산다는 것을 깨달았습니다. 마을 사람인 그 부인의 사랑으로 쌍둥이가 곱게 자랐다고 깨닫는 순간에 천사는 잘못을 용서받아 날개가 생기고 다시 하늘나라로 올라간다는 것으로 이야기는 끝납니다.

이 민화에서와 같이 일상적인 삶에서는 물론이고 학문, 역사공부를 하는 데도 궁극적인 관건이 되는 것은 사랑입니다. 사랑이 없으면 인간의 모든 것이 헛된 것입니다.

〈『풀무』 153, 풀무농업고등기술학교, 2000년 3월〉

학문적인 진리에 대한 깨우침

나는 민족주의적인 환경 속에서 자라났다. 남강(南岡) 이승훈으로부터 선친에 이르는 가정의 분위기가 그랬고, 내가 다니던 오산학교(五山學校)의 분위기가 또한 그랬다. 식민통치하에서 허덕이는 민족을 어떻게 해야 회생시킬 수 있는가가 나를 둘러싼 사람들의 공동 관심사였다.

중학교 때 읽은 글로는 신채호(申采浩) 선생의 「조선 역사상 일천년래 제일 대사건」이 있다. 이것은 낭가사상(郎家思想)이라는 고유 사상의 성쇠에 따라 민족이 흥하고 망했다는 지극히 국수주의적인 것이었다. 나는 이 글에 도취되어 읽고 또 읽었다. 또 함석헌(咸錫憲) 선생의 「성서적 입장에서 본 조선 역사」에 많은 영향을 받았는데, 이 글은 도덕적인 입장에서 민족의 책임을 묻는 것이었다. 한국사를 고난의 역사라고 규정한 선생은, 신의 섭리에 의한 인류의 구원이 고난의 상징과 같은 우리 민족에게서 이루어지리라고 결론짓고 있다.

이같이 민족적 관점에서 출발한 나에게 학문적인 객관적 진리에 대한 인식을 가지게 한 것은 1941년 야나이하라 다다오(矢內原忠雄) 선생과의 만남을 통해서였다. 그해에 나는 일본 동경에 유학을 가게 되었는데, 선친은 나를 야나이하라 선생의 지도를 받도록 소개해 주었다. 그래서 나는 선생의 일요일

성서 강의에 참석하였고, 뒤에는 토요학교에도 나갔다.

야나이하라 선생은 독실한 무교회주의 기독교 신자였고, 동경대학 교수로 식민정책 강의를 담당했다. 그런데 1937년 중일전쟁(中日戰爭)이 일어나자 선생은 일본의 침략정책을 비판하였고, 그 때문에 대학에서 축출되었다. 그래서 선생은 토요일마다 자택에서 소수의 학생을 상대로 강의를 하였는데, 그것이 토요학교였다.

나는 그때 선생의 뜻을 백 분의 일도 깨닫지 못하고 지냈지만, 진리를 탐구하는 학문의 권위를 강조하는 데 깊은 감명을 받았다. 선생은 학문은 권력·금력(金力)·주의(主義)의 시녀가 되어서는 안 되고, 진리를 진리로서 사랑하는 독립적 정신이 필요하다고 강조하였다.

이러한 과정에서 나는 진리에 대한 믿음에 의해서 뒷받침되어야 민족에 대한 사랑이 참될 수 있다는 생각을 가지게 되었다. 즉 민족에 대한 사랑과 진리에 대한 믿음은 둘이 아니라 하나라고 생각하게 됐던 것이다.

흔히 말하기를 진리가 어디 있느냐고 한다. 혹은 또 말하기를 진리는 이럴 수도 있고 저럴 수도 있는 상대적인 것이라고 한다. 그러므로 민족의 현실적인 문제를 해결하기 위해서는 진리를 무시해도 좋다고 한다.

그러나 인간사회를 지배하는 기본법칙을 무시하는 것은 곧 인간의 존립기반 자체를 무너뜨리는 일이 된다. 따라서 이는 곧 개인이나 민족을 파멸로 이끌어갈 것이다. 오늘의 우리 사회는 진리를 생명과 같이 사랑하고 존중하는 학자를 필요로 하고 있다는 게 내 생각이다.

〈『조선일보』, 2001년 3월 3일〉

와세다 대학 명예박사학위
수여식에서의 인사말

우선 저에게 명예박사학위를 수여하도록 결정한 오쿠시마(奧島) 총장을 위시한 평의원 여러 선생에게 깊은 감사의 뜻을 전하고자 합니다. 학덕이 모자라는 저로서는 분에 넘치는 영광이라고 생각하고 있습니다.

제가 와세다 대학에 입학한 것은 1941년 봄이었습니다. 그러므로 지금으로부터 꼭 60년 전의 일입니다. 동양의 전통적인 기년법(紀年法)에 의하면 환력(還曆)이 되는 해입니다. 그러한 기념할 만한 시점에서 저에게 명예박사학위가 주어진 것을 뜻 깊은 인연이라고 생각하고 있습니다.

제가 입학한 것은 제2 와세다 고등학원(第二早稻田高等學院)이었습니다. 당시의 학제(學制)가 지금과 달라서 학부(學部)에 입학하기 전에 고등학원의 코스가 있었습니다. 고등학원에서는 어학과 기초적인 교양과목이 주된 강의과목이었습니다. 그때 영문학 강의 시간에 저희가 배운 교재가 『굿바이 미스터 칩스Goodbye, Mr. Chips』라고 하는 영국작가 제임스 힐튼James Hilton이 쓴 소설이었습니다. 그 내용은 대학을 갓 졸업한 칩스 선생이 브룩필드Brookfield 고등학교의 교사로서 교육에 전념하는 일생을 그린 것입니다. 그는 정년이 될 때까지 평교사로 있었습니다만, 퇴직한 뒤에도 학교 바로 옆에 살면

서 학생들과 교류를 계속하며 학교의 시간에 맞추어 일상생활을 해나가는 것
이었습니다. 이같이 칩스 선생은 학생들에 대한 애정이 깊었는데, 그가 마지
막 눈을 감을 때에 "나에게는 수천의 아들이 있었다"라는 말을 남기었습니
다. 그는 두 차례 교장대리를 했을 뿐, 평교사로 시종(始終)했습니다. 그런 내
용의 소설이 『굿바이 미스터 칩스』입니다.

이 소설을 읽어 가면서 우리 학생들은 잔잔한 감동을 느꼈던 것입니다만,
저에게 커다란 충격을 주어서 지금껏 이 소설을 잊지 못하게 한 것은 주인공
의 성(姓)인 'Chips'에 대한 담당 교수였던 안(岸) 선생의 설명이었습니다. 약
어(略語)인 'Chips'의 본명은 'Chipping'이었는데, 그 어의(語義)는 '깎아낸
나무 부스러기'란 뜻이라는 것이었습니다. 그러니까 무용물(無用物)이란 뜻입
니다. 이것이 주인공의 성이었습니다. 아마 실제로 그런 성이 영국에 존재했
다고는 생각되지 않으므로, 작가가 창작해낸 것이 분명하다고 생각됩니다.
그러니까 'Mr. Chips'를 번역하면 '부스러기 선생' 혹은 '무용물 선생'이 되
겠습니다. 당시 식민지에서 온 마음 약한 청년이었던 저는 이 사실에 큰 충격
과 감동을 느꼈던 것입니다. 저 자신의 처지와 비교가 되었기 때문입니다.

저는 별로 다른 재능이 없는 '부스러기' 같은 존재는 아닐까 하는 생각 때
문에, 일생 동안 시골에 묻혀서 주경야독(晝耕夜讀)의 생활이나 하기를 원했습
니다. 그런데 시대가 바뀌어서 저는 교수 생활을 40년이나 했습니다. 그러나
저도 칩스 선생과 같이 평교수로 일관했습니다. 말하자면 저는 공부나 하는
사람이지 그 밖에는 다른 재간이 없는 사람으로 평가되어 왔습니다.

그런데 이것이 오히려 저에게는 행운이었고 신의 축복이었다고 생각합니
다. 우선 제 시간과 정력을 낭비하지 않고 학문에만 전념할 수 있었다는 점에
서 그러합니다. 둘째로는 외부로부터의 간섭을 받지 않고 제가 믿는 바대로
학문 연구를 할 수 있게 했다는 점에서 또한 그러합니다. 역사학을 포함한 모

든 학문은 진리를 탐구하는 것을 목적으로 하는 것인데, 진리를 탐구하는 데는 학문의 독립이 필수적인 조건이라는 것은 주지의 사실입니다.

이것은 바로 와세다의 건학(建學) 정신이기도 합니다. 제가 와세다를 사랑하는 이유는 여러 가지가 있습니다. 우선 제 은사를 포함한 한국의 대표적 역사학자 중에는 이병도(李丙燾)·손진태(孫晋泰)·김상기(金庠基)·이상백(李相佰) 등 와세다 출신이 많다는 것이 그 하나입니다. 또 감수성 많은 청년 시절을 이곳에서 보냈다는 것도 그 하나입니다. 그러나 와세다가 학문의 독립을 존중하는 오랜 전통을 가지고 있다는 사실이 저로 하여금 국경을 넘어서 와세다를 사랑할 수 있게 하는 가장 큰 이유입니다.

저는 학문을 천직으로 생각하고 이에 노력하여 왔습니다. 남이 보기에는 하찮게 생각될지 모르지만, 성심성의껏 학문의 길을 걸어왔다고 생각하고 있습니다. 진리의 기반 위에 서야만 개인이나 사회가 존립할 수 있다는 생각이 그 저변에 흐르고 있습니다. 그런데 현대에는 이 진리를 무시하는 경향이 점점 커가고 있는 것 같습니다. 이같이 진리에 대한 신념이 없어지면 그것은 인류의 재앙이 될 것입니다. 진리에 대한 신념을 회복하는 것이 우리에게 부과된 책임이라고 저는 믿고 있습니다. 그렇게 해야만 인류가 생존해갈 수 있습니다.

여러분은 이제 학창생활을 끝내고 사회의 일원이 됩니다. 이것은 일생에서의 중대한 전환기입니다. 지금까지는 가정과 학교와 사회로부터 은혜를 받으면서 지내 왔습니다. 그러나 이제부터는 반대로 사회에 무언가를 주면서 살아가야 합니다. 단순히 취직을 해서 돈벌이를 하는 것이 아니라 사회에 공헌을 해야 하는 것입니다. 그러므로 이 자리는 단순히 학업을 끝내는 자리가 아니라 진정한 사회의 일원이 되는 성년식(成年式)의 자리라고 할 수가 있습니다. 여러분이 학문의 독립을 존중하는 와세다의 전통을 이어서, 학문적으로 뒷받침된 인간 사회의 원리 · 원칙을 존중하는, 진리를 존중하는 사명을 전달하는 역군이 되기를 간절히 바라는 바입니다.

〈2001년 3월 25일〉

민족에 대한 사랑과 진리에 대한 믿음은 둘이 아니라 하나다

―POSCO 국제한국학 심포지엄 개회식 축사―

저는 근자에 의사의 권고에 따라서 원거리 여행을 삼가고 지내 왔습니다. 그러나 이번 한국학 심포지엄을 계획한 분들이 '진지한 토론을 마음껏 즐길 수 있는 모임'을 계획했다는 취지에 동감하여, 이 모임의 참석자 명단에 끼는 영광을 누리고 싶다는 생각에서 이렇게 동참하였습니다. 그러면서도 한편으로는 도리어 주최자 측에 번거로움을 끼치는 것은 아닌가 하는 두려운 마음도 갖게 됩니다.

아시다시피 학문의 연구는 진리를 탐구하는 데 그 목적이 있습니다. 이 점은 아무리 강조해도 지나치는 일이 없을 것입니다. 그런데 근래에 와서 일반은 말할 것도 없고 학자들조차도 이 사실을 잊어버리고 있지는 않은가 하는 인상을 받아서 가슴이 아플 때가 있습니다. 사리ㆍ사욕을 위해서 수단을 가리지 않는 풍조가 널리 퍼져 있는 것은, 진리를 강조해야 할 학자들의 직무유기에 그 원인이 있는 것은 아닌가 하는 두려운 생각이 듭니다.

최근에 프랑스의 역사학자 마르크 블로크의 유서를 읽을 기회가 있었습니다. 다 아시다시피 그는 아날학파의 대표적 학자 중의 한 사람입니다. 소르본 대학의 교수였던 그는 53세의 나이에 아내와 여섯 아이를 거느린 가장으로서 군대에 복무할 의무가 없었지만, 1939년 나치스 독일의 침략이 시작되자 자진하여 군대에 복무했습니다. 패전 뒤에는 레지스탕스 운동에 참여하였는데, 1944년 체포되어 58세의 나이로 총살을 당했습니다. 그 고난의 시기인 1941년에 이 유서를 써놓았는데, 그 유서 중에서 특히 저를 감동시킨 것은 "나는 DILEXIT VERITATEM이란 간단한 말을 내 묘석의 비명으로 써주기를 바란다"라고 한 대목입니다. 그는 나라를 위해 목숨을 바친 애국자였습니다. 그러한 그가 묘비문에는 'DILEXIT VERITATEM'이란 두 단어, 즉 "그는 진리를 사랑했다"라고 써주기를 바라고 있습니다.

실은 저 자신도 최근 지병이 악화되어 언제 세상을 떠나게 될지 모르겠다는 생각이 들어서, 제 무덤 앞의 작은 돌에 이렇게 적어 주기를 가족에게 부탁해 놓고 있습니다. "민족에 대한 사랑과 진리에 대한 믿음은 둘이 아니라 하나다"라고 말입니다. 그런데 마르크 블로크의 간결한 묘비문을 읽으면서, 그는 역시 진정 위대한 학자였다는 것을 새삼스레 느끼게 되었습니다. 저는 그의 정신이 오늘의 한국사 연구자들 가슴속에 깊이 새겨졌으면 하는 마음이 간절합니다.

저는 정년퇴직을 할 때의 고별강연에서 진리를 거역하면 개인도 민족도 인류도 멸망할 것이라고 힘주어 이야기를 한 일이 있습니다. 그랬더니 한 학생으로부터 "진리란 무엇입니까? 진리는 늘 변하는 것 아닙니까? 결혼제도를 보더라도 처음 난혼이다가 대우혼이 되었고 이어 일부일처제로 변해 오지 않았습니까?" 하는 항의성 질문을 받았습니다. 그래서 저는 이렇게 답변을 하였습니다. "지금 암사동에 있는 신석기시대 집자리를 가보면, 직경이 6미터 정도의 움집으로 되어 있는데, 그것은 성인 부부가 자식 2, 3명을 데리고 누우면 가득 차는 공간이다. 그래서 신석기시대에도 가족이 있었으며, 그것은 일부일처제를 기본으로 하는 핵가족이었을 것이라고 생각되고 있다. 그러므로 나는 신석기시대에 난혼이 행해졌다는 것을 믿지 않고 있다. 그러나 우선 네 말이 옳다고 하자. 그때에 어느 특정한 혼인 형태가 아니라 그 같은 혼인 형태의 변화 과정 속에 숨어 있는 원리·원칙이 바로 진리인 것이다"라고 했습니다. 저는 그 학생보다도 그 학생으로 하여금 진리를 무시하도록 만든 주위의 분위기가 더 문제라고 생각하고 있습니다.

마르크 블로크는 같은 유서에서 "나는 그것이 어떤 핑계로 포장이 되건 간에 거짓에 대한 영합을 가장 더러운 마음의 문둥병이라고 생각한다"라고 하였습니다. 그의 말대로 진리는 거짓말이 아닙니다. 그리고 진리는 우주와 인간을 꿰뚫고 있는 원리·원칙 혹은 법칙이기 때문에 인간의 운명을 좌우하는 힘이 있다고 생각합니다. 그러므로 인간은 이에 대한 외경심을 가져야 할 것입니다. 박은식 선생이 "학문이란 것은 천지를 개벽하고 세계를 좌우하는 능력이 있는 자"라고 한 것은 곧 진리를 탐구하는 학문의 힘을 말한 것입니다. 이 진리는 그러므로 그것이 오직 진리이기 때문에 존중되어야 하는 것입니다. 그것은 민족과 계급과 지연과 학벌에 의하여 이렇게도 되고 저렇게도 되는 것이 아니라고 생각합니다.

마르크 블로크의 유서를 읽고 감동한 나머지 이같이 넋두리 같은 이야기를 하게 된 것 같습니다. 바라건대 오늘의 한국사 연구자들이 민족과 인류를 지탱하여 주는 진리를 사랑함으로써 한국사의 발전을 올바른 방향으로 이끌어 가는 견인차의 구실을 하게 되었으면 합니다. 비록 세상 사람들이 춤을 추지 않는 한이 있더라도 학자들은 진리의 피리를 정성껏 불어야 할 것입니다. 이 학술모임이 그 같은 아름다운 피리 소리가 울려 퍼지는 자리가 되었으면 하는 바람이 간절합니다.

〈2002년 10월 10일〉

사대주의란 무엇인가

한때 사대주의(事大主義)란 말이 유행어처럼 쓰이던 때가 있었다. 아마 1960년대의 일이었을 것이다. 일제시대에 일본인들에 의하여 입버릇처럼 되풀이되던 이 용어가, 해방이 되고 독립을 되찾은 뒤에 한국인 자신에 의하여 자주 사용되었던 것이다. 비록 거기에 민족적 반성을 촉구하는 뜻이 담겨 있다고 하더라도, 마치 일제가 파놓은 함정에 빠지는 것 같은 기분이었다. 그래서 사대주의를 비판하는 글이 적잖게 발표되었고, 필자도 이를 논하는 글을 발표한 바가 있었다(『민족과 역사』, 1971 참조).

그런데 한동안 잠잠하던 사대주의란 낱말이 이즈음 또다시 심심찮게 사람들의 입에 오르내리고 있다. 그러한 사용례들을 보면, 사대주의가 지니고 있는 속성을 잘 이해하지 못하고 있으며, 또 그것이 적잖은 악영향을 끼치고 있다는 사실도 인식하지 못하고 있는 것 같다. 그래서 거듭 여기서 사대주의에 대해 간단히 논해 보려고 한다.

사대주의라는 낱말이 지니는 중요한 특징의 하나는 그것이 한국에 한해서 쓰였다는 점이다. 한국과 같이 중국에 대해서 사대라는 외교정책을 쓴 나라는 여럿 있었다. 그러나 그 어느 나라에 대해서도 사대주의란 말이 쓰인 일이 없다. 서양에서도 로마제국의 주변에는 수많은 약소국들이 있어서, 마치 동

양 여러 나라의 중국에 대한 것과 같은 관계에 있었지만 그들을 사대주의 국
가라고 한 일이 없다. 도대체 서양에는 사대주의에 해당하는 단어 자체가 없
다. 이와 같으므로 사대주의는 말하자면 한국의 특산품인 셈이다.

그런데 한국을 사대주의 국가라고 규정한 것은 일본인이었다. 한국인 자신
도 이를 극복해야 한다는 뜻에서 사용한 일이 있기는 하지만, 그것이 한국인
자신의 과거 역사에 대한 자신감을 잃게 했다는 점에서 일본인의 술수에 넘
어간 결과를 가져온 것이다. 그러므로 사대주의란 말은 한국인의 독립정신
을 마비시키고 그들의 침략을 정당화하기 위한 일본인의 발명품이라고 할 수
가 있다. 그러고 보면 사대주의란 말은 일본제 한국 특산품이라고 할 수가 있
다. 그래서 이상백(李相佰) 선생은 한국에는 사대주의가 없었다고 주장하였
다. 필자도 선생의 주장에 공감하여 사대주의라는 용어를 한국사의 서술에
서 제외해야 한다고 주장했던 것이다.

사대주의에 대해서 둘째로 주목해야 할 점은 그것이 한국의 숙명이라고 규
정한 사실이다. 한국은 지리적으로 대륙에 붙어 있는 조그마한 반도기 때문
에 사대주의적일 수밖에 없다는 것이다. 예컨대 후대에 많은 영향을 끼친 한
국사개설서를 쓴 임태보(林泰輔)는 "조선은 지리적인 관계상 항상 북방(北方)
의 침략을 받아 수백 년간 사대주의로써 양성되었다"라고 하였다(『朝鮮通史』,
1912, p.179). 또 화랑(花郎) 연구로 널리 알려진 미시나 아키히데(三品彰英)는
'조선사의 타율성'이란 제목하에 "아시아 대륙의 중심부에 가까이 부착된 이
반도는 정치적으로도 문화적으로도 반드시 대륙에서 일어난 변동의 여파를
받음과 동시에 또 주변 위치에 있기 때문에 항상 그 본류로부터 벗어나 있었
다. 여기서 조선사의 두드러진 특징인 부수성(附隨性)이 말미암는 바가 이해
될 것이다"라고 하였다(『朝鮮史槪說』, 1940, p.2). 여기서 그는 타율성·주변
성·부수성을 말하였지만, 요컨대 그것은 사대주의를 말하는 것이다. 그리

고 그는 "인류의 광범한 역사를 지리적으로 한정하여 고찰하는 것은 실제 문제로서 대단히 편리할 뿐 아니라, 그 지리적 요인은 역사의 유형적(類型的) 파악을 가능하게 하는 일의적(一義的)인 것이다"라고 하여(같은 책, p.1), 그의 주장이 지리적 결정론에 근거한 것임을 스스로 밝히고 있다. 반도라는 지리적 조건은 이를 인간의 힘으로 변경할 수 없는 것이므로, 이는 숙명적인 것이다. 그는 한국인을 산 인간으로 보지 않고, 조롱 속의 새쯤으로 생각한 것 같다.

　지리적 조건이 역사의 발전에 일정한 영향을 끼치는 것은 분명하지만, 그것이 역사를 결정하는 절대적인 조건은 아니다. 이에 대해서는 여러 구체적인 예를 들어서 설명할 수가 있지만, 여기서는 이탈리아 반도의 예를 들어 생각해 보기로 하자. 이탈리아의 지리적 조건은 한반도와 매우 유사한 대륙에 붙어 있는 작은 반도이다. 그러나 거기에 건설된 로마제국은 지중해를 중심으로 유럽 · 아시아 · 아프리카에 걸친 넓은 영토를 지배하는 대정복 국가였다. 이 한 가지 사실만으로도 한국이 반도국가기 때문에 숙명적으로 사대주의 국가일 수밖에 없다는 그 이론적 근거가 허약한 것임을 알 수가 있다(필자의 「반도적 성격론 비판」, 『韓國史像의 再構成』, 1991 참조).

　사대주의에 대해서 셋째로 주목해야 할 점은 그것이 강자 혹은 침략자가 약자 혹은 피침략자에게 뒤집어씌우는 억지 주장이라는 사실이다. 지극히 정상적인 한국인의 대외적인 태도를 침략자인 일본은 사대주의라고 매도했었다. 가령 3 · 1운동의 경우가 그러하다. 3 · 1운동이 미국 윌슨 대통령의 민족자결주의에 크게 고무된 사실을 일본인들은 사대주의라고 규정한 것이다. 3 · 1운동 직후에 나온 몇 가지 대표적인 저술을 보면 이를 곧 알 수가 있다.

　가령 언론인인 가토 후사조(加藤房藏)는 『조선 소요의 진상(朝鮮騷擾の眞相)』(1920)이란 책에서 "사대병은 조선의 숙아(宿痾)이며 그 미국 숭배는 이 병의 발작에 지나지 않는 것이므로 감심(感心)할 수가 없다. 조선인은 일본보다 강

대한 미국에 의뢰해서 일본의 머리를 억누르려는 생각을 가지고 있다"(p.39)
라고 하였다. 또 역시 언론인인 아오야기 쓰나타로(靑柳綱太郞)는 『조선독립
소요사론(朝鮮獨立騷擾史論)』(1921)에서 "몇 천 년 이래 사대주의에 의하여 양
성된 조선인의 비굴한 사상이 다이쇼(大正)의 성대(聖代)에도 전통을 이어내
려 와서 유감 없이 이를 노출하고 있다"(pp.106~107)라고 하였다. 또 고위 경
찰 간부였던 지바 료(千葉了)는 『조선독립운동비화(朝鮮獨立運動秘話)』(1925)에
서 "원래 조선은 고래로 사대사상의 나라였으며 지나(支那) 및 일본이 국방과
교통상 남북으로부터 끊이지 않고 위세의 신전(伸展)을 꾀하여 왔지만, 메이
지(明治) 시대에 이르러서는 영국·러시아·미국 등이 교대로 궁정(宮廷)에
세력을 떨쳐 왔다. 금번의 독립운동도 실은 파리회의에 있어서의 미국의 위
세를 과신한 데에서 그 동기를 찾아보지 않으면 안 된다"(p.31)라고 하였다.
이같이 한국 역사상 최대의 민족운동을 일본인들은 사대주의의 산물로 보고
있다. 실로 맹랑한 일이 아닐 수 없다.

그러니까 일본인들의 주장은 독립운동을 하려거든 혼자의 힘으로 해보라
는 것이다. 이것이 군사적 강국인 일본의 입장인 것이다. 만일 한국이 어느
외국과 실제로 동맹을 맺는 것은 말할 것도 없고, 정신적으로라도 다른 나라
의 주장에 공감을 표시하면, 그것은 비굴한 사대주의 사상의 발로라고 하는
것이다. 그 주장, 예컨대 민족자결주의가 옳으냐 그르냐 하는 근본적인 문제
를 외면하고 지엽적인 문제를 과대 포장한 것이라고 할 수가 있다. 침략자가
피침략자에게 혹은 강자가 약자에게 뒤집어씌우는 억지 주장이 사대주의라
는 것을 이해할 수 있을 것으로 안다.

최근에 또다시 입에 오르내리고 있는 사대주의도 이와 비슷한 정신적 배경
속에서 사용되고 있다. 가령 언론기관에 대한 세무감사를 비판하는 국제여
론에 대해서 관심을 가지는 것을 사대주의라고 주장하는 것이 그렇다. 이것

은 강자인 집권세력이 약자인 언론기관에 간섭하는 것을 옹호하는 입장인 것이다. 또 당(唐)과 동맹한 신라(新羅)를 사대주의라고 비난하는 것도 그렇다. 이것은 약소국 신라를 침략하려는 강대국 고구려(高句麗)의 입장을 대변하는 것이다. 이것은 나아가서 한국에 미군이 주둔하는 것은 사대주의라고 주장하려는 것일 텐데, 군사적 강국임을 자부하는 북한의 입장인 것이다.

　사대주의는 침략자 일본이 악의를 가지고 한국에 뿌려 놓은 독약과도 같은 것이다. 그것은 한국인의 정신적 토양을 오염시키고, 그 결과 민족적 열등의식이 조장되고, 강자의 억지 주장에 휘말려서 사실의 본질에 대한 올바른 인식이 흐려지는 결과를 가져 왔다. 그러므로 이와 같은 사대주의란 말은 애초에 사용하지 않는 것이 좋다고 생각하는 것이다.

〈『學術院會報』 제112호, 2002년 11월 1일〉

학문과 진리

박은식(朴殷植) 선생은 다 알다시피 일생 동안 해외 망명생활을 하며 독립운동에 헌신하였고, 상해 임시정부의 제2대 대통령에 취임하였던 분이다. 그 바쁜 중에도 『한국통사(韓國痛史)』·『한국독립운동지혈사(韓國獨立運動之血史)』 같은 명저를 저술하기도 하였는데, 그분에게 「학(學)의 진리는 의(疑)로 좇아 구하라」라는 글이 있다. 여기서 그는 "무릇 학문이란 것은 실로 천지를 개벽(開闢)하고 세계를 좌우하는 능력이 재(在)한 자이니 (중략) 그런고로 학술로써 천하를 구(救)한 자도 있고 학술로써 천하를 살(殺)한 자도 있다"라고 하였다. 그는 진리를 탐구하는 학문의 힘을 이렇게 표현하고 있는 것이다. 그리고 진리를 탐구하는 어려움을 표현하여 "그 진리를 구득(求得)하는 방법은 광부(鑛夫)가 많은 사토(沙土)를 배거(排去)하고야 진금(眞金)을 채득(採得)함과 같다"라고 하였다(『박은식전서』 하, pp.196~197).

오늘날 나라를 사랑한다는 많은 사람이 있지만, 과연 박은식 선생만 한 분이 몇이나 있을까. 더구나 정치를 한다고 떠들고 다니는 사람 중에 박은식 선생과 같이 학문의 가치를 알아주는 분이 과연 한 사람이나 있을까. 이 세상의 잘못을 바로잡겠다고 호언장담을 하며 날뛰는 젊은 사람들에 있어도 이는 마찬가지이다. 그들은 진리를 믿지 않으며, 그러므로 진리를 탐구하는 학문의 가치를 우습게 여긴다. 그러므로 목적을 위해서는 수단과 방법을 가리지 않는 풍조가 우리 사회에 널리 퍼지고 있는 것이다.

나는 이런 경험이 있다. 학교에서 정년퇴직을 할 때의 고별강연에서 진리의 중요성을 강조한 일이 있었다. 진리를 거역하면 개인도 민족도 인류도 멸망할 것이라고 힘주어 이야기하였던 것이다. 그랬더니 한 학생으로부터 "진리란 무엇입니까. 진리는 늘 변하는 것이 아닙니까. 결혼제도를 보더라도 처음 난혼(亂婚)이다가 대우혼(對偶婚)이 되고 이어 일부일처제로 변해 오지 않았습니까"라는 항의성 질문을 받았다. 그는 아마 그때에 소속 그룹에서 결혼제도에 대한 학습을 받고 있었는지도 모르겠다.

이에 대해서 나는 이렇게 대답을 했었다. "지금 암사동(岩寺洞)에 있는 신석기시대 집 자리를 가보면, 직경이 6미터 정도의 둥근 움집으로 되어 있다. 이것은 성인 부부가 2, 3명의 어린 자식을 데리고 누우면 가득 차는 공간인 것이다. 그래서 신석기시대에도 가족이 있었으며, 그것은 일부일처제를 기본으로 하는 핵가족이었을 것이라고 생각되고 있다. 이 같은 사정은 다른 나라에서도 마찬가지인 것이다. 그러므로 나는 신석기시대에 난혼이 행해졌다는 것을 믿지 않는다. 그러나 지금 네 말이 옳다고 하자. 그때에 어느 특정한 혼인형태가 진리인 것이 아니라 그 같은 혼인형태의 변화과정 속에 숨어 있는 법칙 혹은 원리·원칙이 진리인 것이다." 그 학생이 과연 자기가 소속해 있는 그룹의 강령이나 교육보다 내 말을 더 믿음직스럽게 생각했는지 어떤지 모르겠다. 사실 나는 그 학생도 그렇기는 하지만, 그 학생으로 하여금 학문적 연구에 의하여 얻어진 진리를 무시하도록 만든 분위기가 더 문제라고 생각하고 있다.

최근에 나는 프랑스의 역사학자 마르크 블로크의 유서(遺書)를 읽을 기회가 있었다(『이상한 패배』, pp.191~192). 다 알다시피 그는 아날학파의 대표적 학자

중의 한 사람으로서 소르본 대학의 교수였다. 1939년 나치스 독일의 프랑스 침략이 시작되자 그는 자진하여 군대에 복무하였다. 당시 그는 53세의 나이였고, 아내와 여섯 아이를 거느린 가장으로서 군대에 복무할 의무가 없었음에도 불구하고 자진하여 복무하였던 것이다. 패전 뒤에는 레지스탕스 운동에 참여하였는데, 1944년에 체포되어 58세의 나이로 총살을 당했다. 그는 쓰러지면서 "프랑스 만세"를 외쳤다고 한다. 그 고난의 시기인 1941년에 이 유서를 써놓았는데, 그 유서 중에서 특히 나를 감동시킨 것은 "나는 DILEXIT VERITATEM이란 간단한 말을 내 묘석의 비명으로 써주기를 바란다"라고 한 대목이다. 그는 나라를 위해 목숨을 바친 애국자였다. 그러한 그가 묘비문에는 DILEXIT VERITATEM이란 두 단어, 즉 "그는 진리를 사랑했다"라고 써주기를 바라고 있다.

실은 나 자신도 최근 지병이 악화되어 언제 세상을 뜰지 모르겠다는 생각이 들어서, 내 무덤 앞의 작은 돌에 이렇게 적어 주기를 가족에게 부탁해 놓고 있다. "민족에 대한 사랑과 진리에 대한 믿음은 둘이 아니라 하나다"라고 말이다. 그런데 마르크 블로크의 간결한 묘비문을 읽으면서, 그는 역시 진정 위대한 학자였다는 것을 새삼스레 느끼게 되었다. 나는 그의 정신이 오늘의 한국 학자들 가슴속에 깊이 새겨졌으면 하는 마음이 간절하다.

진리는 우주와 인간사회를 꿰뚫고 있는 원리·원칙 혹은 법칙이기 때문에 인간의 운명을 좌우하는 힘을 가지고 있는 것이다. 그러므로 진리는 오직 그것이 진리이기 때문에 존중되어야 하는 것이다. 진리는 민족이나 계급 혹은 지연이나 학벌에 따라서 이렇게도 되고 저렇게도 되는 것이 아니다. 오늘날 흔히 민족지상이니 민중지상이니 하는 구호를 내세우고 진리를 우습게 하는 경향이 널리 번져 가고 있다. 그러나 민족지상·민중지상이 아니라 진리지상인 것이다. 진리를 배반하고 살아남을 민족이나 민중은 있을 수가 없기 때문이다.

그런데 학문은 진리를 탐구하는 것을 목적으로 하는 것이다. 따라서 박은식 선생의 말과 같이, 학문은 천지를 개벽하고 세계를 좌우하는 능력이 있는 것이다. 그런데 오늘날 학문의 연구를 담당하는 학자들이 이 막중한 임무를 저버리고 있는 것은 아닌가 하는 의구심을 가질 때가 많다. 이것은 가슴 아픈 일이다. 사리와 사욕을 위해서 수단과 방법을 가리지 않는 풍조가 우리 사회에 널리 퍼져 있는 것은 진리를 강조해야 할 학자들의 직무유기에 그 원인이 있는 것은 아닌가 하는 두려운 생각조차 든다.

거듭 말하지만, 학문은 진리를 탐구하는 것을 그 목적으로 한다. 이 점은 아무리 강조해도 지나치는 일이 없다고 생각한다. 그리고 우리 사회가 학문에 의해서 밝혀진 진리에 대한 외경심을 가질 때 건전한 사회로 성장해 나갈 것이다. 학문을 존중하는 사회는 발전할 것이고, 학문을 무시하는 사회는 파멸의 길을 걷게 될 것이다.

〈『홍익대학원신문』 20, 2003년 1월 28일〉

한국사의 진실을 찾아서

1. 민족을 위한 한국사 공부

나는 1924년에 태어났으니까 1945년에 해방이 될 때까지 21년간을 일제의 식민통치하에서 살았던 셈이다. 일제가 중국에 대한 전면적인 침략을 시작하고(1937), 또 미국과의 전쟁을 시작하면서(1941), 한국에 대한 탄압은 더욱 가혹해졌고, 그 암흑 속에서 꿈 많은 젊은 시절을 보냈다. 그런 절망적인 수렁 속에서도 내가 다니던 오산학교(五山學校)의 전통이, 그리고 특히 선친으로부터의 교훈이, 민족에 대한 책임을 나에게 일깨워 주었다. 선친은 독일과의 전쟁에 패한 덴마크를 부흥시키는 데 큰 공헌을 한 그룬트비히(N.F.S. Grundtvig)의 국민고등학교 교육에 대해 많은 관심을 가지고 있었다. 그룬트비히는 "그 나라의 말과 그 나라의 역사가 아니고서는 그 민족을 깨우칠 수 없다"라고 했다는데, 우리 형제들은 귀에 딱지가 생길 정도로 이 말을 되풀이해서 들었다. 그리고 선친은 우리나라 문학작품이나 역사책을 경제적인 무리를 하면서 많이 사들였다. 내가 한국사를 공부하게 된 직접적인 동기는 이러한 선친으로부터의 영향에 힘입었다고 할 수가 있다.

당시 내가 감동 깊게 읽은 한국사에 관한 글로는 신채호(申采浩)의 「조선역사상 일천년래 제일대사건」(『朝鮮史硏究草』, 1929)과 함석헌(咸錫憲)의 「성서적 입장에서 본 조선역사」(『聖書朝鮮』, 1934~1935)가 있다. 전자는 한국사의 큰 흐름을 낭가(郎家)의 독립사상과 유가(儒家)의 사대사상의 대립관계에서 파악한 것이었다. 후자는 도덕적 관점에서 한국사를 개관한 것이었는데, 특히 사육신(死六臣)과 임경업(林慶業)에 관한 대목을 읽으면서 비분한 감정을 억제하지 못했다. 이 두 글을 모두 민족주의적 정신사관에 입각한 글이라고 할 수 있겠는데, 정치 · 경제 · 군사 · 외교 등 모든 면에서 주권을 잃은 상황을 반영하는 것이라 하겠다.

나는 1941년에 일본의 와세다(早稻田) 대학에 입학했는데, 그때에 읽은 랑케(L. Ranke)의 『강국론(強國論)』이 나의 민족주의적인 사고를 더욱 굳게 했다. 랑케는 세계사에서의 민족의 역할을 강조하고, 독자적인 문화적 성격을 지닌 민족 단위의 국가를 강국으로 규정했다. 그러는 한편으로 헤겔(G.W.F. Hegel)의 『역사철학서론(歷史哲學緖論)』과 마이네케(F. Meinecke)의 『역사주의의 입장』(원래 제목은 『역사적 감각과 역사의 의미』)도 퍽 흥미 있게 읽었다. 헤겔은 세계 역사를 자유를 향한 이성의 자기발전으로 보았으며, 마이네케는 역사적 사실들을 상대적으로 보려는 것이었다. 그러니까 이때 나는 내 나름대로 이들을 정리해서 세계역사란 자유라는 목표를 향하여 발전하는 것이며, 그 발전과정에서 일어나는 역사적 사실들은 시대적인 상황 속에서 상대적인 평가를 받아야 한다고 생각했던 셈이 된다.

2. 한국사를 보는 관점의 문제

1945년 8월 15일, 일본이 연합국에 항복함으로써 한국은 식민통치의 굴레에서 해방되었다. 그때 나는 일본 군대에 끌려가서 만주에 있었는데, 해방과 함께 소련군의 포로가 되었다. 그러다가 1946년 1월에야 석방되어 고향에 돌아왔다. 나는 해방이 되면 북경(北京)에 유학하기를 원했으나, 당시의 사정이 여의치 않았으므로 서울로 와서 서울 대학교에 편입학하여 공부를 계속하게 되었다. 이미 인사를 드린 바 있는 이병도(李丙燾)와 그리고 손진태(孫晋泰)로부터 우리말로 강의를 들으며 감격해 했다.

이때 내가 고민한 문제는 두 가지였는데, 그 하나는 식민주의사관의 문제였다. 당시 한국은 남과 북으로 분단되었을 뿐 아니라 좌우익간의 대립이 심했고, 이에 따르는 여러 병폐가 발생하여 민족적 자존심은 크게 손상되고, 반대로 열등의식은 극도로 조장되었다. 이 같은 심리적 상황에서는 민족의 발전을 기약하기가 힘든 상태였다. 그런데 이 같은 민족적 열등의식의 뿌리는 일본 어용학자들의 식민주의사관에 의해서 조장된 것이며, 따라서 이 식민주의사관을 학문적으로 깨뜨려야겠다는 생각이 들었던 것이다.

내가 보기에 식민주의사관의 기본은 지리적 결정론이었으며, 이 이론을 가장 완벽하게 표현한 것이 미시나 아키히데(三品彰英)의 『조선사개설(朝鮮史槪說)』(1940)이었다. 이에 의하면 대륙에 붙어 있는 작은 반도인 한국은 중국·만몽(滿蒙)·일본 등 주변 강대국의 영향하에 놓여 있으며, 그 결과 당벌성(黨閥性)·의뢰성(依賴性)·뇌동성(雷同性)·모방성(模倣性) 등으로 표현되는 민족성이 조성되었다는 것이다. 반도라는 지리적 조건은 인간의 힘으로 변경할 수 없는 것이므로, 이것은 한국 민족의 면할 수 없는 숙명이었던 셈이다. 지리적 조건이 역사에 일정한 영향을 끼치는 것은 분명하지만, 그러나 그것이 결정적 요인일 수는 없으며, 인간사회의 내적 발전과의 관련하에서만 고려될 수 있는 것이다. 이 점은 다른 나라의 경우와 비교해 보면 곧 알 수 있다는 게 내 생각이었다. 그러한 의견을 『국사신론(國史新論)』(1961)의 「서론(緒論)」에서 발표하였는데, 그 이후 사회적 요구에 따라서 여기저기 발표했던 글들을 『민족과 역사』(1971)에 실어 두었다.

그런데 이 식민주의사관 문제는 이상한 방향으로 확대되었다. 소위 재야학

자라고 일컬어지는 인사들이 대학 강단에서 강의를 담당하는 학자들을 식민
주의사학자라고 공격하고 나섰기 때문이다. 그들의 주장은 여러 가지였으
나, 가장 중요한 것은 단군의 고조선 건국에 관한 전승은 신화가 아니며, 건
국 연대도 전승대로 4천 년 전, 혹은 더 올라가서 5천 년 전으로 봐야 한다는
것이었다. 또 고조선의 영토는 북경에까지 이르렀다고 주장했다. 그러므로
이를 부정하는 대학 교수들은 식민주의사학자라고 공격한 것이다.

　나는 이것이 한국사학의 위기이며, 이 위기를 극복하지 못하면 한국사학은
파국을 면하지 못한 것이라고 판단해서 이를 비판하는 글을 거듭 발표했다
(『韓國史像의 再構成』수록, 1991). 대학 교수 중에도 그것을 하나의 학설로 대해
야 한다는 의견을 말하는 사람도 있었다. 그러나 환웅(桓雄)이 하늘로부터 내
려왔다든가, 곰이 마늘과 쑥을 먹고 사람이 되었다는 것을 역사적 사실로 믿
으라는 것은 국민을 우롱하는 망언이지 학설일 수가 없다. 또 국가는 청동기
시대 이후에야 형성되는 것이므로, 신석기시대인 4천 년 전에는 국가가 있을
수가 없다. 영토가 넓어야 위대한 민족이라는 주장은 바로 지리적 결정론 그
대로이며, 식민주의사학이 파놓은 함정에 빠지는 것이다. 이 재야학자들이
일으킨 파동은 일단 수그러졌으나, 일본에서 교과서 파동 등 침략주의적 주
장이 그치지 않는 것과 마찬가지로, 언제 또다시 터져 나올지 모르겠다는 생
각을 떨쳐 버릴 수가 없다.

　해방 후에 고민한 또 다른 문제는 유물사관이었다. 해방 전에 나는 유물사
관 문제를 심각하게 생각한 일이 없다. 그런데 해방이 되고 정치적으로 좌우
익의 대립이 격화되자, 그 사상적 배경을 이루는 민족주의와 유물사관의 대
립이 사학계에서도 큰 문제로 부각되었다. 유물사관은 민족 내부에 대립되
는 두 계급이 있는 것으로 보고, 장차 계급이 없는 평등사회를 건설하자는 것
이었다. 이러한 사회적 정의감은, 평안도 상놈의 집안에 태어나서 기독교의

평등사상에 젖어온 나에게 공감되는 바가 있었다. 그러나 물질적 생산력의 발전에 대응하여 경제적 사회구성체가 아시아적 · 고대적(노예제적) · 봉건적 · 부르주아적(자본주의적) 생산양식으로 진전되었다는 소위 유물사관의 공식이 좀처럼 납득이 되지 않았다. 백남운(白南雲)은 한국사의 특수성을 비판하고 세계사적인 일원론적 역사법칙이 한국사에 그대로 적용된다고 하여 삼국시대를 노예사회로 규정했다(『朝鮮社會經濟史』, 1933). 그러나 이청원(李淸源)은 그의 주장을 공식주의라고 비판하고, 노예사회를 고려 말까지로 보았다(『朝鮮歷史讀本』, 1937). 그런가 하면 전석담(全錫淡)은 아예 한국에서의 노예사회의 존재 자체를 부정했다(『朝鮮史敎程』, 1948). 이와 같이 유물사관 공식의 적용에는 많은 견해차가 있었다. 게다가 아시아적 생산양식을 아시아적 특수성으로 이해하는 경우, 일원론적 역사법칙에 의한 한국사 이해는 불가능해지는 것으로 생각되었다. 나는 생산력의 발전을 기준으로 하는 역사발전의 시대구분은 가능하다고 믿고 있지만, 그것이 현재의 공식과 같은 것이 되는 것일까 하는 데 의문을 가지고 있다. 또 그것만이 유일한 시대구분이라는 배타적인 주장에도 찬동할 수가 없다. 역사는 여러 각도에서 여러 기준에 의하여 그 발전과정을 살필 수 있다고 생각하는 것이다.

그러나 나는 유물사관을 통해서 민족 내부의 갈등에 주목하도록 자극받았다. 민족을 단일한 개인과 같이 생각하는 민족주의사관과는 달리, 민족을 구성하는 여러 인간집단간의 사회적 대립 관계에 주목하게 된 것이다. 다만 민족 내부의 갈등요소는 계급만이 아니라 신분도 있으며, 이 신분이 전근대사회에서는 보다 더 중요한 의미를 갖는 게 아닌가 하는 생각이다. 어떻든 이 같은 민족 내부의 갈등에 주목하게 된 것은 나의 역사학 연구에서 하나의 진전이라고 생각하고 있다.

그런데 이 유물사관은 민족주의사관에 대하여 대단히 비판적이었다. 비록 관념적이긴 했지만, 민족주의사관은 독립운동의 정신적 뒷받침이 된 것이며, 시대적 요청이었다. 그러므로 민족주의사관과 유물사관의 단점을 버리고 장점을 취해서, 보다 높은 차원의 한국사관을 정립할 필요가 있다고 생각하게 되었다. 그러한 노력을 한 선구적 역사가로서, 일제시대의 문일평(文一平)과 해방 후의 손진태를 나는 주목해왔다.

　　그런데 민족주의사관과 유물사관에 의한 한국사 연구는, 목적의식이 너무나 강했기 때문에, 구체적인 역사 연구에서는 많은 결함을 나타내고 있었다. 이에 올바른 역사적 사실의 해명이 필요하다고 생각하는 실증사학이 일어나게 된 것이다. 이 실증사학을 대표하는 것이 이병도를 중심으로 조직된 진단학회(震檀學會)였다. 위의 문일평과 손진태는 이 실증사학과도 밀접한 관계를 맺고 있어서, 말하자면 민족주의사관·유물사관·실증사학의 셋을 아울러서 새로운 한국사학을 건설하려 노력했다고 할 수가 있다. 나는 이러한 노력이 더욱 계승·발전되어야 한국사학의 앞날이 밝을 것으로 믿고 있다.

3. 구체적 연구의 과정

　　나는 한국사에 홍미를 갖기 시작할 때 신채호·함석헌이 민족의 정신적 각성을 촉구하는 주장에 감동했던 관계로 사상사를 연구하겠다고 결심했다. 그래서 처음 손을 댄 것이 불교의 전래·수용 과정이었다. 그 결론은 왕권이 강화되면서 국왕을 중심으로 한 귀족들이 현세이익적인 불교를 수용했다는 것이었다. 그런데 통일신라가 되면 여러 고승들이 등장하여 많은 저술을 남겼고, 한편으로는 민중들 사이에서 정토신앙(淨土信仰)이 크게 유행하였는데, 불교의 경전에 눈이 어두운 나로서는 그 이상 앞으로 나갈 수가 없었다. 그래서 정치사·사회사 방면으로 눈을 돌리게 되었다. 그것도 사료가 비교적 많은 고려시대로 옮겨서 『고려사』에 손을 대었는데, 과장하지 않고 말해서 나는 소설 읽듯이 흥미진진하게 읽어갔다.

그 과정에서 우선 주목된 것이 후삼국시대를 전후해서 각 지방에 존재하던 호족이었다. 이들은 독자적인 군사력을 보유하고 있었는데,『삼국사기』김양전(金陽傳)에 나오는 족병(族兵)이란 용어와 결부시켜서 신라 말기의 사병(私兵) 문제를 우선 다루었다(「新羅私兵考」, 1957). 그 후 나는 그 사병의 행방에 궁금증을 가지고 추구한 결과 고려의 경군(京軍), 즉 중앙군이 병농일치에 입각한 부병(府兵)이 아니라 군반씨족(軍班氏族)으로 성적(成籍)되어 있던 전문적 군인에 의하여 구성된 것이라는 결론을 얻게 되었다(「高麗京軍考」, 1956). 이 새로운 주장은 종래의 부병제설(府兵制說)을 뒤엎은 것으로서 나로서는 스스로 자랑스러웠다.

그런데 이 주장에 대하여는 즉각 강진철(姜晉哲)의 비판이 뒤따랐다. 그는 종전의 부병제설을 옹호하는 입장이었는데, 추측건대 농민에 대한 인신지배(人身支配)를 근거로 하여 고려시대를 노예제사회로 보는 그로서는 농민의 부담에서 군역을 제외하는 것이 달갑지 않았던 것 같다. 그러나 전시과(田柴科)의 군인전(軍人田)에서 일반 농민의 토지문제를 생각하는 것은, 조선의 과전법(科田法)에서 농민의 토지문제를 생각하는 것과 마찬가지로 무리한 일이라는 게 내 생각이다. 어떻든 그의 비판을 받음으로써 나는 더욱 이 문제를 치밀하게 살펴보게 되었는데 그 결과가『고려병제사연구(高麗兵制史研究)』(1968)였다.

그 후 젊은 학자들 중에서 부병제설과 군반씨족설을 절충하는 주장을 내세우는 경우가 있었으나, 나는 개의치 않고 지내왔다. 그런데 1966년 미국에 갔을 때 안 일이지만, 박시형(朴時亨)이『조선토지제도사(상)』(1960)에서 나와 똑같은 주장을 하고 있는 것을 보고 놀랐다. 국경과 이념을 넘어서 구체적 사실에 충실하면 같은 결론을 얻을 수 있구나 하고 생각하게 되었다.

한편 신라 말기의 사병소유자를 위로 거슬러 올라가서 살펴보면 결국 신라의 진골귀족과 부닥치게 된다. 그런데 그들의 정치적 활동에 대해서는 이렇다 할 설명이 없는 것이다. 다만 다행히 신라의 관직명은 『삼국사기』의 직관지(職官志)에 상세히 나와 있고, 또 본기(本紀)에는 상대등(上大等)과 집사부(執事部) 중시(中侍)의 임면(任免)에 관한 기록이 거의 빠짐없이 나와 있는 것이다. 나는 이들 기록을 검토한 결과, 대체로 삼국시대의 상대(上代, 中古)는 대등(大等)과 상대등이 정치세력의 중심이 된 귀족연합정치시대(貴族聯合政治時代)라 할 수 있고, 통일 후 약 100년간의 중대(中代)는 집사부 중시가 왕권을 대변하는 전제정치시대(專制政治時代)요, 하대(下代)는 다시 상대등이 재등장하면서 진골귀족간의 정권 다툼이 심한 귀족연립정치시대(貴族聯立政治時代)라고 규정할 수 있다고 주장했다(『新羅政治社會史研究』, 1974). 종래 신라사는 왕위의 계승관계를 기준으로 해서 내물왕계시대(奈勿王系時代)니 무열왕계시대(武烈王系時代)니 원성왕계시대(元聖王系時代)니 하는 식으로 정리하거나, 혹은 노예제사회니 봉건사회니 하는 논의가 있어 왔으나, 정치형태를 중심으로 한 연구는 없었던 것이므로, 나로서는 노력한 그만큼 성과도 있었다고 생각했다.

그런데 이에 대해서도 많은 비판이 가해졌다. 관직을 가지고 정치적 성격을 규정할 수 있는가라든가, 귀족회의가 엄존하는 골품제사회에서 전제정치가 가능한가라든가, 인간을 유형화하는 것은 역사의 진실을 이해하는 데 장애가 된다든가 하는 등 여기에 일일이 거론하기가 힘들 정도이다. 그러나 같은 관직에 임명된 인물들이 일정한 공통점을 가지고 있다면, 이를 통해서 그 정치적 성격을 추측해낼 수가 있는 것이다. 그리고 같은 관직이라도 그것이 운영되는 상황에 따라서는 변화상을 이해할 수도 있는 법이다. 또 전제정치란 원래 신분제사회의 산물인 것이며, 유형화작업은 개인을 중심으로 역사를 쓰던 전근대적 역사학에서 탈피하는 필수적인 절차인 것이다. 이같이 가

능한 한 자세한 답변을 해두었다(『韓國古代政治社會史硏究』, 1996 중 '신라' 부분
참조).

이 같은 정치사 · 사회사에 대한 연구는 나에게 사상사를 다시 볼 수 있도
록 이끌어주었다. 그래서 삼국시대의 불교사 부분을 보충도 하고, 또 통일신
라시대의 정토신앙(淨土信仰)에 대해서도 연구를 진행하였다. 그리하여 신라
사회가 전제정치하에서 분화작용이 일어난 관계로, 같은 정토신앙이라도 신
분에 따라서 그 내용이 다르다는 점을 지적해두었다. 예컨대 국왕의 경우는
사후(死後)에 추선(追善)에 의하여 왕생하기를 기원하는 것이었고, 노비의 경
우는 현신(現身)으로 염불에 의하여 왕생하기를 기원하는 것 같은 차이가 있
음을 밝혀 두었다(『新羅思想史硏究』, 1986).

한편 독립된 논문으로 쓴 것은 아니지만, 『한국사신론』에서 통일신라시대
에 화엄종(華嚴宗)이 전제왕권을 중심으로 한 중앙집권적 지배체제를 뒷받침
했다고 서술했다. 이것은 김문경(金文經)의 「의식(儀式)을 통한 불교의 대중화
운동」(『史學志』 4, 1970)에서 제시된 견해에 찬동해서 서술한 것이었다. 이에
대해서 화엄사상은 시대와 장소를 초월하는 초역사적인 보편성을 띤 것이기
때문에, 세속적인 이념이 될 수가 없다는 비판이 제기되기도 했다. 그러나
어떠한 종교적 사상도 결국은 인간의 사상이며, 인간의 다른 모든 행위와 마
찬가지로 그 사상도 역사적 고찰의 대상에서 벗어날 수 없다는 것이 내 생각
이다.

4. 『한국사신론』과 시대구분 문제

지금은 부끄러운 일로 생각하고 있지만, 나는 비교적 일찍부터 개설을 썼
다. 대체로 교재를 위한 것이었는데, 그래서 1961년에 간행된 『국사신론(國史
新論)』의 후기(後記)에서 금전에 대한 유혹을 뿌리치지 못하고 쓰게 된 것을

고백하여 독자의 용서를 구하기도 했다. 그러므로 나 자신의 독자적인 특색을 지닌 것이 못 되었다. 다만 『국사신론』에서는 식민주의사관을 비판하는 비교적 장문의 서론(緖論)을 힘들여 썼는데, 이 서론은 식민주의사관을 학문적으로 비판하는 첫 번째 글이 되었고, 이를 읽고 감격해서 눈물을 흘렸다는 분도 계셔서 적지 않은 보람을 느꼈다. 그러나 그것은 개설의 본론과는 상관이 없는 것이며, 관례에 따르는 왕조 중심의 시대구분은 잠정적인 임시방편에 지나지 않았다.

　그 뒤 나는 개설을 어떻게 하면 생동감이 넘치는 체계를 갖춘 것으로 할 수 있을까 하는 데 적지 않게 고심했다. 그러한 고심의 결과 새로운 정리를 인간 중심으로 시도하는 것이 좋겠다는 생각을 하게 되었다. 여기에는 하타다 다카시(旗田巍)가 그의 『조선사(朝鮮史)』(1951)에서 종래 일본의 한국사 연구는 인간이 없는 역사학이었다고 비판한 데에 자극을 받은 바 있다. 이러한 관점에서 새로운 구상을 하는 나에게 우선 머리에 떠오른 것이 후삼국시대를 중심으로 하는 신라 말·고려 초의 호족들의 활동 시기였다. 종래 이 시기는 모든 개설서에서 지극히 가볍게 처리되는 것이 보통이었다. 그러나 이 시기는 그 앞의 시대와는 다른 유형의 인간들이 역사의 주도권을 쥐고 있던 역사의 변혁기였으며, 이어 새로운 시대를 열어간 도약기이기도 했다. 그들 호족은 성주(城主)니 장군(將軍)이니 하며 군사적으로 사병을 거느리고 있었으며, 또 정치적으로나 경제적으로 독립되어 있었다. 그리고 이 시기에 사상적으로는 선종(禪宗)과 풍수지리설(風水地理說)이 유행하기 시작했고, 미술 분야에서는 거대한 불상들이 제작되고 독특한 부도(浮屠)와 탑비(塔碑)가 유행했는데, 이것들이 모두 호족과 연결 지어 설명이 되는 것이다. 그래서 나는 이 시기를 '호족의 시대'라고 명명하여 독립시켰다. 이와 같이 일정한 시기에 역사의 주도권을 쥐고 있던 사회적 지배세력을 기준으로 해서 시대를 구분하여 개설

을 쓰면, 한국사가 발전해간 과정이 생동감 있게 이해될 수 있을 것이라고 생
각한 것이다. 그 결과 『한국사신론』에서는 전체가 18개(뒤에 16)로 시대구분
이 되고, 그 각기는 하나의 장(章)으로 처리되었다.

　이러한 지배세력을 기준으로 한 시대구분에 대해 이를 지배계급 중심의 사
관이라는 비판이 있었다. 그러나 나는 신석기시대에는 씨족원이 지배세력이
었고, 근대에 와서는 민중이 지배세력으로 등장하고 있다고 했다. 씨족원이
나 민중이 지배계급이 아닌 것이 분명한 것과 같이 나의 시대구분은 지배계
급 중심이 아니었다. 또 한편에서는 어느 시대가 세계사적 시대구분상의 고
대·중세·근대에 해당하느냐는 사실이 해명될 수 없다는 비판도 있었다.
여기서 말하는 세계사적 시대구분이 어떤 것인지 설명이 없어서 잘 모르겠
다. 만일 그것이 노예제사회·봉건사회·자본주의사회와 같은 구체적 내용
이 담겨져 있지 않은 것이라면, 그 고대·중세·근대는 무의미하며, 결코 세
계사적 시대구분은 아닌 것이다. 이런 중에 서양사에서 미시적인 주제별 시
대구분이 일반사 편술에서 지배적인 경향이 되고 있다는 소개(車河淳, 「시대구
분의 이론과 실제」, 『韓國史時代區分論』, 1995)는 나에게 큰 힘이 되었다.

　그런데 나는 한국사의 지배세력이 일정한 시기까지는 그 사회적 기반이
점차적으로 좁아지다가, 통일신라의 전제정치시대를 고비로 그 사회적 기반
이 점차적으로 확대되어 갔으며, 그러다가 신분제가 폐지된 뒤에는 더욱 사
회적 기반이 확대되어서 드디어는 상공업자나 농민 등도 점차로 사회적 진
출을 하게 된다고 보았다. 이와 관련해서 주목되는 것이 이만갑(李萬甲)의 다
음과 같은 주장이다. 그는 1960년대 중반부터 "한 사회의 변혁을 주도하는
세력은 지배계급의 바로 밑에 위치하는 주변집단(周邊集團)이다"라고 주장해
왔다고 한다(「서언」, 『의식에 대한 사회학자의 도전』, 1996). 그가 가설이라고 말한
이 주장은 내가 한국사 발전과정의 후반부를 보는 시각과 일치하고 있다. 나

는 『한국사신론』에서 위에 제시한 발전과정의 경향을 법칙과 같은 것으로 주장할 수 있을는지 모르겠다고 했으나, 지금은 이만갑의 주장에 힘입어서 그렇게 봐도 좋겠다는 생각이다. 그리고 위에서 제시한 3단계의 발전과정을 고대 · 중세 · 근대의 3분법으로 처리할 수도 있겠다는 유혹을 받기도 한다. 그러나 학자에 따라서 이렇게도 해석되고 저렇게도 해석되는 3분법은 아무런 의미가 없는 것이란 생각에서 그 유혹을 물리치고 있는 형편이다.

결국 한국사는 통일신라 이후 보다 많은 민족 구성원이 평등한 입장에서 정치활동의 자유, 직업 선택의 자유, 결혼의 자유, 사상의 자유, 신앙의 자유, 학문의 자유를 추구해온 과정으로 이해할 수 있겠다. 나는 이 흐름을 한국사 발전의 법칙으로 이해할 수가 있으며, 이 진리를 이해하는 것이 한국사의 앞으로의 발전 방향에 대한 길잡이가 될 것으로 믿고 있다.

학문은 진리를 탐구하는 것을 목적으로 한다는 평범한 신념으로 지금껏 한국사 연구에 전념해 왔다. 나의 이런 신념은 야나이하라 다다오(矢內原忠雄)로부터 고취되었다. 그는 독실한 무교회주의(無敎會主義) 기독교 신자였으나, 나는 그가 학문적 진리를 강조하는 데 더 감화를 받았다. 오늘날 민족을 지상(至上)으로 생각하는 경향이 널리 번지고 있다. 그러나 민족은 결코 지상이 아니다. 이 점은 민중의 경우에도 마찬가지이다. 지상은 진리이다. 진리를 거역하면 민족이나 민중은 파멸을 면하지 못한다. 오늘의 학자들은 이 점에 대한 믿음을 확고하게 견지해야 한다고 믿는 것이다. 나는 이러한 취지를 살리기 위해서 1987년에 『한국사 시민강좌』(반년간)를 시작하여 오늘에 이르고 있다.

〈제2회 한 · 일 역사가회의에서의 발표(2003. 10) ; 『한국사 시민강좌』 35, 2004년 8월〉

|제2편|

학문의 열매

─서평 · 논문평─

『서울대학교 논문집』

서울대학교 학보편찬위원회, 1954. 3

최근 우리 학계를 즐겁게 해준 것은 일찍이 보지 못하던 호화로운 차림을 하고 두 개의 논문집이 나타난 것이다. 하나는 동방학연구소(東方學硏究所)에서 낸 『동방학지(東方學志)』요, 또 하나는 여기서 소개하고자 하는 『서울대학교 논문집』이다. 가난한 학계를 위하여 경하의 뜻을 표하지 않을 수 없다.

『서울대학교 논문집』 인문사회과학편은 서울대학교 안의 인문계 모든 단과대학 교수들이 집필하고 있는 만큼 그 내용도 광범위한 것이어서 역사·언어·예술·철학·법률 등에 걸친 열하나의 논문이 실려 있다. 그러나 여기서는 역사에 관계가 있는 것만을 추려서 소개하고자 한다. 원래 소임이 아닌 줄을 잘 알고 있지마는 이러한 중요한 업적을 소개조차 안 하는 것은 도리가 아니라는 생각에서 감히 붓을 드는 바이다.

우선 역사학에 관련되는 논문들을 들어 보면 이병도(李丙燾) 박사의 「고대 남당고(古代南堂考)」, 이홍직(李弘稙) 교수의 「백제인명고(百濟人名考)」가 있고, 그리고 고승제(高承濟) 교수의 「한국화폐유통사서설(韓國貨幣流通史序說)」과 최호진(崔虎鎭) 교수의 「이조봉건사회(李朝封建社會)에 있어서의 공동노동(共

同勞動)의 특성」등이 있다.

먼저 이 박사의 「고대남당고」는 박사의 사회 풍속 등에 대한 해박한 지식을 배경으로 하고 극소한 문헌을 토대로 하여 지금까지 그 이름조차 거의 알려지지 않고 있던 남당문제를 중심으로 우리나라에서 정치적 사회가 형성된 뒤에 있어서 원시집회(原始集會)가 어떠한 형태로 남게 되었는가를 밝힌 이채 있는 연구이다.

내용을 살펴보면 우선 우리나라의 원시집회소의 문제를 제기하고 이를 전설·민속·언어 등의 각 방면에서 설명하고 있다. 우리 고대사회에 있어서 가장 기본적이요, 중요한 집회기관은 촌(村) 집회소의 '무을'과 '두레'인데 '무을'은 정치적으로, '두레'는 순(純)사회적으로 분화·발전하였다고 한다. 누구나 이 흥미 있는 해명을 통해서 우리나라 원시집회소의 모습을 머리 속에 재구상해볼 수 있음을 기뻐할 것이다. 다만 언어학상의 해석에 지나치게 구애되어 그 원시집회소를 '무을', '두레' 등으로 부르는 것은 비약이 아닐까 싶다.

이 원시집회소는 중앙집권적인 정치기구가 형성되면서 남당으로 되었는데 군장(君長)과 각 부(部) 출신의 귀족들이 모이어 정사를 논증하고 처리집행하는 정청(政廳)으로 변하였다. 즉 남당은 회의기관도 되고 또 실무집행기관도 되었다.

그러나 정무가 번다해짐에 따라 실무집행 부분은 품주(稟主)가 분할하여 맡게 되고 남당은 의례적인 존재로 되었던 것이다. 소위 화백(和白)은 이 시기에 있어서 남당이 집행하는 중요 임무였는데 뒤에는 이름조차 평의전(平議殿)으로 변하여 버린 듯하다고 한다.

이러한 원시민주주의적인 요소는 뒤에도 맥맥이 흘러서 고려시대의 도당(都堂)인 도병마사(都兵馬使, 都評議使司), 근조선(近朝鮮)의 비변사(備邊司) 혹은 중신(重臣)회의 백관(百官)회의 내지 궐루(闕樓)회의 등의 존재로 본다 하니 이에 대한 논고가 하루바삐 나오기를 바라는 것은 필자만의 염원이 아닐 것이다.

다만 여기에 사족을 더한다면 이러한 원시민주주의적인 전통이 우리나라에서 오랜 뒤에까지 남아 있었다면 그 사회적인 원인은 어디에 있었을까 하는 것이 또한 밝혀져야 하지 않을까 하는 것이다. 박사가 서언에서 동지를 구한다고 한 바와 같이 이 방면에 대한 연구자가 많이 나기를 바라는 바이다.

이 교수의 「백제인명고」는 백제에 관한 극히 적은 논문 중의 하나이다. 장차 이를 토대로 여러 연구자들에 의하여 어떠한 결실이 맺어지기 위한 기초적인 자료의 정리를 제공하여 주는 것이 논문의 목적이라고 말한 것과 같이 고증적인 임무에 시종하고 있다. 하지만 백제사의 공백을 채울 수 있는 것은 이러한 노력을 토대로 하는 것임은 물론이다.

가령 사택(沙宅)과 사탁(沙涿)의 동일, 혹은 진씨(眞氏)의 '진'의 특수한 의미, 혹은 백(荀)이 광명(光明)의 뜻이리라는 추측 등 아직은 단정할 수 없으나마 거주지명, 사회적 신분 내지 선민적(選民的) 사상의 표현이리라는 제의는 흥미 있는 시사이며, 더욱이 진씨와 해씨(解氏)의 왕실의 외척으로써의 의의 등은 혈연관계가 사회적인 중요성을 지니고 있던 고대에서는 무슨 암시하는 바가 있지 않을까 싶다.

또 연씨(燕氏)는 중국계통이지는 않을까 하는 추측을 하면서 은(殷)·왕(王)·마(馬)·길(吉)·정(丁)·가(賈)·고(高) 등의 많은 중국식 성을 검출하고 있으며 그들이 대륙문화와 맺은 밀접한 관계로써 대방(帶方) 계통일 것으로 추측하고 있다. 이 교수는 불상명(佛像銘) 속의 정(鄭)·조(趙)에도 주목하였다. 이러한 일련의 사실에서도 우리는 백제사회가 고구려·신라와 다르다는 것을 나타내 주는 시사를 얻을 수 있을 것이다.

또 하나 주목할 것은 목협만치(木劦滿致)와 목만치(木滿致) 문제를 둘러싸고 일본인 계통의 백제에서의 활약을 추측하고 있는 것이다. 쓰다(津田) 박사가 목협설(木劦說)을 존중할 것임을 솔직히 인정하고 있는 바와 같이 아직 남겨진 문제일 것이기는 하나, 이 교수는 백제·일본 관계의 반성을 요구하고 있다.

이상에서 필자가 느낀 몇 개의 중점만을 들었지만 이 백제 성씨에 대한 해명은 여러 면에서 음미되어야 하겠고, 나아가서 백제사회의 지배기구 또는 그 정치적 사회의 형성 과정의 구명에까지 끌어가야 할 것이다.

이조(李朝) 경제사(經濟史)에 관한 고 교수와 최 교수의 논문은 우리나라의 정체성(停滯性)의 문제를 직·간접적으로 다루고 있다는 공통점이 있다. 그런 의미에서 무척 우리들의 구미를 돋우어 주는 논문들이다.

고 교수의 「한국화폐유통사서설—이조광업의 유통 부면(部面)에 관한 분석—」은 지리상의 발견을 계기로 활발해진 화폐(귀금속) 무역은 서양경제체제의 근대적 발전의 주도적 요인이 되었는데, 동양에서도 그와 비슷한 화폐(귀금속) 무역이 행해지고 있었음에도 불구하고 이것은 어째서 우리나라의 정체적 특질을 오히려 더욱 굳히는 방향으로 작용하였는가에 분석의 초점을 두고 있다.

당시에는 국내의 수요가 적어서 이조 광산물의 주요한 유통영역을 대외무역에서 발견할 수밖에 없었다. 그러나 이조국가는 무역에 소극적이어서 귀금속 유출을 단속하였고, 겨우 잠상(潛商)을 통한 사무역(私貿易)과 밀무역(密貿易)이 주로 행해질 뿐이었다.

그렇게 행해진 귀금속 무역의 실태는 어떠하였는가. 15세기 후반기에는 면포(綿布)를 제공함으로써 일본 금(金)을 흡수했으며 16세기 전반기에 이르러는 면포와 일본 은(銀)을 교환하여 그 은을 중국에 재수출하는 삼각무역이 행해졌다. 즉 영국이 근대화하는 힘의 근원이 되었던 상업혁명과 마찬가지 상황에 놓여 있었던 것이다. 고 교수는 그럼에도 불구하고 이조국가의 자기 부정으로 말미암아 상업혁명이 실현되지 않았으며 영국보다 3세기나 앞섰던 목면 공업의 발전도 이룩하지 못하였다고 지적하고 있다.

귀금속(광산물)의 유통 형태를 규정하는 또 하나의 근거인 주화(鑄貨)정책은 어떠하였는가. 자연경제가 기본적으로 지배하고 있고 영세농경과 수공업의 농가(農家) 경제 내부에서의 결합이 농촌경제의 기본요소를 이루고 있는 이조농촌에서는 농민적 화폐경제 성립의 싹조차 찾을 수 없었고 주화정책의 순조로운 발달을 기대할 수가 없었다. 이리하여 이조의 주화정책은 영국에서 와 같이 근대적 산업자본층의 형성이 아니라 화폐경제에 의한 자연경제의 침식만 가져온 것이라고 고 교수는 주장하고 있다.

이어 본 논문의 셋째 목표로 예정된 이조국가의 화폐정책의 최종적 귀결이 무엇인가에 대한 대답인 「이조말 화폐위기의 분석」은 차호(次號)에 미루고 있다.

영국의 상황과 이조의 상황을 비교 분석한 고 교수의 탁월한 변론은 미개척된 이조경제사의 일면을 밝혀 놓았다. 다만 우리는 이조국가의 자기 부정—무역 금압(禁壓) 정책이 이조의 상황을 영국에서와는 반대되는 방향으로 이끌어갔고, 또 국내에서 밑으로부터의 농민적 화폐경제가 성립하기 위한 여러 전제 조건이 성립하지 못하였다면 그 까닭은 어디에 있는가 하는 우리나라의 정체성을 해결할 근본 문제 등에 대한 설명이 있기를 기대하여 마지않는다.

최 교수의 「이조봉건사회에 있어서의 공동노동의 특성」은 우리 사회의 정체성의 원인을 공동체 유제(遺制)가 농후하게 남아 있다는 사실에서 구하고, 그러한 원시공동체의 잔재가 계속 남아 있는 원인을 수전(水田)농경과 지리적 조건에 돌리고 있다. 그리고 본 논문은 그 첫 원인인 수전농경에 따르는 공동노동 특히 견언공사(堅堰工事)를 중심으로 한 수리사업(水利事業)에 있어서의 협업(協業)의 놀랄 만한 효과를 여러 실례를 들어 설명하고 있다. 또 경작과정에서의 상호부조 및 공동작업을 말하고 있다.

그러나 동양사회를 말할 때에 으레 운위(云謂)되는 '물'의 이론은 새로운 면에서 재검토될 필요가 있지 않을까 싶다. 그것이 평면적인 사실의 나열로써 만족하는 경우에는 더구나 그러할 것이다. 오히려 앞서 고 교수가 지적한 것과 같이 농촌사회에서 화폐경제가 발전하지 못한 것, 즉 화폐의 형태로 거부(巨富)가 축적되지 못한 사실에 보다 더 중요한 문제가 잠재하여 있는 것은 아닐까. 그리고 수전사회(水田社會)의 다른 면의 특질, 가령 경지 이용률이 낮은 것, 따라서 경지에 대한 경쟁이 심한 것, 그러므로 자연 생명의 유지를 위협할 정도로 생산물 지대(地代)의 수취율이 높았던 사실 등을 생각하더라도 과거 '물'의 이론은 반성해야 할 여러 모를 가지고 있는 성싶다. 또한 지리적인 조건이란 것도 상대적인 것이지 절대적인 것은 아니지 않을까 생각한다. 요컨대 이러한 문제는 특히 경제학자들 사이에서 보다 더 새롭게 검토되어야 할 넓은 분야일 것이다.

극히 조잡한 소개밖에 못하고 많은 문제를 남겨 놓을 수밖에 없는 것을 유감으로 생각한다. 그리고 필자의 무식에서 오는 잘못에 대하여 관용을 바라마지않는다.

〈『역사학보』 7, 1954년 12월〉

Modern Korea

by Andrew J. Grajdanzev

International Secretariat

Institute of Pacific Relations, 1944

40년에 걸친 일본의 지배는 우리에게 무엇을 가져왔는가. 이웃 여러 민족의 피와 땀 속에서 피어난 번영의 꽃을 그리워하는 일본의 군국주의 정치가들은 아직도 우리나라에서의 자기네들의 업적을 세계에 자랑하고 있다. 서양사람들은 그들의 왜곡되고 과장된 선전에 끌리어 오히려 일본의 입장을 옳게 여기는 것이다. 그러나 이것은 서양사람들뿐만 아니라 우리나라의 국민들이 모르는 사이에 갖고 있는 실로 두려운 생각이기도 하다. 일본은 우리에게 많은 것을 끼쳐 주지 않았는가, 과연 우리 민족의 힘으로 일본이 해놓은 것만큼의 발전을 이룩할 수 있었을 것인가, 이렇게 필자에게 반문한 사람이 있었다. 우리 조상들의 사대주의사상을 비웃으면서 이것은 또 무슨 엄청난 사대주의였던고.

해방 10년! 응당 있어야 할 일제의 식민정책에 대한 엄정한 비판이 학문적인 업적으로 이루어지지 못하고 있다. 불필요한 비분이 아니라 냉정한 학문적인 비판이 민족적인 사업으로서 행해졌어야 할 것이다. 그야『일제하의 조선사회경제사』를 비롯한 몇 개의 발표가 없는 것 아니고 해방 전에 이루어진『숫자조선연구(數字朝鮮硏究)』같은 문헌이 있기는 하다. 그러나 보다 더 활발한 학문적인 비판이 행해졌던들 민족 스스로가 위와 같은 우문(愚問)을 던지지는 않았을 것이다. 여기에 소개하고자 하는『현대 한국』, 오히려『일제하의 한국』이라고 해야 할 이 책은 그러한 질문에 대해 외국인으로서 놀랄 만큼 명쾌한 해답을 주는 명저이다.

이 책을 학계뿐 아니라 널리 국민에게 추천하고 싶은 데는 두 가지 커다란 이유가 있다. 첫째는 저자가 갖고 있는 우리나라에 대한 깊은 우정이다. 어느 대목을 찾아보아도 그러한 우정이 넘쳐흐르지 않는 곳이 없다. 그가 서문(序文) 속에서 이 책을 쓰는 도중에 카이로선언이 발표되고 거기서 한국이 장차 자유롭고 독립된 나라가 될 것을 약속하였음을 이야기하고는 뒤이어 "그때에는 현재의 한국에 대하여 쓴 이 책이 이미 한국의 과거에 대한 것이 되겠지마는 그러나 나는 그 변화를 기뻐하는 제1인자일 것이다"라고 하였음만 보더라도 저자의 심정을 살필 수 있을 것이다. 하지만 그뿐이 아니다. 제1장 서론 속에서 어째서 한국을 더욱 잘 알 필요가 있는가 하는 몇 가지 이유 중 "그 첫째로는 무엇보다도 2천4백만의 인구를 가진 국가이며, 더욱 오래인 빛나는 역사를 지닌 나라―일찍이 인류문화의 최전선에 섰던 나라이기 때문이다" (p.3)라고 하였다. 그는 한국에 대한 갖은 비난과 근거 없는 중상을 모두 배격하였다. *Webster's New International Dictionary*에서 한국인은 "깊은 지성을 지녔다기보다 숙련된 모방적 국민"이라는 '괴상한 정의'를 내린 데 대한―이것이 서양인의 통념일 것이다―비판과 아울러 많은 예를 들어가면서 "한국인은 유능한 모방자일 뿐 아니라 창조자이기도 하다" (p.24)라고 갈파하였다.

한국인은 스스로 독립할 수 있는가. 해방 이후 항용 되풀이되는 질문, 그리고 아직도 우리 국민이 스스로 갖고 있는 의문—그러기에 당분간은 독재가 필요하다느니 또는 남의 간여를 받는 게 낫다느니 하는 엄청난 말들이 튀어나오게 되는 것이다—에 대하여 이 저자는 "있다(True)"(p.6)라고 단언하였다. 그는 맨 마지막의 제16장 「한국 독립의 문제」의 처음 몇 절 속에서 이 문제를 크게 제기하고 한국은 인적·물적 양면에서 결코 세계의 수많은 나라들에 못지 않음을 말한 뒤 나아가서 국가 운영의 능력 여하에 대하여 의심을 갖는 견해를 배격하였다. 결국 "이같이 한국에는 조직의 능력을 가진 사람, 교육을 받은 사람, 공적인 일을 다루는 경험을 가진 사람이 있다. 그리고 이 새 국가가 1918년 후의 유고슬라비아나 리투아니아보다 이런 점에서 불리한 지위에 있다고 생각할 아무런 이유도 없다"(p.279)라고 결론지었던 것이다. 그러나 그의 이해는 이런 정도에서 그치는 것이 아니었다. 한일합방 당시 조지 케넌(George Kennan)의 친일적 견해가 "좋은 외국의 정부 밑에서보다는 나쁜 자국의 정부 밑에서 살기를 원하는"(p.39) 것을 이해하지 못한 데서 나왔음을 지적한 것에서 그의 일반적인 약소민족에 대한 이해가 깊었음을 알 수 있다.

이 책을 널리 추천하고 싶은 둘째 이유, 그리고 이 책이 갖는 가장 큰 장점은 그가 과학적이고 엄정한 비판적 태도로써 모든 사실을 분석하고 있다는 점이다. 서양인들이 동양으로 진출한 이래, 비록 중국이나 일본같지는 못하다 하더라도 우리나라에 관한 적지 않은 책들이 그들에 의하여 저술되어 왔다. 하지만 그 거의 전부가 긴 담뱃대를 문 시골 노인의 사진을 자랑스레 내거는 일종의 호기심의 산물이거나, 혹은 선교의 목적을 위한 것이거나, 그렇지 않으면 상업을 목적으로 한 것이었다. 그러나 일찍이 우리나라의 사회를 과학적인 조명 밑에서 관찰한 저자가 있다는 말은 과문한 탓인지 아직 듣지 못하고 있다. 뒤늦게나마 이제 이 책에서 그러한 과학적 연구의 성과를 찾아볼 수 있다는 것은 커다란 기쁨이 아닐 수 없다. 여기에서 "일본의 식민정책의 하나의 표본으로서의 관심"(p.4)이 한국을 더 잘 알아야 하는 둘째 이유라고 한 바와 같이 일제의 침략에 의하여 일어난 모든 부문의 사회적인 변화가 세밀하게 학문적으로 검토되고 있는 것이다. "식민지 지배를 위하여는 철도, 도로, 약간의 학교, 그리고 약간의 병원이 필요하다. 일본 당국자들은 외국 선전에 있어서 한국에서의 그들 행동의 이 면을 부단히 강조하여 왔다. 조선총독부의 연보(年報)에는 도로, 우편국, 병원 및 개량형 선박 등의 사진이 가득 차 있다. 그러나 이를 무조건한 '은혜'라고 인정하기 전에 그들 사업의 목적과 결과가 어떠했는가 하는 것이 주의 깊게 검토되어야 한다"(p.4)라는 것이 그의 견해이다.

그러면 이러한 검토의 표준을 그는 어디에 두었는가. 그에 의하면 그 표준은 일본인 자신이 제공하여 주었다. 일본은 합병 선언 속에서 한국인의 번영과 행복의 증진을 약속하였다. 그러므로 한국인이 번영과 행복을 누리게 되었는가 하는 것이 모든 판단의 표준이 되어야 한다는 것이다. 그리고 한국인의 번영과 행복을 재는 기준으로서 일본인의 그것과를 비교하는 지극히 정당한 방법이 채용되었다. 이리하여 이하 인구(4), 농업(5), 임업과 어업(6), 동력과 광산자원(7), 산업(8), 수송과 통신(9), 화폐와 금융(10), 재정(11), 무역(12), 정치(13), 사법, 감옥 및 경찰(14), 보건, 교육 및 종교(15) 등 각 장(章)을 통해서 한국과 일본을 비교하여 가며 많은 통계를 이용하여 그들 정책의 기만성을 폭로하였다. 그 상세한 것에 대하여는 여기서 일일이 소개할 여유가 없으므로 후일을 기할 수밖에 없다.

이러한 각 부분에 대한 분석에 앞서 제2장에 지리적 환경, 제3장에 일본의 정치적 침략과 이에 대한 반항운동의 역사가 적혀 있다는 것을 알려 두어야겠다. 특히 제3장에서는 보호조약 당시의 미국 대통령 시어도어 루스벨트

(Theodore Roosevelt)를 비롯한 서양인의 친일적인 한국관을 열심스레 비판하고 있다. 또 소위 자유주의자 이토(伊藤)의 통감정치나 육군대장 데라우치(寺內)의 무단정치나 해군제독 사이토(齋藤)의 문화정치가 모두 그 본질에 있어서 조금도 다른 것이 없다는 등, 그의 형안(炯眼)에 놀라게 되는 대목이 많다.

다만 한 가지 유감인 것은 지명·인명이 거의 일본식 발음으로 적혀 있는 것이다. 해방 전의 저작임을 생각하면 이해가 되지 않는 것은 아니지만, 이제 우리가 읽어 가는 데 서먹한 느낌을 금할 수 없다. 그러나 부록에 우리나라 원명과 일본식 명칭과의 대조일람표를 첨부하는 친절을 잊지 않았다. 이 밖에 부록으로 농업을 비롯한 각종 산업 및 무역의 통계표가 있고 참고서목이 실리어 있다.

저자에 대하여 거의 아는 바 없음을 유감스레 생각한다. 다만 출판사의 소개에 따르면 그는 시베리아의 이르쿠츠크에서 태어났고, 만주와 북중국에서 13년 간이나 대학의 강사와 연구생활을 하였다. 뒤에 캘리포니아 대학과 컬럼비아 대학에서 학위를 얻었다. 아마도 그는 망명생활 끝에 미국에 귀화한 것이 아닌가 한다. 톈진(天津)의 난카이(南開)경제연구소 및 미국의 태평양문제연구소의 연구원이었으며, 1944년에는 오리건 대학의 경제학 조교수였다. 그는 우리나라와 일본에 몇 차례 여행을 한 일이 있다고 한다. 그리고 저서로는 『오늘의 대만(台灣)*Formos Today*』이 있고 또 중국·일본·인도 및 동남아시아의 경제적·사회적 문제에 대한 많은 논문이 있다 한다.

〈『역사학보』 8, 1955년 12월〉

『일동기유(日東記游)』

김기수(金綺秀) 저

『수신사기록(修信使記錄)』 수록

국사편찬위원회, 1958

우리나라가 근대화하는 과정에 대한 연구는 우리의 현실문제와도 직결되는 긴급한 과제일 것이다. 여기서 우선 문제가 되는 것은 근대화의 기점을 어디에 잡느냐 하는 것이겠지마는, 근대화를 위한 가능성 내지는 계기를 마련해준 것이 고종 13년(1876)에 맺어진 병자수호조약(丙子修好條約)이었다고 함에는 누구나 이론(異論)이 없을 것이다. 그러나 이 문호개방(일본인들이 주장하는 소위 개국)이 우리나라의 근대화를 위한 정상적인 길을 마련해 주지 못하고, 도리어 일본과 기타 열강의 침략을 위한 길을 터놓는 것이 되었다는 점에서 우리의 역사가 가지는 후진성 내지는 비극성을 인정해야 할 것 같다. 그러한 결과를 초래하게 된 깊은 원인이 어디에 있었는가 하는 문제는 어떤 의미에서는 우리나라 역사를 연구하는 초점이 될 수도 있는 것이라고 하겠지마는, 이 어려운 과제는 손쉽게 풀리지 않는 장래의 과제가 될 것 같다. 그러나 우선 문호개방 당시의 정권 담당자들의 사고방식이라든가, 새로이 접하는 근

대적인 서양문화에 대한 태도를 살펴보고 분석하여 본다는 것은 비교적 손쉽
게 다룰 수 있는, 그러면서도 중요한 과제라고 생각한다.

　이상과 같은 관점에서 이번 국사편찬위원회에서 한국사료총서 제9집으로
간행한 『수신사기록』은 우리 학계에 기여하는 바가 클 것으로 믿는다. 수록
된 세 편은 모두 중요한 것이요, 어느 것이나 앞에 적은 과제와 연결되지 않
는 것이 없다. 그중에서도 특히 여기서 다루려고 하는 김기수의 『일동기유』
는 그것이 문호개방 직후 최초로 근대화하는 일본에 가서 직접 보고 듣고 온
기록이었다는 점에서, 역시 같은 책에 수록된 김기수의 『수신사일기』 권 1(내
용은 전자와 대동소이하다)과 함께 우리의 주목을 끈다. 다만 이 『일동기유』의
저술 경위라든가 그 사료적 가치에 대한 평가는 이미 권말에 붙인 신석호(申
奭鎬) 교수의 해설에 자세히 나와 있으므로 여기서 되풀이할 필요를 느끼지
않는다.

　김기수가 부산포(釜山浦)에서 배에 오른 것은 고종 13년(1876) 4월 29일이
었다(병자수호조약이 체결된 것이 2월 2일이었고, 그가 서울을 출발한 것은 4월 4일이었
다). 일본 측에서 마련해준 소위 화륜선(火輪船, 기선)을 타는 그날부터 김기수
가 보고 들은 것은 모두 놀라운 것들이었던 듯하다. 초량진(草梁津)을 떠나 거
대한 화륜선을 바라보면서 그는 "꿈에도 생각할 수 없는 것이었다"라며 감탄
하고 있다. "나는〔飛〕 것같이" 달리는 이 화륜선의 복잡한 기관들에 그는 눈
을 휘둥그렇게 뜨지 않을 수 없었다(권 1 乘船, p.11). 일본에 가서 견문한 것들
중 그를 놀라게 한 것이 한둘이 아니었음은 물론이지마는, 그런 것들 중에 위
의 화륜선과 같은 근대적인 과학문명, 소위 기기(機器)가 있다. 그는 권 2 완
상(玩賞) 조에서 기선과 철도에 대하여 놀라움을 표시하고 있다. "전차(前車,
기관차)의 화륜이 한 번 움직이면 중차〔衆車, 객차〕가 따라서 모두 움직이는데
뇌전(雷電)과 같이 달리고 끌며 풍우(風雨)와 같이 전광(顚狂)하며 한 시간에

3백~4백 리를 갈 수 있다고 한다. 그러나 차체는 안은(安隱)하여 조금도 흔들리지 않는다. 좌우의 산천, 초목, 가옥, 인물을 보는데, 앞에서 번득이는가 하면 뒤에 비치어 자세히 완상할 수가 없었다. 담배를 한 대 피울 사이에 이내 신교(新橋)에 이르렀는데 즉 95리였다"(p.27)라고 하였다. 권 4 문사(文事)조에 부록으로 실은 「관육군성정조국기(觀陸軍省精造局記)」에는 "높이가 하늘에 닿을 듯하여 우러러보면 정신이 어찔했다"(p.102)라며 높은 굴뚝을 가진 정조국의 내부에서 차륜과 피혁(皮革)에 의하여 움직이는 굉장한 기계들을 보고 다음과 같이 말하고 있다. "기술이 이에까지 이르렀는가. 한 개의 화륜으로 천하의 능사가 모두 끝나도다"(p.103). 그의 경탄을 짐작할 만하다.

둘째로 그가 놀란 것에는 전자와 연결되는 것이지마는 일본의 근대화한 신군대(新軍隊)가 있다. 권 2 완상 조에서 그는 대오(隊伍)를 나란히 하여 호각 소리에 맞춰서 행동을 한결같이 하고 총을 올리고 내리는데 한 사람의 앞서는 자도 뒤지는 자도 없는 질서 정연한 행동을 하는 육군보병의 모습을 묘사하고 있다. 그는 또 기병(騎兵)의 날램, 전차의 대야(大野)를 진동시키는 소리, 해군 함포의 산해(山海)를 뒤흔드는 포격 등에 감탄하고 있다(pp.28~30).

셋째로 들 수 있는 것은 일본의 경제적 발전상이었다. 그는 "여함(閭閻)이 은성(殷盛)하고 시사(市肆)가 풍성(豊盛)함이 중국보다도 낫다"라고 하였다(권 4 還朝 附 行中聞見別單, p.109). 또한 일본 국민이 각기 직업이 있어서 부지런하고 놀고 먹지 않으며 길에는 걸인이 없다고 하였다(『수신사일기』 권 1, p.130). 그리고 일본이 부국강병으로 급선무를 삼고 있음을 이(利)만을 위함이라고 강조하고(p.108), 그들의 소위 부강지술(富强之術)이란 통상(通商)을 오로지함에 있다고 말하였다(p.109). 구미 열강과의 성한 무역을 짐작할 수가 있다.

끝으로 국제적인 문제에 대한 일본 측의 주장이 눈에 띈다. 즉 일본은 러시아의 극동 진출을 두려워하여 우리나라를 이에 대항할 수 있는 동맹국의 위치에 놓고자 그를 설복하려 하였다. 이노우에 가오루(井上馨)은 그에게 이러한 러시아의 동향을 말하며 우리나라도 기계를 수선하고 병졸을 훈련하여 방어책을 세울 것을 역설하였던 것이다(권2 問答, p.51).

이상 김기수가 일본에서 견문한 것들 중에서 몇 가지 중요한 점만을 추려서 살펴보았다. 이러한 몇 가지 점은 결국 '부국강병'이라는 말로 대체할 수 있을 것이다. 김기수가 본 일본의 인상은 이 한마디에 담겨 있다고도 할 수 있을 것 같다. 그러면 이와 같은 인상을 그는 어떠한 태도를 가지고 정리하였는가. 이것이 중요한 점이다.

그가 맨 처음 승선하였을 때에 '지중(持重)'을 기한다는 이유로 화륜선의 자세한 관찰을 피하고 있다(권1 승선, p.11). 이 '지중'이야말로 그가 시종여일(始終如一)하게 가진 태도였다. 그는 자기의 사명이 수호(修好) 일사(一事)에 있다고 생각하고 그 이상의 모든 행동을 삼가고 있는 것이다(권2 문답, p.45·p.47). 그가 동경(東京)에 유숙하고 있을 때에 일본은 숙박소의 주소와 제호(第號, 숙박소명)를 적은 조그마한 목패(木牌) 40~50매를 전하면서 이것을 가지고 다니면 길을 잃을 염려가 없으니 마음대로 출입하며 견문할 것을 권하였다. 그러나 그는 이것을 책상 위에 놓은 채 내버려 두었고 떠나올 때에 보니 먼지가 쌓여 패면(牌面)의 글을 읽을 수가 없을 지경이었다고 말하고 있다(권1 留館, p.18). 여관에 처박혀 있어서 갑갑하지 않느냐고 물었을 때에 그는 자기 성격이 본래 고요한 데 익숙해서 괴로운 줄을 모른다고 대답하였던 것이다(권2 문답, p.49). 이국(異國)에 대한 호기심으로라도 이럴 수가 있을 것인가고 느껴진다. 그가 일본에서 본 근대적인 여러 시설에 대한 관찰을 기록한 글에 「완상(玩賞)」(권2)이란 제목을 붙인 것으로도 그의 태도를 짐작할 수 있다. 이러한 그의 소극적 태도가 근대적인 일본에 대한 최초의 관

찰이 우리에게 아무런 더해 주는 것이 없는 결과를 가져오게 한 것은 아니었
을까.

그러나 그는 단순히 이러한 소극적 태도에만 그친 것이 아니었다. 그는 돌
아오는 길의 선상에서 서양인이 있는 것을 발견하고 항의하여 하선시키기까
지 하였다(권 1 停泊, p.15). 그는 일본인이 양복을 입는 것을 비웃었다(권 2 문
답, p.48). 심지어 러시아의 남침을 막기 위하여 부국강병책을 쓸 것을 권하는
이노우에에게 "우리나라는 본래 선왕(先王)의 말이 아니면 말하지 아니하고,
선왕의 의복이 아니면 입지 아니하고, 한결같이 전하고 지키기를 5백 년이
되었다. 이제 비록 죽거나 망할지라도 기기(奇技)와 음교(淫巧)를 하여 남과
앞서기를 다투는 것을 원하지 않는다"라고 하였던 것이다(권 2 문답, p.51). 이
것을 비장(悲壯)이라고 해야 할지 우둔(愚鈍)이라고 해야 옳을지 형용할 말을
찾기가 힘들 지경이다. 새로운 과학문명은 그에게 기기 음교로밖에 보이지
않았다. 나라가 망하더라도 좇을 수 없는 것이었다. 그러므로 그가 고종에게
올린 「행중문견별단(行中聞見別單)」(권 4 還朝 附)의 마지막 결론은 일본은 "외
양으로 보면은 막부막강(莫富莫强)이지마는, 만일 위에 말한 제조(諸條)로 그
세를 깊이 살핀다면 장구의 술이라고는 말할 수 없다"(p.110)라고 하는 것이
었다.

이로써 나는 『일동기유』 소개의 붓을 놓아야겠다. 김기수의 위와 같은 소
극적인 태도, 근대 문명을 마땅치 않게 생각하는 태도, 위엄을 가장하는 태도
에 안타까운 마음을 금하지 못하는 사람이 있을는지도 모르겠다. 그러나 이
를 안타깝게 생각하든 안 하든 간에 그것은 사실이었고 또 비단 김기수 한 사
람만의 태도는 아니었던 듯하다. 권 1 상략(商略) 조에 나타나는 여러 인물의
김기수에 대한 충고의 내용으로도 이는 짐작이 된다. 하여튼 이 『일동기유』
4권은 우리에게 여러 가지 흥미를 주고 있는 것이며, 한국근대사를 연구하는

데 있어서 우선 검토해야 할 책의 하나임은 다시 말할 나위도 없이 명백한 일
이다.

〈『梨大史苑』 1, 1959년 3월〉

『해천추범(海天秋帆)』

민영환(閔泳煥) 저

서울대학교 국사연구실 역

을유문화사, 1959

풍류객의 기행을 연상시키는 제목을 가진 이 책은 충정공(忠正公) 민영환이 건양(建陽) 원년(1896) 3월 11일 부아특명전권대사(赴俄特命全權大使)의 명을 받은 날부터 동년 10월 21일 그가 임무를 끝마치고 서울에 귀임할 때까지 약 7개월간에 걸친 여행일기이다. 공이 특사로 파견된 목적은 러시아 최후의 황제인 니콜라이 2세의 대관즉위식에 참여하기 위함이었다. 동년 2월에 아관파천(俄館播遷)이 있어서 고종이 러시아공사관에 가있던 때였기 때문에 이 사행(使行)이 외교적 면에서 주목되는 바이며, 한편 공이 직접 서구문명을 접하게 된 기회이기도 했기 때문에 또한 우리에게 관심의 대상이 되는 것이다.

이 『해천추범』은 그 내용을 대체로 셋으로 구분하여 생각할 수 있을 것 같다. 첫째는 공이 3월 11일 특명을 받고 4월 1일 서울을 출발하여 중국, 일본, 미국, 네덜란드(和蘭), 독일, 폴란드(波蘭) 등을 거쳐서 러시아 모스크바에 도착한 5월 20일까지의 기행이다. 공은 여러 나라 도시의 화려함을 접하는 동안 서양문명에 대한 인식이 점차로 깊어 갔을 것으로 생각된다. 대서양을 건너면서 갑갑함을 이기지 못하던 공은 옆 선실 사람이 52번이나 대서양을 내왕했다는 말을 듣고는 서양인이 상리(商利)를 위하여 모험을 즐기는 것을 감탄하고 있는데(5월 13일), 이 부분은 서구문명의 중요한 어느 한 대목을 별견(瞥見)하는 것 같은 느낌을 주고 있다. 독일의 급진적인 발달에 대한 찬탄 (5월 17일), 폴란드의 전함에 대한 반성(5월 18일) 같은 대목에서도 공이 당시 우리나라의 현실에 비추어서 가슴 깊이 절감하는 바가 있었음을 짐작할 수 있다.

둘째 부분은 러시아에 머무는 동안의 시찰기라고 할 수 있는 5월 20일부터 8월 25일까지에 이르는 동안의 일기이다. 5월 26일의 대관식을 비롯하여 만민연(萬民宴), 관병식(觀兵式), 무답회(舞踏會) 등 각종 의식에 참석한 뒤, 공은 6월 8일 상트페테르부르크(彼得堡)에 가서 2개월간이나 머물게 되는데, 그동안 러시아의 여러 관리들과 접촉하고 있다. 그러나 그 접촉 내용에 대하여는 상세한 것이 나타나 있지 않으므로 알 수 없으며, 신황제가 환도한 뒤 우리나라의 국서(國書)에 대한 회답을 받은 후 곧 출발하고 있다. 실상 그 이상의 다른 무엇이 없었는지도 모를 일이다. 이미 말한 바와 같이 이 사행(使行)이 아관파천 직후의 긴장된 국제정세 속에서 행해진 것인 만큼 외교적인 면에서 우리의 흥미를 자아내는 것은 사실이지마는 이 책은 그 흥미를 채워주지 못하고 있으며, 따라서 외교사료로서의 가치는 예상하던 것보다 적다고 해야 할 것 같다.

오히려 본서의 진면목은 한말의 뜻있는 한 명문 정치가가 쓴 당시 세계 최강국의 하나임을 자랑하던 러시아의 문물시찰기였다는 데에 있을 것 같다. 공은 러시아 수도에 체재 중 거의 매일 여러 가지 시설을 시찰하고 있다. 그러한 것 중에는 고관의 개인저택, 공원, 동물원, 예배당 등을 위시해서 각종 공장과 학교, 농업박물관, 재판소, 감옥, 조폐소(造幣所), 무기제조소, 조선창 (造船廠), 군함, 포대(砲臺), 수도시설, 천문대, 자기(磁器)제작소, 도서관 등등이 있다. 또 정치제도, 군사제도, 재정문제 등도 깊은 관심을 가지고 살피고 있다. 아마도 공의 7만 리에 걸친 이 세계일주 여행에서 가장 얻은 바가 많은 기간이었을 것으로 생각된다. 공이 표트르 대제(大帝)의 동상을 보며 그의 중흥 군주로서의 노력을 적은 부분(6월 10일)은 우리로 하여금 공의 심중을 헤아리게 하는 대목이 아닐 수 없으며, 비록 전제국가라고 하지만 노성한 사람들이 직접 정치를 맡고, 각 관이 책임을 감독하기 때문에 황제가 없더라도 정치에 지장이 없다는 점에 대한 느낌 같은 것도(6월 20일) 공이 외면의 번영 이상의 것에 유의하고 있음을 말하여 주는 것이라 하겠다. 공은 또 농업박물관에서 본 양어(養魚)하는 방법을 칭찬하고 있으며, 이어 그가 본 수차(水車)를 이용하면 우리나라에서 양답(良畓) 몇 백만 경(頃)을 개척할 수 있겠는데 창시하여 사용할 사람이 없으니 개탄할 뿐이라고 한 대목(6월 29일) 같은 것은 공의 생활개혁에 대한 의욕을 나타내는 것이라고 하겠다. 공의 후일의 여러 가지 개혁에 대한 주장은 이러한 견문에 힘입은 바가 컸을 것이다.

8월 19일 공은 러시아 수도를 떠났는데, 도중에 박람회를 구경하였고, 8월 26일에 볼가강에서 기선을 타고 귀국 길에 오르게 되었다. 공은 이어 8월 28일 사마라에서 기차로 갈아타고 가기 일주일, 9월 5일부터 9월 22일까지 20여 일간 시베리아의 광야를 흔들리는 마차 속에서 보내는 고단한 여행을 계속하게 되었다. 이 마차 여행은 퍽이나 괴로웠던 듯하여 여러 차례 여행의 신고(辛苦)를 호소하고 있다. 9월 23일, 다시 승선하여 하류(河流)를 타고 항행(航行), 10월 10일에 해삼위(海蔘威, 블라디보스토크)에 도착하였다. 해삼위를 떠난 것이 10월 16일이고 반도의 동, 남, 서 삼면의 해안을 돌아 인천에 상륙한 것이 10월 20일, 그리고 21일 서울에 도착하는 데에서 이 일기는 끝난다. 이

귀로의 지루한 여행이 본서의 제3의 부분이 될 것이다.

이 귀로는 공에게 괴로울 뿐, 이렇다 할 신지식의 견문에는 도움이 되지 못하였을 것이다. 그러나 이 부분은 그대로 또 하나의 중요한 역사적 자료가 되고 있다. 3년 이내에 완성을 서두르는 시베리아 철도 부설공사의 상황을 보며 공이 러시아의 행동에 주의하고 있음은 그 하나의 예라고 할 수 있을 것이다. 그러나 그것보다도 흥미 있는 것은 시베리아에 이주한 우리나라 사람들의 상황이 여러 군데에 기록되어 있다는 사실이다. 이에 따르면 그들은 해삼위 부근, 우수리강 연안, 경흥(慶興) 건너편 연안에 밀집하여 있었지마는, 한편 훨씬 내륙지방에까지도 가 있었다. 주로 농업과 상업에 종사하는 그들은 도소(都所, 집회소)가 있고, 두민(頭民, 民會長)이 있어서 이방에서의 단결을 꾀하고 있는 것을 알려 주고 있다. 이주자의 호수가 6천~7천에 달하였고, 왕래하는 사람의 수는 셀 수가 없었다고 하니 이미 당시에 이 지방과의 내왕이 그토록 빈번하였던가 놀라움을 금할 수가 없다. 이들 이주민에 대하여 러시아와의 사이에 외교적인 교섭까지 행해지고 있었음은 공의 흑룡강(黑龍江) 총독과의 회담에서 이주민 문제가 언급되었음을 통해(6월 1일) 알 수가 있다. 하여튼 공의 괴로운 여행 덕으로 이러한 사실에 대한 우리의 지식에 보태는 바가 있게 되었음은 뜻밖의 수확이 아닐 수 없다.

해방 후에 곧 번역에 착수된 이 책은 이미 지형(紙型)까지 만들어져 있었으나 6 · 25동란으로 출판에 이르지 못하던 것이 다행히 지금껏 지형이 보존되어 이제 간행된 것이라고 한다. 이 역서의 출판과 거의 동시에 한문으로 된 원본이 국사편찬위원회에서 간행하는 한국사료총서 제7집인 『민충정공유고(閔忠正公遺稿)』 속에 포함되어 이미 간행되었으므로 기쁨은 더하고 있다. 단 번역 원고의 교정이 불충분해서 오식(誤植)이 더러 눈에 뜨인다. 또 번역본에 적혀 있는 인명과 지명 등이 원본에 한글로 적혀 있는 그것과 어긋나는 것은 무슨 까닭인지 알 수가 없다. 그러나 한문에 익숙하지 못한 일반 독자를 위하여 이 역문판은 큰 구실을 할 것이라고 믿는다. 또 이 책에는 공이 다음 해 주구공사(駐歐公使)가 되어 재차 도구(渡歐)했을 때의 일기인 「사구속초(使歐續草)」가 함께 실리어 있어서(원문은 상기 『민충정공유고』 속에 역시 수록되어 있다) 공의 또 한 번의 해외 여행기를 접할 수 있음을 첨언하여 둔다.

〈『梨大史苑』 2, 1960년 3월〉

『고려사색인(高麗史索引)』

연세대학교 동방학연구소 편, 1961. 6

국사를 연구하는 데 있어서 필요한 일이 어찌 한둘뿐이리오만은, 사료에 보다 더 친숙할 수 있는 길을 마련한다는 것은 초급한 기초적인 일의 하나임이 틀림없다. 색인의 작성은 그러한 기초적인 작업의 하나에 속하는 것이다. 필요한 사항을 색인을 통해서 손쉽게 찾아볼 수 있는 편익은 이루 말할 수 없이 큰 것이다.

앞서 『삼국사기색인(三國史記索引)』(1965)을 간행한 바 있는 연세대 동방학연구소에서 이제 또 『고려사색인』을 내놓았다. 『고려사』는 『삼국사기』보다 몇 배나 분량이 많고 또 항목을 추리기도 훨씬 곤란한 것이다. 그런데 이제 이홍직(李弘稙) 교수를 위시하여 고병익(高柄翊)·이광린(李光麟)·이종영(李鍾英)·황원구(黃元九)·이우철(李愚喆)·정형우(鄭亨愚)·오해진(吳海鎭)·이희덕(李熙德)·김용선(金容善)·하현강(河炫綱)·조남(趙楠)·이동복(李東馥)·김현길(金顯吉) 제씨(諸氏)의 수고로 인하여 검색의 편을 얻게 되었다는 것은 국사학계를 위하여 기쁜 일이 아닐 수 없다. 이 색인의 작성을 계획하고 지도한 이홍직 교수의 노고는 물론이거니와 또 많은 사람의 협력이 없이는 이루어질 수 없는 이 일에 힘을 아끼지 않은 제씨의 공도 크다고 해야 할 것이다.

본 색인은 『고려사』에서 추출된 항목을 인명편, 지명편, 직관(職官) · 제도 (制度)편, 잡(雜)편의 4편으로 나누어 정리하고 있다. 전기 『삼국사기색인』에 는 연호(年號)편 · 사명(寺名)편 · 서명(書名)편이 따로 있었으나 여기서는 이들 이 모두 잡편에 합치어졌다. 많은 편을 만드는 것은 그것대로 뜻이 있겠으 나—가령 서명편은 훌륭한 서목(書目)이 될 것이다—또 지나치게 적은 분량 의 것을 독립시키는 것은 오히려 검색에 불편한 점이 있는 것이다.

항목(項目)의 배열은 『강희자전(康熙字典)』을 기준으로 해서 한자의 필화(筆 畵)순에 따르고 있다. 이 점도 가나다순으로 배열한 『삼국사기색인』과 다르 다. 한자음을 알고 있는 경우에 일일이 자획을 세어보지 않더라도 곧 항목을 찾아볼 수 있는 가나다순의 배열은 그것대로 편한 점이 있다. 다만 음을 모르 는 경우에는 오히려 자화(字畵)순이 편하며, 한편 이는 또 한글을 모르는 한자 사용국의 학자들도 불편함이 없이 이용할 수 있게 하는 편리가 있다.

본문 체제는 면마다 2단, 단마다 42행으로 조판되어 있다. 총 1,094면의 본 색인을 위하여 10만 매에 가까운 카드가 정리되어야 했을 것임을 짐작케 한 다. 면마다 상란에는 편명 및 해당 면에 나타난 항목의 두자(頭字)와 그 자화 수를 적었고, 각단의 상부에는 일일이 어느 숫자가 권 · 엽 · 행을 표시하는지 를 밝혀 주는 친절을 다하고 있다. 게다가 전일의 『삼국사기색인』 4면에 해 당하는 분량을 본 색인에서는 1면에 싣고 있어서 체제에 허술함이 없다. 또 교정도 정확을 기하도록 애쓰고 있어서 거의 안심하고 이용할 수가 있다. 다 만 열전(列傳)에 독립된 전이 있는 인명이나 지(志)에 독립된 항목으로 설명이 있는 직명(職名)이나 지명을 고딕으로 표시해서 구별했더라면 하는 의견은 경청할 만하며, 그러했더라면 금상첨화가 되지는 않았을까 한다.

색인의 생명은 아무래도 항목의 선정에 있을 것이다. 본 색인은 "광범한 채

록주의"(「범례」)에 입각해서 항목을 취했음을 밝히고 있다. 색인을 이용하는 목적이 사람 따라 다를 것이므로 그를 위한 배려를 아끼지 않았음을 말해 주는 것이다. 이 점에서 「잡편」은 무시할 수 없는 중요성을 가지는 것이라고 해야 하겠다. 그만큼 또 이것은 각 방면에 관한 지식에 통해야 한다는 어려움이 따르기도 하는 일이다.

필자는 물론 방대한 본 색인의 내용을 충분히 검토할 여유를 갖지 못하였다. 다만 몇 년 전부터 생각하여 오고 또 문자화까지 하였으나 도무지 마음이 놓이지 않던 대목이 있어서 이를 곧 참조하여 보았다. 즉 졸고(拙稿)「고려군인고(高麗軍人考)」(『진단학보』 21)의 '선군(選軍)'이라는 장에 고려의 병제(兵制)가 당(唐)의 그것과 같을 수 없다는 하나의 실증을 얻고자 하였다. 그런데 지금 본 색인과 대조해본 결과, 『고려사』 속에서 인용했어야 할 것 중에 빠뜨린 예가 있음을 알게 되었다. 본 색인에는 선군에 관한 항목이 '선군'·'선군지법(選軍之法)'·'선군별감(選軍別監)'·'선군당(選軍堂)'·'선군검점장교(選軍檢點將校)'·'선군청(選軍廳)'의 6항으로 나뉘어 배열되어 있다. 그중에서 관부(官府)로서의 선군은 '선군지법'을 제외한 타 5항에 배열되어 있지만, 필자가 앞의 졸고에서 예시한 것 이외에 더 첨가된 조목을 제시하면 다음과 같다.

　　34, 세(世)34, 1B～8-525상～14
　　81, 지(志)35, 10B～2-640상～2
　　76, 지30, 13B～1-550하～3
　　83, 지37, 9A～7-611상～13
　　16, 세16, 11A～8-239하～6

반면에 졸고에 예시된 것 중에서 본 색인에 탈락된 것도 있다. 이를 본 색인의 표시법에 따라서 기록하면 다음과 같다(단 활판본의 경우는 제외).

  78, 지32, 14B~5

  100, 전(傳)13, 16A~7

그리고 '선군' 항에 있는 81, 지35, 22A~4-644하~2의 '선군급전(選軍給田) 이유성법(已有成法)'이라고 한 '선군'은 관부를 표시하는 것이 아니라 군인의 간선(簡選)이라는 뜻일 것이므로 차라리 '선군지법' 항에 넣는 것이 좋았을는지도 모르겠다. 이와 동일한 용례로 78, 지32, 36B~1(祖宗選軍給田之良法), 111, 전24, 25A~6(請復選軍給田之法) 등이 있는데 모두 누락되어 있다. 이들은 혹은 '선군급전(選軍給田)'이라는 새 항목을 설정해서 정리했어도 좋았을 것이다. 이 밖에 군인의 간선이란 뜻의 '선군'은 다른 몇 군데에서도 발견되고 있다. 그리고 '선군당'은 착오이고 이 항은 '당'자를 빼고 '선군' 항에 넣었어야 할 것이다. '당'자는 그 다음의 '후(後)'자와 결합해서 '당후'가 되어야 한다. 즉 본 항목의 원문은 다음과 같이 읽는 것이 옳다.

  (忠烈)三十四年 忠宣倂吏 · 兵 · 禮爲選部仍以選軍 · 堂後 · 衛尉倂焉

이 기록은 "堂後官 正七品 (忠烈)三十四年忠宣罷 及卽位復之(16, 지30, 11B~8)"에 대응하는 것임을 알 수 있다. 이 같은 착오로 인하여 '후위위〔後衛尉(寺)〕'라는 불필요한 항목이 하나 생기고 '위위〔寺〕'와 '당후〔官〕' 항에서 각기 한 조가 줄어드는 연쇄적인 착오를 일으키게 하였다.

  필자의 마음에 항상 걸려 있는 또 하나의 문제는 당의 절충위(折衝府)의 것과 동일한 직명인 '절충도위(折衝都尉)'나 '과의(果毅)'가 목종(穆宗) 원년 전시과(田柴科)의 전시급여 대상직 속에 나오는 것이었다. 그래서 혹 다른 곳에도 이들 직명이 나오지 않는가 미심스러워서 본 색인을 찾아보았다. 그러나 본 색인에는 항목조차 설정되어 있지가 않아서 적이 실망하였다. 그런데 상기 두 직명뿐이 아니라 전시과 규정에 열기(列記)된 관직명은 모두 생략되어 있음을 알게 되었다. 목종 원년 전시과는 그보다 3년 전인 성종(成宗) 14년에 정비된 관제(官制)를 토대로 한 것으로 생각된다. 「백관지(百官志)」 기록으로는 성종 14년에 정비된 관제를 충분히 파악할 수 없기 때문에 이 전시과의 관직명은 동년의 관제를 연구하는 데 중요한 자료가 되고 있는 것이다. 아마 협주(挾註)로 기입되어 있기 때문에 생략한 듯하나 협주라고 해서 그것이 사료로서의 가치가 적은 것이 아님은 물론이다.

다음으로 최근 성히 논의되고 있는 족정(足丁)에 대해서 살펴보았다. '족정' 항에는 4조가 있는데 그중 33, 세33, 25B~7-519상~12는 한우근(韓㳓劤) 씨의 「여대족정고(麗代足丁考)」(『역사학보』 10)나 후카야 도시데쓰(深谷敏鐵) 씨의 「고려족정·반정고(高麗足丁半丁考)」(『朝鮮學報』 15)에 한결같이 인용되어 있지가 않았다. 한편 본 색인에도 두 논문에 모두 인용되어 있는 33, 세33, 5A~9의 1조가 탈락되어 있었다.

이상은 필자가 마음 내키는 대로 검토해본 지극히 단편적인 결과에 지나지 않는다. 그러나 이를 통해서 본 색인이 갖는 효용과 또 그 한계를 짐작할 수 있게 되었다고 믿는다. 즉 본 색인을 통하여 자기가 미처 조사하지 못한 사료를 검색할 수 있는 편의를 얻을 수 있는 것이다. 그러나 한편 누락된 것이나 착오도 있으므로 본 색인에 전적으로 의뢰하기도 어렵다는 것을 알게 되었다고 믿는다. 그러므로 누구나 밝히고자 하는 문제의 해결은 직접 『고려사』와 씨름을 하여 이를 터득하는 길을 취할 수밖에 없다. 사실 족정 문제는 '족정'

이란 문자만으로는 결코 해결될 수 없음에서도 알 수 있듯이 본래 색인이 가지는 효용은 비록 그것이 완벽한 것이라고 하더라도 근본적으로 제한되어 있다고 해야 할 것이다. 그러나 일단 색인과 대조하여 본다는 것은 실수로 인한 사료 수집의 누락을 최소한도로 방지하는 길이 될 것이다.

모르기는 하거니와 『고려사』의 철저한 색인을 만들자면 우선 양에 있어서도 본 색인의 부피를 훨씬 능가하는 것이 될 것 같다. 적당한 기준에 따라 조항을 처리하지 않으면 안 된 이유가 여기에 있었을 것이다. 가령 "동일항목이 영인본(影印本) 일엽(一葉) 속에서 둘 이상이 있을 경우에는 최초의 것만을 택"(「범례」)한 것은 그 한 예가 될 것이다. 이것은 10만 매를 헤아리는 많은 카드를 정리함에 있어서 거의 불가피한 일이었을는지도 모르겠다. 그러나 욕심을 말한다면 비록 좀 더 시간이 걸리고 비용이 들더라도, 또 부피가 늘어서 권수가 느는 한이 있더라도, 보다 완전한 것을 목표로 했더라면 하는 것이다. 좀처럼 다시 하기 어려운 일이요 또 영리를 위한 것이 아닌 연구소의 사업이었던 만큼 더욱 그러한 생각이 간절하다. 이런 점에서 연구소 당국의 이해와 아량이 필요하지는 않았는가 한다.

그러나 본 색인으로서도 그가 주는 편익이 다대함은 다시 말할 필요도 없이 명백하다. 본 색인은 국사를 공부하는 사람이면 누구나 자리 옆에 마련하여 깊은 연구나 성급한 조사에 이용할 수 있는 필수의 참고서 중 하나인 것이다.

〈『역사학보』16, 1961년 12월〉

『3·1운동비사(三·一運動秘史)』

이병헌(李炳憲) 편저

시사시보사(時事時報社) 출판국, 1959. 10

과거의 독립운동 관계 서적들이 가지는 하나의 공통적인 특색은 혈사(血史)니 투쟁사(鬪爭史)니 하는 이름이 즐겨 쓰이는 데서도 알 수 있는 것과 같이 민족적 의분심에 가득찬 것이었다는 점이 아니었던가 한다. 그리고 또 하나는 즐겨 진상이니 비사니 하는 이름을 붙이는 것에 나타나 있는 것과 같이 자기만이 알고 있는 비밀을 공개하여 일반의 호기심을 자극하려는 경향, 나아가서는 자가선전을 꾀하려는 경향이 아니었던가 한다. 이미 벗어났어야 할 시기가 충분히 되었다고 생각하지만 아직은 이 정도로 혼미한 상태에 놓여 있는 것이 현실인 것으로 보인다.

여기서 소개하고자 하는 『3·1운동비사』도 이러한 경향을 면했다고는 할 수 없을 것 같다. 그러나 이 책은 결코 그런 정도에 머물지 않고 더 나아가 3·1운동을 객관적으로 관찰할 수 있게 하는 여러 사료를 널리 수집해서 우리에게 제공하고 있다는 점에서 적지 않은 의의가 있다고 생각한다. 본문 1,017면의 호한한 이 책의 대부분은 실로 이 사료로써 메워져 있는 것이다.

그중에서도 가장 중요한 부분을 이루고 있는 것은 3·1운동 당시 민족대 표로 활약한 이들의 취조서(取調書)이다. 이 취조서는 약간의 중복된 부분을 제하고는 모두 실리어 있는데 그것이 684면에 걸치고 있다. 이에 뒤이어 예 심종결서(豫審終結書), 공판기(公判記), 판결문(判決文) 등이 실리어 있다. 다른 여러 가지 기록들도 중요한 것이 있겠지마는 3·1운동을 계획한 민족대표자 의 동향을 알기 위해서 이들 기록이 가지는 중요성은 절대적인 것일 것이다.

그러나 이미 편저자가 서문에서 이야기한 바와 같이 "그 당시 후계자나 동 료에게 해가 미칠까 하여 부인"한 것도 있을 것이므로 이에 대해서는 세심한 주의가 필요하다고 믿는다. 그렇더라도 우리는 이 취조서나 공판기가 당시 의 상황을 직접 경험한 편저자의 말과 같이 가장 신빙할 수 있는 사료의 하나 인 것을 의심할 수 없는 일이다. 일반이 쉽게 볼 수 없는 이러한 문서들을 공 간하여 누구나 쉽게 읽을 수 있도록 하였다는 것은 무엇보다도 이 책이 가지 는 높은 의의를 말하여 주는 것이라고 생각한다.

다음으로 이 책의 중요한 부분을 이루고 있는 것은 3·1운동 이후에 우후 죽순같이 일어난 각종 비밀단체들에 관한 기록과 서울을 비롯한 각 지방의 의거 상황에 관한 기록이다. 이것이 약 200면 가까운 지면을 메우고 있다. 박은식(朴殷植) 저술인『한국독립운동지혈사(韓國獨立運動之血史)』나 애국동지 후원회(愛國同志授護會)의『한국독립운동사』에도 지방 상황이 약간 나타나 있 으나 이렇게 광범위하지는 못하다. 물론 간략한 것이고 또 편저자의 말과 같 이 연락이 불충분하여 불완전한 대목도 있으나 대체의 상황을 알기에는 충 분하다.

이 밖에 이 책에는 33인 중의 한 분인 최린(崔麟) 씨의 자서전 중에서 3·1 운동 관계 부분이 실리어 있다. 이분은 3·1운동의 계획에 깊이 관여하였으 므로 이것도 중요한 사료임에 틀림이 없다. 그리고 편저자의 당시의 일기 중에서 일부분이 실리어 있다. 이것도 편저자가 33인이 모여 있던 태화관(泰和館)의 옆방에 있어서 당시의 상황을 상세히 관찰할 수 있었다고 하므로 역시 중요한 기록이라고 할 수 있겠다. 그러나 일본인 아오야기 쓰나타로(青柳綱太郎)의 『조선독립소요사론(朝鮮獨立騷擾史論)』의 1절을 발췌해서 실은 것은 납득이 가지를 않는다. 흔히 볼 수 있는 책이요, 또 반드시 중요한 것이라고도 할 수 없기 때문이다.

요컨대 이 책은 3 · 1운동 관계의 사료를 일반이 손쉽게 읽을 수 있도록 편찬해준 데에 그 뜻이 있다고 할 수 있다. 다만 때로는 편찬이 엉성하여서 그 사료의 성격을 알 수 없는 경우가 있음이 유감이다. 가령 「3월 1일의 태화관과 탑동공원(塔洞公園)」의 한 항목은 편저자의 일기에 속하는 것인지 후일의 회고인지 분명하지가 않다. 그리고 사료들의 출처에 대해서도 전혀 설명을 결하고 있다. 특히 지방 상황에 대한 자료들이 어떻게 하여 수집된 것인지 궁금하다. 각지에 직접 연락하여 문의한 것은 주기가 있기 때문에 알 수가 있지만, 그러나 그 사정을 분명하게 알려 주어야 했을 것이다. 그렇더라도 여러 자료를 일반인이 쉽게 볼 수 있도록 한 이 책은 값 있는 것이라고 하지 않을 수 없다.

〈『梨大史苑』 4, 1962년 4월〉

『삼국유사고증(三國遺事考證)』제1분책(第一分冊)

미시나 아키히데(三品彰英) 찬

삼국유사연구회(三國遺事研究會), 교토, 1963

한국 고대사에 관한 사료로서『삼국사기(三國史記)』와『삼국유사(三國遺事)』가 현존하는 가장 중요한 사서임은 구구한 설명을 필요로 하지 않을 것이다. 그중에서『삼국사기』가 찬자의 유교적인 합리주의적 사고방식에 의하여 고대적인 전승(傳承)을 많이 깎아 버린 데 비하여,『삼국유사』는 그와 반대로 신화, 전설, 불교설화 등등 풍부한 고대적 전승을 보존해 주고 있음으로 해서 그 가치가 높이 평가되어 왔던 것이다.

이미 육당(六堂) 최남선(崔南善) 씨는 널리 여러 판본을 참조하여 상세한 해제(解題)를 붙인 교정본(校訂本)을 간행해서(『新訂三國遺事』, 삼중당서점, 서울, 1946) 현재 가장 우수한 인본으로 인정되고 있다. 한편 그 번역으로는 해방 전에『조선야사전집(朝鮮野史全集)』(계유출판사, 서울, 1934) 속에 포함된 것이 있었으나 한문에 토를 다는 정도였는데, 해방 뒤에 사서연역회(史書衍譯會)에서 완전한 우리말로 번역 · 출판하였다(고려문화사, 서울, 1946). 이어 이병도(李丙燾) 박사에 의하여 간단한 주(註)를 곁들인 번역본(『譯註三國遺事』, 동국문화사,

서울, 1956)이 나오기에 이르렀다. 한편 이홍직(李弘稙) 교수에 의하여 색인이 작성되어(『歷史學報』5, 1953) 그 이용에 편익을 주고 있다. 이같이 조선 일대를 통하여 유교주의사가들에 의해서 거의 버림받아 오던 『삼국유사』는 점차 커다란 주목을 끌어 왔던 것이다.

일찍이 일본학계에서도 『삼국유사』에 적지 않은 관심을 가져 왔고, 여러 차례 인행(印行)되었는데, 이제 미시나 아키히데(三品彰英) 박사에 의하여 이에 대한 본격적인 연구가 이루어져서 그 주해(註解)의 제1분책을 손에 접하기에 이른 것이다. 미시나 아키히데 박사는 민속학의 분야로부터 한국 고대사에 접근한 분으로 화랑도(花郞徒) 연구를 비롯한 많은 업적을 내었음은 주지의 사실이다. 그러므로 그가 『삼국유사』에 깊은 관심을 갖는 것은 당연한 일이라고 하겠다. 이제 그가 무라카미 요시오(村上四男)·이노우에 히데오(井上秀雄)·가사이 와진(笠井倭人)·기노시타 라이토(木下禮仁)·아오야미 히데오(青山秀夫)·에바타 다케시(江畑武) 등 제씨(諸氏)와 더불어 이 연구를 진행하고 있는 것이다. 『삼국유사』가 다방면에 걸친 내용을 가지고 있는 만큼, 이러한 합동연구로써 그 길을 개척한다는 것은 현명한 방법이라고 할 것이다.

서문에 의하면 본 고증은 1천 면 예정의 것인데, 제1분책은 불과 60면에 지나지 않는다. 따라서 서평으로서는 시기상조의 느낌이 없지도 않다. 그러나 이 제1분책은 장차의 본 연구의 성격을 대략이나마 이해하는 데 충분한 것이라고도 생각되므로, 다음에 필자가 느낀 바를 몇 마디 적어 둘까 한다.

우선 주해자가 자부하고 있는 바와 같이, 이것이 완성되는 날이면 『삼국유사』에 대한 상세한 본격적 주서(註書)로서는 최초라고 할 수 있다. 그러므로 후일의 연구자에게 많은 도움을 줄 것임은 명백한 일이다. 이 책은 『삼국유사』를 읽어 가는 데에 소비해야 할 많은 노력을 감해줄 것이다. 그러나 한편 필자는 더욱더 잘되기를 바라는 마음에 몇 마디 의견을 적어서 『삼국유사』의

보다 나은 이해에 이바지하기를 바라는 바이다.

우선 『삼국유사』에 대한 이해는 그 내용 구성에 대한 정확한 파악을 거쳐서 행해질 수 있다고 믿는데, 이 점에서 본서는 소홀한 점이 있지는 않았나 한다. 그것은 「왕력편(王曆編)」이 제1분책에서 빠져 있는 것으로 알 수가 있다. 처음 이것은 혹은 「왕력편」이 문장으로 된 부분이 아니기 때문에 편의상 이 제1분책에서는 할양한 것이 아닌가라고 생각하였다. 그러나 「기이권제일(紀異卷第一)」에 대한 주해(p.2)를 보면 그렇지가 않은 모양이다. 즉 주해자는 이것을 「삼국유사제일기이제일(三國遺事第一紀異第一)」의 생략으로 보고 있는 것이다. 이렇게 보고 나면 「왕력편」은 『삼국유사』에서는 하나의 부록과 같은 존재가 되고 만다. 그러나 이것은 잘못이요, 「왕력편」이 9개 편목(篇目) 중의 하나로서 제1권의 수편(首篇)임은 이미 육당이 그의 해제에서 명쾌하게 고증한 바 있다. 이 점에서 주해자는 『삼국유사』의 체제에 대해서 오해를 하고 있으며, 따라서 일연의 『삼국유사』와는 다른 『삼국유사』를 만드는 실수를 저질렀다고 보아야 할 것이다.

『삼국유사』의 9개 편목 중에서 「흥법(興法)」 이하가 대부분 불교에 관한 것인 데 대해서 「왕력」과 「기이」의 두 편만은 일반적인 역사적 기록이다. 그중에서 「왕력편」은 연표로 되어 있으나, 「기이편」은 문장으로 되어 있고, 따라서 가장 많이 논의되는 부분이기도 하다. 그리고 이 「기이편」을 서술하는 뜻을 일연(一然)은 「서왈(敍曰)」이라고 한 부분에서 분명히 밝히고 있다. 그런데 주해자에게는 이 일연의 뜻이 잘 이해되어 있지가 못한 것 같다. 그러므로 「서왈」을 "서에는 다음과 같이 기술되어 있다"라고 번역하여, 마치 남의 말인 듯이 오해할 표현을 하고 있는 것이다.

이런 오해에서 연유한 까닭인지는 모르지만, '기이'란 용어에 대한 해석도 잘못되어 있다. 주해자는 「기이권제일」에 대한 주 속에서 이를 "삼국사기와는 다른 소전(所傳)을 집록(集錄)"(p.2)한다는 뜻으로 보고 있다. 그러나 이것을 "신이(神異)한 것을 기록"한다는 뜻으로 취해야 할 것임은 「서왈」조의 마지막 부분을 잘 음미해 보면 충분히 이해할 수 있을 것으로 믿는다. 이 점은 단순한 것 같지만, 실은 『삼국유사』의 본질을 이해하는 중요한 문제가 걸려 있는 것이라고 생각한다. 일연은 스스로 자기가 합리주의자가 아님을 공공연히 밝히고 있는 것이며, 그리고 바로 이 때문에 『삼국유사』에는 많은 고대적 전승이 기록되어 있는 것이다. 『삼국사기』에 없는 기사들이 『삼국유사』에 많이 수록된 것은, 단순히 『삼국사기』에 빠진 기록들을 주워 모았기 때문이 아니라 편찬하는 의도 자체가 서로 다른 것이기 때문이었던 것이다. 그러므로 『삼국유사』의 『삼국유사』다운 점을 우리는 이 선언 속에서 밝히 찾아 볼 수 있다고 믿는 것이다. 이것을 만일 이해하지 못하고 『삼국유사』를 연구한다면, 그것은 『삼국유사』를 그릇 이해하게 되는 또 하나의 실마리를 남겨 놓는다고 할 수는 없을까, 그리고 이 곡해는 결국은 『삼국유사』를 통하여 한국고대사의 참된 모습을 찾아보려는 노력을 거의 무의미하게 만들지는 않을까 하고 염려하는 것이다.

　과연 이 같은 필자의 염려가 한낱 기우에 지나는 것이 아니었음을 「고조선(古朝鮮)」조에 대한 주석에서 여실히 찾아볼 수가 있다. 이 부분에 대한 주석으로는 이미 육당의 「단군고기전석(檀君古記箋釋)」(『思想界』1954년 2월호)이 있다. 육당의 입장이 신화학 및 민속학을 토대로 한 것임은 항목의 선정이나 그 주해의 내용으로 이해할 수가 있다. 그러나 이 책은 합리주의적인 입장에 서서 단군신화를 고려시대의 조작으로 보고, 이를 통하여 고려사회의 현실을 이해하려고 하였다. 이렇게 함으로써 주해자는 원시적 요소와 후대적 요소를 혼동하고, 따라서 한국사의 참모습을 놓쳐 버리는 잘못을 저질렀다고 한다면 이것은 필자의 가혹한 평이 될 것일까.

물론 사료의 이해에는 여러 가지 입장과 견해가 있을 수 있다. 주해도 그것이 하나의 저술인 이상, 주해자의 주견을 강력히 주장해서 마땅한 일이다. 그러나 그것이 주해서인 이상, 되도록이면 과거의 학설들을 소개해 주는 친절이 아쉽다고 하겠다. 그것이 독자로 하여금 학설사(學說史)의 개략을 이해할 수 있게 할 것이기 때문이다. 그리고 이러한 친절은 학설의 대립을 초월해서 주해서에 대한 독자의 친밀감을 이끌어 줄 것임이 분명하다.

『삼국유사』는 한국민족의 귀중한 문화적 유산이다. 이 속에는 한국민족의 따스한 체온이 스며져 있는 것이다. 이 체온을 느끼지 못한다면『삼국유사』 자체는 물론이요, 이를 통한 한국 고대사의 이해는 어려울 것이라고 믿는다. 그러나『삼국유사』는 이미 한국민족의 독점물만은 아니다. 그것은 인류의 공유재산인 것이다. 그러므로 우리는『삼국유사』를 보다 넓은 입장에서 이해하는 길을 마련해야 할 것으로 믿는다. 그리고 그 넓은 입장이란 바로 세계사적인 관점에 서는 것이라고 해야 하겠고, 이 경우에 당연히 신화학이나 민속학의 원용이 필요하다고 믿는다. 그리고 우리는 이『삼국유사고증』에서 그것을 기대하였던 것이다. 그러나 불행히도 이 기대가 어긋난 듯한 느낌을 금할 수 없다. 이 연구가 완성되는 날, 위와 같은 필자의 의견이 속단에 지나지 않았음이 증명되기를 바라 마지않는다.

〈『역사학보』 24, 1964년 7월〉

『한국문화사대계(韓國文化史大系)』 Ⅰ 민족·국가사

고려대학교 민족문화연구소 편, 1964

전문적인 논문을 읽을 수 있는 기회가 거의 없는 일반 지식인의 학문적 욕구에 응하고, 한편 전문적인 분야에 관심을 갖고 이를 연구하기를 희망하는 초학자(初學者)에게 입문(入門)이 될 수 있는 본 대계와 같은 한국사의 부문별 총서의 간행이 요구된 지 오래이다. 이러한 요구가 이제 고려대학교의 민족문화연구소(民族文化研究所)에 의해서 이루어져서 그 제1권을 대하게 된 것은 기쁜 일이 아닐 수 없다. 장차 이것이 완성되면 50여 부문에 걸친 특수사(特殊史)를 수록한 성대한 출판이 될 것으로 자못 학계의 기대가 크다고 하겠다. 이 사업이 하루 빨리 완성되기를 바라는 마음 간절하다.

본 대계는 비록 서로 관련된다고는 하지만, 한 권에 7·8개 부문의 특수사를 포함하도록 계획되어 있다. 이 계획에 의해서 제1권 민족·국가사에는 다음과 같은 여러 논고가 실리어 있다.

한국문화의 지리적 배경(盧道陽)

한국민족의 체질인류학적 연구(羅世振)

한국문화의 고고학적 연구(金元龍)

한국민족형성사(金廷鶴)

한국고대국가발달사(金哲埈)

한국민족운동사(趙芝薰)   (＊괄호 안은 필자명)

　이같이 각기 그 방면의 권위자들을 동원하여 체계적인 서술을 꾀하고 있기 때문에 전공이 아닌 사람들의 지식을 정리해 주는 데 그 공이 클 것을 의심치 않는다. 다만 평자는 불행히도 한정된 분야에 대한 좁은 지식밖에 갖고 있지 못하므로, 이 전체에 걸쳐 언급할 수가 없는 것을 유감으로 생각한다. 한 권의 서평에서 그 일부만 언급한다는 것은 다른 필자들에 대한 결례임을 모르는 바가 아니지만, 소경이 코끼리를 더듬는 식의 평이 도리어 필자에게 더 큰 결례가 될 것을 두려워한 것이므로 관용하여 주기를 바란다.

　먼저 김원룡 씨의 「한국문화의 고고학적 연구」는 우리나라 고고학의 일선에서 가장 활발한 조사와 연구를 해왔고, 또 우리나라 주변의 여러 민족에 관한 고고학에도 해박한 지식을 가진 필자에 의해서 이루어진 한국고고학개설이라고 할 수 있을 것이다. 해방 전까지 한국고고학을 독점하고 있던 일본 학자들이 쓴 이 같은 개설은 몇 개 있었으나〔예컨대 후지타 료사쿠(藤田亮策)의『朝鮮考古學』, 우메하라 스에지(梅原末治)의『朝鮮古代の文化』, 사이토 다다시(齋藤忠)의『朝鮮古代文化の硏究』등〕 이들은 모두 일본의 입장에서 해방 전까지의 연구에 기초를 둔 것이었다. 그런데 아직껏 일반의 한국고고학에 대한 지식은 대부분 이러한 저술들에 의거한 것이었고, 따라서 국사개설이나 국사교과서류가 모두 이들에 기준을 두고 있었다. 그러나 이제 본고를 대함에 이르러 우리나라의 고고학이 얼마나 꾸준히 성장하여 왔는지를 알게 되어서 무엇보다도 기쁨을 감출 수가 없다. 우리는 다음에 본고에서 서술된 한국 문화의 고고학적

발전과정을 도표로 작성하여 봄으로써 과거의 일본 학자들의 그것과 얼마나
차이가 있는지를 알아보기로 하겠다.

구석기문화	존재 확신
중석기문화	존재 기대
B.C. 2000~3000년 신석기문화	토기―櫛文土器 석기―打製가 주됨, 碾石 생산―어업, 농경(후기) 주거―움집, 동굴
B.C. 6~7세기(?) 청동기문화 (제1차)	토기―角形土器(無文土器), 紅陶(丹塗磨硏土器) 석기―半月形石刀, 有溝石斧 생산―栽稻 주거―움집 묘제―支石墓, 石箱墳
B.C. 3~4세기 초기철기문화 (제2차 청동기문화)	무기―靑銅短劍, 靑銅鉾, 鐵斧, 鐵鉾 농구―鐵鎌, 半月形鐵刀, 鐵鍬, 鐵犁 마구 車輿具 주거―溫突움집, 지하 목조가옥 기타―明刀錢, 多鈕細文鏡 묘제―土壙墓, 甕棺墓
낙랑군(B.C 108) 제2차 철기문화	철기의 남한 파급 金海文化 　토기―金海土器 　묘제―石箱墳, 支石墓, 竪穴式石槨墓
3국(절대연대?) 고분문화	고구려―積石塚, 石塚(段築피라미드형) 백제―積石塚, 橫穴式石室墓, 塼築墳, 甕棺墓 신라―積石木槨墳, 竪穴式石槨墓, 橫穴式石室墓

우선 위에 적은 일본 학자들이 우리나라의 역사연대를 될수록 내려다 잡으려는 의도에서 구석기시대의 존재에 회의적이었는 데 대해서, 여기서는 단정적인 극히 밝은 전망을 피력하고 있다. 또 즐문토기 · 무문토기 · 홍도(단도마연토기)를 모두 신석기시대의 것으로 보던 것과는 달리 신석기문화 즉 즐문토기문화로 보고, 그 나머지 둘은 청동기문화에 속하는 것으로 보았다(단 이 경우에 신석기시대 후기의 농경을 무문토기문화의 영향으로 본 것은 이러한 구분과는 모순되는 것이 아닌지 의심이 간다. 그렇더라도 이것은 신석기시대 후기에 있어서의 공존에 불과하다). 막연히 동시대에 공존하던 계통을 다른 두 문화로 이해해 오던 것을 이제는 시대적인 선후를 달리하는 것으로 이해하게 된 것이다. 더욱 중요한 것은 종래 인정되지 않던 청동기시대가 설정되고, 따라서 우리나라의 금속기시대의 연대가 훨씬 위로 올라간 사실이다. 이 청동기시대에 벼농사가 시작되었다고 하고 지석묘를 이 시대의 소산으로 봄으로써, 우리나라의 정치적 사회 형성에도 많은 시사를 던져 주고 있는 셈이다. 또 김해문화라고 하는 낙동강 유역의 철기문화를 새로이 설정하고 있다.

이렇게 꾸준히 발전해온 고고학의 성과를 대하는 것이 우리의 큰 기쁨인 것은 다시 말할 것도 없다. 그러나 한편 우리의 고고학이 아직 우연적인 발견에 많이 의존하는 상태를 과히 벗어나지 못하고 있지 않나 하는 생각이 없지 않다. 가령 백제의 고분에 대한 서술은 씨 자신에 의해서 발굴 조사된 옹관에 대한 부분을 빼면 위에 적은 일본 학자들의 것에서 조금도 진전이 없다. 과거나 지금이나 미지로 남아 있는 광주(廣州)지방의 석총 같은 것을 어째서 여전히 조사하지 않았는지 알 수가 없다. 그러나 이것이 본 논고의 책임이 아님은 물론이다. 다만 우리의 고고학이 우연이나 유물 본위의 발굴이 아니라 좀 더 계획적인 것이어야 하지 않을까 하는 평자의 희망을 이 기회에 말하여 두는 것뿐이다.

본 논고는 씨 자신의 연구를 포함한 해방 이후 우리나라 고고학의 새로운 지식을 일반이 쉽게 이해할 수 있도록 제공해 주었을 뿐 아니라, 이를 하나의 체계 속에 정리해 주었다는 데에 더 큰 의의가 있다. 위에 제시한 일람표에서 알 수 있는 바와 같이, 토기·석기·주거지·묘제 등등을 일정한 문화 단계마다를 단위로 해서 적절히 정리·종합해 주고 있는 것이다. 물론 이러한 정리와 추정은 후일 새로운 지견(知見)에 의해서 수정되어야 할 대목들이 없지 않겠지마는, 최신의 학설들을 정리하여 소개해준 것임에는 틀림이 없을 것이다. 이것이 좀 더 확대되고 또 고고학의 성질상 풍부한 도판을 곁들여서 단행본으로 출판되었으면 하는 희망을 첨부해 두고자 한다.

김철준 씨의 「한국고대국가발달사」는 우리나라가 씨족사회로부터 고대국가로 형성·발전·몰락해 나가는 과정에 대한 개관인데, 제목에 따라서 그 사회구조와 통치형태에 대한 분석이 주가 되어 있다. 해방 이후 우리나라의 고대사학은 지나칠 정도로 학계의 관심에서 외면당하고 있지는 않은가 한다. 이러한 상태에서 우리 고대사학의 건재를 국내외에 과시한 것은 씨였고, 또 씨가 주력해온 것이 바로 고대국가의 성격에 대한 해명이었던만큼, 지금까지의 연구성과를 개설 형태로 정리해준 것은 고대사에 관심을 가진 사람들의 한결같은 기쁨이 아닐 수 없다.

이제 전례에 따라서 본 논고에서 구상한 우리나라 고대국가의 발달과정을 표로 제시해 보면 별표와 같다.

여기서 우선 주목을 끄는 것은 씨족사회와 부족국가 사이에 일정한 과도적인 시기를 설정하고 있는 점이다. 이 시기를 고고학상으로는 금석병용기라고 보고 있는데, 고고학자들이 B.C 3~4세기 이후의 우리나라에 대해서 적용하기를 꺼리는 금석병용기란 용어를 굳이 쓰고 있는 까닭은 이 시대의 사회적 특징을 표현하는 데 적합한 것으로 생각했기 때문이었다. 즉 이 시기는 생산

신석기시대	씨족사회	
B.C 3·4세기 금석병용기	씨족공동체 관계 유지 초기 부족국가기 지배력 대두	古朝鮮(「魏略」에 보이는)
	부족연맹	古朝鮮 衛氏朝鮮 濊貊南閭 辰國
漢四郡(B.C 108) 철기시대	부족국가	漢四郡
		東濊 韓
	재결속한 부족연맹	夫餘 高句麗 伽倻 新羅
	고대국가	高句麗 百濟 新羅

도구가 아직 석기였으므로 생산기반은 신석기시대와 마찬가지였지만 청동제 무기를 소유한 자들에 의해서 생산물이 약탈 수취되어 한곳으로 집중하였다고 보았고, 따라서 씨족공동체 관계가 순수하게 유지되면서도 정복에 의한 초기 부족국가기의 지배력이 대두하는 것으로 보았다. 이러한 지배자들을 씨는 영웅이라고 불러서 우리나라의 역사에 영웅시대의 이론을 적용하려는 의도를 비치고 있다. 그리고 이러한 사회의 구체적인 예를 「위략(魏略)」에 나타난 고조선에서 구한 것이다. 이러한 사회를 토대로 한 초기의 부족연맹도 철기시대의 그것과 구별되는 것으로 본 것은 당연하다고 할 것이다.

이 견해는 지금껏 애매하게 처리되어 오던 고조선에 대한 새로운 이해방법을 제시하여 주었다. 다만 『삼국지(三國志)』에 인용된 「위략」의 고조선에 관한 기록이 너무 짧으며, 또 위에 적은 견해의 한 논거가 된 고고학도 본 논고에서 이해하고 있는 것과는 달라지고 있으므로(위에 적은 김원룡 씨 논고 소개 중의 일람표 참조), 불안한 느낌이 없지 않다. 이러한 의문이 있더라도 이론적으로 우리나라에 영웅시대가 존재하였으리라고 상정할 수 있을 것이므로, 우리나라의 고대사 이해에 대한 하나의 문제를 제기하였다고 해야 할 것이다. 평자가 알기로는 우리나라 영웅시대에 관해서는 이명선(李明善) 씨가 『조선문학사』(1948)에서 처음 언급하였고, 최근 이우성(李佑成) 씨가 「고려 중기의 민족서사시」(『성균관대논문집』 7, 1963)에서 논급한 바가 있는데, 이에 관한 씨의 본격적인 논문이 발표될 것을 기대하는 바이다.

다음으로는 고구려·백제·신라의 삼국이 고대국가를 형성·발전시켜 나가는 과정에 대한 본 논고의 해명을 중요시하지 않을 수 없다. 이는 '삼국 영주(英主) 대조표'(p.492)에 요약되어 있는데, 실은 벌써 오래전인 1958년에 구두로 발표되었던 것이므로(제35회 역사학회 월례연구발표회), 오히려 너무 늦게 문자화된 느낌이다. 여기서 우리는 삼국의 고대국가 성장과정의 유사성이 적절하게 지적되고 있는 것을 찾아볼 수 있다. 그러나 본고는 단지 그 유사성만이 아니라 그 독자성의 인식에도 힘을 기울이고 있으며, 이 점은 특히 고구려와 백제의 비교에 뚜렷이 나타나고 있다. 비록 부분적으로는 이의를 가질 사람이 있을지 모르겠으나, 위의 견해는 우리나라 고대국가의 형성발전과정을 이해하는 하나의 기준이 될 것이라고 생각한다. 이상의 두 가지 문제를 제외하면 대체로 과거에 발표된 논문들을 적당히 추린 것이라고 하겠으므로 여기에서는 거론치 않기로 한다.

지금까지 살펴본 두 편의 논고는 모두 우리나라의 선사시대로부터 통일신라까지 이르는 시기에 대한 각기 다른 분야의 개설적인 서술이었다. 비록 분야는 다르지만 한국고대사의 체계화를 위한 노력에 있어서는 양자가 마찬가지였고, 그 노력은 높이 평가되어야 한다고 믿는다.

처음에도 언급한 바와 같이 본서의 여섯 편 논고 중에서 겨우 위의 두 편만을 소개하고, 약간의 어줍은 비견(鄙見)을 첨가하였다. 그것은 다름이 아니라 평자의 전공과 비교적 가까운 분야의 것이기 때문이었다. 나머지 논고들은 달리 적당한 평자를 얻어서 소개되기를 바라 마지않는다.

〈『역사학보』 28, 1965년 9월〉

『구주(歐洲)의 우리 사업』

대한민국 주파리위원회(駐巴黎委員會) 통신국(通信局), 1920

우리나라의 현대사를 올바로 이해하는 것은 가장 중요한 민족적 과제일 것이다. 그리고 독립운동사가 한국현대사에서 커다란 비중을 차지한다는 것은 자명한 사실인 것이다. 그런데 독립운동사를 연구하기 위하여 무엇을 먼저 해야겠느냐 하는 데 있어서는 국사학자들이라도 대부분 정확한 견해가 없는 상태에 놓여 있는 듯한 느낌이 없지 않다. 우선 정확한 사실이라도 개설의 형식을 빌어 일반 국민에게 알려 주어야 한다는 분들이 있는가 하면 혹은 이론적으로 새로운 각도에서 가치 평가를 해야 한다는 분들도 있다. 물론 모두 필요한 것에는 틀림이 없다.

그러나 역사 서술이 무엇에서부터 출발하는가 하는 문제를 모두들 망각하고 있는 듯한 것은 지극히 유감스러운 일이다. 어떠한 형태의 역사 서술이건 그것은 사료(史料)에서부터 출발하는 것이다. 그리고 사료는 보존에 대한 노력 없이 절로 남아서 역사가를 기다리고 있는 것이 아니다. 사료가 잘 보존되고 또 널리 공개되면 개설을 쓸 사람은 얼마든지 있고 이를 이론적으로 해명할 사람도 수없이 많다. 아마 우리 뒤에 오는 젊은 세대의 학자들은 기성 학자들보다 훨씬 더 이것을 정확하고 훌륭하게 해낼 것이다. 그러나 사료의 수집과 공간(公刊)은 시간이 흐르면 흐를수록 힘들어지고 또 불가능해지게 마련인 것이다. 그러므로 나는 한국의 현대사에 관한 연구가―따라서 독립운동사에 관한 사료를 수집하여 이를 공간하는 것이야말로―국가적인 사업으로 추진되어야 할 최급선무의 하나라고 강조하고 싶다. 다행히 국가기관인 국사편찬위원회가 있는 만큼, 위원회는 우선 이 일을 해야 할 것이라고 믿는다.

사료를 채택하는 데 있어서도 일제치하 관공문서(官公文書)를 제1차 사료로 다루는 경향도 시정되어야 할 것이다. 일본 측 사료는 독립운동가를 폭도(暴徒)라고 부르는 용어뿐만이 아니라 자기들의 방화를 한국인의 행위로 기록하는 따위의 허위보고가 대부분이므로 그것에 의지할 수는 없다. 그 기록들은 하나의 사료일 수는 있지만 사료 중에서도 가장 저급 사료에 불과하다. 때로는 연대나 장소 등에 기억 착오가 있더라도 촌로의 회고담이 보다 진실된 사료인 경우가 많다. 그러므로 이러한 사료의 수집이 대규모로 행해져야 하겠다.

그런 면에서 여기에 소개하는 『구주의 우리 사업』은 중요한 가치를 가지고 있다고 믿는다. 그것은 이 책자가 한국 측 사료일 뿐 아니라 정확한 연대와 사실들을 전해 주고 있기 때문이다. 이 석판본(石版本) 62면의 소책자는 대한민국 2년(1920) 12월에 프랑스 파리의 대한민국 주파리위원회 통신국에서 편찬·출판하였다. 이 책은 크게 두 부분으로 나뉘어 있다. 첫째 부분은 김규식(金奎植) 씨가 강화회의 대표로 파리에 도착한 때부터 이 책자가 출판된 때까지의 사실을 연대기로 적어 놓은 부분이다. 이 부분도 '민국 제1년'과 '민국 제2년'의 표제 밑에 적혀 있다. 다른 또 하나는 몇 가지 중요한 사실을 문제별로 적은 부분인데, '통신국의 출판 통계' 이하 7개항이 그것이다. 주파리위원회의 활동상황의 대략은 이 책자로써 우선 짐작이 간다고 하겠다.

수년 전 시내의 어떤 서점에서 우연히 구입하게 된 것이지만, 혼자 두고 볼 성질의 것이 아니겠기에 여기에 그 전문을 실어 자료로서 제공하는 까닭이다. 그리고 이런 종류의 귀중한 문서들이 노력에 따라서는 더 수집될 수 있으리라는 사실을 널리 알리기 위해서도 이의 공개는 뜻있는 일이 아닐까 하고 생각하는 것이다.

〈『신동아』, 1967년 8월호〉

『한국군제사(韓國軍制史)』 상(上)

육사 한국군사연구실 편, 1969

군제사 연구 하면 이를 마치 우리나라의 군사적인 현실과 관련을 갖는 것으로 생각하는 사람들이 있다. 그러나 경제사 연구가 반드시 현재의 경제계획과 관련을 갖는 것이 아닌 것과 마찬가지로, 군제사 연구도 반드시 그런 것은 아니다. 이것은 예로부터 정치·경제·사회 등과 함께 중요한 역사 연구 대상의 일부분이었던 것이다.

우리나라의 군제사 연구는 그리 오랜 역사를 가지고 있지 못하다. 말하자면 이것은 소외되어온 부분이었다. 그런데 국내외 학회에서 이 방면에 대한 약간의 연구가 있어서 활기를 띠는 듯한 느낌이 없지 않다. 그러나 일반적으로 아직은 무관심한 상태가 지배적이며 기껏해야 국방체제라는 관점에서만 생각하려는 선입관이 농후하다.

여기에 소개하고자 하는 육군사관학교 한국군사연구실에서 저술한 『한국군제사』(근세 조선전기 편)는 본격적인 군제사 연구의 정리를 꾀한 야심적인 저술로서 군제사의 의의를 크게 드러내 주는 중요한 구실을 담당하리라고 믿는다. 본서는 한국군제사의 체계 있는 저술의 첫째 권이며 장차 완결될 때는 방대한 양의 통사를 이루게 될 것으로 보인다. 본서의 출간은 오로지 육군본부와 육군사관학교 당국의 후원에 힘입어서 비로소 가능하게 된 것으로 그 성의를 높이 평가하고 싶다.

　본서는 군의 후원과 아울러 한국군사연구실이 신진기예의 학자들을 연구진으로 거느리고 있었기 때문에 또한 가능하였던 것이라고 하겠다. 연구를 주간한 허선도(許善道) 씨나 그와 함께 집필을 분담한 민현구(閔賢九), 이태진(李泰鎭), 정하명(鄭夏明), 최길성(崔吉城) 씨 등 그리고 이를 뒷받침해준 김영곤(金暎坤) 씨 등이 노력한 성과인 것이다. 흔히 이러한 체제의 저술에서는 집필분담이 명시되지 않는 경우가 많으며 심지어는 학문을 본업으로 하는 기관에서조차 그러한 경우가 있다. 우리 학계가 청산해야 할 나쁜 유산인 것이다. 비록 학문을 본업으로 하지 않는 육사의 계획이긴 하지만, 이러한 집필 분담을 분명히 한 점은 본서의 무게를 크게 드러내 주는 것이라고 단언해도 좋다. 다만 분담의 표시를 목차 속에 넣었어도 좋았지 않았나 하는 생각이 든다.

　『한국군제사』의 첫째 권이 근세조선전기편인 점이 의아하게 생각될지도 모르겠으나, 여기에는 그럴 만한 충분한 이유가 있다. 즉 고대에서 고려 말까지에 이르는 시기의 군제는 연구도 덜 되어 있을 뿐더러, 서로 대립된 학설이 병행하고 있어서, 이를 개설체로 서술하기는 퍽 힘든 실정인 것이다. 또 근세조선 후기 이후는 사회경제적인 커다란 변혁기여서 군제 또한 혼돈한 상태일 뿐더러 찾아보아야 할 사료도 막대한 분량에 달하고 있는 것이다. 그러므로 사료의 분량이 적절하고, 천관우(千寬宇), 차문섭(車文燮) 씨 등의 선행적인 업적이 길잡이 구실을 해줄 수 있는 이 시기야말로 우선 착수할 수 있는 가장 적절한 시기였다고 하겠다.

　그렇더라도 본서가 기간(基幹)사료로 이용한 『조선왕조실록』만 해도 결코

적은 분량은 아니다. 본서의 편찬에 착수하기 전에, 위에 적은 여러분들이 이
미 이 방면의 사료에 유의하여 분류, 작성해 둔 카드가 없었던들 1년 반의 짧
은 시일 안에 이같이 방대한 저술이 탄생하지는 못하였을 것이다. 교정을 보
아 가는 중에도 몇 차례나 보충과 수정을 가하지 않을 수 없었다는 담당자들
의 말에서, 연구와 출판을 해가는 과정에서 겪는 애로와 노력의 일단을 엿볼
수 있지 않을까 한다.

원래 이 시대에 대해서는 문외한인 평자로서는 본서의 내용을 평할 만한
능력이 없다. 게다가 주마간산(走馬看山) 격으로 훑어볼 수밖에 없다 보니 내
용을 상세히 검토할 수가 없었다. 다만 평자도 군제사에 약간의 관심을 가지
고 있다는 인연으로 해서 굳이 사양할 수만은 없게 되었던 것이다.

먼저 본서의 전체적인 구성을 보면, 이는 크게 3장으로 나뉘어 있다. 제1장
과 제2장은 역사적인 개설인데 『경국대전(經國大典)』이 성립되던 시기를 경계
로 하고 장을 나누었다. 제3장은 군제의 시설·병기 등에 대한 각설(各設)이
다. 범례에도 언급되어 있는 바와 같이 각설로는 여기서 다루어진 화약(火藥),
병기(兵器), 복제(服制), 봉수(烽燧), 역제(驛制) 이외에도 병술(兵術), 무예(武藝)
및 성책(城柵) 무기 등도 다루어져야 할 것이긴 하지만 이들은 다음 기회로 미
루고 있다.

제1장 「근세조선전기 군사제도의 성립」은 민현구 씨의 집필로서 조선조의
건국에서부터 성종 전까지를 다루고 있다.

이 장의 제1절에서는 우선 조선왕조 건국 이후 집권체제의 성립과 대외관
계가 군제에 큰 영향을 미쳤음을 지적하였는데 특히 중앙에서의 6조직계체
제(六曹直啓體制)와 지방에서의 관찰사제(觀察使制)의 실시가 중앙군의 번상(番
上)제도 및 지방군의 진관(鎭管)체제 성립과 연관성이 있음을 지적하였다. 이
어 조선조의 신분제에 따른 군역의 여러 분류가 일원화하여 모든 군사는 그

거주지에서 파악했다고 하고, 이에 따르는 보법(保法)의 성립과 군적(軍籍)의 정비에 대하여 설명하였다. 끝으로 조선조 군역의 성격을 논하여, 전결수(田結數)를 기준으로 해서 부과하는 요역(徭役)과는 별도로 인정(人丁)을 기준으로 해서 군역을 부과하고 있으며, 그들에게는 토지의 분급이 없었던 만큼 이를 부병제(府兵制)라고 부르기는 어려울 것이라고 하여 조선조 군역제도의 독자적 성격을 지적하고 있다.

제2절에서는 5위체제(五衛體制)의 확립 과정에 대한 분석을 통하여, 중앙군제가 성립하는 과정을 서술하였다. 이 부분에 대해서는 이미 천관우 씨의 일련의 체계적 연구가 있어서 이를 뒷받침해 주고 있다. 건국 초 이성계(李成桂)의 사병(私兵)에서 출발한 의홍친군위(義興親軍衛)와 중신(重臣)들의 사병이던 시위패(侍衛牌)가 5위로 정리되어 중앙군의 집권적 조직이 확립된다는 것이 서술의 기둥이 되는 줄거리이다.

제3절은 지방군의 정비과정을 살펴본 것이다. 해안지대를 중심으로 설치된 진영군(營鎭軍)과 도절제사(都節制使)가 있는 내상(內廂)에 설치된 수성군(守城軍)과, 그 유방(留防)제도, 그리고 이들 여러 종류의 정규군(中年軍까지를 포함) 이외의 광범한 계층에서 뽑아낸 잡색군(雜色軍), 이상의 육수군(陸守軍)에 대하여 해군인 기선군(騎船軍) 등을 논급하였다. 한편 북방 국경지대의 익군(翼軍)체제를 설명하고, 그 체제가 전국적으로 확대되면서 전국이 동일한 체제 하에 놓였다가 이것이 진관체제로 바뀌어 조선조 지방군제가 확립되었다고 하였다.

제4절에서는 군령(軍令), 군정(軍政)기관의 정비과정이 다루어졌는데, 군령기관으로서 5위도총부(五衛都摠府), 군정기관으로서 병조(兵曹)가 다루어졌다.

제2장은 『경국대전』의 성립에서 확립된 이조 군제가 점차 동요해 가는 과정에 대한 서술이다. 제1·2·4절은 이태진 씨가 집필하였으며, 제3절은 정

하명 씨가 집필하였다.

먼저 제1절은 이 장의 중심이 되는 부분으로서, 여기서 필자는 보법의 성립으로 인하여 군액(軍額)이 확장된 결과 요역의 부담자가 줄어들어 가는 과정, 그리고 번상대립(番上代立)을 하고 그 대립가(代立價)를 요구하는 대립현상의 증가, 이 결과 대립가를 감당하지 못하는 군역의무자들이 도산(逃散)하여 군적이 공허한 대장(臺帳)이 됨에 따라 국가에서 대립가를 징수하여 각사(各司)에 배분하게 되는데, 이로 인하여 번상정병(番上正兵)이 번상하지 않고 가포(價布)만 납부하면 군역의 의무가 완료되었으며, 지방의 유방정병(留防正兵)에서도 이를 방귀(放歸)시키고 대신 수포(收布)를 하는 현상이 생겨났음을 지적하였다. 군역제도의 일대 변화를 말해 주는 것이다.

제2절에서는 중앙 및 지방 군제의 변화를 다루고 있는데, 5위의 허구화를 미처 규명하지 못한 채 제도적 변화를 왜(倭) 및 야인(野人)의 침입과 관련해 설명하고 있다.

제3절에서는 군령·군정 계통의 변화를 다루고 있는데, 변방이 소란해짐에 따라 비변사(備邊司)라는 새로운 기구를 설치하게 되는 과정이 서술되어 있다.

제4절에서는 당군(黨軍)이 일어나자 당론(黨論)에 따르는 국방 시책상의 과오가 있었음을 예시하고 이어 왜란 직전의 방어태세를 개관하였다.

제3장은 군사장비와 시설에 관한 것으로서 제1·3·5절은 허선도 씨가 집필하였고 제2절(복제)은 최길성 씨가 집필하였다.

제1절의 화약병기는 이미 허선도 씨에 의하여 발표된 상세한 연구를 요약한 것으로서, 화기를 단순한 기술 면에서만이 아니라 왜나 야인의 침입과 같은 군사적인 요구와 관련시켜 논한 점이라고 할 수 있다.

제2절의 복제는 조선조의 전반적인 관복(冠服)제도를 배경으로 무복(武服)

의 기본구조에 대한 설명과 각종 무복에 대한 각설로 이루어져 있다.

제3절의 봉수에서는 조선조 봉수제의 확립과 그 허구화를 언급하고 이어 봉수제의 종류, 시설 등 필요한 사항을 각기 설명하고 있다. 특히 봉수제가 실제로는 거의 허구적인 것이었음을 논증하고 있는 대목은 주목을 요한다고 하겠다.

제4절의 역제에서는 중앙의 명령을 지방에 하달하고 변경의 군정(軍情)을 중앙에 보고하는 정치적·군사적 성격을 띤 우역제(郵驛制)가 역승(驛丞) 중심에서 찰방(察訪) 중심의 체제로 변화하는 과정을 살펴었다.

이상으로 본서의 내용을 극히 대강만 소개하였는데, 방대한 분량을 단기간에 정리하기란 여간 어려운 일이 아니어서 부분에 따라 서술이 치밀하고 소략한 차이가 있다. 만일 좀 더 시간적 여유가 허락되었다면 고루 균형이 잡힌 연구가 이루어지고 따라서 보다 짜임새를 갖추지 않았을까 한다. 범례에서 본서가 개설서이긴 하지만 논문체가 될 수밖에 없었던 사정을 이야기하고 있는데, 이 속에는 독립된 논문으로 성립시킬 많은 부분이 있으나 그것이 고루 이루어지지 못한 것은 유감이 아닐 수 없다.

본서 내용의 전반적인 특징은 범례에도 언급되어 있는 바와 같이 역사적 현상 전체와의 관련성을 중요시하여, 정치적 권력구조나 사회적 신분체제, 그리고 대외관계의 긴장 등의 관계에 큰 관심을 나타내고 있다는 사실이다. 따라서 본서는 군제사를 중심으로 한 조선조 전기사의 개설이라고도 할 수 있을 정도이며, 본서를 읽으므로 해서 일반 개설서에서는 미처 언급되지 못한 사회의 성격 자체를 이해할 수 있다. 그러므로 군사조직만을 다룬 군제사와는 비교가 안 될 정도로 역사의 본질에 육박하고 있는 셈이다.

둘째로 본서의 내용에서 주목되는 점은 제도의 표면적인 규정에만 구애되지 않고 운영의 실제를 규명해 보려는 노력이 일관되고 있다는 것이다. 물론 일정한 규정이 문자화된다는 것은 중요한 일임에 틀림이 없으나 그것이 역사의 전부일 수 없다는 것도 분명하다. 이 양자를 교묘하게 결합시켜 역사의 실태를 파악해야 하는 것인데, 본서는 그 면에서 일관된 노력을 기울이고 있다.

물론 본서에도 과오가 없을 수는 없으나 조선조 전기 군제사의 줄기를 잡아 보자는 의욕만으로도 높이 평가되어야 할 것으로 생각하며, 그 지향하는 방법이 적절하였음에 이르러서는, 군제사 연구에 끼치는 공헌이 크다고 아니할 수 없다.

본서에는 많은 도판과 일람표가 있어서 이해를 돕고 있다. 또 부록으로는 『무예도보통지(武藝圖譜通志)』의 초록과 연표 및 참고문헌 등을 실었다. 『무예도보통지』는 여기에 초록하기보다는 단행본으로 영인 출판하였더라면 하는 생각이 든다.

끝으로 한국군사연구실이 착실한 계획과 충분한 여유를 갖고 계속되는 부분에 관한 연구를 완성하여 체계 있는 한국군제사가 완성될 날이 오기를 기대하여 마지않는다. 이를 위하여 아낌없는 군의 지원이 계속되기를 또한 바라 마지않는 바이다.

〈『신동아』, 1969년 5월호〉

『3・1운동 50주년기념논집』

동아일보사, 1969

한국 현대사에서 가장 중요한 역사적 사건이 무엇이었느냐고 묻는다면, 그 대답이 반드시 동일하기를 기대할 수가 없을 것이다. 그러나 한국 현대사는 일본제국주의의 침략에 대한 독립투쟁사를 떠나서 생각할 수 없고, 3・1운동은 그 독립투쟁사에서 가장 대규모의 민족투쟁이었다는 의미에서, 우선 3・1운동은 그 후보에 손꼽힐 중요한 역사적 사건의 하나가 될 것이다. 또 한국의 현대사가 양반사회를 청산하고 민주주의를 지향하고 반전하여 왔다는 견지에서도, 비록 망명정부일망정 3・1운동의 열매로서 이룩된 상해임시정부가 우리나라 역사상 최초의 민주주의정부였기에 역시 주목되어야 할 것이라고 생각한다.

그 3・1운동이 있은 지 50년의 시간이 흘러갔다. 현대사에서 50년이란 결코 짧은 시간일 수가 없다. 이것은 3・1운동이 역사적 연구의 대상이 되기에 충분한 시간이 흘러갔다는 것을 뜻하는 것이다. 아니, 오히려 이제 비로소 학문적 연구의 대상이 되기에는 너무 많은 시간이 흘러갔다고 하는 것이 옳을 것이다. 그럼에도 불구하고 우리 역사학계가 이렇게 중대한 역사적 사건의 연구를 외면하여 왔음은 통탄할 일이라고 해도 과언이 아니다.

그러나 이제 여기서 소개하고자 하는 이 기념논집을 얻음으로 해서, 우리의 지난 50년간의 공백이 메워지는 기쁨을 맛보게 되었다. 과거에 우리의 역사학계가 하나의 역사적 사건을 주제로 한 이러한 단행본의 논문집을 대한 일이 없다. 게다가 질과 양에서 이에 비길 만한 논문집을 장차 언제 대하게 될는지도 헤아릴 수 없는 형편이다. 이 한 가지 사실만으로도 이 논집은 마땅히 크게 주목되어야 할 것이다. 그리고 그 주제가 3·1운동인 것은 민족적으로 감격적인 일이라고 해야 할 것이다.

과거에도 3월이 되면 연례적으로 3·1운동을 여러 가지 형태로 기념해 왔다. 그러한 기념이 일정한 의의를 지니는 것은 사실이다. 그러나 이제 그러한 단계를 넘어서 3·1운동의 성격을 캐고 그 역사적 의의를 논해야 할 단계에 도달한 것이다. 그리고 그 첫 출발이 이렇게 풍성한 성과로 나타났다는 것은 경이로운 일이다.

여기서 평자는 이 성과를 가능하게 한 주도적 역할을 담당한 동아일보사를 위시하여 이에 협력한 역사학회, 한국사연구회의 노력을 높이 평가하고자 한다. 더욱이 직접 편집에 참여한 한우근(韓㳓劤)·윤병석(尹炳奭)·고병익(高柄翊)·이보형(李普珩)·천관우(千寬宇) 씨 등의 노력을 기리는 바이다.

이 논집에는 모두 76편의 논문이 실리어 있다. 논집의 편집자가 발문(跋文)에서 말하고 있는 바와 같이 처음 우려한 바와 달리 이렇게 풍성한 성과를 올리었다는 것은 하나의 기적과 같은 일이 아닐 수 없다. 그러나 이것은 그저 기적인 것이 아니다. "지금까지 그 온축(蘊蓄)이 표출되도록 자극하는 요인이 적었을 뿐 우리 학계의 이 방면에 대한 향념(向念)은 매우 뿌리 깊었던 것이다"(p.1083)라고 한 편집담당자의 감회가 이 기적이 일어난 참된 원인을 해명해 주는 것이라고 생각한다.

76편 1,000여 면에 이르는 많은 분량의 이 논집에 대해서 일일이 자세히 소개한다는 것은 불가능한 일이다. 또 평자는 이 방면에 대해서는 문외한인 만큼 이들 다방면에 걸친 많은 논문들을 소화하여 평할 만한 능력을 갖고 있지도 못하다. 그러므로 결국 외면적인 것에 한하게 되겠지만 평자가 느낀 몇 가지 점을 적어 볼까 한다.

첫째로 이 논집은 어디까지나 논문집이고 개설은 아니지만, 그러나 논문을 체계적으로 배열한 결과로 해서 개설서적인 구실도 하게 되었다는 점이다. 논집 전체의 구성을 보면 논문들을 7장으로 나누어 배열하였는데, 각 장에 표제를 굳이 붙이지는 않았으나, 각 장 첫머리에 실린 개설들과 수록된 논문들의 내용으로 미루어서 그 장의 성격을 짐작할 수 있게 되어 있다. 이에 의하면 Ⅰ은 3 · 1운동의 역사적 배경, Ⅱ는 3 · 1운동의 전개과정, Ⅲ은 3 · 1운동에 대한 일본정부의 정책, Ⅳ는 3 · 1운동에 대한 외국의 반향, Ⅴ는 3 · 1운동의 역사적 의의, Ⅵ은 3 · 1운동 이후의 국내외 민족운동, Ⅶ은 3 · 1운동 전후의 세계민족운동으로 대충 표제를 붙일 수 있는 성질의 것이 아닌가 한다. 여기에 첨가된 Ⅷ은 자료편이라고 하겠다. 이로 보아서도 알 수 있는 바와 같이 이 논집은 이것만으로도 3 · 1운동의 개설이라고도 할 수 있을 정도로 편집이 체계적이다. 따라서 이 논집에는 연구논문이기보다 애초부터 개설적인 서술로 예정된 논문들이 섞이어 있다. 그러나 이 논집은 결코 개설서가 아니며 어디까지나 논문집이다. 그렇기 때문에 개설서에서는 도저히 기대할 수 없는 다양한 성격을 나타내고 있는 것이다. 그러므로 명실 공히 이 논집은 '3 · 1운동 연구의 현 수준을 집대성한 것'이라고 해도 과언이 아니다.

둘째로 현대 한국의 민족문제가 다각도로 검토되고 있다는 점이다. 각 논문은 모두 한국 현대사라는 큰 안목에서 민족이 당면한 여러 문제와 관련지어 3 · 1운동을 검토하고 있다. 이것은 3 · 1운동의 성격상 당연한 일이기는 하지만 민족의 문제가 이렇게 구체적인 사실을 중심으로 넓고 깊게 논의되기는 처음이 아닌가 한다. 이 논집의 어느 논문 어느 면을 뒤져 보아도 현재의 한국과 직결되는 민족적 문제들이 다루어지고 있다는 것을 느끼게 된다. 평자는 물론 이들 논문에서 민족의 문제가 항상 정당하게 다루어졌다고 하는 것은 아니다. 가령 민족적인 감정이 적어도 논문 속에 문자화된다는 것은 결코 현명한 일이라고 할 수가 없다. 그럼에도 불구하고 이 논집에 관한 한 그러한 표현조차 어느 정도 자연스럽게 받아들여지는 것은, 3ㆍ1운동이 현재에도 살아 있는 운동이라는 느낌 때문이 아닐까 한다. 하여튼 이 논집에서 다각적으로 제시된 민족의 문제는 오늘의 우리들이 당면한 과제이기도 하기에 주목되어야 할 일이 아닐까 한다.

다음으로 이 논집은 장차의 연구를 위한 지침서 내지는 안내서의 구실을 하고 있다는 점이다. 한국현대사의 연구에 대한 요청이 높아가고는 있지만, 이를 위한 길잡이가 되는 책을 우리는 구할 수 없는 실정에 있었다. 이러한 실정에서 3ㆍ1운동을 중심으로 한 시기의 정치ㆍ경제ㆍ사회ㆍ사상ㆍ교육ㆍ언론ㆍ문학ㆍ대외관계 등등 광범위한 부면(部面)에 걸친 논문들을 수록한 이 논집은 장차 이 방면의 연구를 위한 지침서가 되기에 충분하다. 그리고 각 논문에 실린 인용서와 권말의 자료목록으로 해서 이 책은 안내서가 되기에 충분하다고 하겠다. 이제 어느 누가 3ㆍ1운동을 연구하든지 간에, 우선 먼저 찾아봐야 할 책은 바로 이 논집이라고 해야 할 것이다.

3ㆍ1운동에 대한 관심은 이제 소박한 정신론이나 일방적인 이론의 그릇된 적용의 단계를 벗어나서 학문적인 연구의 단계로 그 수준이 높아졌다. 이 논집의 가장 큰 의의는 바로 이 점에 있을 것이다. 그러기에 이 논집은 장차 3ㆍ1운동을 연구하는 기초를 닦아 놓았다고 할 수가 있다. 또한 앞으로 3ㆍ1운동에 관한 여러 가지 문제들, 예컨대 이 논집을 편집하는 중심이 되었던

천관우 씨가 편집과정에서 느낀 바를 제시한 민중의 문제나 근대화와 관련한 문제(「3 · 1운동연구의 문제점」, 제12회 전국역사학대회발표요지, 1969) 같은 것들이 이 논집으로 말미암아 새로이 제기되고 연구되게 될 것이다.

끝으로 이 같은 연구성과가 국사편찬위원회의 『한국독립운동사 자료편』을 위시한 수 개의 독립운동자료가 공간(公刊)됨으로 해서 가능하였던 점은 천관우 씨가 앞에 적은 「3 · 1운동연구의 문제점」에서 지적한 바와 같다. 앞으로 이러한 자료의 공간이 더욱 촉진되면 될수록 미지의 국면들이 많이 밝혀질 것이고, 이것은 연구의 성과를 더욱 높여줄 것이다. 이러한 의미에서 자료에 대한 관심이 또한 커지기를 이 기회를 빌려 첨언하여 두고자 한다.

〈『역사학보』 43, 1969년 9월〉

『한국도서해제(韓國圖書解題)』

고려대 민족문화연구소 편, 1971. 6

읽어야 할 도서가 무엇이 있는가를 알아내는 일은 인문사회과학에 있어서 필수적인 기초작업이다. 한국의 역사와 문화를 연구하는 데 필요한 기본도서들에 대한 입문적인 해제서(解題書)로는, 일제시대에 조선총독부가 1915년에 처음 펴냈다가 1919년에 증보한 『조선도서해제』가 있었다. 일문(日文)으로 된 이 책이 지금껏 그럭저럭 학자들의 수요에 응해온 셈인데, 이것은 한국 학계의 변명할 여지 없는 태만의 소치였다. 그러나 이제 본서가 출간됨으로 해서 이러한 부끄러움을 면하게 된 것을 다행으로 생각한다.

본서는 1910년 이전의 한국 고도서 5,627종을 수록하고 있는데 총독부가 간행한 것보다 약 배에 달하는 수량의 책을 포함하고 있는 셈이다. 이 한 가지 점만으로도 이 책의 이용가치가 커졌음을 알 수가 있다. 도서 전체를 가나다순으로 배열하였는데, 이것은 검색을 편하게 하는 것으로서 현명한 일이었다고 생각한다. 앞에 적은 총독부 것은 경사자집(經史子集)의 내용별로 구성되어 있어 도리어 불편한 점이 있었다. 도서를 내용에 따라 구분하는 기준을 세우기란 쉬운 일이 아니어서 종종 혼란을 빚게 마련인데, 이런 혼란을 면하는 길은 가나다순의 배열이라고 생각된다. 또 한편으로는 분류별 서명 색인을 첨부하여 일정한 부문에 대한 도서명들을 손쉽게 파악할 수 있게 하였다. 이 분류별 색인은 도서명을 모르고서 어떤 책이 있는가를 알고자 하는 이용자에게 도움을 줄 것이다.

이와 함께 부록에는 편저자명 색인이 있어서, 이 또한 특정 인물의 저서를 검색하는 편의를 주고 있다. 다만 이 경우에 면수를 적을 것이 아니라 서명(書名)을 적어 주었더라면 하는 생각이 든다. 이미 가나다순으로 배열되어 있는 이상 서명만 알면 면수를 몰라도 쉽게 찾아낼 수가 있으므로, 일일이 해당 면을 뒤져야 비로소 저서명을 알게 되는 불편을 덜 수가 있었을 것이기 때문이다. 그러나 어차피 책의 내용을 알자면 본문을 뒤져 봐야 되므로 그리 문제될 것은 없다.

그리고 사본(寫本)의 경우에는 그 소장처까지 밝혀 주어서 여간 편하지가 않다. 나는 최근에 금석문(金石文)에 대한 도서들을 참고할 일이 있어서 몇 군데 도서관을 돌아다녀야겠다고 생각하고 있던 중, 이 해제를 보고 오경석(吳慶錫)의 『삼한금석록(三韓金石錄)』이 국립중앙도서관에 있는 것을 알고 곧 달려가서 참조할 수 있게 되었다. 또 최치원(崔致遠)의 「사산비명(四山碑銘)」이 『사갈(四碣)』이란 책제(冊題)로 고려대 도서관에 소장되어 있는 것을 알고, 이역시 쉽게 참조할 수가 있었다. 이러한 경험은 이 도서해제의 고마움을 실감케 해주었다. 책이란 어디 있는지를 모르고 보면 이용할 길이 막히는 것이므로 이러한 소장처의 표시는 이용자에 대한 커다란 친절이라고 하겠다. 물론모든 소장처를 밝힌다는 것은 힘든 일임에 틀림이 없다. 가령 『사갈』만 하더라도, 이는 보통 「사산비명」이라고 불리며 다른 도서관에도 사본이 있는 것으로 알고 있는데, 이러한 사실은 이 도서해제에서는 생략되어 있다. 그러나 단 한 군데라도 소장처를 표시해 주는 것은 도움이 되는 것이다. 그런데 사본

이외의 인본(印本)에 대해서는 그 소장처를 밝혀 주지 않고 있다. 이것이 방대한 작업이 될 것임은 잘 알고 있지만, 이미 국회도서관의 『한국고서종합목록(韓國古書綜合目錄)』이 출간되어 있으므로, 그 한계 안에서나마 인본의 소장처도 밝혀 주었더라면 하는 아쉬움을 금할 수가 없다.

각 도서에 대한 해제 중에 총독부의 구서(舊書)를 본뜨거나 그대로 번역하여 실은 것이 있음은 유감스런 일이다. 양적인 증가에 비하면 이 점은 소홀하게 된 느낌이다. 가령 최근에 학계에서 크게 주목을 받고 있는 『우서(迂書)』의 경우를 들어 보면 다음과 같이 되어 있다.

〔寫〕10권 9책. 정령(政令)에 관한 77종의 사항을 싣고, 그 연혁 및 이해(利害) 등을 문답 형식으로 기술한 책이다.

이것은 거의 총독부의 것 그대로이다. 이렇게 되면 『우서』에 관한 해제로서 본서는 아무런 공헌도 못하고 있는 셈이다. 만일 현재의 학계 동향을 조금이라도 알고 있는 사람이라면 그 저자가 농암(聾菴) 유수원(柳壽垣)이라는 것, 그가 숙종 20년(1694)에 나서 영조 31년(1755)에 역모죄(逆謀罪)로 사형당한 인물이라는 것쯤은 쉽게 알 수 있었을 것이다. 어째서 이러한 결과를 가져오게 되었는지 잘 모르겠으나 저자조차 기입되지 않고 저서의 중요성에 비하여 소개가 지나치게 간략한 것은 실수였다고 하겠다. 원래 본서의 해제는 모두가 간략한 편이긴 하지만, 각 도서에 대한 해제자를 밝혀 두는 것이 좋았다고 믿는다. 그것은 해제를 책임 있는 것으로 만들 것이고, 따라서 해제의 권위를 높여줄 것이다. 우리나라에서 발행되는 사전류는 대체로 이러한 책임 소재를 밝히기를 꺼리는 것이 풍조처럼 되어 있는데, 학계에서부터 그러한 잘못을 시정해 갔으면 하는 생각이 간절하다.

본서는 4 · 6배판의 체제에 본문 633면, 색인 90면이며, 게다가 136면의 도판을 곁들인 호화판이다. 책이 너무 빈약한 것은 분명히 흠이지만, 한편 이렇게 책상 곁에 놓고 항상 이용해야만 하는 성질의 책이 너무 무겁고 거추장스러운 것도 또한 흠이 된다. 호화판이고 보면 자연히 값도 비싸게 되는 법이어서, 그 결과 실제 이용해야 할 사람보다는 장식용으로 꽂아 두는 사람의 손에 더 많이 들어가기 쉽다. 이런 점에 비추어서 값이 싸고 다루기 편한 보급판이 나왔으면 하는 희망이 간절하다.

처음에도 말한 바와 같이 우리말로 된 우리나라 책의 해제가 너무 늦게 나온 느낌이다. 그러나 뒤늦게나마 이제 본서가 나옴으로 해서 한국학계의 빈한 귀퉁이가 메워지게 된 것을 기뻐하는 바이다. 몇 가지 결함에도 불구하고 이 책은 한국의 역사나 문화를 공부하는 사람이라면 누구나 가장 가까이 해야 할 책의 하나가 될 것이라고 믿는다.

〈『역사학보』 50 · 51 합집, 1971년 9월〉

『광개토왕릉비의 연구(廣開土王陵碑の硏究)』

이진희(李進熙) 저

요시가와고분칸(吉川弘文館), 1972

한국고대사의 연구에 있어서 금석문(金石文)은 사료(史料)로서 큰 비중을 차지하고 있으며, 따라서 이의 수집과 해석에 대한 노력도 꾸준히 행해져 왔다. 그러나 한국에 현존하는 금석문으로서 가장 오래된 것일 뿐만 아니라 1,800여 자에 이르는 방대한 기록 때문에 유명한 광개토왕릉비에 대한 연구가 이렇다 할 전진이 없었던 것은 유감스러운 일이었다. 이에 비해서 일본 학자들의 조사와 연구는 대단한 것이었다. 그것은 비문 속에 '왜(倭)'란 문자가 발견되고 그 왜병의 활동이 소위 '임나일본부(任那日本府)'의 존재를 증명해 준다고 믿는 때문이었다. 이같이 광개토왕릉비에 대한 연구의 주도권을 일본 학계가 쥐고 있었고, 따라서 연구의 초점이 고대한일관계사에 집중되었던 것은 불행한 일이었다. 이 불행한 과거를 청산하려는 노력의 결과가 바로 여기서 소개하려고 하는 『광개토왕릉비의 연구』이다.

이 책이 지니는 가장 큰 특징은 무엇보다도 일본의 광개토왕릉비 연구에 대한 비판에 있다. 그렇기 때문에 본문 222면에 달하는 이 책의 3분의 1에 해당하는 부분이 '광개토왕릉비의 연구의 역사'로 메워져 있다. 여기에는 한국이나 혹은 중국의 연구사도 언급되어 있지만 그 중점은 일본의 그것에 놓여 있다. 이 연구사의 서술에서 임나 문제가 이 비문과 관련되어 활발히 논의되었음을 지적하고, 그것이 일본의 한국에 대한 침략과 밀접한 관계가 있음을 다음과 같이 말하고 있다.

요컨대 확립기의 일본의 근대사학이 얼마나 일본의 조선 식민지 지배를 역사적으로 정당화하는 데 봉사하였는가는 누구도 부인할 수 없는 바일 것이다(p.9).

그러나 그는 해방 후 이러한 연구가 비판되기 시작하였음을 또한 지적하였다. 말하자면 비문 연구를 에워싼 이러한 비판들에 토대를 두고 본서가 성립하였다고 말할 수가 있다.

일본 학계의 광개토왕릉비 연구에 대한 기왕의 비판은, 주로 과거의 판독을 일단 올바른 것으로 인정하고 그것을 어떻게 해석하느냐에 중점을 두었다. 정인보(鄭寅普) 씨의 「광개토경평안호대왕릉비문석략(廣開土境平安好太王陵碑文釋略)」도 그러하였거니와, 북한에서 1966년에 발행되었다는 『광개토왕릉비』도 본서에 소개된 바에 의하면 역시 마찬가지인 모양이다. 이에 대해서 본서는 비문의 판독 자체에 대한 의문을 제시하고 있는 것이다. 즉 일본 참모본부의 '석회도부작전(石灰塗付作戰)'에 따라 비문이 고쳐졌음을 주장하고 있다. 지난날에도 탁공(拓工)들이 비문을 선명히 하기 위해서 석회를 발랐다는 사실을 지적한 학자들이 있었다. 그러나 본서는 4면의 비문이 있는 부분 전체에 적어도 2센티미터를 넘는 두께로 석회가 발라져 있음을 지적하고〔그 증거로 나이토 고지로(內藤虎次郎)가 소장하였고 현재 교토 대학 인문과학연구소에 소장된 사진을 제시하고 있는데, 문서에 자료로 수록된 이 사진들을 보면 누구나 이 사실을 인정하게 될 것이다), 이어 다음과 같이 말하고 있다.

여기서 주의를 촉구하여 두고 싶은 것은 높이 6.3미터 폭 1.5미터나 되는 거대한 네 비면에 석회를 두껍게 발라 면을 고르게 하고, 거기에 '비문'을 써넣는 것은 지난(至難)한 작업이라는 것이다. 이렇게 말하는 것은 석회를 발랐기 때문에 종선(縱線)이 없어진 거대한 비면에, 비문의 간격을 틀리지 않고 또 어려운 서체와 문자의 크기까지 원 비문과 비슷하게 재현하는 것은 보통이 아닌 준비와 다수의 인원이 없이는 절대로 불가능한 일이기 때문이다. 선명한 탁본(拓本)을 만들기 위해서라면 그렇게까지 대규모의 작업을 하지 않더라도 간단히 가묵(加墨)하는 방법을 탁공은 잘 알고 있는 것이다. 즉 '비문'을 써넣은 것은 결코 탁공의 짓이라고 생각되지가 않는 것이다(p.155).

그러면 이 석회 도부는 누가 하였는가, 본서는 그것이 일본 참모본부일 것이라고 하였다(p.158). 그리고 1900년 전후에 행해졌다고 추측되는 이 석회 도부의 경위를 다음과 같이 말하고 있다.

즉 일본의 참모본부는 청일전쟁(淸日戰爭) 때 찍어서 갖고 온 탁본〔고마쓰노미야(小松宮) 탁본과 같은 것〕과 사카와쌍구본(酒勾双鉤本)을 면밀히 비교 검토한 후에 소위 '석회도부작전'을 행했던 것이다. 그때 다수의 비문을 고쳐 쓴 것에서 알 수 있는 것과 같이 한 자라도 소홀히 하지를 않았다. 그것은 비문의 일부에 석회를 붙이고 사카와가 비문을 고쳐 놓은 것을 감추는 최선의 방법이 전면 석회 도부밖에 없다고 판단한 때문이며 또 사카와가 오구(誤鉤)한 비문 등은 그것을 보강하는 방향에서 고쳐 씀으로 하여 '비문'을 '조선 측의 금석자료'로서 영구히 이용할 수 있다고 믿은 때문일 것이다. 사카와가 비문의 일부를 고쳐 놓지 않았다면 이러한 '석회도부작전'을 일부러 할 필요는 생겨나지 않았을 것이다(p.164).

본서는 끝으로 사카와가 의식적으로 고치고 이에 따라 석회를 도부하고 써
넣었다고 생각되는 고대한일관계사에 관계되는 7개소(個所)를 구체적으로
지적하고 있는데, 그 속에는 "왜이신묘년래도해파백잔(倭以辛卯年來渡海破百
殘)" 운운하는 대목도 포함되어 있다. 특히 '래도해(來渡海)'는 원래 마멸된 부
분에 사카와가 석회를 바르고 다른 비문을 써넣고 그 '비문'은 쌍구(双鉤)하
여 왔다고 단정하고 있다(pp.201~202).

요컨대 본서는 일본학계에서 통용되고 있는 광개토왕릉비의 석문(釋文)이
일본의 육군장교인 사카와 가게노부(酒匂景信)와 참모본부에 의하여 조작된
것에 근거한 것으로서 믿을 수 없다고 결론짓고 있다. 이 결론을 내리기 위
하여 저자는 정력적으로 일본에 있는 많은 탁본과 사진들을 두루 조사 비교
하였으며, 그가 조사한 자료들을 본서에 수록하여 일반에 제시하고 있다.
본문 못지 않게 자료편이 중요한 의미를 갖는 까닭이 여기에 있다. 그리고
이러한 결론에 입각해서 비문을 재조사해야 한다고 주장하고 있다. 본서의
이러한 주장은 광개토왕릉비가 가지는 특수성을 떠나서 일반론으로 말하더
라도 당연히 학계에 받아들여져야 할 것이다. 하물며 여러 가지 납득할 만
한 증거를 제시하여도 본 비를 조사해 보지도 않고 반대를 표시하는 학자는
어딘가 잘못되어 있다고 말할 수밖에 없다. 그러한 조작의 가능성을 적어도
한국인들은 오래전부터 느껴 오던 터였다. 또 이미 신채호(申采浩) 씨가 현지
에서 그러한 이야기를 듣고 기록으로 남겨 두기까지 하였던 것이다(『朝鮮上
古史』, p.206). 그러므로 광개토왕릉비문은 고의적인 조작의 가능성을 염두
에 두고 엄밀하게 재조사하여 판독한 비문에 입각해서 거론되어야 한다고
믿는다.

다만 평자는 여기서 다음과 같은 몇 가지 점을 사족으로 첨언해 두고자 한
다. 첫째로 본서는 석회의 도부(塗付)를 특히 강조하고 만일 석회가 제거되고

원래 마멸되어 있지 않다면 원 비문을 대할 수 있을 것이라는 낙관적인 태도를 비치고 있다. 그러나 '래도해'는 석회 도부 이전에 이미 마멸되어 있었을 것이라고 하였다. 가령 열면상(裂面上)에 위치한다는 '해'자 부분과 같은 것은 원래 마멸되어 있었는지도 모르겠다. 그러나 그 밖의 문자들의 경우 사카와 가게노부가 원 비문을 고의로 깎아 버렸을 가능성은 없는 것일까. 고의로 조작하는 경우에 석회를 바르는 것만으로는 영구히 비문을 조작할 수 있다고 생각하지는 않았을 것이기 때문이다. 원 비를 조사하면 그러한 점을 과학적으로 판명해낼 방도가 있을지도 모르겠다.

둘째로 본서는 중국인에 의한 작위의 가능성을 배제하였다. 그러나 천관우(千寬宇) 씨는 최근 광개토왕의 중요한 업적인 요하(遼河) 작전이 현재 판독된 비문에는 나타나지 않는 것을 이상하게 생각하고 청인(淸人)에 의한 작위의 가능성을 지적하였다. 그리고 영락(永樂) 17년의 작전을 종래와 같이 백제(百濟)에 대한 것으로 보기는 어렵고 후연(後燕)에 대한 요하 작전일 것으로 해석하였다(「한국사의 조류」 7, 『신동아』 1973년 신년호, pp.142~143). 이것은 수긍할 만한 추측이며, 이 국면에 대해서도 결코 눈감을 수는 없다고 생각된다.

셋째로 광개토왕릉비문의 연구 분야는 비록 비문이 대외정복에 치중되어 서술되었다 하더라도, 이 부문에만 한정되는 것이 아니다. 가령 국연(國烟)과 간연(看烟), 구민(舊民)과 신민(新民)의 문제와 같은 사회사 방면, 삼년정상(三年停喪)의 문제와 같은 민속 방면, '궁솔(躬率)'이니 '교유(敎遺)'니 하는 문제와 같은 병제사(兵制史) 방면 등 허다한 연구 과제를 안고 있다. 그럼에도 불구하고 일본 학계의 경향에 휩쓸려서 그 방향이 한곳에 잘못 치우친 것은 시정되어야 할 것이다. 본서의 연구 목적이 원래 뚜렷하여 이 점은 범위 밖이긴 하지만, 이러한 점을 지적함으로써 일본 학계의 그릇된 관심을 더욱 부각시켜 주는 효과를 거두지는 않았을까 한다.

그러나 이 책에서 너무 많은 점을 기대한다면 그것은 기대하는 사람의 잘못일는지 모르겠다. 본서는 애초에 장차의 해결을 위한 문제를 던져 주기 위해서 씌어진 것이었다. 저자 자신이 "전 비문에 대한 필자의 생각은 감히 말하지 않았다"(p.210)라고 한 바와 같이 광개토왕릉비문의 재판독이나 해석조차도 시도하려고 한 것이 아니었다. 그러므로 성급한 해결을 요구하는 사람에게는 불만족스럽게 여겨질 것이다.

그러나 본서가 광개토왕릉비문의 연구사에서 차지하는 의의는 실로 크다고 하겠다. 그것은 현행 탁본이나 그에 근거한 판독을 근본적으로 재검토할 것을 요구하고 있기 때문이다. 이제 광개토왕릉비의 연구는 하나의 전환점에 도달했다고 믿는다. 즉 새로운 판독에서부터 다시 시작해야만 하게 되었다. 역사의 연구는 두말할 것도 없이 사료의 정확성을 전제로 한다. 이 전제가 광개토왕릉비문의 경우에도 충족되어야만 한다는 것은 너무도 당연한 이야기이다. 일본의 침략정책에 의하여 충족되지 못한 이 전제 조건이 충족되기를 요구한 것이 본서이며 따라서 본서의 가치도 바로 이 점에 있다고 하겠다.

〈『역사학보』 56, 1972년 12월〉

『한국민족문화(韓國民族文化)의 기원(起源)』

김정배(金貞培) 저

고려대학교 출판부, 1973. 2

저자인 김정배 교수는 최근 정력적으로 연구업적을 쌓아 올리고 있는 야심적인 학자이다. 기성 학자들이 이룩한 종래의 학설들에 만족하지 않고 이를 일단 비판적인 안목으로 재검토해 보려고 하는 점, 그리고 문제의 주변을 맴돌지 않고 그 핵심을 향하여 대담하게 파고들고 있는 점들은 모두 저자의 발랄한 학문적 야심의 소치라 아니할 수 없다. 우선 서명만 보더라도 저자의 의욕을 짐작하고 남음이 있으며, 또 학계의 주목을 끌기에 마땅하다고 하겠다. 최남선(崔南善) 씨의 『아시조선(兒時朝鮮)』(1927)이 이러한 시도를 한 이래 거의 반세기 만에 같은 문제에 대한 종합적인 연구성과를 대하는 셈이 된다. 이 사실 하나만으로도 학계의 큰 기쁨이라 아니할 수 없다.

저자는 지금까지의 자기의 연구성과를 이렇게 단행본 형태로 묶음으로 해서 자기정리를 해볼 수 있는 기회를 가진 셈이다. 이는 또 동시에 저자의 연구가 전체적으로 평가될 수 있는 단계에 이르렀음을 나타내 주기도 한다. 이 서평은 평자 나름의 그러한 평가의 하나라고 할 수 있을 것이다.

본서는 저자가 머리말 첫머리에서 말한 바와 같이 '한국의 민족과 그 문화의 기원'을 밝혀 보려는 데에 목적을 두고 있다. 이 목적을 위해서 본서는 다음 4장으로 구성되어 있다.

제1장 한국민족과 예맥(濊貊)

제2장 한국민족문화의 기원과 문제점

제3장 한국의 청동기문화

제4장 고조선(古朝鮮)의 주민구성과 문화적 복합

이 목차만을 언뜻 보면 혹은 마치 몇 개의 개별적인 문제에 대한 연구논문집과도 같은 느낌을 받을지도 모르겠다. 그러나 실제로는 한국민족과 그 문화의 기원에 대한 광범한 종합적 연구인 것이다. 따라서 각 장을 개별적으로 살펴보기보다는 이 책 전체를 종합적으로 검토할 필요가 있다. 이제 이러한 종합적인 검토를 위해서 본서에서 저자가 제시한 결론들을 하나의 표로 작성해 보면 대략 다음의 표와 같이 되지 않을까 한다.

이 일람표에 나타나 있는 바와 같이 본서는 신석기시대로부터 철기시대 초기에 걸치는 시대를 다루고 있다. 그러나 철기시대에 관해서는 일부 한정된 문제들이 다루어지고 있을 뿐임을 보면 결국 신석기시대와 청동기시대가 주 대상이 되고 있는 셈이다. 이것은 한국문화의 기원을 더듬어 보려는 본서로서는 당연한 일이라고 할 것이다.

이 신석기시대와 청동기시대를 해명하기 위해서 본서는 광범한 문제들을 다루고 있다. 위의 간단한 일람표만 보더라도 이 점은 짐작하고 남음이 있다. 이 일람표에 본서에서 다루고 있는 문제들이 반드시 모두 포함되어 있지 않다는 점을 감안하면 더욱 그러하다. 어떻게 생각하면 본문 200여 면의 본서

절대연대	고고학적 시대구분	인종	왕조	토기	묘제	경제
?~ B.C.13세기	구석기시대	고아시아족	檀君朝鮮	有文土器		양식채집단계(채집 · 어로 · 수렵)
B.C.13세기 ~ B.C. 7세기	청동기시대	알타이족 濊 : 북한의 일부, 남만주 일대	소위 箕子朝鮮	無文土器 · 黑陶	支石墓 · 石棺墓	양식생산단계 (농경)
B.C. 7세기 ~	철기시대	貊 : 산둥(山東), 랴오둥(遼東), 북한의 일부 韓 : 남한	衛滿朝鮮		土壙墓 · 甕棺	

로서는 감당하기 힘들 정도의 문제들이 다루어지고 있다고도 생각된다. 그러므로 비록 각 장 · 절이 모두 논문 형식을 띠고 있지만, 전체적인 내용은 개설적인 서술에 그치고 말지는 않았나 한다. 그러나 저자의 의도는 한국민족문화의 기원에 대한 종합적인 정리에 있었던 것이므로 이는 어쩔 수 없는 일이었을지도 모른다.

종합적인 고찰을 시도한 본서는 자연히 문헌사학과 고고학 및 문화인류학, 특히 앞의 둘을 결합하는 연구방법을 채용하고 있다. 이러한 연구방법은 그것이 민족문화의 기원을 다루는 경우에 바람직한 일이며, 본서가 지니는 방법론상의 강점이라고 해야 할 것이다.

다루는 분야가 광범하고 또 방법이 여러 갈래인 경우, 이것을 짜임새 있는 논문으로 구성하기가 힘들다는 난점이 있다. 실제로 본서도 그러한 난점들을 지니고 있다. 그럼에도 불구하고 본서는 하나의 핵심문제를 중심으로 이끌어 나갔기 때문에 이 난점을 극복하였다고 할 수가 있다. 그 핵심이 되는 문제가 바로 인종의 문제였다. 본서는 어느 장·절에서나 이 인종의 문제를 중심과제로 들고 나서고 있는 것이다. 그리고 저자 자신이

　　종래의 견해와 달리 단군조선(檀君朝鮮)에서 선을 그어 신석기시대라는 문화와 고(古)아시아족(族)이란 주민으로 한반도의 선주민(先住民)과 선주(先住)문화를 인정하는 것이 한국민족문화의 기원에서 새로운 해석이라고 생각하는 바이다. (중략) 신석기시대의 유문토기 사회는 늦어도 기원전 13세기경에는 무문토기 사회로 질적인 변화를 초래하였다. 이 무문토기의 주인공이 사상(史上)의 예맥(濊貊)이며 정식으로 중국 사서(史書)에 등장하고 있다. 무문토기가 전 시대인 유문토기와 다른 바와 같이 주민도 고아시아족 아닌 알타이계의 예맥으로 바뀌고 있다(p.211)

라고 한 바와 같이, 신석기시대에 고아시아족이 살다가 청동기시대에 알타이족에게 흡수되어 오늘의 한국 민족이 형성되었다고 보고 있다. 그리고 그 교체시기를 기원전 13세기로 보았으며, 이것은 단군조선에서 소위 기자조선으로 왕조가 바뀌는 시기와 일치하는 것으로 생각했다. 토기에 있어서 유문토기(즐문토기)로부터 무문토기로 바뀌는 현상, 묘제에 있어서 지석묘가 출현하는 것, 그리고 경제면에서 양식채집단계로부터 양식생산단계로 바뀌는 것 등을 모두 이 인종의 교체와 짝하여 일어난 현상으로 해석한 것이다.

　　고조선에서 민족과 문화의 기원을 추구할 때 분기점은 단군조선과 기자조선·위만조선이 된다고 저자는 생각한다. 신석기시대의 고아시아족의 단군조선은 이후 신래족(新來族)인 무문토기(예맥)의 알타이계로 흡수되는 것이 고조선의 민족문화의 의의라 할 것이다(p.209).

이것이 본서의 주장인 것이다. 위에서 제시한 일람표에서 기원전 13세기에 앞뒤를 구분지어 주는 확연한 선이 그어지게 된 것은 그 때문이다. 그러나 청동기시대와 철기시대의 선은 반드시 모든 현상을 갈라 주지는 않고 있음이 전자와 비교되며 이것은 그러한 인류의 교체가 이때에 없었다는 것과 서로 통하는 것이 되겠다. 하여튼 본서는 이 인종의 교체를 중심으로 모든 역사적 현상을 추구함으로써 한국의 민족 및 그 문화의 기원에 대하여 하나의 신설(新說)을 제기한 셈이다. 이 하나의 구심점을 중심으로 주변의 여러 문제들을 정리해 보려는 끈질긴 노력은 높이 평가되어야 할 것이라고 믿는다.

그러면 본서의 이 새로운 주장은 어느 정도의 확실한 논거 위에 서 있는 것일까. 우리의 관심은 여기에 쏠릴 수밖에 없다.

본서에 의하면 한국의 신석기인은 고아시아족이었다고 한다. 이 주장을 위하여 본서는 해안지방과 한국의 신석기시대 주민과 문화가 서로 관련이 있을 것이라는 오클라드니코프의 설을 인용하였다(p.41). 그리고 이어

흑룡강(黑龍江)·연해지방의 고아시아족의 분포는 이들과 문화관계가 있는 신석기시대의 한국족(韓國族)이 어떤 종족인가를 이제 충분히 우리에게 제시해 주고 있다(p.42).

라고 하였다. 저자가 '충분히' 제시해 주고 있다고 주장하고 있음에도 불구하고, 이러한 간단한 설명으로서는 잘 납득이 가지가 않는다. 저자의 설은 전적으로 오클라드니코프의 설에 추종하고 있는 듯한데 오클라드니코프는 연해지방과 동삼동(東三洞)에서 출토되는 신석기 유물이 꼭 같다고 밝혔다지만, 이 긴요한 부문에 대한 구체적 설명을 본서는 전혀 해주지 않고 있다. 이 설

명이 없이는, 그리고 나아가서 한국을 에워싼 신석기시대의 토기분포 상황과 그 문화교류에 대한 전반적인 분석이 없이는, 위의 주장은 결코 충분한 논거를 지닌다고 할 수가 없을 것이다.

가령 본서는 "한국의 신석기문화의 많은 점이 바이칼호 지역과 한층 가깝다"(p.49)고도 주장하고 있는데, 그 바이칼호 지방은 오클라드니코프나 레빈이 모두 퉁구스의 기원지로 보고 있는 것이다(p.41). 이렇게 되면 자연 본서는 앞뒤가 맞지 않는 이론을 전개하고 있는 셈이 되고 만다.

또 본서는

> 퉁구스와 고아시아족과의 접촉 사실은 지리적 위치로 보아도 한국족이 고아시아과 관계 있음이 가능하며 앞에서 말한 바를 상기할 때 타당성이 있다고 말하겠다(p.43).

라고 하였다. 본서는 한국족과 퉁구스와의 혼동을 비판하고 그것이 별개의 민족 단위임을 주장하고 있는데, 이러한 결론은 어떻게 해서 나온 것인지 잘 이해가 가지를 않는다. 또 본서는 고아시아족인 길리야크어와 한국어가 관련된다는 점을 들어서

> 고아시아족의 언어학적 요소가 한국어와 관련 있다는 것은 상술한 유문토기를 고아시아족에 대비한 설과 아울러 종래의 견해를 수정, 더욱 폭넓은 학문적 바탕의 기반 위에 한민족과 문화의 기원을 고찰할 계기가 되는 것으로 확신하는 바이다(p.43).

라고 하였다. 그러나 이 경우에도 그 언어학적 관련이 어느 정도인가에 대해

서는 전혀 설명이 없다. 다시 말하면 그것이 인종의 동일을 뜻할 정도로 강한 것인지, 혹은 약간의 접촉에 의한 교류인지를 판단할 만한 자료를 제공해 주기 전에는 이것을 근거로 한 어떤 결론을 쉽게 믿을 수는 없다고 해야 할 것이다. 종래 한국민족의 인종적인 계통을 잘 알 수 없기 때문에, 현대의 한국어가 알타이어족(語族)에 든다는 언어학자들의 공인된 연구성과에 입각하여 그 민족계통을 짐작해온 것은 사실이다. 그러나 가령 프랑스어는 라틴어계이지만 프랑스 민족이 라틴민족계인 것은 아니다. 이같이 언어와 기본성격이 같은 경우라도 인종의 계통은 다를 수가 있으므로 약간의 단어가 같다고 해서 곧 인종적인 계통을 같이한다고 할 수는 없는 것이다.

위에서도 말한 바와 같이 언어학에서는 오늘날 보통 한국어를 알타이어족에 넣고 있다. 이 알타이어족이란 말은 인종의 구분을 말하는 것은 아니며, 따라서 알타이어족이 되는 것은 아니다. 본서는 청동기시대에 등장한 인종은 알타이족이라고 규정하고 있는데, 개념이 알타이어를 사용하는 인종이란 뜻이라면, 그리고 그것이 혈연적인 친근성을 뜻하는 용어로 사용된 것이라면 거기에는 언어로써 프랑스 민족의 계통을 규정하려고 하는 경우에서와 마찬가지 과오가 따를 수 있다. 그러나 언어 이상의 다른 여러 논거가 있다면 이 언어상의 계통도 그를 뒷받침하는 하나의 자료로 이용될 수가 있을 것이다. 그런 경우에라도 약간의 단어의 유사성만으로서는 이를 자료로 이용하기가 어려울는지 모르겠다.

본서는 또 단군신화를 통하여 신석기시대 주민이 고아시아족임을 증명하려고 하였다. 저자는

단군신화는 위에서 살펴본 바와 같이 시베리아의 종족에서 찾을 수 있는 많은 유사점 내지는 거의 동일한 소재를 갖고 있다(p.17).

라고 하였으나 본서에서 언급된 것은 곰숭배뿐이다. 본서에 의하면 단군신화의 중심은 곰 이야기에 있다. "천신하강(天神下降)을 중시함으로써 천신숭배사상(天神崇拜思想)이 이 신화의 기본 요소가 된다고 볼 수" 있음을 인정하면서도, 이렇다 할 타당한 설명이 없이 곰 이야기가 중심이라고 주장하는 것이다. 단군신화를 건국신화(建國神話)로 파악하는 경우에 천신숭배는 분명히 곰 이야기보다 중요하게 된다. 그러나 어쨌든 곰 이야기는 있는 것이며, 이를 문제 삼는 것은 있을 수 있는 일이다. 그렇더라도 곰의 이야기 하나만으로써 단군조선을 고아시아족이 세운 것이라고 주장할 수가 있을는지 알 수가 없다. 더구나 포타포브는 알타이·투르크족의 곰숭배에 대한 독립된 논문을 발표하고 있어서 알타이족에도 곰숭배가 있고 보면, 위의 주장은 더욱 의심스러워질 수밖에 없다. 그리고 본서에 부록으로 실린 오클라드니코프의 논문에서도 바이칼 지방에서도 곰숭배가 있는 것으로 나타나 있다. 그러므로

　　이제 우리는 고아시아족과 곰숭배가 한국의 단군신화와 어떻게 연결되어야 할 것인가에 주저할 필요가 없음을 느낀다(p.17).

라고 주장하고 있지만, 저자의 강한 어조에도 불구하고 우리는 주저하지 않을 수가 없다. 더욱 나아가서 본서는

　　무진(戊辰)이란 기년(紀年)에 따라 지난날 우리는 단군의 개국을 B.C.2333년으로 정한 바 있었다. 이 연대가 가리키는 것이 무리한 일면임을 부정할 수 없지만, 그것은 신석기문화의 시기에 해당한다는 것을 명기하고자 한다(p.175).

라고 주장하였다. 어떻게 해서 의심스러운 연대가 신석기시대에 해당되기

때문에 갑자기 믿음직스럽게 되는 것인지 알 수가 없다.

소위 기자조선(箕子朝鮮)에 대한 본서의 주장도 이와 꼭 같은 과오를 저지르고 있다. 즉 기자동래설(箕子東來說)은 믿을 수 없지만, 전해 오는 건국연대가 저자가 추정하는 청동기시대의 개시연대와 비슷하다는 한 가지 이유로 해서, 단군조선을 계승한 독립된 왕조로 인정하고 있는 것이다. 청동기시대가 되면서 비로소 정치적 노력이 등장했으리라는 것은 충분히 생각할 수가 있다. 그러나 기자동래설을 부정하는 경우에 그것이 소위 기자조선이었다고 주장할 하등의 근거가 되지 않음은 물론이다. 이 경우에 그 왕조의 이름을 꼭 붙여야 역사서술이 되는 것은 아니며, 어느 지방의 어떤 성격의 정치세력이었나를 서술하는 것으로 족하다고 믿는다. 문헌사학과 고고학의 종합적 연구는 바람직하긴 하지만, 그것이 믿을 수 없는 문헌자료까지 긍정적으로 이용해야 한다는 뜻은 아닌 것이다.

유문토기(즐문토기)와 무문토기와의 교체에 따르는 양식채집단계로부터 양식생산단계에로의 발전도, 본서에서는 고아시아족으로부터 알타이족의 교체와 관련지어 해석되고 있다.

이와 같이 시베리아에 분포되어 있는 광의(廣義)의 즐문토기가 한반도의 유문토기와 어로(漁撈)하는 동류(同類)의 경제생활을 영위하였을 뿐만 아니라 주민(住民)에 있어서도 주목할 만한 동일계통의 고아시아족이 그 문화의 주인공이었던 것이다(p.50).

유문 · 무문토기문화의 동질 또는 이질적 요소의 문제는 그들이 전개시켜 온 경제적 발전단계를 볼 때 차이점이 있는 것만은 분명한 사실이다(p.57).

기본적인 경제적 패턴이 완전히 다른 양자의 관계는 또한 주민의 배경도 상이한 것이다(p.57).

　이러한 문화적 변화에 대한 해석에 있어서, 저자는 발명(發明)·전파(傳播)·이민(移民)의 세 경우가 있다는 크로버의 견해를 소개하고 인류사의 커다란 문화적 변혁이 민족이동을 수반한다는 점에서 이것은 이민의 경우에 해당한다고 주장하였다(p.58). 그러나 발명이나 전파의 경우도 실제로 있는 이상은, 막연히 커다란 문화적 변혁에 이유를 둘 것이 아니라 토기의 분포나 그 밖의 여러 특징들을 엄밀히 분석하여 위의 세 경우 중의 어느 것임을 판단해야 했을 것이다. 예컨대 토광묘(土壙墓)에 대하여 본서는 그것이 이민에 의한 것이 아님을 강조하고 있는 것이다(p.204). 더구나 채집경제에서 생산경제로의 발전을 이민에 말미암은 것으로 해석하는 것은 납득이 가지 않는다. 이것은 충분히 자체 안에서 발명될 수도 있는 문제가 아닐까. 오히려 토기의 문제를 좀 더 면밀하게 조사하고, 다른 민족에서의 토기 변화에 따르는 인종관계를 논급하였더라면 하는 아쉬움이 따른다.

　평자는 지금껏 본서가 노리고 있는 핵심문제를 중심으로 약간의 의견을 말하였다. 이제 이상에서 살핀 바를 한마디로 요약해서 말한다면, 본서의 주장은 하나의 문제 제기로서는 충분히 가치 있는 것이긴 하지만 결국 문제 제기에 그쳤을 뿐 그것을 설득력 있게 증명해 내지는 못하였다고 생각된다. 본서는 새로운 착상들을 차분히 소화해서 정리하기보다는, 착상 자체를 곧 결론으로 내세우는 성급함을 두드러지게 나타내고 있다. 이러한 착상들은 대부분 시베리아지방의 고고학적 연구성과에서 얻은 것으로 보이는데, 시베리아의 고고학이 한국의 고고학을 연구하는 데 크게 참고되어야 한다는 것은 납득할 수가 있다. 그렇다고 그 지방의 연구성과가 그대로 한국에 적용될 수 있는지는 오로지 한국의 구체적인 고고학적 연구결과에 달려 있는 것이다. 그리고 이 구체적인 증거야말로 역사연구에 있어서 생명이 되는 것이 아닐까.

아무리 그럴듯하고 훌륭한 착상이라도 구체적인 논거가 뒷받침되어야 비로소 학문적 성과로 열매를 맺게 된다는 점을 평자는 강조해 두고 싶다. 사실 어떠한 새로운 착상에 집착하는 것은 평자를 포함한 모든 학자들의 공통적인 약점일는지 모르겠다. 그러나 이것은 극복할 성질의 것이지 장려할 성질의 것은 결코 아니다.

이상에서 본서의 핵심이 되는 문제라고 평자가 판단한 인종문제를 중심으로 논의를 진행하다 보니 자연히 다른 여러 문제들에 대한 언급이 빠진 것 같다. 가령, 신석기시대·청동기시대·철기시대의 절대 연대라든가, 예맥(濊貊)문제라든가, 그리고 예맥문제와 함께 당연히 언급되어야 할 한(韓)의 문제라든가 하는 따위 등이다. 그러나 워낙 평자의 능력이 한정된 것이고 보면 이 모두에 언급한다는 것은 거의 불가능한 일이다. 다만 여기에 부가적으로 몇 가지 사실만을 지적하고 이 서평을 끝내기로 하겠다.

첫째는 어떤 사실의 논증과정에서 종종 비논리적인 비약이 나타나고 있다는 점이다. 가령 다음과 같은 실례를 들 수가 있다.

전남(全南) 화순(和順)에서도 11점의 청동기 유물이 목관(木棺)의 흔적을 가진 분묘(墳墓)에서 나왔다. 여기의 절대연대가 B.C. 7세기라는 것은 파주(坡州) 옥석리(玉石里) 지석묘(支石墓)의 절대연대 B.C. 7세기와 일치되는 현상인데, 우리는 앞에서 누차 지석묘와 석관묘(石棺墓)에서 세형동검(細形銅劍) 등의 청동기 유물이 출토한다는 사실을 강조하였다. 그러므로 최소한 B.C. 7세기라는 연대를 기준으로 할 때 남한지역 철기문화의 개시를 B.C. 7세기 이후로 보는 게 타당할 것이다. 다만 북한의 문화가 어느 정도 앞섰다고 하더라도 B.C. 7세기를 훨씬 넘지는 못할 것이다. 그러므로 한국의 철기 개시가 B.C. 4·3세기라는 연대는 너무 늦다고 생각된다(p.205).

한국의 청동기의 연대가 B.C. 7세기이기 때문에 철기의 연대가 그 이후이
리라는 것은 납득이 간다. 그러나 이것은 철기가 7세기라는 뜻은 아닐 것이
다. 그러므로 북한의 문화가 남한의 문화보다 시기가 앞서기 때문에 비록 훨
씬 넘지는 못하더라도 7세기 이전일 수 있다는 결론은 이 근거만으로는 나올
수가 없다. 또 한국의 철기 개시를 B.C. 4·3세기라고 보는 것이 시기를 너무
늦게 잡은 이론이라는 결론도 나올 수가 없다. 위의 인용문에 이어 저자는 북
한에서 철기 개시를 7~5세기로 보는 견해가 있음을 말하고, 이어

앞에서 기원전 7세기의 청동기연대를 대비할 때 가능한 연대가 된다(p.205).

라고 한 것도 마찬가지이다. 청동기의 연대는 철기의 상한을 정하는 데 참고
가 되겠지만, 그러나 그 이후면 어느 연대가 되더라도 무방한 것이며, 그것이
어떤 구체적인 절대연대를 증명해줄 수는 없다. 이러한 비약은 여기저기서
발견되지만, 하나만 더 예를 들어 두겠다.

그 후 중국민족과의 투쟁이 계속되었는데, 명도전(明刀錢)이 북한에서 출토되고
있는 것이 이를 증명하는 것이다(p.158).

다음은 과거의 연구업적에 대한 문제이다. 본서는 여기저기서 많은 학설을
인용하였고 저자의 입장에서 이에 대한 견해를 표명하고 있다. 특히 제1장
제1절 「한민족에 관한 제설(諸說)의 검토」는 전적으로 이러한 소개에 할당되
고 있다. 그러나 이 경우에도 여러 학설의 나열에 그치고 있으며, 그에 대한
판단은 오로지 저자의 입장에서인 것이다. 평자는 오히려 이 경우에 학설사
적으로 연구의 추세를 검토해야 했을 것이라고 생각한다. 이런 입장을 취하

고 보면, 현재로서는 전혀 허무맹랑한 학설이더라도 일정한 연구사적 의의를 찾아볼 수가 있게 될 것이다. 그리고 또 본서가 차지하는 연구사적인 위치를 저자 스스로가 확인할 수도 있지 않았을까 한다.

이상 적지 않은 지면을 소비하며 저자에게 너무 많은 주문을 하지는 않았나 하는 두려운 생각이 든다. 평자는 저자의 학문에 대한 정열과 패기를 높이 평가하는 데 있어서 누구에게도 뒤지고 싶지가 않다. 본서가 지니는 가치는 이 학문적인 정열과 패기가 우리 고대사학계에 하나의 충격을 던져준 데에 있을 것이다. 다만 저자의 뜻하는 바가 살려지지 못한 것을 아쉬워할 뿐이다. 저자의 연구가 훌륭한 열매를 맺을 날이 오기를 바라 마지않는다.

〈『신동아』, 1973년 8월호〉

『조선중세사회사의 연구(朝鮮中世社會史の研究)』

하타다 다카시(旗田巍) 저

호세 대학(法政大學) 출판국, 1972. 10

　본서의 저자인 하타다 다카시 씨는 이미 정년으로 대학의 직을 물러나는 연배의 학자이지만, 일본에서는 드물게 보는 학문적 진리에 충실한 한국사 전공학자이다. 저자는 오랜 동안 일본에서의 식민주의적인 한국사관을 배격하고 올바른 한국사학의 전통을 세우려고 노력하여 왔다. 그러기에 한국 학자의 업적을 서슴지 않고 받아들여서 이를 인용·소개도 하고 혹은 또 비판도 하는 공정한 태도를 보여준 것이다. 이러한 저자의 노력은 일본에서의 한국사 연구에 새로운 전환점을 가져다준 것으로서 길이 그 공적이 기억될 것이라고 믿는다. 이 같은 입장에서 이루어진 그의 연구업적이 단행본으로 정리되어 나온 것을 기쁘게 생각하지 않을 수 없다.

　본서는 저자가 해방 뒤에 고려시대 및 그 전후의 사회경제사적인 문제들에 대하여 발표한 논문들을 모아 놓은 것이다. 수록된 논문은 모두 17에 이르고 있는데 이들은 다음과 같이 3편으로 나뉘어 정리되었다.

제1편 군현제도(郡縣制度)

제2편 토지제도(土地制度)

제3편 가족(家族)·신분(身分)·촌락(村落)

저자 자신의 말에 의하면,

제1편은 중국의 그것과 다른 조선 독자의 군현제도의 실체의 추구를 통하여 당
대 사회의 특색을 밝히려고 하였다(p.ⅲ).

라고 한다. 비록 용어상으로는 중국의 군현제도와 같은 문자를 사용하고 있
더라도, 그 실체는 다르다는 것이 저자의 주장인 것이다. 그리고 제2편은

종래 주장되어온 토지국유론(土地國有論)의 극복을 목표로 하는 것이다(p.ⅳ).

라고 하였다. 이 토지국유론은 조선총독부의 농민으로부터의 토지 수탈과
한국사회의 정체성을 논리적으로 뒷받침하기 위해 나타난 그릇된 역사관의
산물이라고 저자는 주장하고 있다. 그리고 끝으로 제3편에서는

제1편 및 제2편의 주제와 관련을 맺으면서도 거기서는 붙잡을 수 없는 제문제
(諸問題)를 다루었다(p.ⅳ).

라고 말하였다. 말하자면 보편이라고도 할 성질의 것이다.

이같이 수록된 논문들이 다루고 있는 주제에 따라서 세 편으로 나누어지고
있기는 하지만, 이 구분은 편의적인 것이라는 인상이 짙다. 왜냐하면 저자는

"전체로서의 상호관계의 통일적 파악"(p.iv)을 염두에 두고 이들 개별적인 문제를 다루고 있기 때문이다. 저자는 본서에서 통일적 파악의 구체적인 성과를 따로 정리해서 제시하지 못했고, 이를 스스로 불만스럽게 생각하고 있다. 그러나 평자가 보기에는 이 점에 저자가 추구하고 있는 중심이 되는 문제가 있는 것이다. 따라서 그 중심이 되는 문제를 더듬어 보는 것이 본서를 이해하는 데 도움이 되리라고 믿는다.

본서에서 저자가 가장 큰 관심을 나타낸 것은 곧 신분의 문제가 아니었나한다. 군현제도건 토지제도건 혹은 그 밖의 가족이나 촌락의 문제건 간에 저자의 연구는 늘 신분 문제를 축으로 하고 전개되고 있는 것으로 보인다.

우선 군현제도에 관계되는 논문들을 살펴본다면, 여기서 저자는 군현의 기구가 아니라 거기에 살고 있는 인간들을 문제 삼고 있고, 그 인간들의 신분을 밝히려 하고 있다. 다음과 같은 인용문들을 참조하면 곧 이 점을 이해하게 되리라고 믿는다.

이상으로써 고려왕조 창립기의 군현제도 즉 고려왕조의 군현제도의 기원 형태가 호족(豪族) 혹은 족단(族團)의 지배·복속의 관계이고 그들의 계층적 편성인 것을 알았다. (중략) 그 때문에 여기에 성립한 통속(統屬) 관계는 실력의 신축(伸縮)에 의하여 변동하면서도 항상 신분적 성격을 띠었다(「고려왕조 성립기의 부와 호족」pp.38~39).

고려시대의 군현제에는 부곡(部曲)·향(鄕)과 군현과의 사이에 신분차가 있을 뿐 아니라, 한가지로 군현이라고 불린 것 중 독립의 군현(지방관이 있는 군현)과 속군(屬郡)·속현(屬縣)과의 사이에도 신분차가 있었다(「고려·이조시대에 있어서의 군현제의 일형태」, p.54).

부곡이 조선의 고대사회의 연구상 특히 큰 의미를 가지는 것은 그것이 집단적

천민(賤民)이고, 더구나 천민집단이 국가의 행정조직 속의 중요한 하부구조였던
때문이다(「고려시대의 천민제도 부곡에 대하여」, p.70).

　장(莊)·처(處)의 인간은 혈연적 유대로써 결속되어 전체적으로 특수신분에 놓
이고 왕실에 대하여 단체적 부담을 졌다(「고려시대의 왕실의 장원―장·처」, p.99).

　여기에 인용한 대목들은 모두 제1편에 실린 처음 네 논문의 결론 부분에서
뽑아본 것이다. 이로써 군현제도의 껍질이 아닌 속 알맹이인 인간의 사회적
존재양식의 하나를 말해 주는 신분에 대한 저자의 관심도를 알 수 있으리라
고 믿는다. 여기에 더하여 사심관(事審官)의 분석을 통해서 고려왕조 권력의
중핵(中核)을 '호족적 관료(豪族的 官僚)'(「고려의 사심관」, p.135)라고 규정하고
있다.

　토지제도에 관계되는 논문들에서도 이러한 점은 역시 마찬가지이다. 저자
는 이들 논문이 토지국유제에 대한 비판에 집점(集點)을 두었다고 하였고, 또
「조선토지제도사의 연구문헌」이나 「고려시대에 있어서의 균전제(均田制)의
유무」 같은 논문은 오로지 이 문제를 다루고 있다. 그러나 토지국유제를 비
판하기 위해서는 개인의 토지소유를 증명해야만 했다. 「신라·고려의 전권
(田券)」은 전적으로 이 점을 증명하는 것을 목적으로 한 것이다. 그러나 저자
에게는 토지사유라는 사실 자체보다도 더 중요한 것이 있었다. 그것은 어떠
한 사람이 어떠한 토지를 소유하였는가 하는 것이었다. 그 결과 저자의 토지
제도에 대한 연구는 토지소유자에 대한 연구가 되었고 이것은 결국 토지소유
자의 신분을 밝히는 작업이 된 것이다. 가령 토지사유의 문제를 다룸에 있어
서도,

　그 토지사유는 전권의 작장자(作裝者)가 특권층인 것으로 미루어서 먼저 특권층

에서 성장했다고 보인다. (중략) 그러나 고려 후기가 되면 전권의 사표(四標) 중에 농민(백정)의 토지가 나타난다. 이것은 농민의 토지소유의 성장을 보이는 것이다 (「신라·고려의 전권」, p.203).

라고 하고 있다. 또 민전(民田)에 대한 고찰에서는 그 소유자에 대하여 다음과 같이 말하고 있다.

　　제도상으로는 특정된 직역(職役)의 부담자와는 다른 일반농민이고, 이것은 백정 이라는 계층이었던 듯하다는 것을 알았다(「고려의 민전에 대하여」, p.173).

또 공전(公田)에 대하여도 이를 일과(一科)공전·이과(二科)공전·삼과(三科) 공전으로 세 구분하는 새로운 해석을 내리고, 그중 이과공전과 삼과공전을 구분하는 기준을 다음과 같이 보았다.

　　토지지배자의 지위·신분차에 놓여 있었다고 생각한다(「고려의 공전」, p.212).

그리고 전정(田丁)과 공음전시(功蔭田柴)에 대해서는 다음과 같이 말하고 있 다.

　　전정은 병역의 부담자(즉 광범한 농민)와 관료의 밑에서 일하는 향리에게 지급된 토지인 것을 알았다(「고려시대에 있어서의 토지의 적장자상속과 노비의 자녀균분상 속」, p.336).
　　공음전시의 소지자는 전정의 소지자와는 계층이 틀리는 후자의 위에 선 관료층 이었다고 하지 않으면 안 된다(위와 같음, p.339).

지금까지 살펴본 군현제도나 토지제도에 대한 연구 이외에 제3편에 실려 있는 「고려시대의 백정」이나 「고려의 무산계(武散階)」 등은 제목으로 내건 그대로 신분문제를 전적으로 다룬 것이다. 이렇게 볼 때에 본서는 차라리 신분제도를 축으로 하는 사회사 연구라고 해도 좋을 그런 성질의 것이 아닌가 한다.

그러면 이러한 저자의 연구는 개별적인 신분의 해명으로 끝나고 말 것인가 그렇지는 않다. 저자는 이를 통해서 우선 한국사의 특수성, 특히 중국사와 다른 점을 강조하고 있다. 군현제도에 대한 연구에서는 저자 자신이 그 점에 역점을 두고 있다고 말하였음은 이미 앞에서 보아온 바와 같다. 그리고 그렇게 된 원인을

지배의 대상이 된 민중의 사회가 심히 달랐기 때문에 거기에 설치된 군현제도의 내용도 당연히 달라져 있다(p.3).

라고 하였다. 이같이 저자가 중국사와의 차이점을 강조한 것은 의미가 있다. 그것은 종래 식민주의 어용사가(御用史家)들에 의해서 한국사는 중국사의 아류로 치부되어 왔기 때문이다.

이렇게 특수성에 대한 인식을 저자 자신이 강조하고 있기는 하지만, 또 동시에 보편성에 대한 인식의 노력이 그 밑바닥에 깔려 있다는 점도 놓쳐 버릴 수가 없다. 이 점은 이들 논문에서 노출되어 있지는 않다. 그러나 저자의 시대구분에 대한 강한 관심은 무엇보다도 이 점을 잘 말해 주고 있다. 저자는 본서의 서명에 '중세(中世)'라는 용어를 사용한 것이 편의적인 것임을 다음과 같이 변명하고 있다.

조선사의 시대구분 특히 고대와 중세의 구분에 대하여는 다양한 견해가 있기 때문이다(p. iii).

그러나 요컨대 한국에 있어서의 소위 중세사회를 구명(究明)하려는 저자의 강한 의욕을 이 서명이 나타내 준다고 생각하는 것은 결코 평자의 지나친 해석이 아닐 것으로 믿는다.

저자는 이론을 일방적으로 사실 해석에 적용하지 않고, 실증을 토대로 한 결론을 모색하고 있다. 시대구분에 대해서 저자가 단안(斷案)을 회피하고 있는 것은 실증적인 결론을 얻을 수가 없기 때문인 것이다. 군현제의 연구에 있어서 중국제도와 문자가 같다고 해서 이를 동일시할 수 없음을 말하는 중에,

　　나는 문자에 의해서 연상되는 기성개념을 버리고 되도록 사실에 즉(卽)해서 조선의 군현제제의 실체를 생각해 보려고 한다(p. 41).

라고 하였다. 이같이 기성개념으로부터 벗어나서 사실에 즉한 새로운 이해에 도달하려는 노력을 본서의 도처에서 발견할 수가 있다. 이러한 노력의 결과로 앞서 보아온 바와 같은 견해에 도달하게 된 것이다.

그러면 고려의 신분체제를 군현제도와 관련지어 이해하려는 본서의 견해를 어떻게 받아들여야 할 것인가. 신라의 골품제도가 무너진 뒤에 성립된 고려의 신분제도에 대한 전체적인 이해가 별로 없는 속에서 저자의 의견은 퍽 흥미 있는 것이라고 하겠다. 그러나 부성(府姓)·군현성(郡縣姓)·촌성(村姓)의 존재에 근거해서 이들 본관(本貫)의 지방행정제도상의 격이 거기에 사는 주민의 신분의 차를 나타내는 것으로 생각하는 데에는 쉽게 따를 수가 없다.

원래 본관은 고려 초에 호족 출신들이 중앙귀족으로 진출하면서 그들의 가문을 표시하려고 한 데서 비롯한 것이다. 따라서 본관은 원래 중앙귀족의 출신지를 표시하는 것으로 알고 있다. 그러나 귀족들의 본관인 군현에 사는 향리들도 군현성을 가지고 있어서 본관을 같이했다고 보아야 할 것이다. 그러므로 본관은 언제나 그 지방의 주민에 한하는 것이 아니며 또 본관이 같기 때문에 신분도 같았다고는 볼 수가 없다. 게다가 고려시대에 농민들이 성을 가졌다고는 생각되지 않으며, 이에 대해서는 저자도 의견을 같이하고 있다. 따라서 촌성은 촌에 거주하는 농민들의 성이라기보다는 촌장급의 성이었을 것으로 보인다. 군현의 향리와 촌의 촌장과는 신분적인 차별이 있었을 것이며, 이 점에서 본서의 주장은 옳다고 하겠다. 그러나 그것을 촌에 거주하는 농민의 신분에까지 확대시키는 것은 비약이 아닐는지 모르겠다. 촌장과 촌민이 원래 동일한 혈족(血族)에 속했다 하더라도, 고려의 지배체계 속에서는 이미 그 신분이 구분되어야 할 존재가 되지는 않았을까 하는 생각이 든다. 여하튼 향리와 군현민, 촌장과 촌민과의 문제가 좀 더 명확하게 밝혀지기 전에는 저자의 주장은 설득력이 적은 것이 아닐까. 부곡천민설(部曲賤民說)의 재검토가 요구되고 있는 현재로서는 더욱 그러하다. 중앙집권적인 지배체제로 변화하는 데 따라서 군현제가 재편되는 과정에 대하여 저자는 많은 정력을 들여 명쾌한 분석을 해주었다. 그러나 이것을 농민의 그것을 포함한 신분제 전체와 직결시키는 데에는 문제가 남는 것으로 보인다.

토지소유자를 신분제와 연결지어 고찰한 대목은 아무래도 본서에서 가장 주목해야 할 대목이 아닌가 한다. 백정의 민전(民田), 공전(公田)의 3구분에 따르는 소유주의 분석, 병역부담자와 향리의 전정(田丁), 왕실의 장(莊)·처(處) 등에 대한 연구가 그러한 대목들이다. 저자는 처음 일반농민을 병역부담자로 보고 그들이 전정을 소유한 것으로 본 듯하나 뒤에 일반농민을 백정으로 보고 그 소유지를 민전이라고 하였는데, 저자도 후자가 옳다고 믿고 있다. 공전을 모두 같은 유형의 것으로 치부하고 논의를 해오던 종래의 경향과 달리 이를 3구분하는 풀이도 신분을 토대로 하고 토지소유자를 이해하려는 저자의 입장을 잘 반영해 주고 있다. 고려의 토지제도에서 미지의 문제로 남겨져 오던 많은 문제들이 이로써 풀리게 되었다고 믿는다.

저자는 "종래의 연구가 빈약하여 거의 초보적인 사실의 인정으로부터 시작하지 않으면 안 되었다는 이유"도 있어서 통일적 파악이 불충분했음을 인정하고,

　　본서에서 쓴 것을 재구성하여 통일적 인식을 깊이 하는 작업이 남아 있다(p. v).

라고 하였다. 그러나 실제로 본서를 읽어 보면 많은 힘든 고증의 과정을 거쳐서 그 나름의 통일적 파악의 틀이 이미 잡혀 있는 것으로 생각된다. 신라 말기에 이루어진 호족적 질서를 토대로 한 고려의 집권적 관료제도의 형성과정에서 이루어진 계층적(階層的) 편성에 의해 고려적 신분제가 성립되고, 이에 대응하는 토지제도가 성립된다고 본 점에서 그러하다. 그럼에도 불구하고 통일적 인식을 남은 과제로 미룬 까닭은 어디에 있을까. 여기에는 두세 가지 이유가 있는 것으로 보인다.

하나는 군현제도와 토지제도의 연구가 모두 신분제도를 축으로 하고 있기는 하지만 구체적으로는 톱니바퀴가 맞아 들어가듯이 서로 결합되어 있지 못하기 때문이다. 가령 군현제 연구에서 크게 중요시되던 향리층이 토지제도 면에서는 소홀하게 다루어지고 있다. 또 고려의 중앙귀족을 '호족적 관료'라고 규정하고 그 이상 중앙귀족의 문제를 논의하지 않고 있어서, 그들의 신분

이나 토지소유의 문제에 대한 보다 깊은 이해가 필요하다고 느꼈는지도 모른다. 그리고 농민의 신분이나 토지소유에 대해서는 모두 큰 관심이 표시되었으나 군현제 속에서 파악된 농민의 신분이나 전호(佃戶)의 문제, 그리고 저자 자신이 밝힌 대로 농민의 부담 문제 등 여러 문제가 남겨져 있는 것이다. 아마 이러한 데에서 그 첫 이유가 찾아지는 게 아닐까 한다.

그러나 역사의 연구란 반드시 항상 완벽한 체재를 갖출 수는 없는 것이다. 이러한 견지에서 본다면, 저자가 통일적 견해 표명을 주저하는 이유의 또 하나는 염두에 두고 있는 일정한 체계적 인식방법을 본서의 고증이 만족시켜 주지 않는다는 점에서 구해야 하지 않을까 한다. 고증에 있어서는 기성의 개념을 배격한 저자이지만, 이론에 있어서는 그렇지가 않은 듯싶다. 그러나 견실한 고증에 입각하는 한, 기성의 이론에 맞는 체계적 인식이란 영원한 숙제로 항상 남게 되는 것은 아닐는지 모르겠다.

그러나 한국의 중세사회를 밝혀 보려는 큰 목표를 안고 이를 위하여 필요한 구체적인 문제들을 하나하나 추구해 나가되 결론을 서두르지 않는 저자의 착실한 학문적 태도에서 우리는 많은 것을 배우게 된다. 본서는 고려시대를 중심으로 한 한국의 사회를 이해하려고 하는 사람에게는 필독서라고 하지 않을 수 없다. 저자가 다음 과제로 남겨 둔 한국 중세사회에 대한 종합적 이해를 정리해 주는 저서가 하루 빨리 나오기를 고대하는 바이다.

〈『역사학보』 59, 1973년 9월〉

『한국사대계(韓國史大系)』 1 상고(上古)

윤무병(尹武炳) · 한병삼(韓炳三) · 김기웅(金基雄) 공저

삼진사, 1973

　본서는 천관우(千寬宇) 씨의 감수(監修)로 펴낸 『한국사대계』의 제1책이다. 대계 중의 한 책으로 나오긴 하였지만, 이 책은 말하자면 한국고고학개론이라고 해도 좋을 성질의 것이다. 따라서 이것만으로도 독립된 단행본으로서의 생명을 지니고 있다.

　해방 전후에 일본의 고고학자들이, 일제시대에 행한 자기들의 조사결과를 토대로 정리해준 몇 개의 한국 고고학개설서가 나왔고, 오랜 동안 그것들이 일반의 상식을 지배하여 왔다. 그러나 근자에 김원룡(金元龍) 씨가 「한국문화의 고고학적 연구」(『한국문화사대계』 1, 1964)와 이를 증보한 『한국고고학개설 (韓國考古學槪說)』(일지사, 1973)을 내어 해방 뒤의 새로운 성과를 정리하여 주었다. 그런데 이에 더하여 이제 또 하나의 새로운 고고학개설서를 얻게 된 셈이고, 이는 해방 후의 고고학계가 그만큼 성장했다는 것을 말해 주는 것이라고 하겠다.

　본서의 특색은 우선 한국 고고학 연구의 일선을 담당하고 있는 학자들에

의해서 씌어졌다는 데 있지 않을까 한다. 제1장의 구석기시대와 제2장의 신
석기시대를 담당한 한병삼 씨나, 제3장의 청동기 및 초기철기시대를 담당한
윤무병 씨나, 제4장의 고분시대를 담당한 김기웅 씨, 모두 발굴·조사와 종
합연구의 양면을 아울러 행하고 있는 명실 공히 일선고고학자들이다. 그렇
기 때문에 최근의 조사결과들까지도 예민하게 본서에 반영되고 있는 것이
다. 가령 동삼동패총(東三洞貝塚)이라든가 또는 암사동주거지(岩寺洞住居址)같
이 아직 보고서가 나오지 않은 조사결과들도 소개되어 있다. 한편 일반이 좀
처럼 알기 어려운 북한의 고고학적 성과까지도 아울러 소개해 주고 있다. 그
리하여 본서는 최신의 고고학적 지식을 일반사가들에게 제공해 주는 결과를
가져왔다.

　본서는 또 고고학 전공이 아닌 일반 독자를 위하여 되도록 평이하게 서술
하였으며, 때로는 어려운 술어(術語)들을 알기 쉽게 설명하여 이해를 돕고 있
는 데 또 하나의 특색이 있다. 학문적인 술어란 일정한 약속 밑에 씌어지는
것이기 때문에, 상식만으로는 이해되지 않는 경우가 흔히 있다. 그러므로 종
종 엉뚱한 오해를 불러일으키기도 하는 것이다. 그런데 본서는 이를 쉽게 설
명해 줌으로써 독자의 이해를 크게 돕고 있다. 가령 누경(耨耕)에 대한 설명을
괭이의 사용을 가지고 설명하고, 또 괭이의 몸체에 자루를 묶어서 쓰는지 또
는 구멍을 뚫고 자루를 끼워서 쓰는지에 따라서 원누(原耨)와 신누(新耨)로 갈
라진다는 설명 같은 것이 그 대표적인 예이다(본서, p.69 참조). 욕심 같아서는
이러한 시도를 좀 더 광범하게 하였더라면 좋았겠다고 생각한다.

　그러나 무엇보다도 본서의 저자들이 각자 나름으로 한국 고고학의 체계적
이해에 노력하고 있는 점이 주목된다. 저자들이 정리한 전체적인 체계를 일
람표로 작성해 보면 다음과 같다.

절대연대	고고학적 시대구분	토기	기타 유물	주거	분묘	생업
	구석기시대		剝片石器 尖頭器 石核 握斧 打裁器 搔削器 石刃 石槌 敲石			
B.C. 3000 B.C. 1000	신석기시대	細線隆起文土器 櫛文土器 ① 전기 ② 후기	石鏃 漁網錘 釣針 石犁 石鎌 牙鎌	竪穴 洞窟 敷石		어로 수렵 농경
B.C. 4, 5세기	청동기 및 초기 철기시대	無文土器 ① 압록강·청천강 유역 　壺形 　美松里型 　深鉢形 　黑房里型 　角形 ② 대동강, 황해도 지방 　角形 ③ 함경도 지방 　褐色(深鉢形·甕形) 　丹途磨研(壺形· 　　배떠리形) 黑色 　磨研(豆形) ④ 남한지역 　丹途磨研 　深鉢形 　豆形 　黑色	석제농구 半月形石刀 石鎌 石楸 磨穀石 석제공구 도끼 자귀 끌 紡錘車 바늘 骨角器 석제무기 磨製石劍 石鏃 棍棒頭 청동기 滿洲式銅劍 細形銅劍			

A.D. 1세기			明刀錢 철기 철제농공구 철제무기 車馬具		
高: B.C.2세기	고분시대	고구려 黑灰色軟質土器	농구 鐵楸		고구려 石塚
百: A.D. 3세기 초		黑色磨硏土器 無釉陶器	鋤 犁		封土墳 백제
新: A.D. 3세기 말		黃釉陶器 彩文陶	鎌 공구		石塚 石室墳
加: A.D. 3세기 중		백제 軟質赤褐色土器	도끼 자귀		石槨墳 塼築墳
		黑色陶器 硬質灰靑色土器	끌 톱		신라 積石木
		고신라·가야 軟質赤色土器	못뽑이 가위		槨墳 石室墳
加: A.D.563		陶質土器	송곳 장신구		가야 竪穴式
百: A.D.660			관 귀걸이		石槨墳 橫穴式
高: A.D.668			…		石室墳
新: A.D.935			武具 馬具		

이 일람표는 평자가 본서의 서술내용을 충실히 옮기려고 한 것이지만 이 방면에 문외한인 평자로서는 뜻밖의 잘못이 있을는지도 모르겠다. 그러나 저자들이 용심(用心)한 바를 대략은 이로써도 짐작이 가지 않을까 한다. 즉 일정한 고고학적 시대의 문화적 성격과 그 연대에 대하여 중점적으로 정리를 꾀하고 있다. 특히 즐문토기(櫛文土器)의 편년(編年)에 대한 의견이라든가, 무문토기(無文土器)의 지역별 분류와 그 계통에 대한 설명이라든가, 혹은 또 고분시대의 공구(工具)에 대한 주목 같은 것은 모두 일반사가들에게 크게 도움

이 된다고 하겠다. 이것은 곧 고대사 전반에 대한 이해와 연결되는 것이다.

　이러한 체계적 정리를 위한 노력에도 불구하고 한편 의심이 가는 대목들이 없지도 않다. 우선 신석기시대의 하한은 B.C. 1000년으로 되어 있는데, 청동기시대의 상한은 B.C. 4~5세기로 되어 있어서, 5~6세기라는 짧지 않은 공백기를 나타내고 있다. 또 초기철기시대로부터 고분시대로 넘어가는 연대에도 고구려의 경우와 같이 중복되는 예가 있는가 하면, 백제·신라·가야의 경우와 같이 공백기를 나타내는 예도 있다. 이것은 여러 저자들에 의하여 한 책이 저술되는 경우에 종종 드러나는 개인의 학설 차에 따르는 결과일 것으로 생각되지만, 독자로서는 당황하게 된다. 더구나 본서가 학술논문집이 아닌 개설서인 만큼, 어떠한 조절이 있어야만 옳았을 것이다. 물론 글에 대한 책임은 결국 필자만이 지는 것이기 때문에, 학설을 굽히도록 강요할 수는 없다. 그러나 이러이러한 설도 있다는 정도의 소개만이라도 있었더라면 어느 정도로나마 조정이 되는 것이 아니었을까. 어쨌든 이러한 시간적인 공백을 나타내고 있는 것은 비록 해방 뒤의 한국 고고학이 크게 발전하였다고는 하지만 아직 많은 고민을 안고 있다는 사실을 단적으로 나타내 주는 것이기도 하다.

　본서가 참고문헌을 적절하게 제시해 주지 않은 것도 하나의 흠이 될 것이다. 권말에 참고문헌이 있기는 하지만, 저자들 자신이 아닌 문외한이 어디서 베껴 놓은 것 같은 인상이다. 따라서 본서의 내용과는 전혀 관계가 없는 것이 실려 있기도 하다. 가령 이상백(李相佰) 저 『조선문화사연구논고(朝鮮文化史研究論攷)』(1947) 같은 것이 그 한 예인데, 이런 예는 이 밖에도 더 있다. 그런가 하면 본서의 저술에 크게 참조한 것이 빠져 있기도 하다. 가령 본서의 도작(稻作) 기원에 대한 서술(p.72)에서 참조한 것이 분명한 강기경(岡崎敬) 씨의 「일본에 있어서의 초기 도작 자료」(『朝鮮學報』 49, 1968)란 논문은 빠져 있다.

그러므로 저자들이 해당되는 서술 부문에서 참고문헌을 주기(註記)해 주었더라면 훨씬 본서가 유용하게 이용될 수 있었을 것이다.

이와 아울러 사진 설명이 더 많았더라면 하는 생각이 간절하다. 삽도(揷圖)가 있기는 하며, 또 부록으로 붙인 도록(圖錄)도 상당한 양에 이르고 있기는 하다. 그러나 본문과 연결 지어 볼 때에는 아직도 미흡하다 할 수밖에 없다. 가령 상당히 노력을 기울인 무문토기의 분류에 대한 설명은 도판(圖版) 없이는 고고학 전공이 아닌 사람들이 충분히 이해하기가 힘든 일이다.

끝으로 본서는, 고구려의 초기 고분에 관계되는 부분을 제외하고는 그 서술 범위를 원칙적으로 압록강(鴨綠江)과 두만강(豆滿江) 이남에 국한시키고 있다. 고대사에서 고조선이나 부여·고구려를 논할 때에, 또 민족의 계통을 논할 때에, 만주(滿洲) 방면의 고고학적 지식이 필수적인 것임은 더 말할 필요가 없다. 그러므로 이 점도 재고되어야 하리라고 생각한다.

어느 한 책에서 모든 욕구를 다 만족시킨다는 것은 바랄 수 없는 일이다. 모든 저술은 일정한 자기의 구실을 다함으로써 그 나름의 일정한 공헌을 하고 있는 셈이다. 본서도 위에서 지적한 몇 가지 결함이 발견되기는 하지만, 현재의 시점에서 한국사의 여명기를 이해하는 데 적지 않은 구실을 다할 것임을 믿어 의심치 않는다.

〈『역사학보』 62, 1974년 6월〉

『한국사의 재발견』

천관우(千寬宇) 저

일조각, 1974

저자 천관우 씨가 일찍이 「반계(磻溪) 유형원(柳馨遠) 연구」(『역사학보』 2·3, 1952·1953)를 발표하여, 해방 후의 한국사학계에 실학(實學) 연구 붐을 조성하는 계기를 마련하였음은 다 아는 사실이다. 그 뒤 다방면에 걸쳐서 꾸준히 논문활동을 해온 저자이지만, 언론계에 몸을 담고 있던 관계로 일반독자를 상대로 하는 한국사에 관한 글도 많이 써왔다. 스스로 많이 쓸 뿐 아니라 남에게도 그렇게 하도록 권하기조차 하였으며, 이러한 저자의 입장을 스스로 비(非)아카데미사학이라고 표방하고 나서게까지 되었다. 이 책의 「자서(自序)」에서

기자(記者)를 업으로 삼으면서 틈틈이 한국사에 관계되는 글을 써온 나는, 비아 카데미사학이 아카데미사학과는 또 다른 단점과 함께 그 나름의 장점도 지니고 있 다고 믿는 자이다(p. iii).

라고 한 것은 그러한 저자의 심정을 나타낸 것이라고 생각된다.

만일 자기의 주장을 아전인수(我田引水) 격으로 역사에서 찾아보는 경향을 띤 것을 비아카데미사학이라고 하고, 역사의 객관적 사실에 근거해서 어떤 결론을 얻어 보자는 경향을 띤 것을 아카데미사학이라고 한다면, 저자는 분명히 아카데미사학에 속한다. 그럼에도 불구하고 저자가 굳이 비아카데미사학으로 자처하고, 거기에도 그 나름의 장점이 있다고 주장하고 나선 까닭은 무엇인가. 비록 이 책의 내용을 이 문제만을 가지고 논할 수는 없지만, 또 이 문제를 중심으로 이 책의 내용을 살펴보는 것이 반드시 저자의 뜻에서 크게 어긋나리라고도 생각하지 않는다.

한국사를 어떻게 보고 어떻게 연구해야 되는가 하는 문제에 대한 저자의 입장을 가장 잘 나타내 주는 글이 바로 「한국사학의 반성」이다. 여기서 저자는 사관(史觀)과 사풍(史風)이라는 시각에서 한국사학계를 여섯 조류(潮流)로 나누고 있다. 그런데 저자가 말하는 아카데미사학과 비아카데미사학은 사관보다는 사풍에 관계되는 것이다. 즉 그 사풍이 실증(實證) 위주냐 사론(史論) 위주냐에 따라서 위의 양자가 구분된다고 보았다.

　　실증 위주의 사풍이 해방 후 우리 아카데미즘사학의 주류를 이룬 데 대하여, 해방 전의 어느 시기에는 사론 위주의 사풍이 민간사학으로서 상당한 영향력을 가졌었다(p. 47).

라고 한 것은 이러한 견해를 나타낸 것이다. 저자는 이들이 서로 아무런 교섭도 없는 것으로 보지는 않았지만, 크게 볼 때에는 이렇게 나눌 수 있다고 본 것이다. 그리고 오늘의 한국사학에서 반성할 것의 하나가 이 실증 위주의 사풍 일변도로 되어 있는 것이라고 지적하였다. 요컨대 저자는 역사가 자세하고 정밀한 것만이 능(能)이 아닐진대, 한국사의 전 체계를 일관하여 무엇을 말하고자 하는가를 드러내 보이는 역사가 좀 더 있어야 하겠다(p.50).

라고 주장하는 것이다.

그러면 현대의 한국사학이 왜 자질구레한 고증에만 힘쓰게 되었다고 저자는 생각하였는가. 현재의 입장에서 우러나온 절실한 요구에서 쓰여진 것이 아니기 때문이라고 판단한 것으로 생각된다.

역사의 서술도 글이요 말인 이상, 바로 이러한 절실한 요구로 토로(吐露)될 것일수록 바람직한 역사가 아닐까 생각해 본다(p. 41).
역사를 알겠다는 것, 알려 주겠다는 것은, '나와 우리'의 현재의 위치를 이해하기 위해서 또는 이해시키기 위해서, 다시 말하여 과거에서 현재에 이르는 그 시간적 경과, 그 사회적 조건 속에서 현재의 나와 우리가 어디에 와 서있는가를 알아보기 위해서 또 알려 주기 위해이다(p.44).

이러한 말들은 물론 한국사를 거시적으로 보지 않은 원인이 곧 현재의 절실한 요구에서 쓰여진 것이 아니기 때문이라고 밝히고 있지는 않다. 그러나 이들이 밀접한 관계가 있으리라는 것은 누구나 짐작할 수가 있다고 믿는다.

현실의 절실한 입장에서 한국사를 거시적으로 봐야 한다는 생각은 이 책의 전체에서 구체화되어 있다. 우선 어느 대목을 읽어 봐도 현실의 절실한 문제와 연결되어 있지 않은 곳이 없다. 가령 한국사 연구의 진흥을 위하여 일개사단을 증설할 만큼의 결심으로 힘을 기울여야 하지 않을까 하는 대목 같은 것이 그러하다. 더구나 그 방안을 많은 연구자의 확보에 두고 있는 저자의 주장이 또한 그러하다(p.12). 이러한 주장은 모두 올바른 것으로서, 문예 진흥이니

국학 진흥이니를 꾀한다고 하는 사람들이 경청해야 할 의견이다.

인물을 논하는 대목에서도 그러하다. 「성웅(聖雄) 이충무공(李忠武公)론」을 읽으면서 그것이 400년 전의 인물에 대한 논평으로만 느껴지지 않는 것은 평자의 지나친 감상의 탓만은 아닐 것이다. 또 「동양인과 정체성」에서

> 우리는 '분하게 여기지도 않고 전제(專制)지배에 견디는' 백성들이 아니라는 것을 사실로서 표시해서, 이것을 보고도 정체라고 하느냐고 사실로써 반문할 수 있게 되어야 한다(p.94).

라고 할 때, 저자가 현실적인 절실한 요구와 역사를 연결지어 생각하는 바를 이해할 수 있으리라 믿는다.

실학의 특징을 근대지향적인 것과 민족적인 것에서 찾아보려는 저자의 주장도 또한 마찬가지다. 평자의 개인적인 욕심으로는 실학의 개념에 관한 부분은 저자의 실학 관계 다른 논문들과 함께 '실학연구'로서 따로 묶어 주었더라면 하는 생각이 든다. 모르긴 하거니와 그런 점을 저자 자신도 느꼈음 직하건만, 굳이 이 책에 넣은 이유는, 아마 그것이 현실적인 요구와 연결되는 사론이라고 생각한 때문이 아니었을까. 그리고 그 관점이 거시적인 것이라는 점도 또한 그 특징으로서 빼놓을 수 없을 것이다.

근대화나 민족·민중을 논하는 글들이 되면 이러한 점은 더욱 절실해진다고 하겠다. 가령 다음과 같은 대목을 읽어 보면 알 수가 있다.

> 대한민국이 한국사의 정통이어야 한다는 당위(當爲)가 실현되기 위해서는 남이 북에 비하여 체제상 역량상으로 압도적인 우위를 과시할 때에 가능할 것이라고들 한다. 따라서 공포 아닌 자유, 궁핍 아닌 번영, 부정부패 아닌 사회정의, 국제상의

고립 아닌 유대, 이런 것들이 북에 비하여 압도적인 우위에 서고, 그 우위의 거리를 되도록 넓히는 일이야말로 한국 민족주의의 주인들의 당면한 과제의 하나가 될 것이다(p.378).

이 책이 말하고자 하는 바를 이렇게 사학(史學)이라는 관점에서 살펴볼 때에, 주로 연구실에 앉아 있는 소위 아카데미사학에 속하는 사람들은 특히 음미하며 읽어 봐야 하지 않을까 한다. 왜냐하면 이 책은 한국사를 연구하는 근본 문제에 대한 반성을 촉구하고 있기 때문이다.

물론 저자의 주장에 대하여는 반론을 제기할 수도 있을 것이다. 가령 실증이 뒷받침되지 않는 사론이란 자칫 잘못하면 공허한 결론을 이끌어낼 염려가 있고, 따라서 한국사학을 학문으로 성립시키는 데 방해가 되지 않을까 하는 반성과 같은 것이다. 그러나 저자는 결코 실증을 거부하고 있는 것이 아니며, 이를 대전제로 하고서 이야기하는 것임을 명백히 하고 있다(p.49). 즉 실증이 필요 없다는 것이 아니라 현재의 한국 사학계의 결점이 과거의 사실에 대한 실증 일변도의 사풍에 있다고 판단했기 때문에, 현실에 입각한 거시적인 관찰을 강조한 것뿐이다.

그러므로 문제는 현재의 한국사학계의 경향에 대한 진단을 어떻게 내리느냐 하는 문제로 좁혀진다. 그런데 이 진단은 그리 간단하지는 않을 것 같다. 왜냐하면 종종 공식적인 이론을 한국사에 적용하는 것을 한국사의 연구라고 생각하는 경향은 아직도 지배적인 영향력을 행사하고 있기 때문이다. 그리고 저자의 소위 민족사학—이 용어에 대해서 평자는 그 개념 규정이 애매하여 학술적인 용어로는 부적당한 것이 아닌가고 생각하고 있지만—이 만일 민족주의사학을 말하는 것이라고 한다면, 그것이 국수주의(國粹主義)로 경화(硬化)하는 것을 반드시 염려할 필요가 없는 문제로 치부해서 좋을는지 의문이다. 또 현재의 한국사학자들이 철저한 고증을 해낼만큼 논리적인 사고의 훈련이 되어 있다고도 생각되지 않는다. 따라서 평자는 사실에 대한 실증과 거시적인 관찰과의 양자를 꼭 같이 강조해야만 하는 것이 현재의 한국사학계의 실정이 아닐까 하고 생각하고 있다.

어떻든 한국사학계의 커다란 결점의 하나가 거시적인 관찰이 없는 데 있다는 것은 분명한 일이다. 따라서 현실에서 우러나오는 절실한 요구에서 한국사를 거시적으로 봐야 한다는 저자의 주장은, 아니 부르짖음은, 특히 연구실에 묻혀 있는 사학자들이 귀를 기울여야 할 제안이라고 믿는다. 이런 주장을 이러한 절실한 표현으로 제기할 수 있는 사학자가 이 책의 저자 이외에 흔히 찾아질 것 같지가 않다. 오늘의 한국사학자들이 이 책을 읽으며 저자와 함께 생각을 정리해 보는 기회를 갖기를 바라는 마음 간절하다.

〈『역사학보』 63, 1974년 9월〉

「광복 30년 국사학의 반성과 방향」

— '민족사학(民族史學)' 론을 중심으로 —

강만길(姜萬吉)

『역사학보』 68, 1975. 12

오늘 강만길 선생께서 너무나 중요한 문제를 제시해 주셨다고 생각합니다. 강 선생은 근대에 있어서 우리나라 역사의 발전과 결부해서 우리나라 사학의 발전을 바라다볼 뿐 아니라 그것이 지니는 과제까지도 정리해 주셨습니다. 그러나 역사학의 이론에 어둡고 또 근대사에도 어두운 저로서는 책임을 잘못 맡지 않았나 하는 생각이 듭니다. 원고의 프린트를 일찍 받았더라면 딴 책이라도 좀 조사하여 읽었을 텐데, 그렇지도 못해서 지금 생각나는 대로 몇 말씀 드릴까 합니다.

우선 민족사관·민족사학의 개념에 대한 것입니다. 강 선생이 말씀하신 것을 보면 민족사학은 실증사학(實證史學)·사회경제사학(社會經濟史學) 등과 병렬해서 설명되어 있고 또 이 민족사학과 관계되는 역사가로서는 신채호(申采浩) 선생과 문일평(文一平) 선생 두 분의 이름이 나와 있습니다. 그런 것으로 보아서, 때로는 한국 민족에 관한 사학이라는 의미로 쓰는 분도 계신데 그런 뜻이라기보다는 조금 더 좁은 의미, 보통 민족주의적인 특징을 가진 사학이

라는 뜻이 아닌가 생각이 됩니다. 그런 민족사학이 해방 뒤에 우리나라 한국
사학의 주류를 이루었다고 말씀하셨는데, 역시 이 점이 제게는 첫째로 걸립
니다. 강 선생 자신이 민족사학이란 용어가 적합한지 아닌지 모르겠다는 말
씀을 하셨는데, 그런 점을 감안한다 하더라도 해방 뒤에 단재(丹齋)나 호암(湖
岩)이나 이런 분들의 계통을 이어서 활약한 역사가를 든다면 홍이섭(洪以燮)
선생이 계셔서 그분이 거의 고군분투하다시피 하지 않았나 하는 것이 제 느
낌입니다. 물론 근래에 그들의 후계자라 할까 그런 분이 몇 분 있긴 합니다
만, 과연 실증사학이나 혹은 사회경제사학이라는 것과는 다른 의미의 민족사
학이라는 것이 우리나라 해방 뒤의 역사학의 주류를 이루었다고 볼 수 있을
까 하는 것이 제가 첫째로 가진 의문입니다.

  둘째로 이 민족사학의 발전을 가져다가 3단계로 구분해서 그것을 공식화
한 견해에 대해서입니다. 이 새로운 의견은 강 선생 자신의 견해로서, 강 선
생이 스스로 생각해서 이루어 놓은 우리나라 근대사학의 발전단계에 대한 이
론으로서 퍽 흥미를 끕니다. 그 내용에 대해서는 뒤에 잠깐 말씀드리겠습니
다만, 그런 것을 표시하는 데 있어서 국가주의적 민족사학, 국민주의적 민족
사학 그리고 민족주의적 민족사학 이렇게 세 단계로 발전했다고 보았습니
다. 그런데 강 선생이 사용한 이러한 용어들에 대해서 저로서는 만족스럽게
생각하지 못하고 있습니다. 가령 국민국가란 보통 제가 알기에는 절대왕정
(絶對王政)시대의 국가형태를 말하며, 민족국가 그러면 프랑스혁명 이후 시민
사회가 형성된 뒤의 국가형태를 부르는 줄 알고 있습니다. 만일 그런 개념과
이 국가주의·국민주의·민족주의 이런 것을 대비시켜서 볼 때는 어딘가 시
대적인 위화라 할까 이런 것이 있지 않을까 하는 생각이 듭니다. 그리고 또
국민이라는 용어에서는 분열적인 뜻이 내포되고, 민족이란 데서는 일체감이
내포된다, 이런 것도 이제 그러한 면에서 서양에서 말하는 국민국가·민족국

가 개념과 비추어 볼 때는 반드시 그렇게만 볼 수 있겠는가 하는 의문이 역시 듭니다. 그렇게 살펴볼 때, 강 선생은 민족이라는 용어를 퍽 좋아한다 할까, 하여튼 우리나라 역사 발전에 있어서 민족이라는 용어가 역사학, 이것이 당연히 우리나라 사학의 주류를 이루어야 하겠고 또 그런 방향으로 이끌어 가야겠다는 생각을 가지고, 이런 민족사학이란 용어에 상당히 매력을 느껴서 집착하고 있지 않나 하는 생각이 듭니다. 이제 곧 말씀드리겠습니다만, 강 선생께서 개념을 부여한 그러한 내용의 것은 역시 종래 우리가 생각하고 있는 민족주의사학이라든가 민족사학이라든가 하는 것의 내용과는 꼭 일치하지 않는 것 같아서, '새 술은 새 부대에'라는 말이 있습니다만, 새로운 개념을 사용하여도 좋았지 않았나 하는 생각입니다. 그렇지 않으면 오히려 용어의 혼돈을 가져올 우려조차 있습니다. 가령 강 선생은 국민주의적 민족사학은 청산해야 될 것으로 생각하고 있습니다. 그런데 그 소위 국민주의적 민족사학을 민족사학의 전부로 생각하는 분들에게는, 오히려 강 선생의 뜻에 어긋나게, 그분들을 고무하는 결과를 가져오지 않을까 하는 생각이 듭니다.

셋째로, 그렇지만 강 선생이 전제군주(專制君主)시대, 다음에 시민사회, 그리고 시민계급 이외의 모든 민족구성원을 포함한 단계, 이렇게 세 단계로 나누어서 우리나라 근대사의 발전 과정을 규정하고 여기에 상응하여 같은 민족사학이라도 차이가 있어야 한다는 데에는 논리적인 일관성이 엿보입니다. 그런데 이러한 주장은 한국 민족에게만 한하는 것이 아닌 보편성을 띤 것으로 비칩니다. 또 강 선생이 말씀한 대로 반드시 통일시대의 사학으로서만 바람직한 것이기보다는, 역사 발전의 대세에 비추어서 추출된 이론이기 때문에, 현재로서도 남북 어디서나 통용되어야 할 성질의 것으로 보입니다. 아까 얘기한 것과 조금 중복됩니다만, 마지막 단계의 소위 가장 바람직한 장래의 역사학이라고 그렇게 얘기한 민족주의적 민족사학은, 내용으로 볼 때에 차라리 가령 '민중사학'이라고 한다든가 하는 것이 오히려 아무에게도 오해를 받지 않는 그런 내용의 것이 되지 않을까 이렇게 생각합니다.

마지막으로 한 가지만 더 말씀드리고 싶은 것은, 현실적인 문제와 역사학 혹은 한국사학과의 관계입니다. 이 점에 있어서는 역시 아카데미즘이라 할까, 또는 역사학의 권위라 할까 이런 것을 조금 강조하고 싶은 생각입니다. 강 선생 자신도 학문적 특권이란 말을 쓰고 있는데, 역시 학문적 특권이란 것을 유지함으로 해서 한국사의 새로운 연구, 한국사의 새로운 이론들이 오히려 현실적인 문제를 해결해 나가는 데 도움이 되는 것이리라고 믿습니다. 역사학은 현실의 문제들에 의해서 좌우되는 학문이 아니라, 보다 높은 위치에서 현실을 비판하는 학문이라고 생각합니다. 그렇지 않으면 역사학은 현실에 아부하는 곡학(曲學)으로 타락할 위험성이 많습니다. 물론 강 선생은 우리나라 역사의 큰 흐름, 근대사의 큰 흐름이라는 것을 전제해 놓고서 거기에 맞는 역사학을 구상해 나가는 것이기 때문에 그런 염려는 없으리라고 믿고 있습니다만, 오히려 그런 결과를 초래하는 경우가 많지 않을까 염려됩니다. 그러므로 저는 학문의 권위라는 것을 좀 더 강조했으면 하는 생각입니다.

〈『역사학보』 68, 1975년 12월〉

『한국고대사 연구』

이병도(李丙燾) 저

박영사, 1976. 3

　본서의 「자서(自序)」에서 저자는 스스로 자기의 연구가 3면작업을 해왔다고 하였다. 즉 저자는 처음 유학사(儒學史) 연구로부터 출발하여, 다음으로 도참사상(圖讖思想)에 흥미를 갖게 되고, 이어 고대사 연구에 관심을 갖게 되었다고 하였다. 이 3면작업 중에서 흔히 그의 아호(雅號)를 붙여서 두계사학(斗溪史學)이라고 지칭되어 오기도 하는 저자의 학문적 특징이 가장 잘 나타나 있는 것이 고대사 연구이다. 그리고 그 고대사 연구의 결정(結晶)이 바로 본서인 것이다.

　저자의 팔순(八旬)기념특집인 『진단학보(震檀學報)』 제42호(1976)에 실린 논문 목록에 의하면 저자가 처음 발표한 학술논문은 1926년의 「이율곡(李栗谷)의 입산동기(入山動機)에 대하여」였다. 그 3년 뒤인 1929년에 본서에도 수록되어 있는 「진번군고(眞番郡考)」를 발표하였다. 이로부터 고대사 연구가 진행된 것으로 보이는데, 그러면 1976년에 본서가 출판되기까지 47년이란 실로 긴 세월이 흐른 것이다. 거의 반세기에 걸친 오랜 동안의 노력의 결과가 곧 본서인 셈이다.

저자의 고대사 연구가 진행된 지난 반세기는 한국의 근대사학이 성장하던 시기였다. 이 시기에 발전된 몇 개의 학문적 경향 중에서, 저자는 사실(史實)의 엄격한 고증에 기초를 둔 학풍을 견지하는 실증사학(實證史學)의 대표자로서 공인되었다. 현대 한국사학의 학문적 수준의 향상은 이러한 저자의 노력에 힘입은 바가 실로 컸다. 그러므로 비록 뒤늦게 단행본으로 정리되어 출판되기는 하였으나, 본서는 우리나라 근대사학사에서 길이 기억되어야 할 저서인 것이다.

본서는 800면이 넘는 대저(大著)이며, 거기에서 다루어진 주제들은 고조선으로부터 삼국시대에 이르는 긴 시대의 다방면에 걸친 역사적 사실들이다. 그러므로 이에 일일이 언급할 능력을 평자는 갖고 있지 못하다. 그러나 한편 생각하면 서평에서 반드시 수록된 모든 논문을 일일이 언급해야 할 필요가 없는 일일는지도 모르겠다. 그러므로 여기서는 다음과 같은 몇 가지 사실에 국한하여 언급하려고 한다. 즉 우선 저자의 고대사 연구가 발전해온 과정을 살펴보고, 이어 그러한 연구성과를 정리하는 데 있어서 나타난 저자의 용의(用意)가 어디에 있었는가를 알아보고, 끝으로 이렇게 성립된 본서에 대한 평자의 느낌을 간단히 첨부하여 볼까 한다.

위에서도 잠깐 인용한 『진단학보』 제42호의 논문목록에 의하면 본서에 수록된 여러 논문들 중에서 가장 먼저 발표된 것이 「진번군고」(1929)였다. 곧이어 「현토군급임둔군고(玄菟郡及臨屯郡考)」(1930)가 발표되었다. 비록 「낙랑군고(樂浪郡考)」(1976)는 본서를 출판하면서 집필되기는 하였으나, 이로써 저자의 고대사 연구가 한사군(漢四郡) 연구로부터 시작하였음을 알 수가 있다. 그런데 저자의 한사군 연구는 곧 그 위치의 비정(比定)에 대한 연구, 즉 역사지리적인 연구였다. 그 뒤에 발표된 「패수고(浿水考)」(1933)도 본서에는 실리지 않았으나 이와 직접 관련을 가지는 것이다. 『진단학보』의 7회에 걸쳐 발표된 「삼한(三韓)문제의 신고찰」(1934~1937)도 삼한으로 연구의 대상이 바뀌었지만 전반부는 곧 역사지리적인 연구였다.

이같이 처음 역사지리적인 연구로부터 시작된 저자의 관심은 국가 문제, 특히 고대의 여러 국가들의 건국 문제로 관심의 대상이 발전되어 가는 사실을 발견할 수가 있다. 「소위(所謂) 기자팔조교(箕子八條敎)에 대하여」(1933)에서 저자는 '팔조교'를 논하는 과정에서 기자조선(箕子朝鮮)의 문제를 논급하고 있다. 현토군에 대한 연구에서는 고구려의 기원 문제가, 그리고 삼한에 대한 연구에서는 백제와 신라의 건국 문제가 다루어지고 있다. 이러한 국가의 흥망, 특히 건국에 대한 연구는 「아사달(阿斯達)과 조선」(1955), 「고구려국호고 (高句麗國號考)」(1956)로 이어지고 있다. 어느 의미에서 앞서의 역사지리적인 고찰은 이러한 국가의 건국발전에 대한 연구의 준비과정이었던 듯한 느낌을 받게 된다.

저자는 그 뒤 고대의 제도사에 큰 흥미를 표시하였다. 그 구체적 성과가 「고대남당고(古代南堂考)」(1954)이다. 이 논문의 후반부는 신라의 화백(和白)과 관련지어져 있기 때문에 본서에서는 「신라사상(新羅史上)의 제문제(諸問題)」란 편목(篇目) 속에 포함되어 있지만, 그 논문의 전반부는 원시집회소(原始集會所)에 대한 연구이며, 전라도지방에서 흔히 볼 수 있는 모정(茅亭)을 비롯한 전국 각지에 현존하는 여러 형태의 집회소뿐 아니라 세계 각지의 그것과도 비교해 가면서 행해진 고찰이다. 그리고 이 방면의 연구를 장려하는 내용의 글을 서언(緖言) 속에서 피력하기도 하였다. 어떻든 저자는 새로운 연구분야를 개척하는 심경으로 이 방면에 대한 연구에 착수하였고, 이것은 저자의 근대사 연구에 있어서 또 하나의 발전이었다.

한편 원래 학문적 연구를 사상사에서 출발한 저자는 고대사 연구에서도 이 방면에 늘 관심을 기울여 왔다. 「강서고분(江西古墳壁畵)의 연구」(1954), 「임신서기석(壬申誓記石)에 대하여」(1957), 「한국고대사회의 정천(井泉)신앙」(1968), 「신라 불교의 침투과정과 이차돈(異次頓) 순교문제의 신고찰」(1975) 등이 그 것이다.

 과거의 연구성과를 단행본으로 정리하여 출판하는 경우에, 이것을 어떻게 편집해야 하는가 하는 문제에 대하여는 물론 각인각색의 의견이 있을 것이다. 그리고 아마 그 점이 곧 그 저자의 특징을 나타내 주기도 할 것이다.
 본서는 분명히 새로운 저술이라기보다는 과거에 발표된 논문들을 모은 논문집이다. 그러나 저자는 단순한 논문집이기를 원하지 않고, 오히려 하나의 체계를 지닌 저술이기를 원하고 있다. 이 점은 저자가 「자서」에서 다음과 같이 말하고 있는 것으로 짐작이 간다.

 각기 독립된 논문들을 모아 다소 체계 있게 꾸미려고 하기 때문에 첨삭(添削)과 분합(分合)을 꾀하는 등 정리에 많은 시일을 요하였다(p.10).

 그러면 저자가 여기서 말하고 있는 체계란 어떤 것인가, 그것은 국가를 중심으로 한 체계였다고 생각된다. 이리하여 본서 전체를 구성하는 여덟 편목은 곧 국가 중심으로 짜여지게 되었다.
 가령 제1편 「고조선문제의 연구」는 곧 아사달사회(단군조선)로부터 출발하여 한씨(韓氏)조선(소위 기자조선)을 거쳐 위씨(衛氏)조선으로 이어지는 고조선 국가의 발전 과정이었다.
 제2편 「한사군문제의 연구」에서 다루어진 사군은 물론 국가가 아니다. 이

들 연구는 한족(漢族)의 식민지인 네 군의 위치에 대한 고찰이다. 그러나 한사군 이전에 우리나라에 있던 진번(眞番) · 고조선 · 예맥(濊貊) · 임둔(臨屯) 등 독립된 사회 단위를 기준으로 해서 사군이 설치되었다는 것을 증명함으로써, 단순한 역사지리적인 고찰 이상의 성과를 가져왔다. 그 결과 한사군의 위치에 대한 가장 신빙할 수 있는 설로 학계에 받아들여져서, 현재로서는 교과서에서도 그대로 좇고 있는 정설이 되다시피 하였다.

제3편 「후방행렬(後方行列)사회의 부여(夫餘), 옥저(沃沮) 및 동예(東濊)」는 연구논문이라기보다도 개설적인 서술에 가까운 것이다. 저자가 전방행렬의 고조선사회와 대비된다고 생각한 후방행렬사회의 여러 국가에 대한 부분을 본서에 넣지 않으면 본서가 고대사연구서로서의 체계를 갖출 수 없다고 생각한 때문에, 비록 개설적이긴 하지만 넣지 않을 수 없었던 편목이었던 것으로 짐작되는 부분이다.

제4편 「삼한문제의 연구」는 일찍이 발표되었던 「삼한문제의 신고찰」 중에서 후반의 백제 · 신라의 건국 부분을 제외한 전반부만을 실은 것이다. 그러면서도 지나치게 지루한 부분은 요약하여 싣고 아울러 사회상 등을 첨가하였다. 「주호고(州胡考)」가 새로 집필되어 부록으로 실리기도 하였다.

제5편 「가야사상(伽倻史上)의 제문제」는 「수로왕고(首露王考)」(1962) 등 가야사에 관한 몇 가지 고찰을 발표한 저자가, 이들 논문 앞에 가야에 대한 개설적인 설명을 첨가한 것이다.

제6 · 7 · 8편은 각기 고구려 · 백제 · 신라의 삼국사상(史上)의 제문제를 다룬 편목이다. 삼국의 고대국가로서의 건국이 태조왕(太祖王) · 고이왕(古爾王) · 내물마립간(奈勿麻立干)에 있다는 저자의 주장이 오늘날 널리 통용되어 오고 있음은 다 아는 사실이지만(단 태조왕, 내물마립간에 대한 부분이 본서에서는 분명히 드러나지 않는 것이 이상하다), 광개토왕 · 근초고왕 · 진흥왕의 업적을 서술한 부분이 각기 들어가 있는 것도, 저자가 삼국의 대외팽창에 대한 부분이 빠져서는 삼국 발전의 체계가 이루어지지 못한다고 믿은 때문인 것으로 생각된다.

약간 장황해지긴 하였지만, 이같이 본서는 우리나라 고대의 국가적 발전에 대한 커다란 관심을 밑바닥에 깔고 이루어져 있다. 물론 이것은 저자가 그것에만 관심을 국한시켰다는 뜻은 결코 아니다. 특히 사회사나 사상사에 대한 빛나는 업적들도 있다. 그러나 그러한 다방면에 걸친 관심들은 모두 국가의 형성 발전에 대한 이해를 토대로 하고 이루어지고 있다고 해서 좋지는 않을까 한다.

요컨대 저자는 산만한 개별적인 연구성과의 집적 이상의 것을 본서에서 기대하고 있었던 것이 분명하다. 그러기 위하여 옛날 논문들을 적절히 분합하였다. 「삼한문제의 신고찰」과 같은 웅편(雄篇)에서도, 백제나 신라의 건국 문제를 다룬 부분들을 독립시켰다. 단행본 저서를 엮어 본 사람이면 누구나 경험해서 알고 있는 사실이지만, 옛 논문에 약간의 손질, 가령 보주(補註) 정도를 첨가하는 것조차도 결코 쉬운 일이 아니다. 그런데 저자는 옛 논문들을 전면적으로 개편하고 있다. 이는 오로지 저자의 학문적인 정열, 새로운 견해를 저서에 반영하고자 하는 정열 때문이라고 이해할 수 있다.

그러나 한편 생각하면 이 장점이 본서에 대한 부푼 기대를 줄이는 듯한 점도 있다는 것을 지적하고 싶다. 우선 본서에 수록된 논문들 중에는 우리나라의 근대사학사에서 뚜렷한 지위를 차지하고 있는 것들이 많다. 저자의 수정된 견해나 혹은 또 고대사에 대한 체계는 『한국사』 고대편이나 『한국고대사회와 그 문화』 등 저서를 통하여 짐작하고 있는 바이다. 그러므로 본서에서는 저자가 고심한 연구의 역정을 찾아보고 싶은 심정이었다. 비록 부분적으로 불만스런 점이 있더라도—물론 심하게 불만스런 부분들을 첨삭해도 상관없는 일이겠지만—옛날 발표된 그대로를 실어 주었더라면 저자의 숨결을 더 느낄 수가 있지 않았을까 한다.

다음으로는, 사회제도사 방면에 대한 저자의 관심이 본서에 크게 반영되지 못하고 만 것을 아쉽게 생각한다. 국가의 형성과 발전에 대한 관심은 사회제도사적인 연구로 발전할 약속을 해주고 있다고 해도 지나친 표현은 아닐 듯싶다. 그러나 저자의 그 방면에 대한 관심이 중단됨으로 해서 국가 중심의 고대사체계가 보다 발전될 수 있는 계기를 놓치고 만 것이 아닐까 하는 생각이 드는 것이다.

모든 역사적 사실들이 그러한 것과 마찬가지로, 역사적인 연구도 일정한 시대성을 띠는 것이다. 흔히 이것을 시대적 제약이라고들 하지만, 그러한 표현은 반드시 소망스러운 것이 아니다. 엄밀히 말한다면 일정한 시대적 성격을 지닌다고 하는 것이 옳으리라고 믿는다. 본서는 우리나라의 근대사학사에서 뚜렷한 지위를 이미 스스로 누리고 있는 실증사학(實證史學)을 대변해 주는 대표적 저술의 하나이다. 그러므로 현대사학에 커다란 영향력을 행사하고 있는 저서이기도 하다. 80세의 고령에도 불구하고 젊은 학자들 이상의 정력을 가지고 스스로 매만져서 본서를 엮어준 것을 학계를 위하여 크게 기쁘게 생각하는 바이다.

〈『역사학보』 74, 1977년 6월〉

「조선조 사림정치(士林政治)의 권력구조」

송찬식(宋贊植) 저

『경제사학』 2, 1978. 1

조선왕조의 정치사에 대한 연구는 한국사에서 가장 소외되어온 부분이었다. 여기에는 여러 가지 원인이 있었겠지만, 생각컨대 첫째로는 당쟁(黨爭)으로 상징되어 오다시피 한 조선왕조의 정치에 대한 혐오감이 그 하나일 것으로 생각된다. 다음으로는 근대사학에서 사회경제에 대한 편중관념이 그 상층구조로 인식되어온 정치구조를 경시해온 데에 또 하나의 원인이 있다고 생각된다. 이러한 관계로 조선왕조의 정치사는 당파의 계보나 그 논쟁에 대한 논의에 그치는 구태의연한 상태에 머물러 있거나, 그렇지 않으면 아예 무시되어온 실정이었다.

그러나 최근에 이르러 조선왕조의 정치사에 대한 주목할 만한 연구성과가 나타나게 되었다. 최승희(崔承熙) 씨의 초기의 언관(言官)에 대한 연구라든가, 이우성(李佑成) 씨의 후기의 벌열(閥閱)이나 산림(山林)에 대한 정치사적 접근이라든가는 그 두드러진 예에 속한다. 여기에 더하여 지금 송찬식 씨의 조선왕조 중기라고도 할 수가 있는 시기에 있어서의 사림정치에 대한 연구에 접하게 되었다.

이 연구는 우선 종래의 공백을 메워 주는 연구라는 점에서 주목을 끈다. 한 국사의 연구는 그 주제의 선택에 있어서 이러한 빈 공백을 메워 가는 작업이 필요하며, 그러한 의미에서 이 연구의 의의가 크다고 믿는다.

이 연구는 삼사(三司)와 전랑(銓郞), 특히 전랑에 초점을 맞추고 사림정치를 이해하고 있다. 씨는 사림정치의 기본방법이 "삼사의 언론을 통하여 공공연한 정치논쟁을 거친 다음에 정치적 조치를 취하는 것"이라고 지적하고 있다. 그런데 삼사의 하나인 홍문관(弘文館)의 신진기예(新進氣銳)한 유신(儒臣) 중에서 전랑이 임명되고, 그 전랑이 삼사의 언론을 실질적으로 주도하는 실력자였다는 것이다. 여기서 전랑이 전천(專擅)하게 되는 경향조차 나타나는 것이지만, 어떻든 "조선조의 정치풍토는 신진기예의 청의(淸議)를 고무하고 이들의 예기(銳氣)를 꺾지 않는 것이 정치의 미덕으로 되어 있었다"라고 사림정치의 특징적인 면을 제시해 주었다.

이미 『택리지(擇里志)』를 통하여 전랑의 중요성이 상식화하다시피 널리 인식되어 오기는 하였지만, 그것이 정치 기구 속에서 구체적으로 어떠한 기능을 발휘하였는가 하는 사실은 알려지지 않고 있었다. 그런데 씨는 사림정치가 운용되는 특징을 전랑을 통하여 명쾌하게 제시하였다. 조선왕조 중기의 정치형태에 대한 이해는, 본고의 결론에 대한 찬반 여부를 떠나, 본 연구를 하나의 출발점으로 삼지 않을 수 없을 것이다. 조선왕조시대의 구체적 사실에 어두운 평자가 감히 이 연구를 높이 평가하고 싶은 이유는 바로 이러한 연구사적인 관점에 있다.

이 논문에 나타난 연구방법은 사림정치의 구체적 실례를 널리 수집해서 이를 분석하는 방법이 아니라, 주로 조선왕조 후기의 정치가, 특히 실학자들의 정치적 개혁안에 비쳐진 현실판단에 근거를 두고 있다. 이러한 판단들이 양

심적인 학자들의 것인 경우, 그리고 그것이 한 사람이 아닌 여러 학자들의 공
통된 의견인 경우, 이들은 훌륭한 역사적 이해의 길잡이가 된다. 따라서 이것
은 현명한 접근방법이었다고 믿는다.

그러나 이 개괄적인 이해는 보다 더 구체적인 사례들에 대한 이해를 통하
여 증명되어야 하리라고 믿는다. 대체로 조광조(趙光祖) 이래로 구체화되었다
고 생각되는 이 사림정치의 실제 사례들에 대한 연구는, 이 사림정치를 보다
잘 이해하기 위한 다음 단계의 연구과제가 되지 않을까고 생각한다.

〈『경제사학』 2, 1978년 1월〉

『국역 삼국사기』

이병도(李丙燾) 역주

을유문화사, 1977. 7

한국고대사 연구에 있어서 가장 귀중한 문헌을 들라고 하면 누구나 『삼국사기(三國史記)』와 『삼국유사(三國遺事)』를 드는 데 서슴지 않을 것이다. 그렇게 귀중한 문헌이면서도 우리 역사가들이 이를 유용하게 이용할 수 있도록 하기 위하여 얼마만한 노력을 해왔는가 하는 데 대해서는 만족스러운 답변을 하기가 힘들다. 이러한 상황 속에서 이 『삼국사기』 역주본(譯註本)의 출현은 우리 사학계의 큰 기쁨이라고 해서 결코 과장된 표현이랄 수가 없다.

이 책은 원래 1941년에 제1책이 박문문고(博文文庫)로 나온 뒤, 해방 전에 모두 3책이 출판되었었다. 여기에는 『삼국사기』 전 50권 중에서 17권까지, 그러니까 신라본기(新羅本紀) 전부와 고구려본기(高句麗本紀) 전반부가 포함되어 있었다. 고구려본기의 후반부인 제4책은 조판이 진행되어 교정 중에 있었고, 제5책인 백제본기도 완성된 원고가 출판사에 넘어가 있었다고 한다. 그러나 불행히 6 · 25동란 때 이들은 모두 분실되어 버려서 간행되지 못했고, 그 뒤 오랜 동안 이 역주는 중단된 상태에 있었다. 따라서 이 역주가 완성되기를 바라는 학계의 요망은 컸던 것이다.

이러한 학계의 요망은, 『삼국사기』의 역주본이 필요하다는 일반적인 상황 이외에, 본 역주자가 아니고는 달리 이 일을 감당해낼 만한 학자를 구하기가 힘들다는 점에도 있었다. 『삼국사기』와 같이 여러 부문에 대한 사료가 담겨 있는 책일 경우에, 그 역주란 우선 박학다식을 전제로 하고서야 가능한 일이 다. 어느 한 부문에 대하여만 정통하여서는 이것이 불가능하다. 우리나라 고 대의 정치 · 경제 · 사회 · 문화, 심지어는 가옥 · 복식 등등의 일상생활에 이 르기까지 각 방면에 두루 정통해야 함은 물론 중국의 고전에도 또한 통해 있 어야 한다. 강독 시간에 비교적 좁은 부문에 관한 사료를 읽어 나가면서도 여 러 어려움을 겪어 본 경험을 가진 사람이면 이 점을 쉽게 이해할 수 있으리라 고 믿는다. 이러한 의미에서 고대사의 연구에 일생을 바치다시피 한 이 책의 역주자를 제외하고 달리 적임자를 얻을 수 있으리라고 믿어지지 않는다.

이러한 요망에 부응하여 이제 이 역주가 완성을 보기에 이른 것이다. 역주 자 자신이 "생전에 이를 완전히 마무리짓지 못한다면 여한이 여간 아니겠기 에 이번에 속고(續稿)를 서둘렀음"을 말하고 있는 것을 보면(「해설」, p.5), 역주 자로서도 오랜 동안 쌓였던 마음의 부담을 푼 것으로 이해되며, 또 역주자의 여러 학문적 업적 중에서도 가장 빛나는 것의 하나가 될 것이다.

이 『국역 삼국사기』의 특징은 우선 정확한 번역에 있다고 하겠다. 정확한 번역은 한문에 능숙하다는 것 이외에 본문의 정밀한 교정을 그 전제로 한다. 원래 『국역 삼국사기』는 한 면에 본문과 교정을 싣고, 맞은편 면에는 번역과 주를 실어서, 한눈으로 대조해 가며 읽을 수 있도록 되어 있었는데, 이것은 독자에 대한 편의를 고려한 것 이외에 역주자가 역주만이 아니라 본문의 정 확을 기하는 데에도 큰 관심을 가지고 있었음을 나타내 주는 것이다. 일제하의 어려운 여건 속에서 이러한 까다로운 조판을 감당해낸 박문서관(博文書館)의 성의를 우리는 높이 평가해야 할 것으로 안다. 그런데 이번에는 원문을 별책으로 출판하였다. 이 『원문(原文) 삼국사기』는 아직껏 정확한 『삼국사기』교정본(校訂本)을 가지지 못하고 있는 현재로서는 그것대로 큰 가치를 지니고 있다. 사실 지금껏 정확한 『삼국사기』 교정본을 물어 올 때마다(서양학자들의 경우에 종종 있는 일이다). 스에마쓰 야스카즈(末松保和) 교정본(조선사학회본 제2판)을 소개해야만 하는 괴로움을 아는 사람이 얼마나 됐을 것인가. 어떻든 이 『원본 삼국사기』에서 정확한 원문을 교정해 나가는 작업과 병행해서 번역이 이루어지고 있는 것은 이 번역의 신빙도를 높여 주는 것이다.

한문으로 된 사료를 우리말로 번역하는 경우에 정작 그것을 글로 옮겨 쓰자면 정확한 표현을 찾기가 힘든 경우를 흔히 발견하게 된다. 너무 직역을 하면 거북하고, 또 너무 의역을 하면 본문의 원뜻을 전달하는 데 장애가 된다. 이 책은 직역을 주로 하되 내용을 정확하게 전달하도록 노력한 편이다. 뜻을 정확히 전달하기 위하여 때로는 본문에 없는 말을 삽입하기도 했는데, 그런 때는 괄호로 묶어서 그것이 역주자의 보충임을 밝혀 놓았다. 이러한 번역 방침은 가장 바람직한 것이 아니었나 한다.

그러나 이 책의 가치는 아무래도 주(註)에 있다고 함이 옳을 것이다. 주에는 두 가지가 있는데, 하나는 본문 속에 끼어 있는 간단한 협주(挾註)이고, 다른 하나는 별란(別欄)의 본격적인 주이다. 본문 속의 협주는 주로 인명과 지명에 대한 것이고, 때로는 어려운 한문의 말뜻을 적어 넣은 것도 있다. 가령 170면을 보면, '김준옹(金俊邕)'에 대하여 '소성왕(昭聖王)'이라는 주를, '서형산성(西兄山城)'에는 '지금의 경주(慶州) 서악산성(西岳山城)'이란 주를, 그리고 '대내(大內)'에는 '궁중(宮中)'이란 주를 달고 있다. 이 중에서도 지명은 그 현재의 위치를 알기 힘든 경우가 많은데, 가능한 한 이를 찾아서 주기(註記)해 주고 있다. 물론 그 비정(比定)이 모두 정확하다고 보장할 수는 없지만, 역주자의 학문하는 태도로 보아서 무근거한 비정은 없을 것으로 믿는다.

주의 다른 하나는 번호를 붙인 별란의 본격적인 주이다. 이 주의 특징은 그것이 어구의 뜻이나 고사(故事)의 출처를 밝히는 데 그치는 것이 아니라 역사적 사실에 대한 역사적 설명을 하고 있다는 데 있다. 가령 239면을 보면, 주(1)은 고구려 태조대왕에 대한 설명인데 다음과 같이 되어 있다.

이 왕을 특히 태조대왕(太祖大王) 혹은 국조왕(國祖王)이라 한 이유는, 생각컨대 고구려란 부족국가가 이때에 정복국가로 비약하여, 비교적 명실상부한 고대국가의 체제를 이룩한 때문일 것이다.

이것은 완전히 역사적인 설명이다. 이러한 역사적 주가 이 별란의 주기의 본질적인 것이고, 또 이 역주자가 가장 힘을 들인 부분이기도 하다. 사서(史書)에 대한 주기로서는 이러한 방법이 바람직하다는 것은 두말할 필요도 없지만, 어구에 대한 간단한 주를 본문 속에서 처리해 버린 것도 이 점을 생각한 때문임이 분명하다. 이렇게 역주자가 큰 노력을 기울인 주기가 이 책의 가치를 높여 주는 것이라면, 『국역 삼국사기』라는 서명은 이에 어울리지가 않는다. 역시 옛날대로 『역주 삼국사기』였어야 했을 것이라고 생각한다.

그런데 주기(註記) 속에는 단지 본문에 나오는 역사적 사실에 대한 역사적 설명뿐 아니라, 『삼국사기』에 빠져 있는 사료들에 대한 소개도 있다. 가령 일례를 들자면, 293면의 고구려 문자명왕(文咨明王) 2년조의 끝에 괄호 속에 '시세(是歲)'라 적어 넣고, 여기에 주를 달아서 『일본서기(日本書紀)』에 있는 같은 해의 기록을 소개하고 있는 것이다. 김부식(金富軾) 등이 『삼국사기』를 편찬할 때에 중국 사적(史籍)을 많이 참조하였으므로, 이러한 보충작업은 『일본서기』와 같은 일본 측 사료가 주가 되어 있다. 『일본서기』의 기사는 때로 믿을 수 없는 대목들이 많기 때문에 이 작업은 신중을 기해야 할 면이 없지 않지만, 어떻든 삼국사(三國史) 관계 사료를 널리 수집해서 참고할 길을 인도해준 것은 도움이 된다.

이 책에는 30면에 이르는 색인이 있다. 이 색인도 이 책을 이용하는 데 큰 도움을 준다는 사실을 여기에 덧붙여 적어 두어야 할 것 같다.

『삼국사기』를 이용하는 사람은 이제 누구든 먼저 이 책을 참고해야만 하게 되었다. 그만큼 이 책은 고대사 연구의 필수적인 참고서가 되었다. 다만 더욱 잘 되었으면 하는 마음에서 몇 가지 평자의 욕심을 적어 볼까 한다. 이것은 또 고전의 역주 일반에 대한 평자의 희망이 되기도 할 것이다.

우선 그 하나는 『삼국사기』에 빠진 사료를 보충해 넣은 역주자의 노력에서 시사(示唆)를 받은 점이지만, 김부식 등이 이용한 사료들 중에서 현재 남아 있는 것, 가령 『자치통감(資治通鑑)』의 기록 같은 것을 역시 주기해 주었더라면 하는 것이다. 『삼국사기』와 『자치통감』의 내용이 서로 다른 경우는 주기가 있으나, 기록이 같은 경우는 주기를 하지 않고 있다. 그러나 만일 내용이 같은 것도 아울러 주기를 해줌으로 해서 『삼국사기』 편찬자들이 이용한 사료를 알 수 있는 효과를 나타내 주는 게 될 것이다. 그러므로 해서 사료로서의 『삼국사기』를 이해하는 데도 큰 도움이 될 것으로 생각한다. 빠진 사료의 보충 못지 않게 중요한 작업이 아니었을까 싶다.

다음으로는 인명이나 지명도 본격적인 주기를 해주었더라면 하는 것이다. 사실 그 수가 너무 많고 또 기록이 엉성하고 보면 그 모두를 다 알 수가 없는 일임은 분명하다. 그러나 특히 지명의 경우에 이왕 현재의 지명에 비정을 했다면 그렇게 비정하게 된 이유를 독자들에게 알려 주는 것이 더 바람직하지 않았을까 하는 것이다.

그리고 체재에 있어서 본기(本紀)의 왕명이나 지(志)의 표제, 혹은 열전(列傳)의 인명 등을 고딕체로 하여 독자의 눈에 쉽게 띄도록 한 것은 효과적인 면이 없지 않다. 그러나 한편 생각하면 원래 그렇지 않은 것을 그렇게 함으로써 원문을 그르치는 결과를 초래하지 않았나 하는 염려도 없지 않다. 차라리 본문을 건드리지 말고, 지면의 양 옆을 이용하여 여기에 보다 상세하게 해당 면의 내용을 적어 넣음으로써, 독자가 본문을 찾아보는 데 편리하도록 했더라면 좋았지 않았을까 하는 생각이 든다.

바다는 메워도 사람의 욕심은 못 메운다는 말이 있다. 이 『국역 삼국사기』의 주기가 좀 더 자세했더라면, 그래서 주기의 양이 본문의 몇 배가 될 정도로 더 많았더라면 하는 욕심이 없지 않다. 그러나 그것은 현재의 시점에서는 분명히 지나친 욕심이다. 『삼국사기』의 주해(註解)를 위하여 자기의 일생을 거는 어느 누구, 혹은 또 여러 사람의 장기간의 공동작업을 기다려서 비로소 가능하게 될 장차의 일이다.

우리는 이 『국역 삼국사기』의 완성으로 인한 큰 기쁨을 누를 길이 없다. 그 일부가 처음 출판된 1941년 이후 오늘에 이르기까지, 역주본(譯註本)으로서 이 책은 분명히 최고의 지위를 차지하고 있다. 다름이 아닌 역사적 주해를 하고 있기 때문이다. 이런 의미에서 오늘날 성행하고 있는 고전의 역주들은 그 질에 있어서 모두 1941년 이전의 상황을 배회하고 있다는 것을 깨달아야 한다고 생각하는 것이다. 물론 고전을 대량으로 번역해 냈다는 사실은 확실히 큰 공헌이고, 그 의의마저 낮추 평가하려는 것은 아니다. 그러나 이제 그 질적인 면도 고려해야만 할 단계에 도달한 것으로 믿는다. 그런 의미에서 이 『국역 삼국사기』는 하나의 모범을 보여준 셈이 된다. 사료를 보다 잘 이해하

도록 하는 데 대한 공헌으로 해서 이『국역 삼국사기』는 우리나라 사학사에
길이 기억될 것을 믿어 의심치 않는다.

〈『역사학보』 79, 1978년 9월〉

『고대의 만주(滿洲) 관계』

이용범(李龍範) 저

춘추문고, 한국일보사, 1976

고대의 만주는 곧 우리 민족의 역사적 활동 무대였으므로, 고대 한국과 만주의 관계사는 단순한 관계사 이상의 것이다. 그렇기 때문에 저자도 서문에서 "한국사의 영역 확대를 위하여 올바른 연구 자세를 가지고 동북 아시아사 전반을 다시 살펴보는 것" 이 필요하다고 말하고 있다.

이러한 사실을 고려에 넣는다고 하면, 고대의 만주와의 관계사는 새로운 의미를 지니는 셈이며, 특히 발해(渤海)의 멸망이 하나의 전환기를 이룬다는 것을 알 수 있다. 그러므로 이 책이 발해의 멸망 및 그 유민(遺民)의 광복운동으로써 끝나고 있는 것은 우연이라고 볼 수만은 없다.

이 책은 만주의 명칭과 풍토(1장)로부터 시작하여, 만주사의 여명기(2장), 만몽(滿蒙) 제부족(諸部族)의 흥기(3장), 고구려의 남만주 통치(4장), 발해왕국의 흥망(5장), 발해 유민의 광복 운동(6장), 그리고 요대(遼代)의 발해유민(7장) 등을 다루고 있다. 이 중에서도 발해사에 고심한 흔적이 나타나 있다. 가령 발해를 건국한 대조영(大祚榮)의 민족적 소속에 대하여 끝까지 단정을 꺼리고 있는 것은 그 하나의 예이다. 시류에 흘러가는 풍조가 학문 연구에 악영향을 끼치고 있는 오늘에 있어서, 저자의 이러한 태도는 학문적 양심의 발로로써 높이 평가되어 좋다고 믿는다.

이 책에 나타난 저자의 연구방법은 문헌학적인 고증이다. 이러한 연구방법에 의존하는 경우에, 자신의 손으로 된 기록을 오늘에 전하지 못하고 있고, 또 남의 기록조차 풍부하지 못한 고대의 만주사는 여러 가지 어려운 문제를 남겨 준다. 자연히 많은 추측을 가하게 되고, 이에 대하여 상반된 학설들을 낳게 된다.

그러나 만일 고고학적인 연구성과를 받아들인다면, 결과는 크게 달라질 가능성이 있는 게 아닐까. 가령 신석기시대 이래로, 특히 청동기시대에 있어서 한반도와 만주가 동일한 문화권에 놓여 있었던 사실은 대단히 중요하다. 또 발해문화에 대한 고고학적 연구성과에서도 발해와 고구려의 친밀성을 찾아낼 수 있을 것이다. 그리고 이러한 고고학적 자료는 문헌 이상으로 강력한 직접적 사료가 된다고 볼 수는 없는 것일까.

저자는 우리나라에서 고대의 만주사를 전공하는 거의 유일한 학자이다. 그러한 저자가 종래의 연구성과를 충분히 섭취하여 서술한 이 책은, 이 방면을 알고자 하는 사람들에게 많은 도움을 주며, 또 이 방면을 연구하려고 하는 후학들에게 좋은 길잡이가 될 것을 의심치 않는다.

〈『역사학보』 80, 1978년 12월〉

『동이전(東夷傳)의 문헌적 연구』

전해종(全海宗) 저

일조각, 1980. 12

우리나라 고대사의 연구에 있어서 중국 정사(正史)의 한국 관계 기록들이 사료적으로 중요한 구실을 하고 있다는 것은 다 아는 사실이다. 이들은 『삼국사기』나 『삼국유사』에 없는 기록들, 혹은 또 있더라도 구체적인 사실만 서술되어 있는 것을 일반화해 주는 기록들을 많이 가지고 있는 것이다. 예컨대 삼한(三韓) 78국의 이름을 알 수 있게 한다든가, 혹은 산상왕(山上王)이 형인 고국천왕(故國川王)의 비(妃)와 결혼한 것을 형사처수(兄死妻嫂)로 생각할 수 있게 한다든가 하는 것은 바로 이들 기록인 것이다.

이같이 중요한 것임에도 불구하고, 오늘에 이르기까지 이에 대한 학문적 검토가 없이 지내온 것은 단적으로 우리 고대사학의 낙후성을 의미하는 것 이외에 아무것도 아니다. 1973년에 성균관대학교 대동문화연구원 주최로 「위지(魏志) 동이전(東夷傳)의 제문제(諸問題)」란 제목의 심포지엄이 있었고, 그 결과가 『대동문화연구』 13집(1979)에 실려 있다. 이 심포지엄에서는 그 사료적 성격, 거기에 나타난 고대사회의 성격, 생활습속, 제천의식(祭天儀式)과

가무(歌舞) 등이 논의되었고, 이것은 학계에 적지 않은 자극을 던져 주었다. 그러나 그 이후에 이에 대한 본격적인 연구는 나타나지 않은 채 지금에 이르는 실정이었다.

이렇게 그 연구가 고대되면서도 별다른 성과가 나타나지 않은 이유는 워낙 문제가 다방면에 걸쳐 있어서 언뜻 손을 대기가 힘든 때문이었다. 이러한 상태에서 이제 『동이전의 문헌적 연구』를 단행본의 형태로 대하게 된 것은 큰 기쁨이 아닐 수 없다. 저자 자신도 「서(序)」에서,

동이전의 일부인 왜전(倭傳)에 대하여는 일본에서 이미 많은 전문서가 나와 있다. 동이전의 한국 관계의 기록은 그 중요성으로 보던지, 양적인 비례로 보아 우리나라에서 그 몇 배의 전문적 저서가 나와도 좋을 것인데 아직 그렇지 않다. 이것이 필자가 본 연구를 시도하는 둘째 이유이다(p. iv).

라고 하고 있지만, 동이전에 대한 연구로서는 첫 저서로서 우리 고대사학사에서 잊을 수 없는 책이 되었다.

이 책은 『위략(魏略)』・『삼국지(三國志)』・『후한서(後漢書)』의 동이 관계 기사에 대한 문헌적 연구이다. 고고학・인류학 등 인접과학 분야에서의 연구도 필요한 것은 물론이지만 그렇더라도 문헌적 검토는 여전히 중요하다. 저자가 「서」에서,

그러나 인접과학의 연구가 아무리 발전한다고 하여도 문헌적 연구가 따르지 않고서는 고대사의 연구가 건전한 발전을 할 수 없다는 것도 사실이다. 그 중요성은 인접과학의 발전과 아울러 계속 강조되어야 하는 것은 더 말할 필요가 없다. 이것

이 본 연구를 시도하는 첫째의 이유다(p. iii).

라고 한 바와 같이, 이 책은 바로 그 문헌적 검토인 것이다. 연구의 현 단계가 우선 저자로 하여금 문헌적 검토로부터 동이전의 연구를 시작하게 한 것이다.

이러한 문헌적 검토를 위하여 저자는 「서장(序章)」에서 『삼국지』·『후한서』의 「동이전」과 『위략』의 관계기사를 대조하여 보고 있다. 이 기사대조는 본 연구의 토대를 이루고 있으며, 아마도 그 때문일 것이지만 이를 제1장이 아닌 서장으로 처리하고 있다. 이하의 연구 부분은 네 장으로 나뉘어 있다. 제1장에서는 『위략』·『삼국지』·『후한서』의 성립 과정, 특히 그 근거가 된 사료와 「동이전」의 체제를 언급하고 있다. 여기서 저자는 그 성립과정을 『위략』→『삼국지』→『후한서』의 순으로 정리하고 있다(보다 상세한 계통표는 p.137에 실려 있다). 제2장에서는 『위략』의 동이관계 기사를, 이들 기사가 실려 있는 『삼국지』·『후한서』·『한원』(翰苑)·『위략집본(魏略輯本)』 등을 비교해 가면서 검토하고 있다. 그 결과 『삼국지』의 기사가 『위략』의 원 기사에 가장 가깝다고 하였다. 제3장에서는 『삼국지』와 『후한서』의 「동이전」을 비교 검토하고 있으며, 제4장에서는 『위략』과 『삼국지』·『후한서』에 대한 보충적인 고찰과 각 서(書)에 대한 종합적인 검토를 하고 있다. 그 결과로 『후한서』는 『삼국지』의 기사를 전절(剪截)·집철(輯綴)함으로써 개선보다 개악(改惡)이 많은 것으로 판단되었다.

이러한 검토의 과정에서 종래에는 별로 착안하지 못했거나 혹은 다르게 이해해 오던 사실들에 대하여 여러 가지 새로운 견해를 제시하고 있다. 가령 『삼국지』 「동이전」이 원래 「부여전」·「고구려전」 하는 식으로 나누어진 분전(分傳)으로 구성된 것이 아닌 하나의 종합된 서술이었다고 보았다. 그러므로 자연히 초출(初出)의 기사에 역점을 두고 뒤에는 생략하는 경우가 있으므로 가령 고구려에 관하여 '언어제사(言語諸事) 다흥부여동(多興夫餘同)'이라고 한 것은 큰 의미를 지니고 있다고 하였다(pp.53~55). 또 『삼국지』「동이전」이나 『위략』의 동이 관계 기사는 찬자(撰者)들이 '주관제국(周觀諸國)'하거나 사역(使譯)을 통하여 얻은 사료에 의거한 것이 아니라고 주장하고 있다(p.63). 한편 진국(辰國)·진왕(辰王)의 존재에 대하여 부정적이며(p.62, pp.119~121), 연노부(涓奴部)와 소노부(消奴部), 월지국(月支國)과 목지국(目支國)에 있어서도 『삼국지』에 기록된 연노부와 월지국을 취하고 있다(p.104, p.123, p.128). 그리고 '乘駕牛馬 嫁娶禮俗 男女有別'로 흔히 읽어온 것을 '乘駕牛馬嫁娶 禮俗男女有別'로 읽어야 한다든가(p.88, p.124), 『한원』의 주기자 옹공례(雍公叡)가 옹주인(雍州人) 고예(高叡)라고 한다든가(p.45) 하는 등도 새로운 견해이다.

　이러한 새로운 견해들 중에는 『위략』→『삼국지』→『후한서』라는 그들 사료의 성립과정에 대한 기본적인 입장에 근거를 둔 것이 많으며, 이 기본적인 입장이 옳은 것으로 받아들여지는 만큼 이들 견해도 존중되어야 할 것으로 믿는다. 저자 자신이 말하고 있는 바와 같이, 장차의 내용적 연구에 의해서 문헌적 연구에 의한 견해가 수정될 수도 있을 것이다. 그러나 이 사실이 문헌적 연구에 의하여 얻어진 견해가 무의미하다는 뜻일 수가 없다는 것은 물론이다.

　착실한 고증작업으로 일관된 이 책은 중국사학사에 소원한 한국의 고대사가들에게 많은 도움을 준다. 그러나 한편 이렇게 생각해볼 수도 있지 않을까 하는 점도 없지 않아서, 평자의 의견을 약간 첨가하여 보고자 한다.

　우선 내용보다도 기술적인 문제이지만, 「서장」의 『삼국지』·『후한서』「동이전」과 『위략』의 관계기사 대조에 대해서이다. 저자는 『삼국지』와 『후한

서』의 서로 관계되는 기사를 쉽게 대조해볼 수 있도록 좌우 양단으로 배열하
였다. 그러나 『위략』의 기사는 그 밑에 추록(追錄)하는 형식을 취하고 있다.
평자의 희망은 이 『위략』의 기사도 『삼국지』나 『후한서』와 마찬가지로 쉽게
대조해볼 수 있도록 하나의 단으로 독립시켜서 모두 3단으로 배열하였더라
면 더 효과적이지 않았을까 하는 것이다. 『위략』→『삼국지』→『후한서』의 성
립과정을 독자에게 이해시키기 위해서도 그런 순서로 단을 짜서 정리해 주었
더라면 더 좋았지 않았을까 싶다. 물론 이것은 작은 기술적 문제이긴 하지만,
한번 고려해볼 만한 일로 생각된다.

　다음으로는 같은 책의 다른 판본이 후대의 기록에 영향을 미친 경우도 생
각해 봐야 하지 않을까 하는 문제이다. 가령 같은 『사기(史記)』라도 판본에 따
라서 때로는 '진국(辰國)'이 되고 때로는 '중국(衆國)'이 되고 있다. 판본에 따
르는 이 차이는 고의적인 개서(改書)이기보다도 필시 '辰'과 '衆'의 자형(字形)
이 비슷하기 때문에 일어난 것이리라 생각된다. 그렇다면 '연노부(涓奴部)'와
'소노부(消奴部)', '월지국(月支國)'과 '목지국(目支國)'의 경우에도 같은 이야
기가 가능하지는 않을까 싶다. 즉 『후한서』가 의거한 『삼국지』의 판본에는
'소노부'와 '목지국'으로 되어 있었다든가 하는 가능성―물론 이본(異本)의
존재가 증명되지 않는 이상 이것은 하나의 가능성에 불과한 것이지만―을 전
혀 배제하지 못하는 것이 아닐까 싶다. 더구나 『후한서』 편찬 이전에 『위략』
의 이본이 존재하였음을 인정하는 저자의 입장에서 볼 때에는 현존하는 『삼
국지』와 『후한서』의 판본만으로는 판정하기 어려운 점도 있어 보인다.

　다음으로는 『삼국지』 「동이전」의 사료 채방(採訪)에 관한 문제이다. 「동이
전」 「서(序)」에는 "周觀諸國……可得詳記"라고 하고 있다. 이것은 『삼국지』
의 찬자(撰者)가 '周觀諸國'했다는 것이 아니고, 위(魏)의 침략군이 그러했다
는 것으로 되어 있다. 그러므로 '可得詳記'라고 한 것은 그러한 과정에서 얻

어진 자료로 인해서 상기할 수 있게 되었다는 뜻일 것이다. 따라서 비록 『삼국지』「동이전」의 『위략』에 대한 의존도가 극히 높다 하더라도 그러한 자료가 얻어진 과정에 대한 설명으로서는 잘못이 없는 게 아닐까 하는 것이다.

처음에도 언급한 바와 같이 이 책은 『삼국지』와 『후한서』의 「동이전」과 『위략』의 동이 관계 기사에 대한 본격적인 첫 연구이다. 이 선구적인 업적은 한편으로는 우리 고대사의 연구에 직접적인 도움을 주는 것이지만, 또 한편으로는 연구사적으로 큰 의미를 지닌다. 이 책의 출현을 기뻐하는 이유이다.

한편 저자 자신도 말하고 있는 바와 같이, 이 문헌적 연구는 내용적 연구를 위한 기초작업이다. 따라서 이어서 「동이전」에 대한 저자의 내용적 연구가 이루어지기를 바라 마지않는다. 아울러 「동이전」에 대한 상세한 역주(譯註) 작업이 이와 병행되기를 또한 바라고 싶다.

〈『역사학보』 88, 1980년 12월〉

『한국사연구입문』

한국사연구회 편

지식산업사, 1981. 3

이번에 한국사연구회(韓國史研究會)에서 펴낸『한국사연구입문(韓國史研究入門)』은 오랫동안 학계에서 고대해 오던 책이다. 그만큼 이 책을 대하는 기쁨이 크다. 이제 이로써 입문서 하나 없는 한국 사학계의 부끄러움을 씻을 수가 있게 된 셈이다.

최근 몇 년 사이에 실은 이러한 입문서가 편찬될 만한 준비작업이 이루어져 가고 있기는 하였다. 많은 한국사 관계 논저의 목록이나 해제가 간행되었다든가, 연구성과에 대한 회고와 전망이 여러 군데서 정기적으로 행해지고 있다든가, 또 사학사에 대한 인식이 고조되고 있다든가 하는 사실들이 모두 그러하다고 하겠다.

그러나 정작 한국사 연구에 뜻을 둔 초입자(初入者)를 위하여 안내서 구실을 할 뿐만 아니라, 기성 학자들에게도 연구에 참고서가 될 만한 입문서는 나오지 못하고 있었다. 이 사실은 그만큼 입문서의 편찬이 쉬운 작업이 아니라는 것을 말하여 준다고 하겠다. 그러던 것이 이제『한국사연구입문』이 출간됨으로써 결실을 보게 된 것이다.

이 까다롭고 귀찮기조차 한 입문서의 편찬을 위하여 애쓴 담당자 여러분의 노력을 높이 평가하지 않을 수 없다.

이 입문서는 맨 앞에 총론이 있고 이어 시대별로 원시사회, 고대사회, 중세사회 I, 중세사회 II, 그리고 근대사회의 모두 6편으로 구성되어 있다. 그리고 그 각 편에서 중요한 문제들을 독립된 항목으로 선정하여 이에 대한 종래의 연구성과를 개관하고, 아울러 이에 따라서 일어나는 문제점들을 제시하는 방법을 취하고 있다. 그리고 이어 그 항목에 해당하는 자료와 논저의 목록을 실었고, 중요하다고 생각되는 사료도 뽑아 놓았다.

이러한 기본적인 구상은 입문서로서 바람직한 방법이라고 생각한다. 왜냐하면 입문서란 결국은 이를 이용하는 독자들에게 어떤 문제가 지금까지 어떻게 다루어져 왔으며 그러한 연구 성과로 인하여 생긴 문제들이 무엇이며, 또 이를 해명하기 위하여 무엇을 읽어야 하는가 하는 점들을 제시해 주는 것이 그 임무일 것이기 때문이다.

항목의 선택은 이러한 입문서에서 가장 중요한 문제의 하나가 아닐까 한다. 물론 이 한 책 속에 한국사의 모든 문제를 다 담을 수는 없을 것이다. 그러나 또한 중요한 문제를 빠뜨릴 수도 없는 일이다. 편찬자들은 이 항목의 선택에 무척 고심한 흔적을 나타내고 있다. 아마도 머리말에 적힌 바와 같이 "한국사의 체계적인 이해를 위하여" 이 입문서를 편찬하려고 한 근본 의도의 반영인 것으로 보인다. 그러한 결과일 것이지만, 항목의 제목들은 한결같이 독자들의 구미를 돋우는 것들이다. 따라서 이 점에서도 이 책은 성공한 것으로 판단된다.

각 항목들을 담당하여 집필한 필자들은 모두 학계의 일선에서 활약하고 있는 해당 부문의 전문가들로 구성되어 있다. 이런 종류의 책을 편찬하는 데 있어서 집필자의 선택은 항상 까다로운 애로가 있기 마련이다. 그런데 이 책은 필자의 선택에도 성공한 것으로 보인다.

요컨대 이 『한국사연구입문』은 한국 사학계의 오랜 숙원을 이룩한 것으로서, 입문서가 갖추어야 할 여러 요건들을 충족시키고 있으며, 그 임무를 홀륭히 감당해 나갈 것으로 믿는다.

위에서 지적한 바와 같이, 이 『한국사연구입문』은 입문서로서 갖추어야 할 기본적인 조건들을 충족시키고 있지만, 한편 이러했더라면 더 좋았지 않았을까 하는 점도 없지가 않다. 이에 몇 가지 그러한 평자의 의견을 적어 볼까 한다.

우선 지적하고 싶은 것은 사료의 중요성이 좀 더 강조되었더라면 하는 것이다. 다 알다시피 역사의 연구는 사료로부터 출발하는 것이다. 그러므로 해당 항목에 관련되는 사료에 대한 언급은 입문서에서 가장 중요한 일의 하나가 아닐까 한다. 이것은 결코 해당 사료의 원문을 인용하라는 것이 아니라 사료명과 이에 대한 해설이 필요하다는 뜻이다.

물론 연구논저들 속에는 사료들이 인용·소개되어 있으며, 따라서 연구논저의 소개로서 충분하지 않겠느냐는 의견도 있을 수 있다. 그러나 반드시 그렇지만은 않게 여겨진다. 왜냐하면 입문서가 그러한 우회적인 방법을 쓰는 것은 그 편찬 목적에 부응하는 것이 못 되기 때문이다. 또 연구자들은 각자의 시각이 있으므로, 그를 떠나서 그 사료가 지니고 있는 성격, 장점이나 단점 같은 것을 지적해 주는 것이 필요하다고 생각하기 때문이다. 그러므로 어떤 사료가 어떠한 입장에서 어떤 목적으로 작성되었는가를 소개하는 것은 필요한 일이라고 생각한다.

아마도 이러한 작업까지 하자면 현재보다 그 분량이 늘어나야 하지 않을까 싶다. 특히 각 편 첫머리에 붙어 있는 개관 부분을 크게 늘리고, 그 체제도 다른 항목들과 마찬가지 것으로 고쳐야 할 것이다. 『삼국사기』나 『고려사』 같은 사료가 그런 곳에서 전체적으로 언급되어야 할 것이기 때문이다. 그리고 현재는 각 항목마다 아무런 해설이 없이 자료명만 나열되어 있는데, 이것은 입문서로서 반드시 바람직스럽게 생각되지가 않는다. 일부의 사료 원문을 인용한 것도 부록 형식이어서는 별다른 효과를 기대하기 힘들거라는 느낌이다.

다음으로 지적하고 싶은 것은 연구사적인 관점이 보다 더 반영되었어야 하지는 않았을까 하는 점이다. 이 입문서의 편집 방침은 머리말에서 밝힌 바와 같이 "학계의 연구 동향을 느낄 수 있도록" 하는 것이다. 또 사실상 대개 그러한 방식으로 서술되고 있다. 그러나 평자의 희망을 말한다면, 그 연구 동향을 구체적인 연구성과와 연결지어서 설명했어야 하리라고 생각한다.

아마 이 연결은 약간의 기술적인 처리로써 가능했을 것 같다. 가령 몇몇 집필자들이 시도하였듯이, 본문의 필요한 곳에 논저목록의 일련번호를 적어 넣는 방법 같은 것이 그러하다. 어떻든 이러한 연결을 지어 주지 않는다면, 논저목록은 본문과 유리된 채로 제 구실을 해내지 못할 염려가 있다고 하겠다.

머리말에 의하면 이 입문서는 3년의 세월이 걸려서 이루어졌다고 한다. 사전에 면밀한 편찬 계획을 짜야 하고, 여러 집필자를 동원해야 하고, 그러고서도 수집된 원고를 예정된 편찬 방침에 의하여 통일성을 유지하도록 손을 더해야 하는 등의 복잡한 과정을 필요로 하는 이러한 편찬물의 간행이 쉽지 않다는 것을 말해 주는 것이다. 이렇게 하여 탄생한 이 『한국사연구입문』은 최초의 한국사 입문서로서의 영예를 차지하게 되었다.

이 책은 한국 사학계에 많은 공헌을 할 것임을 믿어 의심치 않는다. 초학자(初學者)는 이 책을 통해서 한국사 연구에서 무엇이 문제인가 하는 점을 찾아내는 데 큰 도움을 받을 것이다. 그리고 그 문제를 해결하기 위하여 무엇을 읽어야 하는가 하는 지시를 받게 될 것이다. 뿐만 아니라 기성 학자들도 자기 반성의 거울로 크게 도움을 입을 것임에 의심이 없다고 믿는다.

〈『신동아』, 1981년 7월호〉

『신채호(申采浩)의 역사사상 연구』

신일철(申一澈) 저

고려대학교 출판부, 1981. 6

우리나라 근대사학에서 단재(丹齋) 신채호(申采浩)가 차지하는 비중은 너무도 크다. 그만큼 많은 학자들이 그의 사학에 대하여 관심을 가지고 논의하여 왔다. 그 결과로 『단재신채호전집』 4책이 간행되기에 이르렀는데, 이 전집의 간행은 그에 대한 연구에 큰 진전을 가져올 계기가 되었다고 생각한다.

그럼에도 불구하고 솔직히 말해서 단재사학에 대한 연구는 이렇다고 할 진전이 없었던 게 아닌가 한다. 해방 후에 단재사학의 의의를 크게 강조한 분은 고 홍이섭(洪以燮) 교수였다. 『사상계(思想界)』 1962년 4월호에 「단재 신채호」를 쓴 이후 여러 편의 글을 발표하였는데, 그러한 글들의 뜻은 "내 (민족) 입장에서 한국사의 비판적인 서술을 감행한 데서 식민지시대 '정신사'에 있어 한 기틀을 잡았던 것이다"라고 한 말 속에 집약되어 있다. 그 이후 많은 사람들에 의하여 많은 글들이 발표되었으나, 대체로 본다면 홍이섭 교수의 견해를 부연 설명한 것에 지나지 않는다고 해도 크게 잘못은 아니다. 몇 가지의 구체성, 약간의 재치와 웅변이 추가되더라도 그것은 단재사학에 대한 이해의 방법을 새롭게 발전시키는 것은 못 되었다.

이러한 연구과정에 비추어볼 때 여기서 소개하고자 하는 신일철 교수의 『신채호의 역사사상연구』는 단재사학 연구에서 새로운 의미를 지닌다. 그것은 무엇보다도 단재사학을 객관적으로 보려는 입장, 따라서 때로는 그 한계성에도 유의하는 입장을 취하고 있다는 데 있다. 저자가 이 책의 「머리말」에서,

> 이 연구는 위대한 독립운동자요 민족사관의 확립자 단재선생에 대한 무한한 존경은 잃지 않으면서도, 될수록 단재사관신앙(丹齋信仰史觀)에 빠지지 않으면서 그의 한계성도 헤아려 보도록 하였다.

라고 한 것이 바로 그러한 입장을 나타낸 말이다.

신채호는 그의 행동과 학문을 누구보다도 일치시키려고 노력한 인물이었다. 그러므로 그의 학문은 곧 그의 독립운동의 다른 반면이었다. 그러므로 일제하에서의 그의 독립운동이 정당한 만큼 그의 사학도 정당하다. 그러나 이 것은 그의 사학이 시공을 초월한 절대성을 지닌다는 뜻은 아니다. 그런데 때로는 단재사학을 절대적인 것으로 보고, 이를 내세움으로써 오늘의 자기의 그릇된 입장을 옹호하기라도 하려는 듯한 인상을 받는 글들을 대한다는 것은 서글픈 일이다. 이것은 결코 올바른 학문의 길이 아니다. 그런데 이제 그러한 그릇된 자세에서 벗어나서 객관적인 입장에서 단재사학에 접근하려고 한 것이 바로 이 책이다. 그런 의미에서 이 책은 단재사학 연구사에서 하나의 이정표가 되리라고 믿는다.

둘째로 이 책이 지니는 특징은 단재사학을 서양이나 중국의 근대사상과의 교류 속에서 이해하려고 한 점이다. 종래의 단재사학에 대한 연구는 그 대개가 마치 이를 그의 독창적 이론인 것으로 봐왔다. 그렇기 때문에 그가 쓴 글

을 몇 개 읽어서 이를 소개하면 곧 하나의 논문이 된다는 식의 것이 없지 않
았다. 따라서 글을 쓴 사람 본인이 바로 신채호가 된 듯한 착각 속에 빠져 있
는 듯이 느껴지는 경우도 없지 않았다. 이미 전집이 간행되고 있는 오늘에 있
어서, 이러한 글은 계몽적인 것이 될는지는 모르겠으나 학문적인 연구는 될
수가 없다. 그렇게 안이하게 씌어진 글들은 그만큼 그 생명이 짧을 것이다.

그런 데 비해서 이 책의 연구방법은 전적으로 다르다. 이 책은 서구사상 및
이를 받아들여 중국에서 발전시킨 근대사상 조류의 영향 속에서 단재사학을
이해하려고 한 것이다. 그 결과 『이태리건국삼걸전(伊太利建國三傑傳)』이나
『독사신론(讀史新論)』등 한말의 신채호의 자강론(自强論)적 국사상(國史像)을
청말 엄복(嚴復)·양계초(梁啓超)의 변법자강론(變法自疆論)과 관련지어 이해하
였다. 또 『조선상고사(朝鮮上古史)』특히 그 총론에 나타난 민족사적 역사이론
을 양계초의 『중국역사연구법』과 관련지어 설명하였다. 그리고 『조선혁명선
언(朝鮮革命宣言)』을 중심으로 한 민중직접혁명론(民衆直接革命論)을 무정부주
의사상(無政府主義思想)과 관련지어 설명하였다.

이러한 상관관계에 대한 설명은 모두 설득력이 있다. 물론 세부에 들어가
서 검토한다면 이의를 제기할 대목들이 나올는지도 모르겠다. 그러나 대세
로 살펴본다면 이 결론은 옳은 것이며, 단재사상 연구에서 새로운 국면을 개
척한 것이라고 해야겠다. 저자가 「머리말」에서,

　　이 작은 연구에서 저자는 서양철학과 중국 근대사상의 빛에 비추어 보면서 단재
　사상의 여러 측면을 해명하는 데서 여러 번 연구 속에서의 발견의 즐거움을 맛볼
　수 있었던 것

이라고 말하고 있는 것을, 저자가 겸손해서 말한 것처럼 '자가도취(自家陶醉)'

였다고 할 수만은 없을 것으로 안다.

셋째로 이 책이 지니는 특징은 단재사학을 고정된 것으로 보지 않고 스스로 발전해 나간 것으로 본 점이다. 신채호가 살아 있는 인간이었고, 그것도 부단히 생각하는 인간이었던 이상 그의 사상이 발전했으리라는 것은 당연한 일이다. 이것은 그의 장점이지 단점이 될 수가 없다. 그런데 종래의 연구자들은 한결같이 신채호는 목석과 같이 처음부터 끝까지 한 가지 사상으로 일관해온 것으로만 보아 왔다. 그렇기 때문에 말년에는 그가 스스로 극복하려고 노력한 그것을 말년의 생각과 하나로 섞어서 설명하는 모순을 드러내기도 하였다.

이러한 연구의 결점을 시정한 것이 바로 이 책이다. 역사학자들이 미처 깨닫지 못한 이러한 국면에 대한 인식의 길을 철학자인 저자가 비로소 열어 주었다. 이것은 어찌 보면 심히 아이러니한 일이요, 역사학자의 한 사람으로서 평자 자신도 부끄러운 마음조차 갖게 된다. 어떻든 저자가 '단재사관신앙'에 빠지지 않고 객관적으로 그의 사학을 보려고 노력한 결과로 이러한 새로운 성과에 도달한 것으로 믿는다.

이 책은 다음과 같은 7장으로 성립되어 있다.

Ⅰ 서설 : 단재 신채호
Ⅱ 근대적 국사상의 발상과정
Ⅲ 신채호의 자강론적 서구수용
Ⅳ 신채호의 민족사적 역사이론
Ⅴ 단재의 민족주의적 역사사상의 한계성
Ⅵ 신채호의 무정부주의 사상
Ⅶ 근대적 민족주의와 단재

이 7장 중에서 이 책의 핵심이 되는 부분은 『이태리건국삼걸전』과 『독사신론』을 중심으로 한말의 신채호를 다룬 III장과 『조선상고사』 총론을 중심으로 일제시대의 단재사상을 다룬 IV장과 무정부주의 사상을 중심으로 말년의 그를 다룬 VI장이다.

I장은 신채호를 전반적으로 소개한 것, II장은 III장을 위한 서론 격의 것이다. 그리고 V장은 단재사상이 현재의 바람직한 역사학의 입장에서 볼 때 단재사상이 갖고 있는 한계성을 지적한 논문이다. 단재사학을 역사학의 입장에서 다룬 것은 아니지만, 단재사학을 오늘날에도 그대로 따라야 할 이상적인 것으로 생각하는 사람들을 위해서는 필요한 논문이다. VII장은 직접 단재사학을 다룬 것이 아니며, 따라서 부록으로 처리했더라면 하는 생각이 든다.

이 책의 세부적인 부분을 뜯어 본다면 물론 허물이 있을 것이다. 그러나 이 책은 단재사학을 학문적 연구의 대상으로 끌어올리는 공헌을 하였다. 이 책이 지니는 의의는 이러한 데서 찾아야 할 것으로 믿는다.

〈『신동아』, 1981년 9월호〉

『일본인의 한국관』

하타다 다카시(旗田巍) 저

이기동 역

일조각, 1983. 4

1. 한국사연구의 새로운 장 열어

이 책의 저자 하타다(旗田) 교수는 다 아는 바와 같이 일본에 있어서의 한국사 연구를 대표하는 학자이다. 그저 일본 학계를 대표하는 것이 아니라, 바로 양심적인 학자들을 대표하고 있는 것이다. 그리고 일본에서의 한국사 연구를 올바른 방향으로 이끌어가고자 하는 노력을 아끼지 않고 있는 학자이다. 이러한 점에서 우리 학계에서도 널리 알려져 있다.

저자는 일찍이 그의 저서인 『조선사』(1951)라는 한국사 개설서의 서문에서 과거에 일본의 한국사 연구가 '비인간적인 학문'이었다고 지적하였다. 즉 '어떠한 사회에서 어떠한 인간들이 살면서 무엇을 기뻐하고 무엇을 고민하고 있었는가를 무시'한 '인간이 없는 역사학'이었다고 비판하고 있는 것이다. 역사란 말할 것도 없이 인간의 역사인데, 인간이 없는 역사학이라면 이는 곧 역사학이 아니라는 이야기가 된다.

저자의 한국사 연구는 이러한 비판 위에서 출발하였던 것이다. 그러므로 그는 해방 뒤의 일본에서의 한국사 연구에 새로운 장을 열었다고 해도 지나친 말이 아니다. 아직 구체적인 연구가 덜 된 상황 속에서 씌어진 이 『조선사』는 저자 자신의 의도와는 반대로 정체성이론(停滯性理論) 등 몇 가지 점에서 불만족스러운 서술이 발견되어, 저자 스스로 이 책을 절판에 붙였다. 이 사실이 또한 저자가 진실로 존경을 받아 마땅한 학자임을 증명해 주고 있다. 그가 저술을 통하여 학계에 끼친 공로 못지않게 높이 평가되어야 할 점이기도 하다.

2. 일본의 그릇된 한국관을 비판

이러한 저자가 한국사를 올바로 인식하기 위한 노력의 일단으로서 발표한 사론(史論)들을 모아 놓은 것이 바로 여기에 번역되어 나온 『일본인의 한국관』이다. 여기에는 종래의 일본에서의 그릇된 한국사관을 비판한 대목이 많이 있기 때문에 그러한 책제목을 붙인 것으로 보인다. 이미 역자도 서문에서 언급하고 있는 바와 같이, 작년에 일본의 역사 교과서들에서 다루어진 한국사 관계 저술에 대한 비판이 거세게 일어났을 때, 널리 읽히고 싶은 책의 하나가 바로 이 책이었다. 그것은 이제서야 뒤늦게 문제된 사실들이 이미 이 저자에 의하여 오래전에 논급되어 있기 때문이다. 그리고 현재에도 이러한 상황은 크게 변하지 않았다고 믿는다.

평자는 한국사가 세계의 학계에서 마치 피고와 같은 입장에 놓여 있는 것이 아닌가 하는 서글픈 생각을 할 때가 종종 있다. 그런데 법정에서 피고 자신의 해명은 대체로 극히 궁색한 억지 변명에 지나지 않는 것으로 생각되기가 일쑤다. 이와 마찬가지로 한국 학자들의 주장도 흔히 민족주의적이란 이유로 해서 묵살되는 수가 많았다. 만일 피고가 설득력이 없는 허황한 이야기를 늘어놓는다면 더욱 그러할 것임은 뻔한 일이다. 그리고 우리 학계에는 실상 그런 허황한 생각에 들떠 있어서 도리어 진실된 민족사의 해명을 불가능하게 하는 사람들이 있다. 이것이 또한 우리를 서글프게 하는 일이 아닐 수가 없다.

3. 식민주의 사관의 극복

어떻든 우리 자신에 의한 우리나라 역사의 옹호가 궁색하게만 느껴지는 현재에, 우리는 훌륭한 변호인이 외국 학자들 속에서 나와 주기를 바라는 마음이 간절하다. 그리고 우리의 역사를 왜곡하여 고발한 장본인이 일본 학자였던 만큼, 일본 학계에서 그러한 참된 변호인을 찾는 것이 더욱 바람직한 일이다. 그리고 이 책의 저자 하타다 교수는 바로 그러한 변호인이라고 생각하고 있다.

가령 이미 오래전인 1953년에 쓴 「한국사에 있어서의 외압과 저항」이란 글을 읽어 보면 곧 그러한 사실을 알 수가 있다. 여기서 저자는 "민족으로서의 긍지 · 탄식 · 비애 · 분노 · 기쁨은 외족(外族) 지배에 대한 저항 속에서 가장 명백하게 나타나며, 거기에서 민족의 존재 그것이 명백하게 의식된다. 현재의 한국인은 이 같은 민족의식을 일본인과는 비교가 되지 않을 만큼 강하게 지니고 있다"(본서, p.115)라고 주장하고 있다. 일반적으로 일본인은 민족의식이 강하고, 한국인은 민족의식이 약하다고 생각하고 있다. 이것이 소위 일본의 어용사학자(御用史學者)들이 왜곡하여 선전한 식민주의사관(植民主義史觀)의 산물인 것은 말할 것 없다. 그런데 이에 대해서 저자는 완전히 반대되는 주장을 내세우고 있는 것이다. 그리고 이러한 인식이 우리나라 사람들 사이에서도 결코 명백하게 뿌리내리고 있지 않다는 것도 반성할 일이다.

또 가령 일본의 교과(敎科)에 나타난 한국상(韓國像)에 대하여 이미 1969년에 저자가 쓴 「고교 세계사 교과서에 나타난 한국」이란 글의 한 대목을 읽어 보기로 하자. "전근대의 긴 역사를 통하여 일관해서 한국이 외세 지배하에 있었음을 강조하는 것은 외세 지배가 한국에 있어 숙명인 듯한 인상을 불러 일으킨다. 당연히 근대 이후에 있어서의 외국의 한국 침략도 한국에 있어 불가피한 운명인 것 같은 인상을 낳는다"라고 하고, 이어 "이는 명백히 일본의 한국 지배를 합리화하고, 식민지 지배를 면죄해 주는 것이었다"라고 하였다. 그리고 그러한 생각에 저자는 '큰 불안'을 느끼고 있는 것이다(본서, p.219).

4. 올바른 한국사관 수립 힘써

한국이 아닌 일본에서, 또 한국 학자가 아닌 일본 학자가 이러한 주장들을 이미 오래전부터 하고 있다는 것은 실상 놀라운 일에 속한다. 그러면 저자의 이러한 정당한 한국사 인식은 어디에서부터 말미암은 것일까. 저자는 마산(馬山)에서 태어났고, 중등교육 과정을 한국에서 거치었다. 혹자는 이러한 사실들과 저자를 연결해서 볼 수가 있다고 할는지 모른다. 그러나 그렇지만은 않다. 그러한 사실들은 오히려 교만과 우월감을 조장할 수도 있을 것이기 때문이다. 그보다도 저자의 인류애에 토대를 둔 한국에 대한 애정에서 그 비밀을 찾고 싶다. 한국 민족도 인류의 한 구성분자로서의 정당한 시민권을 누려야 한다는 신념이 저자의 한국관을 일관하고 있는 것이다. 그의 정당한 주장은 바로 여기에 근거하고 있다고 생각한다.

이 책의 제목은 『일본인의 한국관』으로 되어 있고, 또 그래서 마땅한 것이기도 하다. 그러나 한편 생각하면 이 책은 일본인의 그릇된 한국관 내지 한국사관을 비판하고 올바른 한국관·한국사관을 수립하고자 하는 내용을 담고 있다. 이런 점을 생각한다면, 이 책에 '올바른 한국사관의 탐구'라고 제목을 붙여도 무방할 것으로 보인다. 이 책은 원래 일본인을 상대로 하고 씌어진 것이긴 하지만, 식민주의사관의 극복이 크게 논의되고 있는 오늘에 있어서, 한국 독자들에게도 많은 도움을 줄 것임을 믿어 의심치 않는다.

역자인 이기동(李基東) 교수는 저자의 최근 사론까지 보태서 내용을 원본보다 더 알차게 하였다. 이미 이진희(李進熙) 씨의 『광개토왕릉비(廣開土王陵碑)의 탐구』를 번역해낸 경험이 있는 역자는 원문을 정확하게 우리말로 옮기는데 성공하고 있다. 또 많은 역주(譯註)를 달아서 내용의 이해를 크게 도와 주고 있다.

〈『교보문고』 11, 1983년 6 · 7월호〉

『한국불교사상사연구』, 『한국불교사연구』

안계현(安啓賢) 저

동국대학교 출판부, 1983. 6 · 동화출판사, 1982. 9

저자인 안계현 교수가 세상을 떠난 지 이미 3년이 되어 간다. 그간 저자의 동료와 후학 여러분의 정성으로 그의 논문들이 모아져서 두 권의 책으로 간행되었다. 그것이 여기서 소개하고자 하는 『한국불교사상사연구』와 『한국불교사연구』이다. 전자가 보다 학술적인 연구논문들을 모은 것이라고 한다면, 후자는 일반인이 이해하기 쉽게 풀어쓴 것이다. 이로써 저자가 생전에 펴낸 『신라정토사상사연구(新羅淨土思想史硏究)』(아세아문화사, 1976)와 함께 그의 주요한 업적이 모두 정리된 셈이다.

이들 저서의 제목만 보아도 알 수가 있듯이 저자는 철저한 불교사학자였다. 사람이란 누구나 욕심이 많은 법이어서 여기저기 다른 분야에도 곁눈질을 하기가 일쑤이다. 그런데 저자는 그러한 일이 없었다. 이 점은 그의 「저작목록」(『한국불교사상사연구』, pp.406~408)을 보더라도 알 수가 있다. 그가 봉직하던 동국대학교의 교재였을 것이라고 생각되는 한국사 개설서에 공저자로 되어 있는 것이 유일한 예외인데, 이것은 사학과의 교수로서 마땅히 짊어져

야 할 의무였던 것이다. 그러므로 그것이 저자가 불교사학자로서 한국불교
사의 연구에만 전력하였다는 사실을 부인하는 것일 수가 없다. 이같이 불교
사학자로서 시종했다는 사실은 학자로서의 안 교수의 고집스런 학문적 집념
을 나타내 주는 것이라고 생각한다. 그리고 이 같은 학문적 집념이 저자로
하여금 한국불교사의 여러 국면들을 차례로 헤쳐나갈 수 있게 하였다고 생
각한다.

지금 간행된 두 저서를 대하면서 특히 느끼는 점은 저자가 항상 쉬지 않고
앞으로 전진하는 학자였다는 사실이다. 그는 결코 하나의 단계에 만족하지
않고 발전해 가고 있었다. 이러한 발전은 꾸준한 노력 없이는 이루어질 수가
없는 것이다. 그리고 그러한 노력에는 반드시 많은 고민이 따르게 마련인 것
이며, 그러한 고민을 거쳐서 그의 학문은 성장하고 또 결실하였다고 해서 좋
을 것이다.

저자의 불교사 연구는 처음 팔관회(八關會)·연등회(燃燈會)와 같은 불교의
식이라든가, 승관제(僧官制)와 같은 제도적인 것이라든가, 그리고 호국신앙이
나 자혜사업과 같은 사회적 활동 같은 것들에 관한 것이었다. 이것은 불교의
신앙 자체가 아니라 그 신앙이 사회적인 것으로 표현된 것들이었다.

그러나 저자는 이러한 불교의 사회적 측면에만 만족하지 않고 신앙 자체에
대하여 깊은 관심을 가지게 되었다. 특히 원효(元曉)·의적(義寂)·경흥(憬
興)·법위(法位)·현일(玄一) 등 여러 학승(學僧)을 중심으로 한 신라시대의 정
토사상(淨土思想)에 대하여 집중적인 연구를 하였다. 이들 일련의 연구는 순
전히 불교의 교리적 측면에 대한 연구였다. 이러한 것들 중에서 미타(彌陀)정
토왕생사상에 관한 논문들만을 모아서 저자 자신이 생전에『신라정토사상사
연구』를 출판하였었다. 같은 정토사상에 관한 논문들이라도 미륵(彌勒)정토
왕생사상에 관한 것들은 금번『한국불교사상사연구』속에 넣어져서 출판되

었다. 이러한 교리적인 측면에 대한 연구는 저자의 연구과정에서 하나의 큰 발전이었다고 하겠다.

그 이후 저자는 또 한 번의 발전을 보여 주고 있다. 즉 그는 한국불교사의 큰 흐름에 대한 전체적인 정리를 시도한 것이다. 이 과정에서 저자는 불교의 교리와 당시의 사회적 상황을 연결지어 보려고 하였다. 예컨대 의상(義湘)의 화엄사상(華嚴思想)에 언급하여 그는,

> 화엄의 가르침은 서로 대립하고 항쟁을 거듭하는 정계나 사회를 정화하고 또 지배층과 피지배층과의 대립도 지양시킴으로써 인심을 통일하는 데 알맞았다. 여기에 무열왕(武烈王) 시대서부터 시작되는 전제왕권(專制王權)에 따라 전개된 율령(律令)정치체제에 그 정신적인 뒷받침을 하는 구실을 화엄종이 크게 담당하게 되었던 그 까닭이 있었던 것이다(『한국불교사연구』, p.80).

라고 하였다. 이같이 저자는 의상의 화엄사상을 통일신라시대의 전제왕권을 중심으로 한 율령정치체제와 연결시켜 이해한 것이다. 또 원효의 정토사상에 언급하여,

> 그는 정토신앙이 범부를 위한 것으로서 보살을 위한 것이 아님을 말하고 있다. 범부왕생을 긍정하고 있는 것이다. 이러한 범부왕생의 긍정은 삼국통일의 파용(波湧)을 겪으면서 무상감이 심화된 신라인에게 있어서 매력적인 구원의 계시가 아닐 수 없을 것이다(『한국불교사연구』, p.151).

라고 하였다. 이같이 저자는 원효의 정토사상을 통일을 위한 전쟁에서 얻은 인생무상의 시대적 감정과 연결지어 이해하고 있다. 범부왕생(凡夫往生)인 이상은 그것이 특히 평민과 연결되는 국면이 있음 직하게 느껴지지만, 어떻든

그가 불교의 교리와 당시의 사회를 연결지어 생각하는 모범적인 예를 보여
주고 있음은 분명하다.

저자 안 교수는 한국불교사의 연구로부터 본격적인 학문 활동을 시작하였
고, 또 그로써 끝을 맺었다. 그러한 저자가 불교의 행사나 교리의 연구에만
연연하지 않고, 그것을 사회와 연결지어 고찰하였다는 것은 큰 의미가 있다.
무엇보다도 그것은 우리의 불교사학이 역사학으로서 정착하게 하는 데 크게
이바지하는 것이다. 그러므로 그가 남긴 이러한 업적은 오래도록 기억될 것
이라고 믿는다.

끝으로 『한국불교사상사연구』에 실려 있는 저자의 「저작목록」이 좀 더 상
세한 것이었더라면 하는 생각을 금할 수가 없다. 또 저작목록과 저자의 세
저서에 실린 논문들 간의 상관 관계도 애매한 대목들이 있어서 독자에게 불
편을 주고 있다는 점도 역시 아쉬움으로 남는다. 그럼에도 불구하고 좀처럼
일일이 구해서 읽기 힘든 저자의 업적을 널리 찾아서 정리해준 것은, 이미
우리와 유명을 달리한 저자를 위해서나 또 학계를 위해서나 기쁜 일이 아닐
수 없다.

〈『역사학보』 102, 1984년 6월〉

『일업일생(一業一生)』

한만년(韓萬年) 저
일조각, 1984. 12

1. 한 가지 일에 일생을 걸고

이 책을 대하면서 우선 느끼는 것은 책 제목이 좋다는 것이다. '일업일생'이란 한 직업에 일생을 바쳤다는 뜻일 텐데, 여기에는 인생에 대한 성실성이 비치어 있다. 즉, 한 직업에 자기의 일생을 거는 성실한 생활태도가 절로 나타나 있는 것이다. 여기에는 또 자기가 일생 동안 종사해온 직업에 대한 자부심과 긍지가 나타나 있다. 자부심과 긍지가 없이는 이 같은 책 이름이 나올 수 없을 것이다. 이 점이 또한 호감을 느끼게 한다.

널리 알려져 있는 바와 같이 저자인 한만년 씨는 출판사 일조각의 사장이다. 사장일 뿐만 아니라 창업주이다. 일조각은 1953년에 설립되었으므로, 이제 32년의 세월이 흐른 셈이다. 그동안 이 책의 저자는 책을 출판하는 데 전력을 기울여 왔다. 출판문화협회의 회장으로서 우리나라 출판업의 발전을 도모하는 일에 힘을 기울이기도 하였으나, 그의 노력은 일조각을 훌륭한 출판사로 키우는 데 집중되어 있었다고 해도 과언이 아니다.

언젠가 저자는 출판을 사업으로 하느냐 기업으로 하느냐에 따라서 출판사의 성격이 달라진다는 말을 한 적이 있다. 기업으로서의 출판에 성공했을 경우에 남는 것이 돈일 것이다. 이에 대해서 사업으로서의 출판에 성공했을 경우에 남는 것은 사회적으로는 명예요, 개인적으로는 자부심과 긍지일 것이다. 돈 없이는 사업으로서의 출판도 불가능할 것이므로 기업적인 면을 무시하기는 힘들 것으로 보인다. 그러나 어느 편을 목적으로 하고, 어느 편을 수단으로 하는가에 따라서, 출판의 성격이 정반대로 달라질 것임은 명백하다. 출판에 긍지를 가지는 것은 곧 출판을 사업으로 한 사람만이 누릴 수 있는 특권일 것으로 믿는다. 이 책을 통해서 그러한 출판인과 만나게 된다는 것은, 글을 쓰는 일에 종사하는 한 사람으로서 기쁘고 즐거운 일이 아닐 수 없다.

2. 역사에 대한 출판인의 대응책

이 책의 내용은, 당연한 일이지만, 대부분 출판에 관한 이야기로 이루어져 있다. 여기에 이 『일업일생』의 특징이 있다. 글의 성격이 반드시 경험담이랄 수는 없지만, 출판에 얽힌 이야기들이 적혀 있고 보면, 이 책은 해방 이후에 한 출판인이 겪은 경험과 이에 대한 대응의 기록이라 할 수 있다. 그런 의미에서 글의 배열이 연대순으로 되어 있는 것은 의미가 있다.

그러나 이 책은 반드시 연대에 따른 경험의 축적이나 혹은 그 대응책의 기록만은 아니다. 출판에 대한 이야기라 하더라도, 독자와의 관계나 저자와의 관계에 대한 것이라든가, 또는 정부에 대한 건의라든가 하는 여러 가지 내용을 담고 있다. 뿐만 아니라 출판과는 관계가 없는 이야기들도 있다. 한 사람의 가정인, 한 사람의 사회인으로서의 발언도 있다. 어린 시절의 추억도 있고, 여행담도 있다. 이런 점들을 고려한다면, 글의 배열을 내용별로 했어도 좋지 않았나 하는 생각이 든다. 같은 이야기라도 되풀이되는 발언 속에서 호소력은 더욱 강해지게 마련이다. 같은 내용의 이야기를 한데 묶음으로써 얻는 효과인 것이다.

그렇게 되면 발표 연대를 무시하고 책 마지막 부분에 일문과 영문으로 발표한 글들을 하나로 묶는 것도 정당화될 수가 있을 것이다. 대신, 권말에 부록으로 제시된 수록 작품의 발표지와 발표 연원일 일람표를 발표 연대순으로 배열했더라면 하는 생각이다. 이 일람표를 제목 첫 글자의 가나다순으로 배열하는 것은 독자에게 별로 도움을 주지 못하는 것 같다.

3. 독서와 실천

책을 만드는 일을 직업으로 하고 있는 출판인들은 책을 얼마나 읽고 있을까. 불행한 일이지만 출판인들이 책을 별로 많이 읽고 있지는 않다는 생각을 가끔씩 할 때가 있다. 평소 나는 이 책의 저자를 드물게 보는 '책을 읽는 출판인'이라고 불러 왔다. 그리고 이 『일업일생』을 읽으면서 그 점을 확인하게 되었다.

저자는 이미 국민학교 5학년 때에 펄벅의 『대지(大地)』를 읽었고, 선생님 책상 위에 놓인 『대지』를 보고는 "선생님은 이제야 이 책을 읽으시나요?" 하고 뻐기었다 한다. 또 "집안에 읽을거리가 없으면 안절부절못할 지경이었다"라고도 적고 있다(「다독과 정독은 각각 일장일단」, p.3). 이렇게 어릴 적부터 가지고 있던 책에 대한 관심이 저자로 하여금 출판업을 하게끔 만든 것이 아니었을까. 저자 자신은 먹고살기 위해서 출판업을 시작하였다고 하지만, 먹고살기 위해서 하필 출판업을 택하게 된 데에는 그만한 연유가 있어 마땅한 일이다. "잡동사니 책을 마구잡이로 읽었더니 겨우 출판계의 말석을 차지하고 있을 뿐"(「매일 30분의 독서를」, p.267)이라고 한 말 속에서 이 사정을 짐작하고도 남음이 있다.

저자는 남에게도 독서를 크게 권장하고 있다. 우리 국민이 "배는 부르나 머리는 텅 비게 되는"(「좀 더 빛을」, p.42) 상태가 되어서는 안 된다고 그는 생각하고 있다.

밥을 굶으면 잡곡이라도 먹어야 사는 줄 알고 있지만, 책은 안 읽어도 잘 살 수 있는 줄 알고 있는 사람이 많게 되었다. …… 배고픈 설움에 비할 만큼 책 못 읽는 설움을 알아야 하겠다(「책은 써서 뭘해」, p.155).

이것이 저자의 간절한 소망이다. 저자는 신채호(申采浩) 선생이 나라를 부강하게 하는 금전, 광산, 무기 등을 만드는 것이 서적이며, 따라서 서적을 간행하는 사람이 국가의 제일 큰 공신(功臣)이라고 한 글을 인용하고는 이에 덧붙여서,

서적출판가로서 30년을 지내온 나로서는 대단히 송구스러운 대목이 아닐 수 없지만, 우리들 책을 펴내는 사람들에게는 이 이상의 격려의 말이 없다(「書籍이 無하면 其國도 無할지로다」, p.289).

라고 하였다. 저자가 느끼고 있는 출판업자로서의 긍지와 무관하지 않을 대목이다.

출판업자가 책을 읽으라고 외치고 다니면, 자기 책을 팔아먹기 위한 얕은 꾀라고도 느껴질 만한 일이다. 그러나 저자의 책 읽으라는 호소가 조금도 그렇게 느껴지지 않는 것은, 이렇게 떳떳한 사명감을 갖고 한 진실된 발언이기 때문일 것이다. 「어떤 대화」(pp.186~189)는 독서를 둘러싸고 몇 명의 대학생

들과 나눈 대화를 글로 옮긴 것인데, 독서에 대한 저자의 높은 식견이 재치
있게 표현되어 있어서, 수필로서도 일품이라는 생각이 든다.

그런데 저자는 자기가 출판한 책에 대하여 한결같은 애착을 가지고 있으
며, 결코 차별을 두어 평가하기를 원하지 않는다. "독서의 내용과 권위는 항
상 정직한 독자가 돈을 내면서 인정해 준다"(「우량도서」, p.117)라는 것이 저자
의 신념이다. 그래서 일조각은 정부에서 행하는 우량도서 선정 작업에 참여
하기를 거부하고 있다.

내 생각으로는 각종 도서 전부가 우량도서이기를 바라야 하고, 몇 십 권의 우량
도서를 정부가 선정한 나머지도 결코 비우량도서가 아니라는 것을 강조하고 싶다
(「우량도서」, p.117).

이렇게 말하는 저자는 황희(黃喜) 정승과 두 마리 소를 가진 농부의 일화를
소개한다(「명저 · 역저 · 추천서」, p.198). 이것은 말로는 쉬울지 모르나 실제 행
동에 있어서는 결코 쉬운 일이 아니다. 그런데 이 책의 저자는 그것을 실천하
고 있다.

4. 한국출판의 현황과 전망

저자는 현재 우리나라의 출판업계가 반드시 정상적인 궤도에 올랐다고는
생각지 않고 있다. 이 비정상적인 출판업계를 정상적인 상태로 만드는 것을
저자는 간절히 바라고 있다. 특히 서적의 판매에 있어서 그러하다. 내가 아는
한 저자만큼 도서의 정상적인 판매원칙을 엄격하게 지키고 있는 출판업자는
드물지 않나 싶다.

비정상적인 우리나라의 출판업계를 정상화하는 길은 무엇인가. 저자는

"타개책은 오직 하나로, 실력 양성밖에는 별 도리가 없다"라고 한다. 그러면서 "이에 종사하는 어느 누구도 이 문제를 실행에 옮기고 있지 아니하는 이가 없겠는데, 요는 정책 환경이 실력 양성을 위한 우리의 노력에 얼마만큼 합치하느냐에 달려 있다"(「출판업계가 살길」, p.1)라고 한다.

출판인으로서의 저자의 관심은 많은 문제에 미치고 있다. 좋은 원고의 획득, 정상적인 매매와 수금, 저자에 대한 인세의 지불, 도서관의 증설, 세금의 감면, 검인정교과서와 국정교과서의 문제, 국가도서개발위원회의 구성, 출판금고의 설립 등등이다. 이 책의 여기저기서 이러한 문제들을 언급하고 있지만, 특히 「한국 출판업계의 과거와 현재」(pp.52~81)에서 우리나라 출판의 역사와 오늘의 상황에 대한 여러 문제들을 다루고 있다. 간추린 한국 출판사라고도 할 장문의 논문으로서 여러모로 참고가 된다.

요컨대 저자는 사회와 정부가 출판에 대하여 보다 많은 관심을 갖고 적극 지원할 것을 요망하고 있다. 특히 정부의 지원을 강력히 요구하고 있다. 그러면서도 그것이 간섭이 되어서는 안된다는 것을 명백히 하고 있다. 즉 "정부는 '권리'란 있을 수 없고 오로지 '의무'만 있었으면 하는 생각"(「좀 더 빛을」, p.43)이다. 민주주의의 틀 속에서 출판업을 발전시키려는 의지가 역력히 드러나 보인다고 하겠다.

5. 책과 문화의 틀

한 나라의 문화를 단적으로 상징해 주는 것은 무엇일까. 문화라는 것 속에는 미술, 음악, 무용, 연극 등등 허다한 분야가 포함되기 때문에, 어느 한 가지만을 내세워 이야기하기는 힘든 일이다. 그러나 일반적으로 학술이나 사상이나 문학 등이 문화에서 중요한 자리를 차지하는 것이고 보면, 그러한 것들이 구체적인 형태로서 우리에게 나타나는 책은 무엇보다도 중요한 것임에 틀림없다고 하겠다. 그리고 그 책을 만드는 것이 출판업이니만큼, 출판업의 성쇠는 곧 그 나라 문화의 척도가 되는 것이라고 할 수 있다.

이 점을 누구보다도 깊이 인식하고 출판계의 발전을 위하여 소리를 높여 외쳐온 사람이 이 『일업일생』의 저자였고, 그러한 글들을 모아 놓은 것이 이 책이다. 그러기에 저자는 팔리지 않을 학술서적들을 도맡아 출판해 내다시피 한 게 아니었던가. 팔릴 만한 원고는 다른 출판사에 넘기면서 안 팔릴 원고만을 가져오는 저자들과의 갈등이 없었을 리 없다. 그러면서도 그 팔리지 않는 학술서적들, 그러나 우리나라 문화의 수준을 대변해 주는 책들을 출판해 냄으로써 오늘의 한만년, 오늘의 일조각이 있게 된 것이 아닐까. 이러한 출판업자가 있다는 것은 사회적으로 자랑스러운 일이며, 민족적으로 다행한 일이다. 곧잘 애국이니 애족이니 하며 허황된 소리들을 하지만, 이렇게 자기가 선택한 직업에 최선을 다하는 것이 결국 참된 애국이요 애족이 아니겠는가.

저자는 "버리기는 아깝고 책으로 묶기에는 별로 대단치 아니한 것"(「자서」, p.ⅲ)들이라고 겸손하게 이야기하고 있지만 이 책은 출판에 바친 그의 외길인생을 잘 보여 주고 있다. 다소 빗나간 추측인지 모르겠으나, 곧 환갑을 맞이하게 되는 저자가 30여 년의 과거를 돌아보고 정리해 보고 싶은 마음을 가졌음 직하다는 짐작을 해본다. 그로 인해서 오늘의 한국의 출판, 나아가서는 오늘의 한국의 문화를 다시 생각해볼 수 있는 기회를 가지게 된 것은 기쁜 일이 아닐 수 없다.

〈『오늘의 책』, 1985년 봄호〉

『한국고고학지도』

한국고고학연구회 편·간, 1984. 12

역사적인 사건이 전개된 장소의 위치를 일목요연하게 알려 주는 역사지도 (歷史地圖)는 역사를 이해하는 데 있어서 필수적인 참고자료이다. 그런데 우리 나라에서는 지금껏 믿을 만한 좋은 역사지도를 발견할 수가 없는 형편이다. 다행히 이제 이『한국고고학지도(韓國考古學地圖)』가 간행되므로 해서, 역사지도 없는 불편의 일부를 덜게 되었다. 고고학연구회와 같은 학술연구단체에서 본격적인 고고학지도를 편찬해 냈다는 그 사실 자체만으로서도 큰 의미가 있다고 생각하며, 학계를 위하여 기쁨을 금할 수가 없다.

이『한국고고학지도』는 크게 두 부분으로 나뉜다. 그 하나는 지도인데, 이 부분이 곧 이 책의 중심을 이루는 것임은 물론이다. 이 지도는 크게 선사시대와 역사시대로 나누고, 또 선사시대를 구석기·신석기·청동기·초기철기의 문화로, 역사시대를 고구려·백제·신라 및 가야의 고분과 발해의 유적을 차례로 하고, 이어 삼국~통일신라의 사지(寺址)와 사찰(寺刹), 성지(城址)와 궁궐지(宮闕址), 삼국~조선의 요지(窯址)로 나누었다.

지도는 모두 그 방면의 전공학자에게 의뢰하여 작성한 것이다. 이런 경우에 종종 참여자의 이름을 적지 않는 나쁜 습관이 우리나라에 있어 왔는데, 여기서는 이를 밝혀 적어서 그들의 수고를 알려 줌과 동시에 그 책임의 소재를 명확하게 해주고 있다. 이같이 그 방면의 전공학자들이 작성한 지도는 우리의 신뢰도를 높여 주기에 충분하다고 하겠다.

이 고고학지도는 무엇보다도 우리나라 초기문화의 지리적 분포상을 이해하는 데 공헌하고 있다. 예컨대 누구나 관심이 많은 것의 하나가 청동검(靑銅劍)의 분포라고 하겠는데, 청동기문화의 청동기 I (동검)(p.22)을 보면, 여기에는 요녕식(遼寧式)동검과 세형(細形)동검의 분포상황이 한눈으로 잘 알 수 있도록 표시되어 있다. 이로써 지명표(地名表)만 가지고서는 언뜻 짐작이 안 가는 분포상황을 지도상으로 확인하고, 그 문화권과 같은 것을 생각해볼 수 있게 하는 것이다. 평자는 개설을 쓰면서 이 지도를 삽도로 넣어서 독자의 편의를 도모하고 싶었으나, 작성할 능력이 없어서 포기한 적이 있다. 그런데 이제 이 책을 참고하도록 권함으로써 책임을 면할 수가 있게 된 셈이 되었다.

이들 지도에는 유적지나 유물출토지가 번호로 표시되어 있다. 그리고 해당 번호의 구체적인 지명과 참고문헌을 지명표에 따로 적었다. 그러므로 이『한국고고학지도』에는 지도와 함께 또 하나의 중요한 부분으로서 지명표가 있는 셈이다. 지도가 열매라고 한다면, 지명표는 그 열매를 맺게 한 나무라고 할 수가 있다. 따라서 이 지명표가 지도를 작성한 동일인에 의하여 작성되었다는 것은 당연하다고 하겠다.

지명표는 지도 못지않게 중요하다. 왜냐하면 거기에는 참고해야 할 필수적인 조사보고나 논문들이 수록되어 있기 때문이다. 가령 위에서 언급한 청동검을 예로 들어 보면, 지명표의 해당 부분(pp.83~87)에는 지도상에 표시된 번호에 따라서 유적지명이 기록되고, 아울러 그 유적지의 참고문헌이 적혀 있다. 그러므로 장차 우리나라 청동검을 공부하고자 하는 경우에, 이들 참고문

헌을 필히 참고해야 한다는 이야기가 되는 것이다. 이렇게 살펴오고 보면 이
『한국고고학지도』는 단순한 역사지도 이상의 구실을 하고 있음을 알게 된다.
즉 우리나라 고고학의 필수적인 참고문헌 목록의 구실도 하고 있는 것이다.

평자는 고대사를 전공하는 관계로 늘 고고학으로부터 도움을 받고 있다.
따라서 이 책은 누구 못지않게 평자의 필수 참고서가 될 것이다. 평자는 처음
이 책을 대하게 되자, 여기저기 궁금한 곳들을 찾아보았다. 그러한 과정에서
몇 가지 이러했더라면 더 좋았지 않았나 하는 점들이 눈에 띄었다. 이제 참고
삼아 그러한 점들을 적어 볼까 한다.

첫째로 지도와 지명표에 순서대로 꼭 같은 일련번호를 매겼으면 좋지 않았
나 하는 점이다. 이 책은 항상 지도와 지명표를 동시에 펴 보아야 하도록 되
어 있다. 그런데 현재로는 그것이 쉽지가 않다. 가령 위에서 예로 든 청동검
의 경우를 본다면, 지도는 22면에 있다. 그런데 해당 지명표를 찾으려면 어쩔
수 없이 「차례」의 지명표 부분(p.6)에서 청동검지명표의 면수(p.83)를 확인하
고 나서 그곳을 찾아야 한다. 그러나 만일 지도와 지명표에 꼭 같은 일련번호
를 넣고, 그것을 매 면마다 난 위에 적어 넣는다면, 그러한 불편이 없어질 것
이다.

다음으로 느끼는 점은 지도가 일반적으로 한반도에 국한되어 있다는 사실
이다. 청동검(p.22)이나 동경(銅鏡, p.24) 같은 경우는 만주까지도 포함하고 있
으나 청동검과 동경뿐 아니라 토기(土器)나 지석묘(支石墓)의 경우도 그러했어
야 하지 않았나 하는 생각이다. 우리나라의 역사무대가 고대에는 만주까지
뻗쳐 있었다면, 그 무대 위에 남아 있는 유적 · 유물에 대한 고려가 원칙적으
로 지도상에 나타나 있어야 옳다고 생각한다.

다음으로는 좀 더 여유 있게 지도를 작성했더라면 좋았을 것을 하는 아쉬
움이 있다. 가령 지석묘의 경우에, 이를 석관묘(石棺墓)와 함께 하나의 지도에

기입함으로 해서 언뜻 봐서는 잘 분별이 안 되는 흠이 있다. 지석묘와 석관묘는 서로 떼어서 각기 다른 한 장의 지도를 작성했더라면 하는 생각이다. 또 사지(寺址) 및 사찰(寺刹)의 지도(p.39)도 이렇게 복잡해서는 무의미한 지도가 되는 게 아닌가 싶다. 적어도 삼국시대와 통일신라시대는 나누어서 작성했더라면 하는 생각이며, 더욱 희망을 말한다면 화엄(華嚴) 사찰이나 선종(禪宗) 사찰 같은 것을 구별해봄 직도 한 게 아니었나 한다. 성지(城址)와 궁궐지(宮闕址)의 지도(pp.40~41)도 마찬가지인데, 특히 요지(窯址)의 지도(pp.42~43)가 그러하다. 응당 삼국시대·고려·조선은 각기 독립된 지도여야 했을 것이고, 혹은 청자(靑磁)·분청(粉靑)·백자(白磁) 하는 식으로 구별해서 작성해도 좋았다고 생각한다.

내용에 대해서는 평자와 같은 비전문가가 감히 무어라 말할 위치에 있지를 못하다. 그러나 위치가 잘못 기재된 것이 우선 눈에 띄었다. 어디선가 어떤 분이 작성한 구석기 유적 지도를 보니까, 상원(祥原)의 검은모루동굴의 위치가 평양(平壤) 북쪽에 있어서 실소를 금치 못한 적이 있는데, 여기서는(p.12) 평양 남쪽으로 옳게 표시되어 있다. 그런데 제주도(濟州道)의 빌레못굴의 위치는 북제주에 있어야 할 것이 남제주로 잘못 기입되어 있다. 그리고 신석기시대의 토기의 지도(p.14)는 김정학(金廷鶴) 편 『한국의 고고학(韓國の考古學)』, (p.29)의 지도와 약간 달라서, 가령 후자에는 제주도에도 출토지가 기입되어 있는데, 이 책에는 없다. 이러한 점은 어느 것을 따라야 할지 평자로서 퍽 당황하게 느껴진다는 것을 적어 놓는 데 그칠 수밖에 없겠다(당연한 일이지만, 이 책에는 해설이 없는 것이기 때문에 그 해답을 기대해서 한 말은 아니며, 다만 평자의 느낌을 적어 놓은 것뿐이라는 점을 첨기해 둔다).

한국사를 연구하는 데 필요한 기초적인 참고서들이 아직 두루 갖추어져 있지 못하다는 것은 우리 학계의 한 결함이라고 할 수가 있다. 역사지도가 없다는 것도 그러한 결함 중의 하나이다. 그런 속에서 이 『한국고고학지도』는 너무도 훌륭하게 된 역사지도가 아닌가 싶다. 최초로 작성된 것이란 점을 감안한다면 더욱 그러하다. 물론 몇 가지 이러했더라면 더 좋았을 것을 하는 점들이 없는 것은 아니지만, 그것은 사소한 일에 속한다. 이 『한국고고학지도』가 나왔다는 사실 자체가 우선 의미가 크다고 생각한다. 이와 비슷한 역사지도가 많이 만들어졌으면 하는 희망을 끝으로 적어 두고 싶다.

〈『역사학보』 108, 1985년 12월〉

『경복궁야화(景福宮夜話)』

김재원(金載元) 저

탐구당, 1991. 4

　해방 후 우리 나라 초대 국립박물관장을 지낸 김재원 박사의 박물관 재직시 회고록인 『경복궁야화』가 출판되었다. 원래 『박물관신문』에 4년에 걸쳐 연재되었던 것인데, 저자 자신이 이런 형태로 출판하기를 원하여 「서문」까지 적어 두었던 것이다. 그러나 생전에 미처 뜻을 이루지 못하고 세상을 뜬 후 저자의 뒤를 이어 우리나라 미술사를 전공하는 장녀 김리나(金理那) 교수의 노력으로 저자가 별세한 지 만 1년이 되는 날 세상에 빛을 보게 되어 감회가 새롭다.

　저자는 해방 뒤에 자진하여 박물관장의 일을 맡았었다. 저자 자신도 적고 있듯이 독일 박사학위의 명함을 내놓으면 보다 좋은 자리에서 영달도 하였을 텐데 저자는 굳이 박물관장 직을 택하여 정년퇴직할 때까지 25년간을 그 자리에서 봉직하였다. 그러므로 이 관장 시절의 회고담은 그대로 우리나라 박물관의 역사인 셈이다. 당시 국립박물관은 우리나라 고고학과 미술사 연구의 총본산이다시피 하였으므로, 이는 동시에 우리나라 고고학사 · 미술사학사의 산 자료이기도 하다. 그러므로 이 책은 단순한 한 사람의 개인적인 이야기 이상의 가치를 지니고 있다.

사실 이 책을 읽어 가노라면 저자가 아니면 전해 주지 못했을 이야기들이 많다는 것을 곧 알게 된다. 해방 직후의 혼란기에 박물관을 '접수'하던 이야기, 경복궁 안에 미군의 간이병사 건축에 반대하다가 견책장을 받던 이야기, 더구나 6·25의 전란 중에 우리의 문화재를 보호해야 할 막중한 책임을 감당해 가던 이야기, 이러한 이야기들을 마치 무용담을 적듯이 이야기해 나가고 있다. 그밖에 우리 문화재의 해외전시에 관한 이야기도 상세히 적어 놓아서 우리의 구미를 돋우어 주고 있다.

공공기관의 공식 보고서나 기록은 별로 흥미로울 것이 없다. 그러나 그 공식기록의 뒤에 숨은 이야기는 대개 흥미가 있을뿐더러 사실의 진상을 잘 알게도 한다. 정치계의 뒷이야기나 외교 비화 같은 것이 또한 그러하다. 학문에 있어서도 이는 별로 다름이 없다. 『경복궁야화』는 바로 박물관의 뒷이야기들이며 그런 만큼 누구에게나 흥미를 끌게 한다.

흔히 글은 그 사람의 인품을 나타낸다고들 한다. 이 책을 읽어 가노라면 저자인 김재원 박사를 대면하고 이야기를 듣는 것 같은 느낌을 갖게 한다. 저자의 꾸밈없는 솔직한 이야기가 그러한 실감을 더해 주는 것이다. 저자의 글을 반드시 미문(美文)이라고는 할 수 없지만 그러나 저자의 하고자 하는 뜻을 명쾌하게 전하여 준다는 뜻에서 좋은 글이라고 할 수가 있지 않을까 싶다. 한번 읽기 시작하면 다음 이야기가 궁금하여 손을 놓기가 힘들게 된다.

〈『한국일보』, 1991년 4월 23일〉

『한국중세사회연구』

이우성(李佑成) 저

일조각, 1991. 7

이즈음은 주변에서 별로 유쾌하고 즐거운 소식을 전해 듣지 못하고 살아가고 있다. 오히려 답답하고 슬픈 소식만을 듣고 살아가는 편이다. 그런 중에서 이우성 교수의 『한국중세사회연구』가 간행되었다는 소식은 오랜만에 듣는 기쁜 소식이다.

사실 이 책의 간행을 고대해온 지가 무척 오래다. 어쩌면 20년은 되지나 않을까도 싶다. 그 긴 세월을 기다리며 재촉을 해도 소식이 없기에 거의 단념하다시피 했는데, 뒤늦게나마 이렇게 간행이 되어 나오니 반갑다고 아니할 수가 없다. 이 책의 서평을 쓸 자격을 갖추고 있는지 어떤지는 모르겠으나, 그 반가운 느낌을 나타내기 위하여 기꺼이 펜을 들기로 했다.

학문은 물론 진리를 탐구하는 데 그 목적이 있다. 그러므로 학자는 진리를 밝히는 것으로써 그 임무가 끝난다고 할 수도 있다. 그러나 밝혀진 진리는 학계가 이를 공유하도록 배려해야 한다는 것이 평자의 생각이다. 그러자면 천상 학술지에 발표를 해야 하고, 또 이렇게 개별적으로 발표된 논문들을 묶어서 단행본으로 간행해야 하는 것이 학자로서의 도리라고 믿는다. 그런 의미에서 뒤늦게나마 저자가 이 책을 엮어서 우리 학계에 내어준 것을 환영하는 것이다.

　해방 후의 한국사학에서 특히 활기를 띤 몇 가지 분야가 있었지만, 그중의 하나가 고려시대사 연구였다. 그리고 이 고려시대사 연구에 신선한 활력을 불어넣어준 장본인이 바로 이 교수였고, 이 책은 그 성과인 것이다. 비록 저자의 견해에 모두 찬성하지는 않더라도, 우리의 고려사연구가 이 책에 실린 연구성과의 영향하에서 자라 왔다고 할 수가 있다. 저자 자신은 "그동안 국내외 동학 및 후배들에 의해 인용 섭취된 나머지 빈 쭉정이가 되어 버린 듯"(「서문」)하다고 하였다. 그러나 평자의 입장에서 본다면, 고려사연구의 풍성한 열매를 맺게 한 씨앗이 되었다고 하는 게 옳다고 생각한다.

　그런데 이 사실을 세상은 별로 알아주는 것 같지가 않다. 우리나라의 어느 분야에서나 그저 자기만이 잘났다고 하는 것이 풍조같이 되어 있다고는 하지만, 학문을 하는 세계에서조차 그래서야 쓰겠는가 하는 생각이 들지 않을 수 없다. 평자의 지나친 억측인지는 모르지만, 어쩌면 위의 인용문은 저자의 그런 기분을 나타낸 것인지도 모르겠다는 생각이 든다. 그러나 그런 야박한 자들을 상대로 할 필요가 없다. 아는 사람은 알고 있는 것이다. 그리고 바로 이 점이 중요하다.

　저자의 연구가 신선감을 던져준 것은 무엇보다도 그 주제의 선택에서 오는 것이다. 저자 스스로 '인간 중심의 역사'(「서문」)를 파악해 보려고 하였다고 했지만, 고려시대에 살아 움직이던 인간들의 실상이 저자에 의하여 하나하나 다루어지고 있는 것이다. 특히 이 책의 제2부 「사회제계층(諸階層)의 동향」에 실린 논문들이 그러하다.

　이 책에서 다루어지고 있는 인간─계층·집단으로서의 인간─을 보면 양반(귀족)·향리(鄕吏)·군인·백성(百姓)·한인(閑人)·백정(白丁)·이(吏)·부곡민(部曲民)·호족(豪族)·사대부(士大夫) 등 실로 다양하다. 이들 인간집단에 대한 저자의 연구성과에 대하여도 반드시 모든 학자들이 이에 추종하고 있지는 않다. 가령 백성·한인·백정 등에 대하여는 의견을 달리하는 사람들이 있다. 평자만 하더라도 군인에 대하여는 저자와 의견을 달리하고 있다. 그러나 저자는 고려사회를 구성하는 중요한 인간집단을 광범위하게 다룸으로써, 고려의 사회적 구성을 보다 실감 있게 이해할 수 있게끔 길을 열어 주는 선구적 역할을 한 것이다.

최근의 연구경향을 의식한 듯이, 저자는 "역사의 전개과정은 너무나 다양한 움직임을 보이고 있으므로, 두 개의 계급의 대립관계만으로 단순화시켜서는 역사의 움직임을 구체적으로 파악할 수가 없다. 이에 여기 각계각층에 속하는 집단적 인간들의 위치와 성격을 그 구조로부터 분석하고, 다시 이 구조론적 분석에서 한 걸음 나아가 그 역사적 활동을 전진적 방향에서 부각시키려고 하였다"(「서문」)라고 하였다. 평자는 바로 이러한 저자의 의도가 학계에 새로운 활력을 불어넣는 역할을 해왔다고 생각하는 것이다.

특히 사대부와 부곡민에 대한 연구는 저자의 인간집단에 대한 연구 중에서도 두드러진 부분이다. 사대부에 대한 연구는 고려로부터 조선으로의 시대적 변화를 그 지배층의 변화 속에서 파악하려고 한 참신한 제안이었다. 실은 이에 대해서는 조선시대의 저명한 양반가문이 고려 후기의 향리층에서 유래한다는 연구가 있었으나, 역사학회에서의 구두 발표에 그치고 활자화되지 못한 것을 평자는 늘 유감으로 생각해 오고 있다. 평자가 서튼 개설서를 쓰면서 이 시기를 '사대부의 등장' 시기로 규정한 것은 전적으로 저자의 의견에 힘입은 것이었다.

또 부곡민이 천민이었다는 종래의 통설에 비판을 가한 것도 저자의 연구가 시초였다. 오늘날 연구의 대세는 이 저자의 의견으로 기울고 있는데, 그러므로 이 연구는 부곡연구의 방향을 바꾸어 놓은 것이라고 할 수 있다.

저자의 인간집단에 관한 고찰은 그들의 경제적 토대로서의 토지소유형태에 대한 고찰을 곁들임으로 해서 학계의 관심을 더욱 크게 하였다. 저자는 3부로 나뉜 이 책의 제1부를 「토지소유」라고 하였다. 물론 여기에 실린 두 편의 논문은 일제 관학자들의 토지국유제설을 비판하고, 토지사유제의 존재를 증명하려고 했다는 점에서 공통점을 지니고 있다. 이 점도 사학사적으로 커다란 중요성을 지닌다. 그러나 이들 논문의 중요성은 여기에 그치는 것이 아니다. 바로 그 사유지의 소유자들의 향방을 이 사유지와 연결지어 보고 있는 점이야말로 이 논문의 핵심이 되는 부분이라고 평자는 믿고 있다.

아마 저자의 공전(公田)·사전(私田)에 대한 견해에는 찬성하지 않는 학자들도 있을 것이다. 사실 공전·사전은 경우에 따라서, 또 시대에 따라서 그 용례가 달라지는 듯하므로, 그 실체를 알기가 힘들다. 그러나 공전이냐 사전이냐 하는 문제보다는 국유지냐 사유지냐 하는 문제가 고려의 토지제도를 이해하는 데 보다 핵심적인 문제가 아닌가 하는 생각이다. 그리고 이 책의 저자는 그 핵심문제를 풀어 나가고 있는 것이다. 그리고 그것이 고려의 사회를 이해하는 데 실질적인 공헌을 하고 있다. 말할 것도 없이 우리가 알고 싶은 것은 빈 껍데기가 아닌 속 알맹이인 것이다.

저자는 인간집단을 경제적인 측면에서만이 아니라 그들의 의식세계와의 관계에서도 파악하려고 하였다. 이 책의 제3부 「설화와 문학」에 실린 논문들이 그것인데, 처용(處容)설화에 대한 분석은 좀 색다른 것이지만, 나머지 셋은 크게 보면 고려 후기 사대부의 생활세계 및 의식세계를 다룬 것이다. 실은 이러한 문학사적 내지 사상사적 연구는 저자의 장기에 속한다고 할 수가 있는데, 이와 관련되는 논문들이 저자의 『한국의 역사상(歷史像)』에도 실려 있다.

이리하여 저자는 역사를 평면적이 아니라 입체적으로 재구성했다고 할 수가 있다.

저자는 서문에서 이 책에서 의도한 바를 "어떠한 집단적 인간들이 어떠한 사회체제 속에 살아가면서 그 체제를 어떻게 수용, 어떻게 저항했으며, 어떻게 변혁시켜 나갔는가, 그리고 무엇에 기뻐하고 무엇에 고통받았던가를 나름대로 체득하고 서술해 보려고 노력한 것"이라고 말하고 있다. 이러한 저자의 의도가 여기에 수록된 논문들의 구석구석마다 스며 있다. 그러면서도 어느 부분에서도 비약이 없고, 논리적으로 이야기를 전개해 나가고 있다. 아마 명석한 사료 분석과 철저한 논리적 전개는 이 저서가 지니는 큰 특징의 하나일 것으로 믿는다. 그리고 그것은 이 저서의 가치를 보증해 주는 것이기도 하다.

해방 후의 고려사연구에 새 방향을 제시한 저자의 논문들이 뒤늦게나마 한 권의 책으로 묶여서 제시된 것을 기뻐한 나머지, 몇 마디 말로 소개의 글을 적는 바이다.

〈『신동아』, 1991년 9월호〉

『실시학사산고(實是學舍散藁)』, 『한국 고전의 발견』, 『신라사산비명(新羅四山碑銘)』

이우성(李佑成) 저

창작과비평사, 1995. 5 · 한길사, 1995. 5 · 아세아문화사, 1995. 5

저자 이우성(李佑成) 교수는 지난해(1995)로 만 70세가 되었다. 그의 고희를 기념하는 뜻을 담아서, 제자들의 권고로 위의 세 권의 책을 엮어 냈다. 이에 더하여 저자의 오랜 노력으로 이루어진 『서벽외사 해외수일본총서(栖碧外史 海外蒐佚本叢書)』 83종 76책이 완간되었다. 이들은 모두 우리가 오랫동안 기다리던 것들이어서 우선 책을 대하는 기쁨이 크다. 이 간행을 축하하는 모임을 제자들이 마련한 것은, 고희를 축하하는 뜻도 겸해 있어서, 경하해 마지않는 일이다.

저자에게는 이미 『한국의 역사상(歷史像)』과 『한국중세사회연구』의 두 저서가 있다. 전자는 사론적인 성격을 띤 것이고, 후자는 전문적인 연구논문집이다. 모두 우리 학계에서 높은 평가를 받은 저서들이다. 그런데 이번에 출판된 세 책은, 『실시학사산고』가 『한국의 역사상』을 이은 것이긴 하지만, 저자 자신이 출판기념회 석상에서 스스로 밝힌 바와 같이 우리 고전에 관한 것이 주가 되고 있다. 이 점에서, 저자가 그동안 노력해온 또 하나의 면을 저서의 형태로 대하게 된 셈이다.

　고전이라는 측면에서 본다면, 위의 세 책 중에서 우선 『한국 고전의 발견』을 주목하지 않을 수 없다. 저자는 1960년대부터 우리 고전의 간행에 많은 힘을 기울이면서, 그 해제를 쓴 것이 수십 편에 이르게 되었는데, 그 해제들을 모은 것이 『한국 고전의 발견』이다.

　여기에 수록된 고전 40편 중에는 『치평요람(治平要覽)』이나 『동사강목(東史綱目)』 같은 것이 있기는 하지만, 그 대부분이 개인 문집들로 이루어져 있다. 이에 대해서는 저자 자신이 "특히 경사자집(經史子集) 가운데 지금껏 손이 미치지 못했던 집부(集部)에 많은 비중을 두어, 그동안의 학계의 결함이 상당 부분 메워질 것으로 믿는다"고 말하고 있다(p.9). 이같이 문집에 대하여 특히 관심을 가진 것은, 저자가 원래 어려서부터 문집에 친숙해 있었다는 것에도 말미암을 것이다. 그러나 그것보다도 문집에 나타난 선인들의 숨결에 귀를 기울이는 저자의 마음 자세에 더 원인이 있었을 것이다. 문집이란 결국 개인의 사상이 문자로 구체화한 것이다. 그러므로 거기에서는 살아 있는 인간의 숨결을 가장 잘 느낄 수가 있다. 가령 『이상국집(李相國集)』의 해제에서 저자 이규보(李奎報)를 언급하며,

　그는 당시 국내 정정(政情)의 불안동요와 요·금 이래의 비굴한 외교관계하에 살아가면서, 자기 자신의 개인적 불우가 겹쳤을 때, 그의 타고난 방달(放達)한 안광과 초예(超睿)한 두뇌와 반발적인 체질은 현실에의 충동과 문학에의 침잠을 통하여 시대의 갱신을 체득하고, 민족의 맥박에 심호흡을 가했던 것이다. 그의 역사적

명작인 「동명왕편」은 바로 이 시기의 소득이었다(p.16).

라고 말하고 있다. 또 『명남루전집(明南樓全集)』에 대한 해제에서는, 저자 혜
강(惠岡) 최한기(崔漢綺)에 대해 다음과 같이 언급하였다.

혜강의 학문은 시민적 입장에 한걸음 더 다가선 실학(實學)이다. 다산(茶山)을 마
지막으로 한 선행 실학자들의 사상을 계승하면서 그것을 더욱 전진적으로 전개시
켜 다음에 올 개화사상에 연결시키는 교량적 역할을 수행했던 것이다. '실학사상
과 개화사상의 가교자', 이것이 혜강의 사상사적 위치인 것이다(p.430).

이와 같으므로, 이 책은 단순한 고전의 해설집이 아니다. 저자는 그들 고전
에 나타난 선인들의 사상을 통해서 우리 역사의 새로운 면을 발견한 것이다.
이러한 점에 대하여 저자 자신이 서문에서 다음과 같이 말하고 있다.

옛 책이라고 하여 다 고전이 아니다. 역사를 통하여 여과된 고전만이 고전이다.
고전이라고 하여 모든 것이 누구에게나 다 좋은 것이 아니다. 읽는 사람의 눈을 통
하여 가슴에 와 닿을 때에 비로소 고전의 값을 하는 것이다. 그것은 독자에 의한 고
전의 발견이다. 이 책에 수록된 글들은 내 나름대로의 '고전의 발견'을 적어둔 것
이다(p.9).

모든 전통문화가 그러한 것과 마찬가지로, 고전도 시대에 따라 그 가치와
의의가 새로이 발견될 수 있다. 역사를 보는 시각이 새로워지면 고전을 보는
시각도 새로워질 수밖에 없다. 저자는 그러한 의미에서 우리 고전들의 새로
운 의미를 발견하려고 노력해온 것이고, 그 산물이 『한국 고전의 발견』이라
고 하겠다. 그러면 저자가 우리 고전을 보는 시각은 어떤 것인가. 아마도 그

것은 '근대적 예지(叡智)'였다고 봄이 옳지 않을까 싶다. 저자는 서문에서 다음과 같이 말하고 있다.

고전을 통해 우리 조상들의 고상하고도 진지한 정신유산을 이어받지 못한 채, 온 세상이 오직 타산적인 실리주의와 현란한 시청각 문화 속에 경조부박한 사고와 행동을 날로 확산시켜 사회의 위기를 양성하고 있다. 세계화의 외침 속에 우리는 자칫 뿌리 없는 문화로서 바람부는 대로 물결치는 대로 남을 따라 춤추는 격이 되어, 나중에 자기상실로 남는 것이 아무 것도 없게 되지나 않을까 우려되기도 한다. …… 중세와 현대의 의식의 혼류 속에 제대로 방향을 정립하지 못하고 있는 것이다. 이러한 때에 있어서 우리는 근대적 예지와 고전적 교양을 한층 더 요구하는 것이다(pp.7~8).

저자는 서문의 맨 첫머리에서도 "근대적 예지와 고전적 교양을 겸비한" 학자·지식인이 요망된다는 말을 하고 있다. 그런데 근대적 예지와 고전적 교양은 두 개의 개념으로서 병렬적으로 서술되고 있다. 그러나 평자로 하여금 추측을 가하게 한다면, 고전적 교양은 근대적 예지에 의하여 비로소 빛을 발한다고 믿는 저자의 뜻이 담겨져 있는 게 아닌가 한다. 그리고 이로써 고전의 새로운 발견이 가능하다는 것을 말한다고 생각한다.

고전이란 결국 역사적 산물인 것이다. 역사와 유리된 고전이란 있을 수가 없다. 그런데 역사의 흐름 속에서 그 고전이 어떠한 위치를 차지하고 있는가 하는 것이 문제가 된다. 만일 어떤 저술이 역사의 흐름과 역행하는 구실을 했다면, 그것은 고전으로서의 값을 지니지 못할 것이다. 역사의 흐름을 앞으로 전진시키는 구실을 담당한 저술이야말로 고전으로서의 값을 지닌다고 평가될 것이다. 물론 어떠한 저술이라 하더라도 역사적 자료로서 필요하긴 하다.

그러나 그 정신을 이어받아야 할 고전은 역사를 앞으로 전진시킨 것일 수밖에 없다. 그러한 분별력을 '근대적 예지'라고 봐도 좋지 않을까 하는 것이 평자의 짐작이다. 우리가 이어받아야 할 정신유산이라고 저자가 말한 고전은 바로 근대적 예지에 의해서 우리 역사를 전진시킨 저술이라고 판단된 것들일 터이다. 그러한 고전에는 창조적 정신이 담겨 있으므로, 비록 그 고전에 나타난 구체적 사상체계 자체는 수용할 수 없는 경우에라도, 그 고전은 오늘의 우리에게 생명력을 불어넣어 주는 구실을 하는 것이다. 따라서 때로는 그들 고전이 저술되던 당시에는 무시되던 것이라도, 오늘의 우리에겐 새로운 가치가 있을 수 있다. 저자가 말한 고전의 '발견'은 바로 이러한 성질의 것이라고 생각된다.

여기에 덧붙여서 『서벽외사 해외수일본총서』에 대하여 잠깐 언급해 두고자 한다. 이 총서는 서벽외사 즉 저자가 일본 · 미국 등지로 유출되어 국내에서는 볼 수 없는 우리의 고전 83종을 수집하여 76책으로 묶어서 간행한 것이다. 그러므로 이것은 저술이 아니라 편집이다. 그러나 실로 20여 년에 걸친 많은 노력의 결과로 이루어진 것이다. 그런데 평자가 보기에 이것은 노력만으로는 이루어지기가 힘든 것이다. 우선 고전의 내용을 숙지하고 있어야 하며, 또 그것이 국내에 보존되어 있는지 없는지를 알고 있어야 한다. 이러한 예비지식은 누구나가 갖추고 있는 것이 아니다. 저자와 같이 전적(典籍)에 대한 해박한 지식을 갖고 있지 않고는 불가능한 일이다. 이제 저자의 노력으로 인해서 잃었던 옛 전적들이 다시 햇빛을 보게 되었다. 말하자면 우리는 잃었던 자식을 되찾는 것과 같은 기쁨을 맛보게 된 것이다.

최치원(崔致遠)이 지은 『신라사산비명(新羅四山碑銘)』의 교역(校譯)은 저자가 우리 고전에 대한 또 다른 방향에서의 접근을 시도한 것이다. 사산비명은 신라 말기에 활약하던 세 선승(禪僧), 즉 진감선사(眞鑑禪師)·낭혜화상(朗慧和尙)·지증대사(智證大師)의 비명(碑銘)과 숭복사(崇福寺) 비명을 합하여 말하는 것이다. 이 넷이 한데 묶여서 흔히 '사산비명'이라 일컬어져온 것인데, 그 밖에도 '사갈(四碣)', '계원유향(桂苑遺香)' 등 여러 이름으로 전해져 왔다. 그런데 워낙 난해한 한문으로 된 그 문장의 해독이 어려워서 제대로 내용을 파악하기가 힘들고, 따라서 학문적으로 활용된 경우가 그리 많지 않았다. 그런데 저자는 숭복사 비명에 나오는 다음 문장, 즉

왕릉을 이룩함에 있어서는 비록 왕토(王土)라고는 하지만 또한 공전(公田)이 아니어서, 이에 무덤 주변을 일괄해서 모두 후한 값으로 구하여 산판 100여 결(結)을 사서 보태었는데, 값으로 치른 벼가 모두 2천 섬이었다(p.360).

라는 대목에 주목하여 왕토사상이란 것은 실상 관념적인 것이고, 우리나라 옛날에도 엄연히 토지사유제(土地私有制)가 있었음을 증명하였다(「신라시대의 왕토사상과 공전」,『한국중세사회연구』수록). 이 논문이 우리나라 토지제도가 국유제(國有制)였다는 일본 학자들의 주장을 깨뜨리는 결정적 구실을 하였음은 다 아는 사실이다. 이 같은 인연도 있어서, 저자는 일찍부터 이 사산비명에 깊은 관심을 가지고 연구를 진행해 왔다. 그 성과가 이 책으로 구체화된 것이다. 오랜 세월을 거쳐 출판에 이르기까지의 과정은 저자의 서문에 자세하므로 여기서 되풀이할 필요를 느끼지 않지만, 이 책은 다음과 같은 세 부분으로 구성되어 있다.

첫째 부분은 원문(原文)의 교감이다. 숭복사비를 제외한 다른 세 비석이 남아 있기는 하지만 더러 파손되거나 파멸된 곳이 있어서, 그것만으로는 완전한 복원이 불가능하다. 따라서 다른 간본(刊本)·사본(寫本)과 대조해서 보충

해야 한다. 우리는 당연히 탑본(搨本)을 기준으로 하고 그 부족한 것을 간본·사본으로 보충하면 족하다고 생각해 왔다. 그런데 저자는 비면에 새겨진 원문에도 잘못이 있음을 지적하고 있다. 이것은 저자의 말대로 '놀라운' 일이다. 이리하여 실로 한 자 한 자를 소홀히 하지 않는 대조와 검토를 통해서 정확한 원문을 복원하려고 하였다. 이것은 한문에 조예가 깊은 사람이 인내심을 갖고 작업을 하지 않고는 이루기 힘든 것이다. 이로써 가장 신용할 수 있는 사산비명의 원문을 대할 수가 있게 된 셈이다.

  가령 진감선사는 최씨(崔氏)였는데, 그의 출신지가 탑본에는 '夆□□馬人也'로 되어 두 자가 보이지 않는다. 그런데 저자는 다른 자료를 참고하여 보이지 않는 두 글자를 '州金'으로 복원하였다(p.7). 이것은 진감선사가 익산(益山) 지방 출신이라는 것을 말해준다. 익산은 고구려가 망한 뒤에 안승(安勝)이 와서 고구려의 명맥을 계승했던 곳이다. 그러므로 진감선사의 조상이 그러한 사실과 연관이 있었음을 말해 준다고 하겠다. 또 탑본에는 '至止'로 되어 있는 것을 다른 사본 등을 따라서 '至此'로 하였다(p.15). 이것은 탑본의 잘못을 교정한 하나의 예이다. 자기 의도와는 달리 글을 잘못 써본 경험은 누구나 가지고 있는 터이므로, 이 같은 지적에 공감하는 분들이 많을 것이라 생각한다. 그러나 이 같은 시도는 최대한 탑본을 존중하는 입장에서 행해져야 하리라고 생각한다. 예컨대 탑본에는 '知異山'으로 되어 있는 것을 '智異山'으로 고쳐 놓은 것은(p.12) 잘 납득이 가지 않는다. 당시에는 '知異山'으로 쓰는 경우가 있었을 수 있다는 사실을 무시해 버리는 잘못을 저지르지나 않을까 하는 염려 때문이다. 그러나 저자는 다른 이자(異字)를 모두 주(註)에 적어 놓고 그 이유를 설명해 두었기 때문에, 이를 이용하는 사람에게는 큰 불편이 없다고 하겠다. 어떻든 이제 정성 들인 원문의 복원을 대하게 된 셈이다. 탑본은 물론 모든 간본·사본과 대조한 결과가 주기(註記)되어 있으므로, 우리들로

하여금 이 책 저 책을 번거롭게 뒤져서 대조하지 않아도 되게 되었다.

둘째 부분은 주석(註釋)이다. 전해오는 10여 종의 간본·사본에 들어 있는 것을 모두 종합하고, 일일이 그 출처를 주기해 놓았다. 뿐만 아니라 저자의 신주(新註)를 달아서 부족한 것을 보충하고 틀린 것을 수정하였다.

셋째 부분은 번역이다. 한문 번역이란 결코 쉬운 일이 아닌데, 이 번역은 정확성을 보장받았다고 해도 좋을 것이다.

평자의 욕심을 말한다면, 위의 세 부분을 통합해 놓았더라면 더 좋았지 않았나 하는 것이다. 물론 일장일단이 있기는 하다. 원문이나 주석이나 번역의 어느 하나만을 참고하고 싶을 때가 있다. 그럴 때에 이 책은 편리하다. 한편 원문과 주석과 번역을 동시에 함께 찾아보고 싶을 때도 있다. 어쩌면 이럴 경우가 더 많은지 모르겠다. 그럴 경우에 이 책은 세 군데를 다 뒤져봐야 하는 불편이 있다. 그러나 이것은 필시 평자의 지나친 욕심일 것이다. 현재의 성과도 실로 많은 학자들의 오랜 동안의 협조를 얻어서 비로소 가능했던 번잡하고 괴로운 작업의 결과이다. 4학기에 걸친 대학원의 강의와 여러 날에 걸친 합숙작업을 거쳤다. 그러고도 저자의 마지막 마무리 작업이 수월치 않았을 것임은 경험이 있는 사람은 다 알고 있다. 이제 이 난삽하기로 유명한 사산비명을 우리는 쉽게 이용할 수가 있게 된 것이다.

『실시학사산고』는 1982년에 간행된 『한국의 역사상』을 계승한 것이다. 그러면서도 약간 다른 점이 있다. 이 책의 제1부 논설은 바로 『한국의 역사상』의 후속편인 데 비해서 제2부의 「서(序)」·「기(記)」, 제3부의 「비문(碑文)」, 제4부의 「잡문」은 『한국의 역사상』에는 없던 부분이다. 저자 자신이 출판기념회에서 밝힌 바에 의하면, 논설만을 책으로 엮기를 원했다고 한다. 평자도 그편이 좋았지 않았을까 하는 생각이다. 그러나 저자의 고희를 맞은 기념으로 출판하는 것이라서, 옛날 문집의 형식을 빌려 다른 글들도 합하여 한 책으로 묶도록 하자는 권고를 받아들여, 지금과 같은 체재를 갖추게 된 듯하다.

저자는 「서문」에서 "제1부 논설은 한두 가지 외엔 모두 내가 평소에 존경하는 선현·선학들의 학문과 업적을 다룬 것이다"라고 하였다. 원래 역사를 인간 중심으로 보기를 원하는 저자로서는 이것은 지극히 자연스러운 일일는지 모르겠다. 그런데 원래 저자가 말한 인간이란 개인이 아니라 "사회를 구성하는 계층·집단으로서의 인간"을 말하는 것이었다(「서문」, 『한국중세사회연구』). 『한국중세사회연구』는 그러한 방법론으로 고려사회를 분석한 연구서이다. 절제된 문장과 정연한 논리로 일관된 논문들은, 균형이 잡힌 아름다운 조형예술품을 대하는 것 같은 인상을 준다. 그리고 그 내용은 한국사의 큰 줄기를 이해하는 데 크게 이바지하였다. 이 연구성과가 해방 후의 한국사학에 커다란 공헌을 한 사실은 학계가 공인하고 있는 바다. 이러한 경향은 이 책 속에서 중인(中人)의 성령론(性靈論)을 논한 글에도 잘 반영되어 있다.

그러나 이번 책에 실린 논설의 대부분은 개인에 관한 것이다. 그것도 저자가 평소에 존경하던 선현·선학들의 학문과 업적을 다룬 것이다. 개인의 학문과 업적은 대체로 문집에 반영되는 경우가 많았으므로, 그런 면에서는 이 책도 고전과 깊은 관계를 지니고 있다고 하겠다. 그런데 역사적으로 개인을 평가하는 기준을 어디에 두어야 하는가 하는 문제는 하나의 큰 과제이다. 앞서 고전에 대한 평가와 관련해서 이야기한 바와 같이, 역사발전의 큰 흐름 속의 한 시점에서 역사를 앞으로 전진시키는 구실을 했는가 혹은 뒤로 후퇴시키는 구실을 했는가에 따라서 개인에 대한 평가가 이루어진다고 생각한다. 이러한 관점은 앞서 저자가 말한 '근대적 예지'일 수 있다는 것이 평자의 짐작이다.

가령 저자는 퇴계(退溪)를 논하면서 다음과 같이 향약(鄕約)에서의 향좌(鄕

坐) 문제에 특히 관심을 쏟고 있다.

퇴계는 이조중세의 신분제사회의 하이어아키적 성격을 부정한 발언을 남긴 적이 없으며, 또 그의 철학의 근본 지향이 근대 평등주의에 바로 연결된다고 하는 것도 무리이다. 그럼에도 불구하고 그는 향좌 문제에 있어서 명백히 귀천의 신분을 넘어 인간 그것의 연륜에 가치를 부여하였다(p.85).

이 같은 관심의 시각이 저자의 근대적 예지와 관계가 있다고 하면 이것은 평자의 지나친 해석이 되는 것일까. 실학자에 대한 저자의 관심은 더욱 이러한 경향을 잘 나타내 주고 있다. 가령 성호(星湖) 이익(李瀷)에 대해서,

"성인(聖人)도 마찬가지로 인간이다"라는 성호의 한마디는 한 시대의 몽매를 계도하기에 충분한 말로서 평범한 언사가 아니다. 이것은 공자(孔子)를 신성(神聖)의 세계로부터 인간의 세계로 끌어내리고, 절대적인 지위로부터 상대적 지위로 바꾸어 놓은 것이다. 이로써 공자는 신앙의 대상으로 될 뿐 아니라 연구와 논평의 대상으로도 되게 되었다(p.144).

라고 한 것이라든가, 또 최한기(崔漢綺)를 논하면서,

최한기의 사회관―사·농·공·상 등 사회 제계층에 대한 관점 속에는 19세기 중엽의 우리나라 농·공·상 계층의 경제적·사회적 성장이 반영되어 있다. 농보다도 공·상에 대해 더 많은 기대를 가진 최한기의 생각은 그 자신의 도시적 생활에서 오는 것이기도 하지만, 역시 당시의 우리나라 현실의 투영으로 보아야 할 것 같다(p.230).

라고 한 것도 그러하다. 이 같은 인용문들은 저자가 새로운 관점에서 역사상의 인물들을 보려고 한 것을 나타내 준다. 저자는 가끔 양반사회의 전통적 인연에 얽매이는 듯한 점을 나타내 보이기는 한다. 그러나 기본적인 저자의 입장은 명백하게 제시되고 있다. 이 점을 평자는 높이 평가하고자 하는 것이다.

저자는 이제 고희를 넘기었다. "요즘 칠십이라면 노인 축에 들지도 못하지만"이라고 저자는 말하고 있으나(「서문」, 『실시학사산고』), 아마 실제로는 신체적인 불편을 느끼지 않을 수 없을 것이다. 게다가 지병이 있어서 장편 논문을 쓰기가 힘겹다고 고백하고 있다(「서문」, 『한국의 역사상』). 연령상으로나 건강상으로나 저자와 비슷한 상황에 있는 평자로서는 저자의 그러한 처지가 남의 일 같지가 않게 느껴진다.

이러한 경우에는 되도록이면 불필요한 인연의 고리를 끊는 것이 필요하다고 생각한다. 그리고 글을 아껴서 필요한 최소한도에 국한할 필요가 있다. 그러나 「나의 독서편력」 같은 것은 얼마나 유익한 글인가. 그것은 저자 개인을 이해하는 데 필요할 뿐 아니라, 암울했던 일제시대의 한 면을 보여 주는 산 증언이기도 하다. 그래서 말이지만, 무언가 저자에게 글쓰기를 주문하라고 한다면, 평자는 자서전을 쓰라고 권하고 싶다. 그것은 고전적 교양과 근대적 예지, 혹은 좀 더 뜻을 넓혀서 평자 식으로 표현을 바꾸어 말한다면, 민족에 대한 사랑과 진리에 대한 믿음, 이 둘 사이에 가로놓인 여러 문제들을 조화시키려고 노력하며 살아온 한 인간의 고뇌의 기록일 것이기 때문이다. 그리고 그것은 이 시대에 대한 하나의 증언으로서 길이 생명을 지닐 것이기 때문이다.

〈『창작과 비평』 91, 1996년 봄호〉

『조선후기 사회경제사의 연구』

송찬식(宋贊植) 저

일조각, 1997.1

세월의 흐름을 화살 같다고들 한다. 실로 그 말이 맞는가 보다. 저자 송찬식 교수가 우리와 유명을 달리한 지가 벌써 13년이 된다고 한다. 송 교수를 대하고 대화를 나눈 것이 어제와 같고, 그의 너그러운 웃음소리가 귀에 아직도 익은데, 어느덧 13년의 세월이 흐른 것이다.

송 교수와 평자는 같이 간염에 시달리는 처지였다. 그러므로 만나서 혈색이 좋으면 서로 기뻐했고, 그렇지가 못하면 서로 조심하기를 부탁했었다. 그런데 별로 쓸모가 없는 평자는 아직도 살아서 남에게 폐를 끼치고 있건만, 살아서 해야 할 일이 많던 송 교수는 세상을 떠나고 없으니, 이 무슨 잘못된 장난인가 싶다. 간이 나쁘면 의사들은 으레 과로하지 말고 쉬라고 한다. 육체적으로 피곤한 것도 나쁘지만 정신적으로 피곤한 것이 더 나쁘다. 그러므로 손에서 책을 놓고 쉬어야 하는 것이다. 그런데 송 교수는 세상을 뜨는 순간까지 책을 가져오라고 하였다. 아마도 그것이 송 교수의 생명을 단축시킨 원인이었을 것이다.

송 교수는 세상을 뜨는 순간까지 공부하고 싶던 것들이 그렇게 많았다. 그러니 그 풀지 못한 여러 문제들, 또 이미 머릿속에서 풀려 있지만 문자화하지 못한 여러 과제들을 가슴에 안고 가는 송 교수의 마음은 얼마나 답답했겠는가. 생각하면 할수록 가슴이 저려오는 일이다.

저자인 송 교수는 오늘의 한국사학자들이 갖추지 못한 많은 장점을 지니고 있었다. 본서의 「서문」에서 대학 시절에 송 교수를 지도했던 한우근(韓㳓劤) 선생은 그가 재(才)·학(學)·식(識)의 3장(三長)을 갖추었다고 하였다. 동감이 가는 말이다. 송 교수는 두뇌가 명석하고, 식견이 높은 데다가 또한 한문에 능통하여서 호한한 근본사료들을 누구보다도 많이 섭렵하였다. 대부분 한문으로 된 근본사료들을 '소설 읽듯이'(「서문」) 읽었다는 송 교수는 늘 많은 새로운 문제점을 발견하여 마치 미개지를 개척하는 것 같은 기분 속에서 연구를 하였음 직하다. 그런데 송 교수는 단순히 한문에 능숙할 뿐 아니라 근대적인 학문의 방법론에도 익숙하였다. 송 교수는 강한 유교적 전통의 그늘 속에서 자랐지만, 이에 얽매이지 않고 새로운 방법론으로 분석하고 종합하는 뛰어난 능력을 지니고 있었다. 그러면서도 이론에 치우쳐 서둘지 않는 신중함이 있었다. 그러므로 송 교수의 연구는 항상 믿음직스러운 것이었다. 송 교수가 일찍 세상을 뜬 것을 서러워하는 까닭이 여기에 있는 것이다. 그러나 그가 남긴 업적은 길이 남아서 학계에 빛을 더할 것이다.

송 교수가 세상을 뜬 후에, 평소에 그를 아끼던 동학(同學)들이 유고(遺稿)를 모아서 발행하도록 많은 노력을 기울였다. 그 경위는 본서의 「편집후기」에서 대략 짐작할 수가 있다. 이제 그분들의 노력의 결과로 해서 늦게나마 본서가 세상에 나온 것은 큰 다행이 아닐 수 없다. 한번 세상을 뜨면 망각해 버리는 것이 상례인 오늘의 세태에 비추어 볼 때 더욱 그러하다고 하겠다.

본서는 크게 다음의 3편으로 엮어져 있다.

제1편 재정과 농업

제2편 상업과 수공업

제3편 사회와 사상

이 각 편에는 논문 5~6편이 적정히 배정되어 있는데, 여기저기 흩어져 있어서 찾아보기 힘든 논문들이 한데 묶여서 쉽게 참고할 수 있게 되었다. 학계를 위하여 경하해야 할 일이 아닐 수 없다. 책 제목은 '사회경제사'로 되어 있으나, 비단 사회경제사만이 아니라 사상사를 연구하는 데 있어서도 참고하지 않을 수 없는 것이 본서인 것이다.

평자는 최근 논문을 쓰려거든 개설서의 한 줄이라도 고쳐 쓰게 할 논문을 쓰도록 하라고 말한 천관우(千寬宇) 선생의 말을 자주 인용해 왔다. 그런데 저자 송 교수의 논문들은 한 줄이 아니라 몇 면을 고쳐 쓰게 한 그런 논문들이다. 조선후기사에는 문외한이라 할 평자가 감히 이 책의 서평을 자청하고 나선 것은, 평자가 서툰 개설서를 쓰면서 송 교수의 논문으로부터 많은 도움을 받은 혜택에 보답한다는 뜻이 있다.

예컨대 「조선후기 농업에 있어서 광작(廣作)운동」은, 평자의 『한국사신론』 개정판에서 조선후기의 경제적 성장에 있어서의 「광작농민과 농촌분화」라는 3면에 걸친 소절을 쓰는 기둥의 구실을 하였다. 평자는 골품제니 화백회의니 양반사회니 하는 등 우리 스스로의 표현을 최대한으로 살리는 것이 옳다고 생각하고 있다. 그것의 성격을 설명할 때에는 물론 보편적인 개념들로써 설명해야 할 것이다. 그러나 보편적인 개념에 의한 표현은 어디까지나 해석이지, 그것이 곧 우리 자신의 역사적 사실인 것은 아니다. 그런 의미에서 송 교수가 '광작'이란 우리 자신의 표현을 찾아내서 조선후기의 농업을 서술한 것을 평자는 높이 평가하는 것이다. 따라서 이 논문이 발표된 후에 평자는 이에 따라서 그 부분을 고쳐 써야만 했던 것이다.

조선후기의 상업과 수공업에 대해서도 역시 송 교수의 『이조후기 수공업에 관한 연구』에 많이 힘입었다. 이 연구는 본서에서 「상업자본의 수공업 지배」와 「관청수공업의 민영화 과정」으로 나뉘어 게재되어 있다. 그런데 거기에는 '상인물주(商人物主)의 출현을 중심으로'라는 부제가 붙어 있는데, 이 '상인물주'란 표현을 개설서에서도 살렸어야 옳았을 터인데, 그렇지 못했던 것을 뉘우치고 있다.

사림정치(士林政治)도 또한 마찬가지이다. 송 교수의 「조선조 사림정치의 권력구조」가 발표된 것은 평자가 『한국사신론』의 개정판을 낸 직후였다. 이 논문을 접한 평자가 '사림정치'란 한 소절을 개정판에 넣지 못한 것을 심히 유감스럽게 생각했던 기억이 난다. 그 뒤 신수판을 내면서는 소망했던 '사림정치'란 소절을 넣고, 그 내용을 전적으로 송 교수의 논문에 의지하여 채워 넣었다. 이때는 이미 송 교수가 세상에 없는 때였다. 사람은 죽어도 그의 학문적 업적은 남아서 힘을 발휘한다는 것을 새삼스레 느끼게 된다.

지금 평자는 저자 송 교수의 '족보(族譜)'를 미처 참고하지 못했던 것을 후회하고 있다. 현재 학계에서는 대체로 족보의 신빙성을 강조하는 경향이 강하다. 아마 어느 시기까지는 틀림없이 그랬을 것이다. 가령 『연조구감(椽曹龜鑑)』의 저자가 족보를 사료로써 크게 이용한 것은 정당한 것이었다고 생각한다. 그러나 연대가 밑으로 내려오면서, 적어도 19세기에 이르면, 위보(僞譜)가 나타났다고 생각한다. 송 교수는 그러한 위보로 말미암은 사건의 구체적 사례를 여기서 제시하고 있다. 그러므로 이 위보의 문제를 사회적 신분제의 동요를 설명하는 대목에서 당연히 언급했어야 옳았다고 생각한다.

「성호(星湖)의 새로운 사론(史論)」도 사학사(史學史)에서 중요한 공헌을 한 논문이다. 평자는 개설서에서 이 논문의 내용을 거의 반영하지 못했다. 개설서란 양적으로 다른 사실들과 균형을 잡아야 하는 제약이 있다. 또 많은 실학 (實學) 계통 역사가들을 조금씩은 언급해야 하는 제약도 있다. 그러나 만일 서술의 체제를 바꾼다면 달랐을 것이지만 그런 기회가 올 것 같지 않다. 그러다가 『근대한국사론선(近代韓國史論選)』을 편찬하면서 성호의 글로는 송 교수가 제시한 「역사를 읽고 성패를 헤아린다」를 맨 먼저 실었고, 「해설」에서는 위의 논문의 내용을 많이 언급하였다.

앞에서도 언급한 바와 같이, 평자는 조선후기의 역사에 문외한이다. 그런 속에서 송 교수의 연구가 그 시대를 이해하는 데 큰 길잡이 구실을 해주었다. 지금까지의 이야기가 평자 중심으로 흐른 것은 그 때문이다. 이것은 곧 평자가 송 교수의 연구에서 얼마나 큰 학은을 입었는가를 나타내 주는 것이기도 하다.

평자의 무식으로 인해서 이 책에 실린 논문 모두에 대해서 의견을 제시하지 못한 것을 유감으로 생각한다. 지금은 논문들을 읽고 평할 기력을 갖고 있지 못하다. 아마 그들 논문에 대해서는 이에 언급할 분이 따로 있을 것으로 생각되므로, 그분들에게 맡기기로 하겠다.

다만 여기서 한 가지 덧붙여 언급해 두고 싶은 것은, 송 교수에게는 이 책에 실린 논문 이외에도 우리의 관심을 끄는 유익한 글들이 많이 있다는 것이다. 송 교수의 논저목록은 『한국학논총』 제7집 송 교수 추도호(追悼號)에 자세히 기록되어 있다. 이에 의하면 평론이나 수필로 분류된 것 중에 흥미 있는 글들이 많다. 다 아는 바와 같이, 글이 짧다거나 혹은 쉽다거나 해서 그 글의 가치가 덜하는 것은 아니다. 오히려 그 반대일 수도 있다. 물론 한 책에 이것저것 다 섞어서 출판하는 것은 바람직스럽지 못하다. 그러므로 이들을 따로 묶어서 출판할 수 있는 기회가 있었으면 좋겠다는 희망을 말해 두는 바이다.

〈『역사학보』 153, 1997년 3월〉

『종교와 인생』(노평구 전집 1~5)

노평구(盧平久) 저

시골문화사, 1997

현대 한국에서 종교란 무엇인가. 오늘의 시점에서 종교는 무슨 임무를 짊어지고 있는가. 어떻게 해야 종교가 우리 역사의 발전에 긍정적인 구실을 할 수 있는가. 종교의 영향력이 작다고는 할 수 없는 오늘, 이 같은 물음은 응당 되풀이해서 제기되어야 했던 것이 아닌가 싶다. 그러나 종교에 대한 무관심을 가장하거나, 혹은 종교적 세력과 타협하거나 아부하기에 급급한 상황 속에서, 이러한 질문은 별로 던져지지 않은 채 지내온 것 같다. 평자는 실은 종교에 대해 잘 알지 못한다. 그러나 역사적인 오늘의 상황에서 다음과 같은 점이 고려되어야 하지 않을까 하는 생각이다.

우선 무엇보다도 현대의 한국 종교는 도덕적이어야 할 것이다. 현재 우리나라는 모든 사람의 욕구가 자유로이 분출되는 그런 시대적 상황 속에 있다. 즉 물질적인 욕구를 만족시키기 위해서는 무엇이든 할 수 있다는 것이 현대 한국인의 정신적 자세이다. 이 같은 자세는 가정에서부터 부추겨지고 있으며, 학교에서도 별로 다름이 없다. 실로 교육의 위기라고 할 만하다. 또한 이

것이 결국 사회 전체의 파멸을 가져올 것임은 분명한 일이다. 이 파멸을 막기 위해서는 도덕적 양심을 굳건히 지키는 보루가 필요하다. 그리고 그 보루는 종교에 기대할 수밖에 없지 않나 한다. 절대자를 상대로 하는 종교는 우리 사회의 양심을 지키는 마지막 보루가 될 가능성이 가장 크겠기 때문이다.

다음으로 오늘의 한국 종교는 남의 고통을 나누어 짊어지는 것이어야 하지 않을까 한다. 현대의 한국사회는 각종 이기주의 때문에 혼란상태에 빠져 있다. 자기의 이익을 위해서라면 남을 모함하고 희생시키는 것을 조금도 꺼리지 않는다. 이 점에서는 아마 정치가나 기업인이 선두주자일 것이지만, 교육자나 노동자도 별로 차이가 없으며, 학생들 또한 예외는 아니다. 그리고 이 이기주의의 폭발이 결국 사회 전체를 파멸로 이끌어 갈 것이다. 이 파멸을 막기 위해서는 남을 위하여 자기를 희생하는 정신, 남의 고통을 함께 나누어 지는 정신이 필요하다. 그리고 이 임무도 종교에 기대할 수밖에 없지 않을까 한다. 그런데 남의 고통을 나누어 지는 정신은 결국 도덕에 귀착되며, 따라서 오늘의 한국 종교는 도덕적 기반을 굳게 해야 한다는 이야기가 된다.

그런데 한국 종교의 현실은 어떠한가. 대체로 말해서 어떤 종교에 적을 두면 그 대가로 복을 받는다는 생각이 지배적이다. 헌금을 많이 하면 그만큼 더 많은 복을 받는다고 하여 다투어 헌금을 한다. 그래서 교회와 사찰과 무당이 살쪄 가고 있는 것이다. 이 같은 기복신앙(祈福信仰)은 결국 부정한 방법으로 권력을 쥐거나 재부를 축적한 자들에게 면죄부를 주는 구실밖에 하지 못한다. 이것은 오늘의 한국이 필요로 하는 종교가 아니다.

이러한 상황에서 해방으로부터 오늘에 이르기까지 50여 년간, 국가를 도덕의 기반 위에 세워야 한다고 소리 높이 외쳐온 이가 전집 『종교와 인생』의 저자 노평구이다. 그는 다음과 같이 말하고 있다.

해방 후 50년 동안 나의 얄팍한 잡지는 권두문·성서연구·일기를 막론하고 전체가 양심·도덕·자각 등의 낱말투성이로 피투성이가 되었다. 18세기 산업혁명으로 영국이 물질적으로 부패·타락해 갈 때 예언자 칼라일은, 뜻있는 사람은 거짓말 말라고 외치며 매일 런던 거리를 뛰어다녀야 되겠다고 했지만, 나 역시 도덕, 도덕 하며 그저 50년을 미친놈처럼 외쳐 댔는지 모르겠다(「우리 사회의 부정과 죄악」, 5권, pp.240~241).

현재 간행된 이 전집 다섯 권에 '도덕'이란 낱말이 얼마나 있는지 평자는 세어 보지는 못했다. 모르기는 하거니와 만 번은 넘지 않을까 하는 짐작이다. 그러나 그 수가 문제가 아니다. 그 낱말에 담긴 정성이 문제다. 그러므로 오늘의 한국이 요구하는 종교의 사명을 가장 잘 감당해온 사람이 바로 이 저자라고 생각하는 것이다.

저자는 1912년 함경북도 경성(鏡城)에서 태어났다. 부친은 한의사였는데, 매일 아침 일찍 일어나서 의학서적을 큰 소리로 읽으며 공부를 한 성실한 분이었다. 그래서 그분이 돌아가시자 주변 사람들은 이제 병에 걸리면 고쳐줄 의사가 없으니 죽을 수밖에 없구나 하면서 울었다고들 한다. 부친의 이 성실성을 저자는 그대로 이어받았다.

서울에 와서 배재중학에 다니던 저자는 1929년 3학년 때 광주학생운동에 가담하여 옥고를 치렀다. 다혈질인 저자로서는 참고 가만히 있을 수가 없었을 것이다. 1년간 옥고를 치르고 출감했으나 학업의 길이 막혀 마포 도화동의 토막(土幕) 빈민촌에서 무산아동의 교육에 종사하였다. 그때의 일을 저자 자신은 이렇게 회고하고 있다.

광주학생사건으로 중학생활이 중단된 나는 1932년경부터 두어 명의 친구와 더불어 서울 도화동 세칭 토막민 부락에서 조그만 사업에 열중하고 있었다. 나는 주로 그때 동네 소위 무산아동들의 교육을 담당하고 있었다. 사실 그때 우리는 열심이었다. 나는 종종 야학반까지 끝내고 조용히 정원에 서서 월하(月下)의 검푸른 한강을 바라보며, 만일 죽어서 성과가 있다면 동네 아이들을 위하여 죽어도 좋다. 죽자 하고 혼자 생각하곤 하였다. 나에게는 사명에 대한 만족감, 피로 가운데도 희생적인 노동에서 오는 내심의 평화가 있었다(「김교신(金教臣) 선생을 찾음」, 1권, p.87).

이 같은 저자였으나 마음속 깊은 곳에는 불안감이 감돌고 있었다고 다음과 같이 고백하고 있다.

그러나 한편으로는 어딘지 모르게 나의 마음속 깊이 불안이 감돌아치는 충족되지 못하는 자리가 있었다(같은 글, p.87).

저자는 여기서 그 불안이 어떤 것이었는지를 밝히지 않았으나, 다른 글에서 "차츰 자의식이 깨면서 죄의식으로 심한 고민에 빠졌다"(「나의 신앙증언」, 5권, p.263)라고 하였다. 그러므로 도덕적인 문제로 인한 고민을 하고 있었음을 알 수 있다. 그래서 저자는 김교신이 간행하는 『성서조선(聖書朝鮮)』을 찾아서 읽게 되었는데, "평소 나의 심중의 그 불안한 부분이 깊은 위안을 받고, 마음 전체에 힘이 나는 듯한 것을 느끼게 되었다"(「김교신 선생을 찾음」, 1권, p.87)라고 하였다. 이렇게 해서 기독교 신앙에 눈을 뜬 저자는 김교신을 직접 찾아가게 되었다. 김교신은 일본에서 무교회(無敎會) 신앙운동을 일으킨 우치무라 간조(內村鑑三)의 영향을 받고 귀국하여 『성서조선』을 간행하고 있었던 것이다. 그 뒤 김교신의 안내로 일본에 가서 우치무라의 제자인 쓰카모토 도라지(塚本虎二)와 야나이하라 다다오(矢內原忠雄)로부터 성서 공부를 하였다.

해방 직전에 귀국한 저자는 김교신의 뒤를 이어 1946년에 월간 『성서연구』를 창간하였다. 비록 20~30면의 작은 개인 종교잡지였으나 지금껏 계속 간행하고 있으며, 금년 6월 현재 477호를 냈다. 이 『성서연구』의 권두문을 중심으로 비슷한 성격의 글들을 집필 연대순으로 모은 것이 이번에 간행된 전집의 제1차분 5권이다.

　권두문은 50년 동안의 구체적인 우리의 현실과, 그리고 크게는 세계 인류 문제 등에 대해 부족한 대로 나의 신앙적인 견해를 밝힌 것이다. 미숙한 것이나 인생문제에 대해 생각하는 이들에게 다소라도 도움이 된다면 이 이상의 바람이 없다(「서문」, 1권, p.5).

저자가 스스로 말한 바와 같이, 우리나라나 세계의 모든 문제에 대해 언급한 글이 연대순으로 배열된 것을 읽어 가면, 해방 후에 벌어진 현대사의 거울을 대하는 듯한 인상을 받는다.

앞에서도 말한 바와 같이, 저자가 해방 후 50여 년 동안 주장해온 것은 도덕의 기반 위에 국가를 세워야 한다는 것이다. 저자는 전집 간행사의 첫머리에서 "2차대전 후 해방과 함께 서울의 정치적인 광란 속에서 나는 종교에 의한 국민의 도덕적 자각을 급선무로, 그리고 이를 위해서는 우리 기독교의 진정한 신앙 정착이 필수조건이라고 생각하고, 나의 생애의 일로 20~30면의 월간 개인 성서연구지를 발간"하였다고 적고 있다.

이와 같았으므로 저자의 애국은 보통 상식과는 달리 도덕적인 자각 속에서 도덕적인 생활을 하는 것이었다. 그는 애국심은 "민족의 일원으로서 갖는 인간 고유의 본능적인 감정"이기 때문에, "애국심은 그 유무로써 논의될 것이 아니고 그 질 여하로, 그 내용 여하로써 논의될 성질의 것이다"라고 하였다. 이 지극히 명확한 사실이 과연 얼마나 분명하게 일반에게 인식되고 있는지 모르겠다. 나아가서 진정한 애국심에 대해서 "최고의 애국심은 양심 위에 서는 도덕적 자각·행위·생활이다"라고 하였다. 이같이 도덕을 애국심의 근본으로 생각한 저자는 이 글을 다음과 같이 끝내고 있다. "도시국가 소돔의 멸망은 정치나 문화가 없었던 탓이었던가? 아니 열 사람의 의인이 없었던 때문이 아니냐?"(「기독신자의 애국」, 1권, pp.43~44)

그런데 저자가 말하는 도덕은 그저 거짓말하지 말라, 도둑질하지 말라, 간음하지 말라는 따위가 아니다. 그는 "사람들은 내게 무슨 죄냐고 할 것이다. 그리고 행위에 의해 죄를 규정한다. 그러나 인간의 심중을 보시는 신 앞에서는 미움이 살인이고, 탐욕이 도둑질이고, 음욕이 간음인 것이다"(「인간 부재의 우리 현실」, 5권, p.240)라고 하였다. 필시 저자가 빈민촌 시절에 느꼈다는 죄의식도 그러한 것이었다고 생각된다. 그러므로 그가 말하는 도덕은 엄혹한 것으로 인식되었다.

　　도덕의 엄혹성·적대성에서 도피한 유물철학은 본능의 만족을 위하여 공산주의적인 정치체제를 출현시켰다. 그러나 이 점 기독교는 사람에게 도덕의 실천력을 부여, 사람으로 하여금 도덕문제, 양심문제를 근본적으로 해결케 하는 것이야말로 근본이요 중심인 것이다. 따라서 기독교만큼 도덕적인 종교는 없다. 산상수훈(山上垂訓)에서 보는 대로 행위율에서 심의율(心意律)로, 결과에서 동기로, 사람 상대가 아니라 신(神) 상대로(「도덕과 기독교 신앙」, 2권, p.135).

이렇게 도덕의 엄혹성·절대성을 강조하고 보면, 그 해결은 종교적 신앙에 의존할 수밖에 없을 것이다. 이 같은 도덕적 입장에서 우리나라의 정치지상주의를 거듭해서 비판하고 있다. 가령 다음과 같은 대목을 읽어 보기로 하자.

　　해방 후 우리의 정치지상주의적인 현실에 대해 이 박사는 왜 우리 국민은 다 이
렇게 대통령이 되고 싶어 하느냐고 탄성을 발한 일이 있었으나, 그 자신 종신 대통
령을 꿈꾸다가 결국 처참한, 그야말로 비극적인 말로를 맞았던 것이다. 아니, 망신
을 당한 것이다. …… 정치로써는 도저히 이상국민이나 이상국가나 이상사회를 이
루지 못하는 것이다. 반대로 도덕적인 훌륭한 국민이 있어 비로소 이가 가능한 것
이다. 그리고 이것은 오로지 거짓없는 진실한 위대한 종교신앙에 의해서만 가능한
것이다(「나의 정치관」, 3권, pp.417~418).

　이 같은 입장에서 볼 때, 현실적인 기독교에 대한 비판이 있을 수밖에 없었
다. 저자는 "도덕적인 구원종교를 인간적인 행복종교로, 공리신앙(功利信仰)
으로, 우상교로, 무당식으로 이해한다면 다시 백년이 가도 민족의 도덕적 신
생은 기대할 수 없을 것이다"(「기독교 신앙과 도덕성 문제」, 5권, p.257)라고 했던
것이다.

　한마디로 말해서 종교적 신앙에 입각한 도덕적 국가를 건설하는 것이 저자
의 목표였다. 이에 입각해서 저자는 좀 더 구체적인 민족의 이상을 제시하고
있다.

　　산상수훈의 중심은 루터의 주장대로 원수사랑으로서 애적(愛敵)에 있다고 보인
다. 예수의 종교는 사랑의 종교로 불린다. 한편 우리 민족의 천여(天與)의 성격이
감정 즉 애정면이라고 할 때, 이가 예수의 중심교훈인 사랑과 깊이 관계될 수 있다
고 생각한다. 따라서 나는 우리의 민족 이상을 이 산상수훈 8복 중 평화의 조항에
높이 걸려고 한다. …… "신앙에 의한 천국시민으로 애적의 정신에서 절대비전(絶
對非戰)·평화사수(平和死守)"로 나의 하늘같이 높은 민족 이상으로 삼는다(「민족

이상」, 5권, pp.235~236).

　여기서 저자가 말한 '민족 이상'은, 다른 글(「미군철수에 즈음하여」, 4권)에서 말한 것과 같이, '민족 사명'이라고 함이 더 적절하지 않을까 하는 것이 평자의 생각이다. 그것은 어떻든, 저자의 스승인 김교신이 한국을 동양의 심장이라고 하며 도덕입국(道德立國)을 강조한 것을 이어받아서, 우리 민족이 이루어야 할 세계사적인 사명을 제시한 것이다. 저자는 이 이상이 이룩되기를 비는 것이 하늘에 가서도 "유일 최대의 나의 기도 제목"(「민족 이상」, 5권, p.236)일 것이라고 하였다.

　지금까지 더듬어온 저자의 주장을 보면, 저자가 현실과는 전혀 동떨어진 먼 세계에 살고 있다고 생각하는 사람이 있을 것이다. 그러나 그렇지가 않다. 그는 항상 현실 속에 살면서 현실에서 벌어지는 온갖 사실에 대한 깊은 관심을 가지고 있었고, 또 누구보다도 격렬한 비판을 서슴지 않았다. 그리고 그는 거짓을 꾸밀 줄 모른다. 그러므로 그의 글은 생각하는 바를 단도직입적으로 쓴 것이다. 권력이 무서워서 교묘하게 돌려 쓰지도 않았고, 또 읽기 좋으라고 문장을 아름답게 꾸미지도 않았다. 그래서 쓴 그대로를 인용하기가 거북한 대목이 있을 정도이다. 이같이 격렬한 비판을 할 수 있었던 것은, 신 이외의 아무것도 두려워하지 않는 신앙 탓이겠지만, 저자의 참된 애국심의 발로라고도 할 수가 있다. 어떻든 연대순으로 나열된 글들을 읽어 가노라면, 마치 종교적 입장에서 서술된 현대사의 단면들을 보는 것 같은 느낌을 가지게 된다. 우선 군사정권에 대한 비판을 읽어 보기로 한다.

　나는 사실 요새 3군참모가 연일 정사(政事)로 분주한 것을 볼 때 무서워서 밤에

잠이 잘 안 온다. 공산군이 무서워서가 아니다. 거짓말과 불화와 권모술수와 욕심
을 미워하시는 하느님이 무서워서다. …… 국사(國事)에 임하는 자 오로지 사심 없
이 거짓말을 말고 정직하게 하라. 거짓은 양심에 대한, 아니 신에 대한 모독인 것이
다. 칼라일의 말에 거짓 위에는 오막살이 하나 못 세운다고 했다. 국가는 더욱 안
된다. 하나님의 심판 때문인 것이다(「우리 현실이 말하는 것」, 2권, p.229 ; 『성서연
구』 1963년 3월호).

다음 월남 파병에 대한 비판을 들어 보기로 하자. 저자는 이른바 군인정치
가에게 국가의 이상을 기대할 수 없다고 하고, 나아가서 기독교 신자라는 국
회의 선량들도 평화의 주장을 한마디도 하지 않는 것을 통탄한다. 그러고는
다음과 같이 말하였다.

도대체 정치가는 물론 전체 지도자가 국민에 대한 사랑·동정이 없다. 한마디도
평화의 주장이 없음이 단적으로 이를 표시한다. 아, 저들에게 따뜻이 의식주는 못
줄망정, 그래 자국지란(自國之亂)에서 겨우 숨을 돌리고 피어나려는 백성을 기껏
해서 또다시 수 만리 외국에 몰아내는 것이냐? 그렇다, 지도자들의 심중에 터럭만
한 평화도, 사랑도, 동정도, 관용도, 선의도 없고, 오직 무서운 분노와 증오와 욕심
과 악독과 시기와 질투와 분쟁만이 있기 때문이다(「기독교와 전쟁과 평화」, 2권,
pp.357~358 ; 『성서연구』 1965년 7월호).

평자가 과문한 탓인지 모르지만, 월남 파병을 이렇게 격렬하게 비판한 글
이 당시에 있었는지 어떤지를 알지 못하겠다. 독자가 겨우 4백~5백 명 정도
의 개인잡지에 게재된 것이니 망정이지, 일반 교양잡지에 이 같은 글이 실렸
더라면 그대로 넘어갔을 성싶지가 않다. 외국에 파병하는 것을 반대한 주장
은 레바논 파병의 경우에도 그대로 이어지고 있다(「민족 이상―레바논 파병문제

와 곁들여」, 4권 ; 『성서연구』 1982년 11월호).

국정감사에 비리가 있었다는 보도를 보고 저자는 "국정 참가자가 이렇게 했으니, 국가나 백성은 어떻게 될 것이냐? 숫제 나라를 팔아먹고 백성을 가죽을 벗겨 죽이는 것이 좋을 것이다"며 "결국 정치판인 줄 알았더니 도둑놈의 판이었다"(「국정감사와 오물」, 5권, p.75 ; 『성서연구』 1988년 10월호)라고 통탄하였다.

그는 또 국가와 민족과 인류에게 인물이 중요함을 강조하고 나서 3당합당을 둘러싼 사태에 대해서 신랄한 비판을 가하였다.

어느 민주주의 정당의 당수가 당원을 이끌고 아닌 밤중에 홍두깨식으로 민주주의를 팔아넘겨 전날 유신정치와 군사독재의 잔당과 더불어 거대한 새 여당을 만들고 장차 대권 장악을 도모하는 일이 벌어졌다. …… 이렇게 해서 그와 그들 졸개들의 민주정치가로서의 생명은 일단 죽은 것이다. 그러므로 이제 그와 그들이 여하한 일을 벌이든 그들의 죽은 정치생명을 절대 회복할 수는 없을 것이다. 그래서 그들은 앞으로 우리 사회의 통폐인 정경유착으로 철저히 생명 없는 배만의 동물인간으로 전락할 것이다.

그리고 끝으로 한마디 더 한다. 그의 라이벌인 또 한 사람, 한국인의 역사적인 고질인 끈질긴 당파 근성과 정권욕으로 민주화에 차질을 가져왔던 그 역시, 한밤에 던져진 홍두깨에 얻어맞아 지금 허둥지둥 비틀거리고 있다. 이도 또한 그가 뿌린 씨에서 나온 업보(業報)일 뿐이다. 두 사람이 민주주의의 다 핀 꽃을 잘라버린, 그래서 민족의 큰 염원을 짓밟은 그 업보에 의한 것이다(「국가 · 민족과 인물」, 5권, pp.115~116 ; 『성서연구』 1990년 1월호).

이같이 저자는 해방 후 우리나라에서 벌어진 여러 가지 구체적 사건들에 대한 논평을 거침없이 하고 있다. 정치뿐 아니라 가정이나 문화에 대한 언급도 있다. 또 세계의 여러 사건들에 대한 언급도 있다. 그리고 그러한 비판은

실로 적절한 것이었다. 그러므로 저자가 그저 단순한 관념적인 이상주의자
가 아니요, 현실에 뿌리를 둔 산 인간임을 알게 한다. 그런데 현실에 대한 올
바른 비판은 현실 속에 묻혀서는 하기 힘들다. 높은 이상의 세계에서 현실을
내려다봄으로써 비로소 가능하다. 저자야말로 바로 그러한 이상주의자인 것
이다.

  저자의 전집은 더 많은 책이 계속해서 발간될 예정이다. 이 『종교와 인생』
은 장차 4차에 걸쳐서 간행될 전집의 제1차분이다. 일반 국민과 가장 관계가
깊은 글들은 이 1차분 다섯 권에 들어 있는 것으로 보인다.

  오늘날 놀랄 정도로 많은 책들이 간행되고 있다. 그런데 이 노평구 전집과
같은 책은 거의 관심 밖에 놓여 있는 것 같은 인상을 받는다. 저자가 신랄하
게 비평한 것과 같이 이상이 죽은 시대이기 때문일까. 그러나 이스라엘의 예
언자들에 비길 수가 있는 저자의 살아 있는 글들은, 이 혼탁한 세태를 일깨우
고, 민족과 국가와 인류의 장래를 근본적으로 다시 생각해 보는 계기를 우리
에게 제공해줄 것이라고 믿어 의심치 않는다.

〈『창작과 비평』 97, 1997년 가을호〉

『한국과 중국의 고고미술』

김재원(金載元) 저

문예출판사, 2000. 10

평자가 이 책의 서평을 쓸 자격이 있는 것인지 잘 모르겠다. 다만 2000년 11월 출판기념회에서 이 책의 내용을 평자 나름대로 소개한 바가 있었다. 그 뒤 응당 적절한 분에 의해서 서평이 나오리라고 믿고 있었으나, 2년이 다 지나도록 아직 나오지 않고 있다. 그래서 출판 기념회에서 한 말을 대충 정리해서 부족한 대로 발표하고자 한다.

저자인 김재원 선생은 해방 뒤 자진해서 초대 국립박물관장으로 취임한 이후 정년으로 퇴임할 때까지 25년 동안 박물관장으로 재직하였었다. 외국 사정에 밝고 외국어에 능통한 저자로서는 원하기만 하면 보다 화려한 직책을 맡을 수 있었건만, 굳이 박물관장 직을 고수하였고, 정년 퇴임할 때의 인사말에서는 다시 태어나도 또 박물관장이 되겠다고 하였었다. 박물관장 시절의 뒷이야기는 『경복궁야화(景福宮夜話)』에서 찾아볼 수 있지만, 저자는 그 직책을 즐겼던 것 같은 인상이다.

저자는 스스로 학자이기보다도 오히려 학문의 발전을 뒷받침하는 일에 더 자부심을 느끼고 있었다. 그러나 저자 스스로의 겸손과는 달리, 학문적인 면에서도 많은 공헌을 하였다. 저자의 학문의 특징은 국제적인 넓은 안목을 가졌다는 데 있지 않은가 하는데, 그런 면에서 이상백(李相佰) 선생이나 고병익(高柄翊) 선생과 의기투합하는 면이 있었다. 그러면서 서양의 건실한 학문적 방법을 몸에 익혀서 역사학의 정도를 걸었으며, 후진들에게도 그렇게 하기를 권하였던 것이다.

저자의 학문은 중국 고대문화의 연구로부터 출발하고 있다. 그러나 신화와 전설적 내용의 문자 기록보다는 확실한 실물을 토대로 한 실증적 연구에 힘을 기울였다. 이 출발부터가 저자의 학문이 건실한 것임을 웅변해 주고 있는 것이다. 저자는 1938년 1월 『조선일보』에 실은 「동양문화의 고구(考究)」란 글에서 다음과 같이 말하고 있다.

고대사에 대한 기록이 있으되 신뢰할 것이 못 되므로 주대(周代) 이전의 소위 상대(上代)에 대한 모든 문제는 고고학의 조력으로 해결하지 않으면 안 된다(본서, p.148).

또 1942년 『인류학잡지(人類學雜誌)』 제57권 제8호에 실린 「다시 중국 고동기(古銅器) 문양의 의의에 대하여」에서 다음과 같이 말하고 있다.

그러면 은(殷) 시대의 사회(그중에서 신앙 형태)를 알기 위하여 어떻게 하면 되는가. 다행히 우리는 다른 문화권에서 아직 그 예를 볼 수 없는 정교무비(精巧無比)한 당시의 사회생활 내지 신앙생활과 밀접한 관계가 있는 청동기를 가지고 있다. 이 청동기에는 일견(一見)해서 기괴하기 짝이 없는 각종 동물문양이 나타나는데, 이 동물문양은 단순한 장식이 아니고 일정한 의도에 의해 새겨진 것이다. 다시 말하면 청동기의 문양은 고대인의 문자 이외의 '하나의 표현양식'이라고 보아야 하며, 만일 우리가 고대인의 이 '표현 양식'을 완전하게 알아내게 된다면, 마치 이집트의 피라미드 내의 기록이 고대 이집트를 말해 주듯이, 고동기(古銅器)가 은대(殷代)의 사회 상태를 말해줄 수 있는 것이다. 그러나 어디까지나 우리는 유물이 '말하게' 해야 하며 우리의 생각을 그 유물을 통해 말하도록 할 수는 없다(본서, pp.205~206).

저자는 또한 문화를 사회사적인 관점에서 바라보고 있다. 흔히 사람들은 문화를 추상적으로 논하기를 좋아하며, 그 사회적 배경을 무시하는 경우가 많은데, 이것은 그 문화를 역사적으로 올바로 이해하려는 것이 아니다. 그런데 저자는,

대체 어떠한 사상이든지 그 사상을 용납할 만한 시세(時勢)와 환경이 없으면 그 뿌리를 박을 수 없는 것이다(「동양문화의 고구」, 『조선일보』 1938년 1월 30일~2월 6일 ; 본서, p.161).

라고 하여, 문화를 사회적 배경 속에서 이해해야 한다고 하였다. 이 글을 쓴 것이 1938년의 일로서, 저자가 아직 30세가 안 된 때인데, 저자의 학문적 성격이 이미 이때에 확고하게 세워졌던 것이다. 이 같은 사회사적 관점은 중국문자에 관한 저자의 견해에도 다음과 같이 잘 나타나 있다.

중국의 문자는 상형문자이며 서양의 음표문자(音標文字)에 비하여 발달하지 않았다고 말하는 사람이 있으나, 이것은 날아가는 방법을 모르는 인간이 새(鳥)보다 발달하지 않았다는 논법으로, 절대로 그렇지 않다고 생각한다. 중국문자의 특징은 발음은 몰라도 의미를 알 수 있는 것이다. 현재 광동인(廣東人)은 북방 중국인이 말하는 것을 모른다. 그러나 문자를 보면 알 수 있다. 이것은 대단히 중요한 일이다. 만약 이러한 상형문자가 아닌 음표문자가 있었다면 북방 중국어와 광동어는 영어

와 독일어와 같이 전혀 틀린 외국어가 되고 말았을 것이다(「중국사회의 기원」, 『신천지(新天地)』 2-10, 1949 ; 본서, p.137).

이 같은 사회사적 관점과도 연결된다고 생각하지만, 저자는 외래문화의 수용에 긍정적인 태도를 가지고 있었다. 그러나 맹목적인 수용이 아니라 그것을 자기류(自己流)로 소화해야 한다고 주장하고 있다. 역시 직접 저자의 말을 들어 보기로 하자.

우리가 중국의 동양문화를 받아 왔다는 것은 전혀 부끄러운 일이 아니다. 현대의 서양문화도 근본을 캐면 그것은 현존 서양민족이 로마에서 받아온 것이고, 로마의 문화는 그 근원이 다시 그리스 · 이집트 · 서아시아 등지에 있는 것이다. 로마의 문명을 받아 그것을 자기류로 발달시킨 데에 현존 서양민족의 위대성이 있는 것이다. 이와 마찬가지로 중국문화를 받았다 하더라도 우리나라에 온 중국문화는 우리나라 식으로 변했다. 여기에 우리의 위대성이 있는 것이다(「동양문화의 고구」, 본서, p.162).

평자도 이와 비슷한 논지의 글을 쓴 일이 있는데, 저자의 이 글을 읽었더라면 인용했어야 옳았을 것이다. 1938년 『조선일보』에 실린 글이고 보면, 이 책이 나오기 이전에는 좀처럼 읽을 기회를 갖기가 힘들었던 것이다. 그런 점에서도 이 책이 뒤늦게나마 세상에 나온 것을 뜻있는 일로 생각하지 않을 수 없다.

중국 고대문화에 대한 연구의 연장선상에 단군신화(檀君神話)에 대한 연구가 자리 잡고 있는데, 그것이 『단군신화의 신연구』(정음사, 1947)이다. 이 연구는 단군신화에 대한 것이기 때문에 한국문화에 대한 연구로 볼 수가 있지만, 사료의 면에서 본다면 중국문화에 대한 연구랄 수도 있다. 중국 산둥성(山東

省)에 있는 무씨사당(武氏祠堂) 화상석(畵像石)에 나와 있는 화상(畵像)의 내용
이 『삼국유사』에 기재된 단군신화의 내용과 90퍼센트까지 일치한다는 것이
저자의 주장이다. 이 화상석은 기원후 2세기의 것이지만, 그 원본은 기원전 2
세기에 세워진 영광전(靈光殿)에 있었다고 한다. 그러므로 저자의 주장에 따
른다면 단군신화가 『삼국유사』 편찬시에 조작되었다는 일본 학자들의 종전
의 주장은 설 자리를 잃게 되는 것이다. 그러므로 이 연구는 고조선(古朝鮮)의
연구에 큰 활력을 불어넣어준 셈이다. 그 뒤 약간의 비판이 있었으나, 저자는
일일이 이에 대한 반론을 제기하여 자기 주장의 정당성을 내세웠는데, 그 글
들도 이 책에 함께 포함되어 있다. 평자의 판단으로는 저자의 주장은 지극히
합리적이고, 그 주장을 그대로 수용하는 것이 옳다고 믿고 있다.

저자는 한국 미술사에 대한 저술도 많이 있지만, 이 책에 실린 글들은 대개
가 새로 발견·수습된 미술품에 대한 소개가 대종을 이루고 있다. 박물관장
으로서의 직책과 관련이 있음 직하게 생각된다. 그리고 그 구체적인 문제는
평자가 언급할 한계를 넘는 것이다. 다만 평자가 평소에 느끼던 바를 한 가지
만 첨가해서 말한다면, 저자는 미술사를 미술품에 대한 미적 감상을 넘어서
그 조형양식의 변화에 착안하여 서술해야 한다고 강조한 점이다. 이것은 한
국 미술사학에서 하나의 방향 전환의 계기를 제공한 것이 아닐까 하는 인상
을 받는다. 이 점에서도 저자가 박물관장으로서의 행정가 이상의 학문적 공
헌을 했다고 생각한다.

평자는 고고학이나 미술사에 대하여는 문외한이라 이 책의 내용에 대해서
깊이 소개하지를 못하였다. 다만 저자의 연구방법론은 평자에게도 많은 관
심의 대상이 되어서 그 점을 중심으로 간단한 소개를 하는 데 그치었다. 혹시
라도 실수하여 저자의 뜻을 잘못 전하지는 않았을까 두렵다.

〈『역사학보』 177, 2003년 3월〉

|제3편|
학자의 삶

이홍직(李弘稙) 선생의 별세를 애도함

선생은 작년에 회갑을 맞이하셨으나 평소에 무척 건강하시어 저 같은 약골이 항상 부러워하며 지내 왔었다. 그런데 갑자기 병석에 누우신 지 얼마 되지 않아 세상을 떠나셨다는 소식을 들으니 그저 놀라울 뿐이다.

선생을 처음 뵙기는 6·25 때 부산 피난지에서였다. 그때 선생은 이미 사학계의 권위자로서 모심을 받는 지위에 계셨으나 아직 올챙이도 못 되는 저희를 대할 때에도 퍽 겸손하였었다. 그러한 선생의 인품에 무엇보다도 호감을 느끼었던 것이다. 어질고 착한 인품은 선생을 아는 사람들이 한결같이 느낀 것이었다고 믿는다.

그때 선생은 『삼국유사(三國遺事)』 색인(索引)을 시골 피난처에서 자녀들의 연습장 종이까지 몰수하다시피 하여 만들어 갖고 부산으로 오셨던 것으로 알고 있다. 서울로 환도(還都)한 뒤에는 『삼국사기(三國史記)』 색인을 만드신다고 하여 도와드린 일이 있는데 그때부터 비로소 더욱 가까이할 기회를 가지게 되었다. 당시 선생이 살고 계시던 명륜동 집은 자택이 아니었으며 그나마 방이 모자라서 선생은 조그마한 한옥 문간방을 쓰고 계시었다. 이때의 괴로움을 적은 것이 「문간방서재의 비극」이란 수필인데 선생의 품격이 그대로 잘 드러난 글로 지금껏 잊혀지지가 않는다.

선생의 학문은 화려하다기보다는 착실한 것이었다. 날카로운 이론의 전개
가 아니라 기초적인 정리작업에 보다 더 유념하시었다. 그리고 그 일에 선생
은 일종의 사명감 같은 것을 느끼고 계시었다. 역사학이 어쩔 수 없이 사료
(史料)를 다루는 일과 떨어질 수 없는 일임을 생각할 때에 선생이 만드신『삼
국유사』, 『삼국사기』, 『고려사(高麗史)』 등 한국사의 기본사료들의 색인은 길
이 잊혀질 수 없는 업적들이 될 것이다. 또 기본사료의 주석에도 늘 마음을
두시고 사료 주석에 준하는 논문을 여럿 발표하시기도 하였다. 이러한 평소
의 뜻을 모두 이루지 못하고 별세하신 것을 애석하게 생각하지 않을 수 없다.

문화재위원으로서 선생이 끼친 공로는 세상이 다 아는 일이다. 선생은 무
슨 청탁을 받으면 차갑게 거절하지 못하는 성품이어서 여러 잡무에 얽히곤
하였다. 이러한 일이 선생의 연구에 지장이 되었던 듯하며, 늘 잡무에 얽매이
기 전에 공부를 하라고 부탁하시곤 하였다.

선생의 가정은 모범적인 교육 가정이 아니었나 하는 인상이 깊다. 그리고
그것은 선생의 인품에서 말미암은 것이었다. 그 보람이 있어서 자녀들이 한
결같이 고른 길을 걷고 있으니 선생으로서도 이 점만은 안심하고 눈을 감으
시지 않았을까 하고 추측하여 본다.

선생은 오랫동안 셋집살이를 전전하시다가 쉰의 고개를 넘고서야 겨우 자
택을 마련하시었다. 이제부터 연구에 전념해야겠다고 하시던 말씀이 귀에
새로운데 갑자기 병을 얻어 별세하시니 한국학자의 운명이란 이런 것일까 하
는 비감한 생각이 든다.

삼가 선생의 명복을 빌 따름이다.

〈『동아일보』, 1970년 5월 19일〉

『천관우(千寬宇)선생 환력기념 한국사학논총』
하서(賀序)

1945년 8월 해방과 더불어 우리의 대학은 활기에 넘쳐 있었고 여러 가지 진통에도 불구하고 낭만이 가득한 미래의 산실이었다. 당시 서울대학교 사학과에 모여든 젊은이들도 모두 패기에 넘쳐 있었으며, 그 뒤 우리나라 사학계를 이끌어간 중심인물들이 그 속에서 많이 나왔다. 그러한 중에서도 특히 두드러지게 뛰어난 식견과 재능을 보여준 이가 바로 천관우 형이었다. 천 형의 졸업논문은 「반계(磻溪)유형원(柳馨遠)연구」였고, 이 논문은 창간 초기의 『역사학보』에 게재되어 해방 후에 하나의 붐을 이루다시피 한 실학(實學)연구에 결정적인 영향력을 발휘하였다. 이 논문을 지도한 은사 이병도(李丙燾) 선생이 군계일학(群鷄一鶴)이란 말로 이를 칭찬하여 마지않던 기억이 새롭다.

천 형은 소신이 굳고 다재다능하여 졸업 후에는 주로 언론계에서 활약하였다. 천 형은 세상에 널리 그 이름이 알려진 인물이 되었지만, 그것은 이러한 언론계에서의 활동에 힘입은 바가 크다. 그렇지만 천 형은 늘 학문에 대한 강한 의욕을 버리지 않고 오늘에 이르고 있다. 그것은 마치 고향에 대한 향수와 같다고나 할까. 아니 그 이상의 집념이라고 함이 옳을 듯하다. 대학의 연구실을 지키는 학자들보다도 오히려 많은 연구업적을 세상에 내놓았고, 그 논문들은 모두 큰 구상과 정연한 체계를 갖춘 것이어서, 그 바쁜 생활 속에서 언제 그렇게 생각을 가다듬을 겨를이 있었던 것일까 하는 감탄을 발하게끔 하였다. 『근세조선사연구』는 그러한 성과들을 묶은 것이지만, 최근에는 고대사 분야에서도 혁혁한 성과를 올리고 있다.

그런가 하면 학문의 대중화에도 남다른 관심을 가지고 있어서 학문이 그래야만 제 구실을 할 수 있을 것임을 강조하여 왔다. 그리고 우리나라 사학 속에는 아카데미즘사학이 아닌 사론(史論) 위주의 민간사학의 흐름이 있음을 주시하고, 천 형 자신이 그 전통을 이어나가려고 노력하였다. 적어도 '나와 우리'의 입장에서 절실하게 요구되어 씌어진 역사학의 전통을 계승·발전시키려고 하였다. 『한국사의 재발견』에 실린 여러 사론들이 그 뜻을 담고 있지만, 『3·1운동 50주년기념논집』을 거의 혼자의 힘으로 감당해간 정열도 또한 그러한 절실한 심정에서 우러나온 것이었다고 믿는다.

천 형은 최근 큰 병마에 시달리어 왔다. 그러나 이를 극복하고, 이제 다시 건강을 되찾은 것은 다행한 일이 아닐 수 없다. 천 형은 그의 강한 의지력으로 인해서 투병에 성공한 것으로 믿어진다. 장차 더욱 건강하여서 뜻하던 일들을 훌륭히 이루어 주길 빌어 마지않는다.

나는 세상을 모르는 한낱 백면서생(白面書生)에 지나지 않으며, 지금은 조용한 낙향생활을 즐기는 처지에 있다. 그러므로 천 형과는 먼 세계에서 살고 있다고도 할 수 있다. 그러나 해방 뒤의 열띤 분위기 속에서 우리 역사를 연구해 보기를 결심한 이래, 학우로서 서로 격려를 아끼지 않은 지 이미 40년이 되어 가고 있다. 그리고 천 형이 후석(後石)이란 아호(雅號)를 쓸 무렵, 나도 호 랍시고 여석(餘石)이라고 시용(試用)하여 보았었다. 이렇게 뒤지고 남은 돌멩이는 서로 통하는 데가 있었던 것일까. 천 형을 가까이하고 존경하는 동학 후배들이 그의 화갑(華甲)을 기념하는 한국사학논총을 편찬하면서 나더러 하서(賀序)를 쓰라고 한다. 천 형의 명성에 비하면 어울리지 않는 일일는지 모르나, 위와 같은 인연으로 하여 감히 붓을 들어 화갑을 축하하는 몇 마디 말을 적기로 한 것이다.

오늘날 흔히 인생은 60부터라고들 한다. 거듭 축원하는 바는 천 형이 더욱 건강하여서 더욱 빛나는 학문적 공헌을 해주었으면 하는 것이다.

〈1985년 12월〉

김성하(金聖河) 형의 업적을 기리며

사람이 이 세상을 하직한 뒤에 그가 맡은 일을 천직으로 여기고 최선을 다했다는 평가를 받을 사람이 과연 몇이나 있을까. 나는 김성하 형의 갑작스런 부음(訃音)에 접하고 첫째로 이 점을 생각하게 되었다. 김 형은 실로 그 자신의 천직에 최선을 다하며 산 분이었다.

하버드 대학의 하버드-엔칭 도서관은 미국에서 가장 훌륭한 동양학 도서관이고, 그 한국부는 가장 훌륭한 한국학 도서관이다. 그 한국부를 맡아서 훌륭하게 키운 분이 바로 김성하 형이었다. 김 형은 우리나라에서 간행된 책으로 이용가치가 있는 것이면 무슨 책이든지 입수하도록 백방으로 노력하였다. 그 집념은 실로 놀라운 것이어서, 때로는 책을 모으는 데 미쳐 있지 않나 싶을 정도였다. 그리고 그렇게 모은 책의 목록 3책을 간행하여 이용자들에게 큰 편의를 제공하고 있다. 그 목록의 작성과 간행에 대한 집념도 대단하여서, 제3권은 활자 관계로 원고를 가지고 한국에까지 와서 간행을 했었다.

김 형은 또 연구자들이 필요로 한다고 하는 책이 있으면, 그것을 사방에 연락해서 꼭 구해 주는 데에도 대단한 열성을 보이었다. 다른 사람 같으면 귀찮아 할 일을, 요청자가 도리어 미안할 정도로 열성껏 구해 주곤 하였다.

알다시피 인문사회과학 분야의 연구란 책이 없으면 불가능하다. 그러므로 도서관은 연구기관의 심장과도 같은 것이다. 그러니까 김 형은 미국에서의 한국학 연구의 중심지와도 같은 하버드 대학에서 바로 그 심장을 지키는 일을 정성껏 해왔던 것이다. 그러므로 김 형은 미국에서의 한국학 발전의 밑거름이 되었던 셈이다.

김 형은 지난 연말에 보내온 크리스마스 카드에서, 하버드에서 풀타임(full time)으로 쏟아져 들어오는 책과 씨름을 한 지 30년이 된다고 전하여 왔다. 그러면서 그 덕분에 5주라는 휴가를 더 받았지만 평상 것도 쓰지 못하고 넘기는데 아무런 소용도 없는 공치사같이 느껴진다고 하였다. 그러니까 휴가를 반납하고 도서관에서 책과 씨름을 계속할 계획이었던 것 같다.

그러면서 나더러 "더욱더 건강하여서 연구도 그렇지만 딴 일도 즐기기" 바란다고 하였었다. 간염으로 고생을 한다는 소식을 듣고는 연락이 닿을 때마다 걱정을 해주었었는데, 도리어 건강하던 김 형이 먼저 저승길로 떠나고 이렇게 내가 김 형의 추도문을 쓰게 되다니, 도무지 상상할 수가 없는 일이다. 인생은 무상하다고 하지만, 김 형의 부음에 접하여 그런 느낌이 더 절실하여진다.

그러나 김 형이 이룩한 미국에서 가장 훌륭한 한국학도서관은 길이 미국에서의 한국학을 키우는 데 밑거름이 될 것이다. 그러므로 이제 김 형의 육신은 이 세상에 없지만, 김 형의 업적은 영원히 살아 있다고 할 수가 있다.

삼가 김 형의 명복을 빌어 마지않는다.

〈『동아일보』, 1989년 1월 18일〉

이병도(李丙燾) 선생을 삼가 애도함

선생을 처음 뵌 것이 1942년 봄의 일이었으므로 거의 반 백년 가까이 선생을 스승으로 모셔온 셈이다. 그 오랜 동안 선생의 제자라는 말을 듣기에는 너무도 부끄러운 존재였던 것 같다. 나이가 들면서는 선생의 크신 학은(學恩)에 조금이라도 보답해 드려야 한다고 생각은 하면서도 도리어 빚이 늘어만 가는 듯한 느낌을 숨기지 못했었다. 이제 생전에 다시는 선생을 대할 길이 없게 되었으니 그저 회한만이 가슴속에 남을 뿐이다.

선생께서는 온유한 성품을 갖고 계셨기 때문에 대외적인 인간관계가 대단히 원만하셨다. 그러나 학문에 있어서만은 항상 엄격하셨고 제자들에게 높은 수준의 연구를 요구하셨다. 그리고 선생 스스로의 연구 성과에 대하여는 높은 학문적 자부심을 갖고 계셨다. 강의를 하실 때에는 자주 "다년간 나의 연구한 바에 의하면" 이란 말을 쓰셔서 제자들 사이에 하나의 유행어가 되었었는데 한 가지 사실을 밝히기 위하여 쏟은 많은 정력과 노력에 대하여 선생께서는 종종 언급하시었다.

'두계사학(斗溪史學)'으로 널리 알려진 선생의 학풍은 한마디로 실증(實證)을 중요시하는 데 그 특징이 있었다. 고대의 역사지리, 고려시대의 풍수도참설(風水圖讖說), 조선시대의 유학(儒學) 등 선생의 학문적 관심의 분야는 극히 넓은 것이었다. 그런데 이러한 모든 분야에서 선생께서는 진실과 거짓을 분명히 가려내도록 노력하시었다.

그렇기 때문에 어떠한 학파이거나 간에, 가령 유물사관에 입각한 것이더라도 역사적 진실을 증명하는 데 충실한 연구는 이를 높이 평가하셨다. 반대로 그렇지가 못한 것이면 누구의 것이든 비판을 서슴지 않으셨다. 선생께서는 학문의 세계에서 거짓이 개재하는 것을 용서하지 않으신 것이다. 이렇게 함으로써 우리나라의 역사학이 학문으로서 확고한 기반을 갖도록 하신 것이다.

이러한 학문적 활동을 선생은 진단학회(震檀學會)를 통하여 구체화시키었다. 일제치하인 1934년에 창립하여 지금까지 55년 동안 키워온 진단학회를 선생께서는 자신의 분신과도 같이 아끼고 사랑하셨다. 선생께서 진단학회를 통하여 우리 학계에 끼친 공로는 영원한 생명을 갖고 길이 살아 있을 것을 믿어 의심하지 않는다.

오랜 동안의 고달픈 연구생활, 학문활동에서 해방된 선생의 영혼이 이제 고요한 평안을 누리시기를 이 어리석은 제자는 손 모아 빌 뿐이다.

〈『동아일보』, 1989년 8월 15일〉

김재원(金載元) 선생을 추도함

　선생께서 정년으로 국립박물관장의 자리에서 퇴임하는 기념식에서였다. 선생께서는 해방된 직후 그 직책을 자진하다시피 해서 맡았던 것인데, 그 뒤 25년 동안 그 자리를 한 번도 뜨지 않고 물러나게 된 것을 기뻐한다고 하시었다. 그리고 이어 죽어서 다시 태어난다고 하더라도 또 박물관장이 되고 싶다고 하시었다. 그러니까 선생께서는 박물관장직을 천직으로 생각하였던 것이 틀림없다. 그만큼 선생은 박물관을 사랑하였고, 또 박물관을 위해서 많은 일을 하시었다.

　선생이 쓰신 「박물관장 25년」이란 글을 읽어 보면, 해방과 6·25의 격동기에 우리의 문화재를 지키기 위하여 얼마나 노심초사하셨는가가 잘 묘사되어 있다. 다만 선생의 천성이 활달하신 데다가, 지나간 일을 회상하는 글이라서겠지만, 문장에서 받는 느낌은 무용담을 듣는 듯한 인상이다. 과연 선생이 아니었던들 누가 그 어려운 일을 그렇게 차질 없이 감당해 냈을까 하는 생각을 금할 길이 없다.

　경복궁(景福宮)과 만월대(滿月臺)에 미군이 병사(兵舍)를 지으려는 것을 막아 낸 일 같은 것은, 선생 스스로가 자랑스러이 이야기하고 있는 것과 같이, 선생이기에 가능했던 것이 아니었을까. 선생께서는 국립박물관이 움직일 수 있는 문화재의 9할 이상을 소유하고 있는데, 이것이 파괴된다는 것은 서울시 전체가 잿더미가 되는 것보다도 더 무서운 일이라고 하시었다. 이렇게 우리의 문화재를 사랑하는 애정을 갖고 있었으며, 또 미군정청(美軍政廳)에 대응할 수 있는 능변으로 구사하는 외국어 실력을 가지었기에, 그 힘든 일을 능히 감당해 냈다고 믿는다.

선생께서는 박물관에서 근무하는 사람은 개인적으로 미술품을 소장해서는 안 된다는 신념을 갖고 계시었다. 누구나 몇 점의 미술품쯤 간직하고 싶은 것이 일반적인 심정이다. 나같이 미술사와는 거리가 먼 분야를 공부하는 경우도, 비록 보잘것없는 것이긴 하지만, 몇 점의 와당이나 토기·자기 등을 가지고 있다. 그런데 선생께서는 그것을 개인적으로 소유하지 않았다. 선생의 자택에는 미륵반가상의 모조품이 하나 있지만, 그 밖의 진품이 있는 것을 보지 못하였다. 그렇게 못 한 것이 아니라 안 한 것이다. 그러기에 경무대(景武臺)에서 꽃병으로 쓰겠다고 자기를 빌려 달라는 것을 거절할 수가 있었을 것이다. 이런 이야기를 말로 옮기기는 쉽지만, 실제로는 결코 쉬운 일이 아니다. 만일 자신이 그 자리에 있으면서 그런 요청을 받았다고 가정하고 생각해 보면, 과연 그것이 얼마나 어려운 일인가를 짐작할 수 있을 것이다.

우리 미술품을 몇 차례 해외전시하는 어려운 일을 하여, 한국이 역사가 오래된 문화국이란 인식을 세계에 널리 알리는 공을 쌓은 것은 다 아는 일이다. 그와 아울러 우리의 미술사를 여러 외국어로 써서 출판하셨다. 여러 미술사 중에서 대표적인 것은 영애(令愛)인 김리나(金理那) 교수와의 공저 『한국미술』(탐구당, 1971)일 것이지만, 이 책은 영어·일본어 등으로도 출판되었다. 선생께서는 미술사가 단순히 미술품의 아름다움을 감상하는 것이어서는 안 되고, 미술양식의 변천을 체계화해야 한다는 확고한 인식을 가지고 있었다. 이 관점은 우리 미술사학에서 중요한 전환점이 되고 있는 게 아닌가 한다.

또 단군신화를 중국의 무씨사당(武氏祠堂) 화상석(畵像石)의 그림과 비교하여 고찰한 『단군신화의 신연구』(정음사, 1947)는 해방 직후에 간행된 것인데, 그 뒤 판을 거듭하여 오늘에 이르고 있다. 이 연구의 큰 공헌은 단군신화가 『삼국유사』의 저자에 의하여 조작된 것이란 주장을 근본적으로 깨뜨려 버린 것이라고 하겠다. 그러므로 이 책은 단군신화 연구에서 획기적인 것이었고, 오늘날 단군신화를 말하는 사람은 이 연구를 빼고서 이야기할 수가 없는 형편이다.

이렇게 학문적으로 큰 성과를 남기었건만, 선생께서는 스스로 학자를 돕는 후원자로 자처하시었다. 여기에 또한 선생의 위대한 점이 있다고 생각한다.

해방 뒤에 활동이 부진하던 진단학회(震檀學會)에 활기를 불어넣은 것은 선생이었다. 고병익(高柄翊) 교수의 표현을 빌린다면, 이병도(李丙燾) 선생이 진단학회의 시조(始祖)라고 한다면, 선생은 중시조(中始祖)에 해당하는 셈이다.

진단학회에 활력을 불어넣은 계기가 된 것은 『한국사(韓國史)』 7권의 간행이었는데, 그 모든 일이 전적으로 선생의 계획에 의하여 추진된 것이었다. 또한 선생께서 과감히 새로운 세대의 젊은 학자들을 학회 운영에 참여하도록 이끌어 왔는데, 이것이 학회의 활동을 활성화하는 데 효과를 나타낸 것이기도 하였다.

미국 하버드 대학 하버드-옌칭 연구소의 연구비를 맡아서 관리하는 동아문화연구위원회(東亞文化硏究委員會)를 실질적으로 이끌어간 것도 선생이었던 것으로 알고 있다. 6·25 이후의 경제적으로 어려운 처지에 있는 학계에 적지 않은 도움을 준 이 연구비는 누구나 원하는 바였고, 따라서 때로는 인정에 이끌릴 법도 할 일인데, 그러한 인정을 배제하고 학문적인 발전에 도움이 되도록 운영해간 것이 선생이었다. 이 점에서 선생은 이상백(李相佰) 선생과 가장 뜻이 맞았던 것으로 보인다. 두 분이 모두 사리를 판단하는 높은 안목과

넓은 국제적 시야를 지닌 분들이었다.

선생만큼 학자를 양성하고 키우는 데 노력을 기울인 분도 드물 것이다. 선생께서는 우리 학계의 가장 중요한 일의 하나가 새로운 인재를 키우는 일임을 역설하시었다. 8 · 15 해방 당시 고고학과 미술사를 전공한 학자가 거의 없다시피 한 상황에서 그러한 생각이 더 절실하였던 것 같다.

선생께서는 한 사람의 학자를 양성하는 데 20년은 걸리는데, 그 20년 동안 순조로이 학구생활에 종사하도록 하는 것이 용이한 일이 아니라고 하였다. 그 어려운 일을 선생께서는 감당해 나갔던 것이다. 오늘날 우리 고고학계와 미술사학계를 이끌어 가고 있는 학자들 중에는 이 같은 선생의 노력의 결과로 연구에 몰두할 수 있었던 분들이 많이 있음은 널리 알려진 사실이다.

옛말에 덕을 쌓은 집에 복이 깃든다고 하였다. 선생의 자제들은 한결같이 우리 사회의 기둥이 되어 활동하고 있고, 더욱이 두 따님은 선생의 뒤를 이어 미술사를 전공하여 학계에 공헌하고 있다. 이것이 모두 선생께서 쌓은 덕에서 말미암은 것이 아닌가 하는 생각을 금할 길이 없다.

〈『空間』, 1990년 6월호〉

천관우(千寬宇) 형을 애도함

바로 며칠 전에 천 형으로부터 간단한 편지를 받았었다. 모 병원에서 쓴 것으로 되어 있는 이 편지에는 보내준 책을 잘 받았다는 말과 함께 건강제일주의로 살라는 당부가 적혀 있었다. 그래서 입원한 줄은 알았으나 아마 지금쯤은 퇴원을 했으리라고만 생각하고 있었다. 그것은 꼭 무슨 탈이 있은 때문이라기보다도 그저 허약해져서 입원하는 것이라는 말을 전해 들은 일이 있기 때문이었다. 그런데 천 형이 이렇게 세상을 떠났다는 소식을 듣고는 새삼 인생의 덧없음을 느끼게 된다.

유난히도 이 몇 년 사이에 은사와 동학(同學)을 많이 잃었다. 그런데 이제 또 천 형을 잃고 나니, 더욱 인생무상을 느끼지 않을 수 없다. 하긴 천 형은 6, 7년 전에 폐암으로 큰 수술을 받았었다. 하지만 그 자체는 후유증이 없는 걸로 알고 있었다. 그러므로 아마 하나님이 이 야박한 세상으로부터 천 형을 구원해준 게 아닌가 하는 생각을 해보기도 한다.

천 형은 분명히 우리 시대의 큰 별의 하나였다. 질투심이 날 정도로 천 형은 출중한 존재였다. 그러기에 은사이신 이병도(李丙燾) 선생께서는 군계일학(群鷄一鶴)이란 말로 천 형을 칭찬하기도 하였던 것이다. 무엇보다도 천 형은 시원스럽고 명쾌하게 일을 판단하고 처리하는 능력을 갖고 있었다. 나같이 식견이 좁고 판단력이 무디고 망설임이 많은 사람에게는 그저 부러울 뿐이었다. 그래서 나이는 한 살 아래이지만 오히려 형님과 같이 존경해온 터였다. 천 형이 언론계에서 혁혁한 공을 세운 데에는 이러한 박력이 하나의 원인이 되었을 것이라고 생각하고 있다.

천 형은 학문적인 활동에서도 이러한 장점을 잘 드러내고 있다. 흐트러진 실 꾸러미의 실마리를 풀듯이 착잡한 주제를 잘 풀어 나가곤 하였다. 그 바쁜 언론계의 생활 속에서도 연구실에서 공부에 전념하는 우리들 이상으로 뛰어난 업적을 낼 수 있었던 것은, 그러한 명쾌한 판단력에 연유하는 것으로 생각한다.

해방 후에 붐을 이룬 실학(實學) 연구의 선구자가 된 것이며, 우리나라 근대사나 조선시대의 제도 및 고대사 연구에 뛰어난 성과를 올린 것이며, 또 한국사의 대중화를 위하여 노력한 것이며 이 모두가 길이 기억되어야 할 천 형의 학문적 공헌인 것이다. 근자에 천 형은 오로지 학문에만 전념하기를 원하였고 또 모두가 그 성과를 기다리고 있었는데 이제 다시는 천 형의 글을 대할 길이 없게 되었다.

천 형을 생각할 때에 또 느끼는 것은 천 형이 심히 결벽성이 강했다는 사실이다. 세상에는 제가끔 스스로 결백하다고 생각하는 사람이 많겠지만, 실제로는 누구나 꺼림칙한 구석을 조금씩은 가지고 있게 마련이다. 그러나 천 형에게는 그러한 구석이 있을 것 같지가 않았다. 그 결벽성이 천 형으로 하여금 지나치게 술을 즐기게 하고, 그것이 우리가 얘기했던 것보다도 일찍 세상을 뜨게 한 것은 아닌가 하는 생각조차 들게 하는 것이다.

천 형이 "이번 연말연시를 입원 중에 보내니 여러 감회가 있습니다"라고 한 그 감회란 어떤 것이었을까. 그렇게 감회가 많다는 천 형을 한번 찾아뵈었어야 했을 텐데, 이렇게 유명을 달리할 줄 알았으면 만사를 제치고라도 꼭 가

서 만나 뵈었어야 했던 것인데, 그저 무심하게만 지낸 것이 큰 죄를 지은 것
같은 회한으로 남는다.

　이 세상의 일, 이 민족의 일을 누구보다도 많이 걱정하던 천 형이었는데,
이제 그 걱정으로부터 해방이 되었으니, 부디 영혼의 평안을 누리기를 두 손
모아 빌 뿐이다.

〈『한국일보』, 1991년 1월 17일〉

강진철(姜晋哲) 선생을 생각하며

강 선생께서 우리와 유명을 달리한 지 벌써 1년이 되어 간다. 이렇게 세월은 무심히 흘러갈 것이고, 그래서 선생에 대한 세상의 기억도 점점 희미해져 갈 것인가. 인생이란 원래 그렇게 덧없는 것인지도 모르겠다.

선생을 회상할 때마다 생각나는 것은 선생께서 그렇게도 애연애주(愛煙愛酒)하시던 모습이다. 선생께서 줄담배를 즐기시던 모습은 모두가 익히 보아온 터이고, 술 또한 반주를 거르지 않을 정도로 좋아하셨다. 나는 그것이 단순히 개인적인 기호에 그치는 것이 아니지 않았던가 하는 생각을 해볼 때가 있곤 한다. 일제하의 고난에 찬 시대에 나서, 해방 뒤의 곡절 많은 시절을 살아가면서, 선생은 그렇게 인생의 괴로움을 달랬던 것은 아니었던가 싶은 생각이 문득문득 들곤 하는 것이다.

선생께서는 학자로서의 일생을 오로지 우리나라의 토지제도에 대한 연구에 바치었다. 특히 고려시대의 토지제도가 그 중심적인 과제였는데, 그것은 고려시대를 우리나라 역사의 큰 전환기로 이해한 때문이었다. 그 성과로서 『고려토지제도사연구』와 『한국중세토지소유연구』의 두 저서를 남기었는데, 이들은 우리나라 토지제도사를 연구하는 데 있어서는 반드시 딛고 넘어가야 할 필독서가 되었다. 그러므로 우리나라 사학사(史學史)에서 뚜렷한 발자취를 남긴 셈이고, 따라서 선생께서는 우리와 더불어 길이 살아 계시는 것이라고 생각한다.

이 전문적인 연구의 성과를 바탕으로 하여 우리나라 역사의 전반에 대한 선생의 생각을 정리한 것이 바로 이 『한국사회의 역사상(歷史像)』에 실린 글들인 것이다. 그러므로 이 책은 선생을 이해하는 데 중요한 구실을 할 것이고, 또 보다 많은 사람과 친숙할 수 있을 것으로 믿는다.

이 책에 실린 글들을 모아 정리해서 출판하는 일을 맡은 박용운(朴龍雲) 교수가 이 책의 출판을 알리면서 나더러 책머리에 글을 쓰라고 한다. 다 알다시피 원래 나는 시대구분 문제나 군인전(軍人田)의 문제에 있어서 선생과는 의견을 달리하고 있다. 그래서 선생과는 논쟁을 거듭하여 지내온 터였다. 그랬건만 선생께서는 이 후배를 따뜻이 감싸 주었고, 내가 중심이 되어 편집해 내는 『한국사 시민강좌』에도 적극 호응하여 여러 차례 기고를 해주었다. 그러한 호의에 대하여 늘 고맙게 생각해 오던 터이므로, 주제넘은 일인 줄을 알면서도, 감히 뿌리치지 못하고 몇 마디 말로 책임을 면하고자 하는 것이다.

이 자리를 빌려 다시 한번 머리 숙여 선생의 명복을 비는 바이다.

〈『한국사회의 역사상』, 일지사, 1992년 3월〉

김원룡(金元龍) 선생의 별세를 슬퍼함

작년 가을에 선생이 폐암 3기라서 이제는 돌이킬 수 없을 정도라는 말을 들었지만 그것을 본인한테서 웃는 얼굴로 전해 들은 때문이었는지 별로 실감이 나지 않았었다. 그 후 면회를 안 할 뿐 아니라 기침이 심하여 전화도 안 받는다고 하여 그동안 목소리조차 듣지 못하고 지냈다. 그래도 다른 곳에 사무실을 얻고 매일 나가서 책을 읽는다기에 같은 서울에 산다는 든든함이 있었다. 그러다가 병원에 입원하였다는 말을 듣고서야 이제 때가 왔나 보다고 했었는데 결국은 우리와 유명을 달리하는 데까지 이르고 말았다.

선생은 해방 후 한국사를 연구하는 제1세대 학자의 선두주자였다. 그의 전공이 무어냐고 물으면 당연히 한국고고학이라고 대답해야 할 것이다. 발굴현장에 정신 없이 뛰어다니던 때의 일화는 이루 다 말할 수 없을 정도이고 또 많은 발굴 보고서를 냈다. 뿐만 아니라 한국고고학 입문의 고전이 되다시피 한『한국고고학개설』을 위시해서『한국고고학연구』,『신라토기의 연구』등 많은 연구업적이 있고, 또 무척 애를 쓰며 편집하던『한국고고학연보』13책도 잊을 수 없는 업적이다.

그리고 미술사에도 큰 관심을 가지고『한국미술사』를 위시해서『한국미술사연구』,『한국미의 탐구』등 많은 저술을 남겼다.

그런데 선생의 학문은 실은 고활자(古活字)연구에서 시작하였던 것이며 『한국고활자개요』를 비롯한 여러 편의 논문을 발표하고 있다.

선생 스스로는 해방 직후 우리 학계의 현실이 어느 한 부문에 전념하기를 허락하지 않는 상황에 희생이 되어 한 부문의 대가가 못 되었다고 겸손해하고 있다. 그러나 그는 항상 새로운 발상으로 우리나라 고고학과 미술사 연구에 남의 추종을 허락하지 않는 커다란 업적을 남긴 것이다. 그런 중에 많은 제자를 양성해 오늘날 우리 학계에서 활약하고 있는 뛰어난 고고학자나 미술사가들 중에서 그의 제자들이 절대적인 비중을 차지하고 있다고 해도 지나친 말이 아니다.

선생의 학문을 모르는 분들도 선생의 수필을 아는 분은 많이 있다. 『삼불암 수상록』, 『노학생의 향수』, 『하루하루와의 만남』 등으로 정리된 그의 수필의 특징은 자기의 결점이나 잘못을 솔직하게 고백하는 데에 있다. 그의 수필을 읽으면 절로 유쾌한 웃음이 나오게 마련인데 그것은 숨김없이 자기를 노출시키는 선생의 솔직 담백한 성품이 잘 나타나 있기 때문이다.

선생은 또 문인화(文人畵)를 즐겨 그려서 독특한 경지에 이르고 있다. 두 번의 전시회를 열기까지 한 그의 그림에는 이 추하고 욕된 세상으로부터 초월하기를 원하는 그의 인생관이 잘 나타나 있다.

이렇게 회고를 하다 보면 선생은 실로 다재다능하였다고 할 만하다. 그러나 다재다능이란 말로 선생을 평하고 만족해한다면 그것은 너무도 선생의 표면만을 본 것이 되지 않을까 싶다.

선생은 늘 마음속에 괴로움을 간직하고 살아온 것이 아닌가 하는 인상을 나는 지우지 못한다. 때로는 예사로운 한 마디 말, 예사로운 한 가지 행동에 대해서도 깊이 후회하는 것을 가끔 대하여 왔다.

그것은 선생이 깨끗하고 청렴결백한 생활을 일상의 지표로 하고 살아온 때

문이었던 것이다. 나는 선생의 이 생활태도를 모르면 진정으로 선생을 이해
하는 것이 못 되는 게 아닌가 생각하고 있다.

열 사람의 의인이 없어서 소돔과 고모라는 유황불의 심판을 받고 멸망하였
다고 한다. 나는 이제 우리 학계를 유황불에서 지켜줄 수 있는 한 사람의 의
인을 잃은 것 같은 슬픈 심정을 떨쳐 버릴 수가 없다.

선생의 혼이 이제 영원한 평화를 누리기를 빌어 마지않는 바이다.

〈『동아일보』, 1993년 11월 16일〉

하타다(旗田) 선생의 학문적 양심

나는 원래 사교적이 못 되어서 대인관계가 매끄럽지 못할 때가 많다. 그러나 학문적인 교유(交遊)는 늘 나에게 마음의 만족을 가져다 준다. 이 세상에 정치가나 기업가가 없고, 학자만이 있다면 얼마나 편안한 세상이 될 것인가 하는 생각을 할 때가 가끔 있다.

하타다 선생과의 사귐은 이 같은 학문적 만남이었다. 선생의 저술을 통해서 이미 마음으로 가까워진 나는 1966년 처음 선생을 뵌 이후에 여러 차례 만나는 자리를 가짐으로써 더욱 가까워졌다고 할 수 있다.

나는 한국인로서는 선생의 저서에 대한 서평을 비교적 많이 쓴 편이 아닌가 싶다. 선생의 대표적 논문집인 『한국중세사회사의 연구(韓國中世社會史の硏究)』에 대한 서평을 『역사학보』 59호(1973)에 실었다. 이것은 책이 출판된 지 1년이 가깝도록 서평이 안 나오기에 내가 자진해서 썼던 것이다. 그리고 『일본인의 조선관(日本人の朝鮮觀)』 서평은 『교보문고(教保文庫)』 11집(1983)에 실었다. 이 책은 원래 1969년에 출판되었으나, 이기동(李基東) 교수가 한국어로 번역하여 『일본인의 한국관』이라 하여 1983년에 일조각에서 출판하였다. 내 서평은 그 한국어판에 대한 서평이다. 나 자신도 쓰고 싶던 차에 교보문고 측의 부탁을 받고 흔쾌히 썼던 것이다. 이 책은 특히 선생의 한국에 대한 따뜻한 애정이 담긴 책이기에 많이 읽도록 권하였던 것이다.

　그런데 그보다 앞서『조선사(朝鮮史)』에 대한 서평을 1970년에 쓰게 되었다. 이 책은 원래 1951년에 출판된 것이고, 그 다음해에 천관우(千寬宇) 씨의 서평이『역사학보』창간호에 실려 있는 것이므로 새삼스레 다시 서평을 쓸 게재가 아니었다. 그런데 이『조선사』의 영역판이 1969년에 나왔다. 그런데 지금껏 일본 학자가 쓴 2권의 영문 한국사개설서가 나왔으나 아직 한국학자가 쓴 것은 하나도 나온 것이 없었다. 그래서 유네스코 한국본부에서는 한국 학자가 쓴 영문판 한국사 개설서를 준비하고 있는 중이었다. 그러면서 나더러 영문판 한국사 개설을 쓰는 데 있어서 유의해야 할 점을 써달라면서, 겸하여 하타다 선생의 영문판『조선사』도 언급해 주었으면 좋겠다는 것이었다. 실은 당시 나의『한국사신론』도 영역된다는 소문이 널리 나있는 터여서, 좀 계면쩍게 생각하여 청탁을 거절하였다. 그러나 수차에 걸쳐 끈질기게 조르는 데 못 이겨 결국은 수락하게 되었던 것이다. 나는 이 서평에서 선생의『조선사』가 일본의 식민정책에 대한 엄정한 비판을 가한 것을 높이 평가하였다. 그리고 그것이 한국 학자들의 저술 이상으로 외국 독자들이 일본 식민정책을 이해하는 데 효용이 있을 것임을 지적하였다. 그러나 한편 조선후기를 절망적인 것으로 서술함으로써 한국에 대한 외국의 침략을 정당화할 위험성을 지니고 있는 것이라고 지적하였다.

　이 글은『코리아저널(Korea Journal)』10의 2(1970)에 실리었는데, 뒤에 나의『민족과 역사』(1971) 속에「영문 한국사의 문제」라는 제목으로 수록되었다. 나는 선생께『민족과 역사』를 보내드렸으므로 선생께서는 아마 거기에 실린 것을 읽었을 것이다. 그러나 나는 오랜 동안 그 글이 선생께 어떤 영향을 미치리라고는 전혀 생각하지 못하고 있었다. 왜냐하면 조선후기에 대한 그 같은 서술은 당시의 연구수준에 말미암은 것이며, 그것이 선생께서 한국사의 정체성을 인정하고 있어서 그런 것은 아니라고 생각하였기 때문이다.

그런데 언젠가 서울에 오신 선생께서 나의 『조선사』에 대한 서평을 읽고 그 책을 절판시켰다는 말씀을 하시었다. 동경(東京)에서 다시 만나 뵈었을 때에도 또 그 말씀을 하시는 것이었다. 전적으로 그랬다고는 생각되지 않지만, 그것이 하나의 계기가 되었던 것임은 사실인 것 같다. 나는 그저 죄송한 생각뿐이었다. 학자란 누구나 본인의 의도와는 어긋나는 내용을 그 당시의 연구 수준 때문에 쓰게 되는 것이 흔히 있는 일이다. 아무리 위대한 대학자라도 이러한 제약에서 벗어날 길은 없다. 해방된 지 얼마 되지 않은 1951년에 출판된 『조선사』도 그러한 실수를 지니고 있었던 것일 뿐이다. 그러므로 그대로 두더라도 크게 책잡힐 일은 아니다. 그런데 선생께서는 이를 곧 절판시키었다. 양심적인 학자만이 할 수 있는 일이다. 듣건대 『조선사』의 인세 수입은 선생의 생활에도 경제적으로 적지 않은 도움이 되었다고 하는데, 그렇다면 더욱 용단을 내리기가 힘들었을 것이다. 그런데 선생께서는 그 같은 용단을 내리셨던 것이다.

뒤에 선생께서 『조선사』의 수정판을 준비하고 계시다는 소식을 들었다. 일조각의 한만년(韓萬年) 사장은 그 수정판을 일본에서와 동시에 한국에서도 출판하기를 원하여 선생과 그렇게 양해가 되어 있었던 것으로 안다. 그러므로 나는 그 수정판이 하루라도 빨리 출판되기를 실로 학수고대하였다. 그러나 선생께서는 끝내 그 뜻을 이루지 못하고 세상을 뜨셨다. 아쉬움이 길이 남는 일이다. 그러나 선생의 깨끗하고 고귀한 학문적 양심은 길이 우리들의 가슴속에 살아 있을 것이다.

〈『追悼旗田巍先生』, 旗田巍先生追悼集刊行會, 1995년〉

꿈을 먹고 살던 분

윤덕선(尹德善) 선생을 처음 알게 된 것은 1984년 봄이었다. 현승종 선생과 고병익 선생을 만나 한림대학교로 적을 옮기도록 종용받는 자리에서, 윤 선생이 한국에서 가장 우수한 대학을 만들 포부를 가지고 한림대학교를 설립하게 되었다는 취지의 말을 들은 것이다. 그러다가 윤 선생을 직접 만난 것은 한림대학교에 와서였다. 1985년 2월 말께 교수 세미나가 있었고, 3월부터 한림대학교에서 근무하기로 되어 있는 나도 출석하도록 초청되었다. 그 세미나 석상에서 윤 선생을 처음 만난 것이다.

그때 받은 첫인상은 선생이 패기에 넘치는 활동가라는 것이었다. 학교를 막 시작한 선생은 가슴에 장래에 대한 많은 계획을 품고 있던 때였다. 이미 그렇기 때문에 그러한 인상을 받았는지도 모른다는 생각을 처음에는 했었다. 그러나 실은 그것이 선생 일상의 모습임을 뒤에 알게 되었다. 선생이 과거에 걸어온 역정을 살펴보면, 항상 패기에 넘치는 생활을 해왔던 것임을 알 수가 있다.

한시라도 헛되이 허송세월을 하지 않는다는 것이 선생의 생활신조였던 것으로 보인다. 고등보통학교를 졸업하고 재수생활을 할 때는 "자전거 뒤에 신발·장갑·수건 들의 잡화를 싣고 염전을 돌아다니며 염부를 상대로 행상을

해서 꽤 재미를 보았다"라는 것만 보아도 이를 알 수가 있다. 선생의 가정형
편이 어려워서 그런 것이 결코 아니었다. 유복한 가정에서 행복하게 자란 선
생이었다. 그러나 "다 자란 놈이 부친이 벌어다 주는 것을 그냥 먹고 낭인생
활(재수)을 한다는 것은 나의 양심이 허락하지 않았다"고 한다. 생각하건대
선생은 그냥 재수 공부만 하는 것이 마음에 들지 않았던 것 같다. 무언가 일
을 하며 움직이지 않고는 못 견딘 것이 아닌가 싶다. 아마 이 같은 선생의 활
동적인 성격에다가 교육에 대한 경륜이 함께하여 한림대학교를 설립하게 되
었던 것으로 보인다.

선생은 한림대학교를 우수한 대학으로 만들기 위하여 심혈을 기울였다는
인상을 강하게 받는다. 별로 학교 일에 간여한 적이 없는 나도 그러한 선생의
패기를 피부로 느끼지 않을 수 없었다. 한림대학교는 설립 초기부터 널리 이
름이 나 있었다. 서강대학교의 창립 초기 사정을 알고 있는 나로서는, 설립
당시부터 한림대학교의 명성은 너무도 놀라운 것으로 받아들여졌다. 이것은
오로지 선생의 갖가지 새로운 발상으로 말미암은 것이었다.

그러나 선생은 세상에서 떠도는 명성에 만족하지를 않았다. 좀 더 훌륭한
대학, 좀 더 내실이 있는 대학을 만들기 위하여 늘 마음을 썼던 것으로 보인
다. 그러므로 교수들에 대한 불만도 있었고, 학생들에 대한 불만도 있었다.
좀 조급한 것이 아닌가 하는 느낌을 받을 정도로 선생은 교수나 학생들에게
바라는 바가 많았던 것이다.

이 같은 선생의 패기는 결국 선생이 꿈이 많은 사람이었기 때문에 생긴 것
이었다고 생각된다. 고희(古稀)를 넘기면서 엮어 낸 『낙엽을 밟으면서』란 저
서의 머리말을 보면, 선생은 스스로 "내일 이 지구가 없어진다 하더라도 나는
한 그루의 사과나무를 심겠다는 스피노자의 말을 생각하면서, 아직도 나는
이 삶이 끝날 때까지 꿈을 먹고 살면서 미래를 바라다보고 걸으련다"라고 하

였다. 이 말은 선생의 일생을 그대로 나타내준 말이라고 생각한다. 꿈을 먹고 살던 분, 이것이 바로 선생을 그대로 나타내 주는 것이 아닐까 하는 것이 나의 느낌이다.

  나는 주로 연구와 수업에만 관계해 왔기 때문에 학교의 일은 잘 모르는 편이다. 그런 중에서 한림과학원은 설립 초기부터 관계를 하게 되었는데, 이 한림과학원도 순전히 선생의 독창적인 생각에서 비롯된 것이었다. 1989년에 학생들이 학교 교사를 점령하고 교수들의 연구실 출입조차 못하게 하는 사태가 일어났다. 이 사태에 충격을 받은 선생은 스스로 이사장직에서 물러나 명예 이사장이 되었다. 그런 속에서 차라리 교수의 연구를 중심으로 한 대학을 만들어야겠다는 생각을 하게 된 것이 아닌가 싶다. 그런 연유로 해서 한림과학원이 생각나게 되었던 것으로 보인다. 한림과학원은 단순히 한림대학교의 교수뿐만이 아니라 전국의 우수한 학자들의 연구에 도움을 주는 기관이 되기를 원했었다. 그리고 장차로는 경승지에 독립된 건물을 짓고, 거기에 일정한 기간 동안 숙식을 하면서 자유롭게 연구와 토론을 할 수 있는 편의를 제공하려고 한다는 뜻을 여러 차례 밝혔었다.

  이같이 선생은 한국의 장래를 위하여 무엇을 하는 것이 좋을 것인가를 늘 쉬지 않고 구상하며 살고 있었다. 어쩌면 그러한 새로운 구상을 하는 것이 거의 체질화되어 있는 듯싶었다. 육체적인 건강과 정신적인 패기가 없이는 하지 못하는 일이다. 한림과학원의 역사연구 부문을 담당했던 나는 한국사의 쟁점을 차례로 검토해 가는 작업을 공동연구로 계속하였다. 선생은 한국사에도 관심이 많아서, 역사교육의 문제를 다루면 어떻겠느냐는 희망을 이야기한 적이 있다. 아마 학문과 교육을 연결지어 생각하는 선생의 뜻이 여기에 담겨 있는 것으로 생각되는데, 그렇다고 강요하는 것은 아니었다. 나는 우리나라 역사교육이 잘못되고 있는 것은 결국 가르칠 역사 자체의 내용을 제대로 알지 못해서 일어나는 것으로 평소 생각해 왔다. 그러므로 급선무는 한국사의 사실 자체에 대한 올바른 인식이라고 생각했던 것이다. 그래서 역사교육의 문제를 뒤로 미루어 왔다. 그리고 어느 정도 쟁점에 대한 검토가 끝나면 선생의 뜻을 받아들여 역사교육의 문제를 다루게 되기를 바랐던 것이다. 그런데 이제는 생전에 선생의 뜻을 받들지 못하였던 것을 후회하고 있다. 사실 나보다도 몇 배나 건강하던 선생이 그렇게 우리와 유명을 달리하리라고는 꿈에도 생각을 못했던 것이다.

쉬지 않고 새로운 발상을 내놓곤 하던 선생에게는 과욕이라고 할 정도로 하고 싶은 꿈이 많았다. 「이제 더 하고 싶은 일이 있다면」이란 글을 보면 선생은 세 가지 일을 구상하고 있었다.

하나는 사회의 정풍운동(整風運動)을 하는 것이요, 둘째는 신문사를 경영하는 것이요, 그리고 셋째는 도서관을 짓는 것이었다. 이러한 사업들이 왜 필요한가에 대해서는 선생은 여러 조목을 들어서 설명을 하고 있다.

가령 사회의 정풍운동이 필요한 데 대하여는, "이 민족에게 긍지와 자신감을 가지게 하는 데 있다"라고 하였다. "긍지와 용기와 희망을 가지게 하는 운동이 있어야 한다"라고도 하였다. 신문 경영에 대하여는, "결코 가치 없는 글로써 지면을 메우는 신문을 하지 않으려고 한다. 우리가 잘못하는 일은 가능한 한 작게 보도하고, 반성을 크게 다루어 활기찬 민족정신을 기르는 데 도움이 되는 신문을 만들었으면 한다"라고 하였다. 또 도서관에 대해서는, "학문의 자유를 만끽할 수 있고, 세계를 보는 눈을 키워 주며, 국제적 활동을 폭넓게 할 수 있는 도서관을 세우는 것이 소망이다"라고 하였다.

이러한 꿈에는 오늘의 한국을 위한 큰 경륜이 담겨 있음을 알 수가 있다.

만일 선생으로 하여금 좀 더 수를 누리게 하였더라면, 항상 패기에 넘치던 선생은 이러한 계획들을 실천에 옮겼을는지도 모르겠다. 그러나 이제는 이러한 꿈을 이룰 수가 없게 되었다. 이같이 많은 꿈을 간직한 선생이 어떻게 눈을 감을 수 있었을까 하는 생각을 해볼 때가 있다. 하나님이 선생을 좀 쉬게 하시려고 한 일인지도 모르겠다.

선생은 많은 꿈을 미처 이루지 못한 채 세상을 뜨셨다. 이제 남은 것은 선생의 뜻을 계승하는 일이다. 선생이 하고 싶어 하던 여러 꿈들을 누가 대신하기는 힘들 것이다. 그것은 선생의 독특한 스타일을 그대로 따르기가 힘들기 때문이다. 그러나 그 꿈들 중에서 도서관을 짓는 것은 지금이라도 이뤄드릴 수가 있는 일이 아닐까 하는 생각을 해본다. 더구나 선생이 마지막 정성을 다하던 한림대학교에 선생을 기념하는 훌륭한 도서관, 일송기념도서관을 세우는 일은 가능하고 또 바람직스러운 일이 아닐까 한다.

〈『주춧돌』(일송 윤덕선 박사 추모문집), 1997년 5월〉

한우근(韓沽劤) 선생 장례식 조사(弔辭)

한 선생! 한국사를 공부하는 해방 제1세대의 막내둥이가 우리 세대의 맏형이 마지막 가는 길목에 서서 이렇게 조사를 읽습니다.

이렇게 말하면 모두들 맏형이 먼저 가고 막내가 뒷바라지를 하는 것이 당연한 일인 듯 생각하겠지만, 사실 제 마음은 그렇지가 않습니다. 우리가 모여 앉아서 건강 이야기라도 하게 되면, 한 선생도 알다시피, 저야 늘 아프다는 말만 하지 않았습니까. 그러나 한 선생이야 아무 탈이 없이 건강하였던 것이고, 그래서 세상을 뜬다면 제가 먼저이려니 했던 것인데, 이제 아무런 예고도 없이 훌쩍 길을 떠나 버리니, 도무지 믿어지지가 않습니다.

한 선생의 건강의 비결은 욕심이 없는 데 있다고 믿고 있었습니다. 한 선생이 어찌 세상 돌아가는 일에 관심이 없었다고 할 수가 있겠습니까. 광주학생운동에 참여한 일로 해서 학교에서 퇴학을 당하였고, 학병(學兵)을 거부하여 석회산에서 돌을 캐는 고역을 치르지 않았습니까. 또 애국지사인 장지연(張志淵) 선생을 기념하는 위암상(韋庵賞)을 받은 석상에서는 감격하여 울먹이며 답사를 하던 한 선생을 저는 잊을 수가 없습니다.

그러나 개인적인 이기적 욕심을 최대로 억제하면서 살아온 것이 한 선생이었다고 생각합니다. 그래서 세상 일에 무척 어둡기도 하였던 것이 아닙니까.

목포에서 진단학회(震檀學會)가 주최하는 국제학술회의가 있어서, 일행이 새마을호 열차를 타고 가던 일이 기억나십니까. 유머를 좋아하는 한 선생은 가는 도중 내내 일행을 웃겼던 것이지만, 느닷없이 이같이 편안한 열차가 경부선에도 있느냐고 해서 모두를 또 한번 웃겼던 일 말입니다. 이같이 세상일을 모르고 사는 생활태도가 한 선생의 건강을 지켜 주었던 것이 아닙니까. 그래서 틀림없이 백세의 수(壽)를 누릴 것이라고들 했는데, 이렇게 훌쩍 저 세상으로 먼저 가버리니, 참말 사람의 일이란 알 수가 없는가 싶습니다.

한 선생! 한 선생은 세상일에 욕심이 없었으므로, 무슨 일에나 고집을 부리는 일이 없었지요. 그러나 학문에 대한 고집만은 누구보다도 강하였지요. 열심히 사료(史料)를 수집하는 일이며, 이를 정리하여 논문을 작성하는 일에 있어서, 항상 남보다 앞서 갔던 것이 아닙니까. 그러므로 성호(星湖)를 중심으로 한 실학(實學)의 연구에 있어서나, 조선 초기의 유교정치와 불교정책에 대한 연구에서나, 또 동학(東學)이나 개화기의 사회경제사 연구에서나, 모두 불멸의 업적을 남긴 것이 아닙니까. 이미 수집해 놓은 사료들이 많아서, 우리는 그 성과가 쉬이 정리되어 나오기를 기대하고 있었던 것인데, 그중의 하나를 정리하는 데 골몰하다가 끝내 생을 마치게 되었다고 전해 들었습니다. 안타까운 일이 아닐 수 없습니다.

그러나 한끝 생각해 보면, 죽음의 길이란 누구나 피할 수 없이 한 번은 가야할 길이 아닙니까. 학문하는 사람이 학문으로 인하여 그 길을 갔다고 하면, 그것은 영광스럽고 행복한 최후였다고도 할 수가 있는 것이 아닐는지요. 한 선생다운 최후였다고 생각합니다. 세상이 온통 혼탁하여져서, 그 혼탁한 물결이 학문의 세계까지 더럽히고 있는 현실 속에서 보면, 한 선생의 생활태도나 최후는 우리에게 빛이요, 소금이라고 생각됩니다.

그러나 한 선생, 장차 여럿이 모여 앉아 있는데, 으레 한 선생이 앉아 있어야 할 자리가 비어 있다면, 그 허전함을 무엇으로 메워야 할 것인지 모르겠습니다. 말이 없이 앉아만 있어도 우리의 마음은 든든할 터인데, 장차는 그렇지가 못할 것이니 실로 난감한 기분이 듭니다. 그러나 비록 몸은 떠났어도 마음은 늘 우리와 같이 있는 걸로 믿고 위안을 삼겠습니다.

한 선생! 부디 저 세상에서 무한한 평안을 누리기를, 한 선생의 덕을 사모하여 여기 모인 여러분들과 함께 간절한 마음으로 기원합니다.

〈1999년 9월 30일〉

영원한 청년 노평구(盧平久) 선생

노 선생을 처음 뵌 것은 일제 시대 동경에서였다. 정확하지는 않지만 아마 1942년쯤이 되지 않을까 싶다. 그때 나는 일요일마다 쓰카모토 도라지(塚本虎二) 선생의 성서집회에 나가고 있었다. 같은 기독교 청년회 기숙사에 있던 김흥호 씨(전 이화여대 교수)의 안내를 받아서 함께 나가곤 했던 것이다.

그런데 하루는 쓰카모토 선생이 몹시 언짢은 표정을 하고 강단에 서셨는데, 강의는 하지 않고 무어라 약간의 말씀을 하시고는, 누구든 할 말이 있으면 하라는 것이었다. 자연히 무거운 분위기가 강당 전체를 억누르고 있었고, 아무도 발언하는 사람이 없었다. 그러던 중 앞좌석에서 한 분이 일어나서 강당이 쩌렁쩌렁 울리는 목소리로 발언을 하는 것이었다. 옆에 앉아 있던 김흥호 씨가 저 분이 노평구 선생이라고 알려 주어서 처음으로 노 선생 이름을 알게 되었다. 당시는 한창 전쟁 중이라서 한국 사람들은 모두 기운이 꺾여서 사는 때였는데, 저렇게 동경 한복판에서 큰소리를 치는 한국 사람도 있구나 하는 통쾌감을 맛보았던 생각이 난다. 그러나 인사는 드리지 못하고 말았었는데, 뒤에 야나이하라 다다오(矢內原忠雄) 선생의 토요학교에서 선생을 만나 인사를 드리게 되었다고 기억한다.

그때부터 지금껏 나는 노 선생님을 영원한 청년이라는 생각을 가지고 대하

여 왔다. 노 선생이 90세가 다 되어 간다는 그 자연적인 연세가 조금도 실감
이 나지 않는다. 무엇보다도 말씀하실 때의 그 열정이 항상 젊다는 인상을 강
하게 안겨 준다. 노 선생은 남의 체면을 보고 말을 꾸미는 일이 없다. 생각하
는 그대로 말로 하고 글로 적으셨다. 그러므로 대단히 거칠다는 느낌을 받을
때가 있다. 그러나 그것은 결코 세속적으로 말하는 소위 거칠다는 것과는 성
격이 다르다고 나는 생각하고 있다. 거기에는 하나님을 두려워하고 정의를
존중하는 신앙의 힘이 작용하고 있다고 믿는 것이다. 이것이 노 선생을 지금
까지도 젊은 기운을 간직하는 영원한 청년이게 한 원인이라고 생각한다.

　노 선생의 젊음은 일을 하시는 데도 잘 나타나 있다. 신앙의 은사이신 김교
신 선생의 전집을 간행하고, 추억문집을 편집해 내고, 그리고 매년 거르지 않
고 기념 강연회를 개최해온 것 등을 생각하면 그저 감탄할 뿐이다. 추도문집
을 편집할 때에는 저에게도 아버지로부터 들은 이야기 같은 것을 써달라는
부탁이셨다. 그래서 생각하는 대로 몇 장을 써보았지만, 그것이 김 선생을 이
해하는 데 별로 도움이 되지 않을 것 같아서 결국 감히 드리지는 못하고 말았
었다.

　또 『성서연구』를 간행하시는 열정에 크게 감복하였다. 한 개인의 힘으로
해방 이후 지금껏 꾸준히 계속해서 간행하여 이제 500호가 된다니, 아마 우
리나라에서는 최초의 일이 아닌가 싶다. 나는 10여 년 전에 『한국사 시민강
좌』를 펴내면서, 김교신 선생이 『성서조선』을 간행하고, 노 선생이 『성서연
구』를 펴내는 방침을 따르려 한다는 뜻을 편집에 함께 참여한 동료들에게 전
하기도 했었다. 그러나 『한국사 시민강좌』는 반년간으로 1년에 두 권을 간행
할 뿐이므로 『성서연구』에 비길 바가 못 된다. 다만 늘 머릿속에서 『성서연
구』가 모범으로 되어 있는 것을 어찌할 수가 없다.

　노 선생은 결혼에 대해서 깊은 관심을 가지고 계신 것으로 안다. 언젠가 선

생께서는 결혼 주례를 하시면서, 결혼은 사람이 나고 죽는 것보다도 더 중요하다고 말씀하시는 것을 듣고 정신이 번쩍 드는 느낌을 가진 기억이 난다. 제 결혼식에도 참석하셔서 꾸지람의 말씀을 하셨던 것으로 기억하는데, 최근 전집에 실린 글을 읽고, 신앙에 서지 않으면 이 결혼도 실패할 것이라고 하셨고, 또 학문적인 성공 여부가 이 결혼의 성공 여부를 결정지을 것이란 말씀도 하신 것을 알게 되었다. 선생의 충고를 항상 가슴속에 지니고 있었더라면 좋았을 것을 하는 후회의 감정을 억누를 수가 없다.

　어느덧 나는 몇 분의 하나라도 노 선생을 본받으며 살아야겠다는 생각을 하게끔 되었다. 적어도 어떤 사실을 판단하는 데 있어서 노 선생께서는 어떻게 생각하실까 하는 질문을 스스로 해보게 되었다. 사람이 옹졸하다 보니, 항상 패기가 넘치는 선생이 더욱 마음속에 큰 자리를 차지하는 것 같다.

〈『성서연구』 500, 1999년 12월〉

이병도(李丙燾) 선생 추념사(追念辭)

　아무런 학문적 전통이 없는 황무지에서 풍요로운 학문의 발전을 기약할 수가 없다는 것은 당연한 일이다. 물론 지난날의 학문적 성과 중에는 이를 비판하고 버려야 할 것도 있을 것이다. 그러나 계승해야 할 것은 이를 살려서 발전시켜 나가는 것이 후학의 도리일 것이다. 이런 견지에서 볼 때에, 오늘의 한국사학은 과연 선학들의 학문적 성과를 정당하게 계승·발전시키고 있는 것일까 하는 의문을 가지지 않을 수가 없다. 심지어는 편협되고 자의로운 해석들이 학계의 풍토를 어지럽히고 있다는 느낌을 금할 수가 없다. 진리를 탐구하는 것을 목표로 하는 학문이 도리어 진리를 거스르고 있는 실정이라는 느낌을 받는 것이다.

　우리의 근대사학은 일제의 식민통치하에서 많은 고난을 겪어 왔지만, 그러면서도 다음 시대의 학문적 도약을 위한 발판을 마련해 왔다고 생각한다. 그러한 노력으로 구체화한 것이 민족주의사학, 사회경제사학 그중에서도 특히 유물사관 그리고 실증사학이었다. 이 같은 세 갈래의 커다란 조류는 때로는 서로 비판하기도 하고 때로는 서로 융합하기도 하면서 앞으로 전진해 왔다. 우리가 그들 선학의 구체적인 학문적 성과를 그대로 고스란히 계승하기는 힘들다. 어느 것이나 장점도 있지만 또 단점도 있기 때문이다. 그러나 이들의 장단점을 가려 가면서, 이를 발판으로 하고 최선의 길을 모색하도록 노력하는 것이, 오늘의 후학들에게 짊어지워진 책무일 것이다.

두계(斗溪) 이병도 선생은 일생을 오로지 학문 연구에만 전념한 학자였다. 선생은 한국사를 전공한 사학자로서, 실학의 전통을 계승하여 한국사의 진실을 객관적으로 그리고 합리적으로 구명(究明)하는 데 전력을 기울였다. 단순히 정확한 문헌고증에만 힘을 기울이는 것이 아니라, 세계사와의 비교를 통해서 보편타당한 결론에 도달하도록 노력하였다. 선생은 학문적 업적을 평가하는 기준을, 주의·주장을 넘어서, 오로지 그 연구가 객관적인 합리성을 지니고 있는가에 두고 있었다.

이러하였으므로 선생은 우리의 근대사학에서 실증사학을 대표하는 학자로 지칭되었고, 두계사학이라면 곧 실증사학을 말하는 대명사같이 되었다. 해방 이후 선생께서 대학의 강단을 지키며 많은 제자를 길러냄으로 해서 한국사학의 기반이 든든해졌다고 할 수가 있다. 선생이 한국사학을 객관적이고 합리적인 실증의 터전 위에 세우려고 한 기본정신이 계승되어 왔기 때문이다.

이미 이야기한 바와 같이, 실증사학이란 객관적이고 합리적인 방법으로 역사를 연구해야 한다는 방법론을 강조하는 것이다. 그러므로 그것만으로는 역사학이 학문으로서 완성되는 것이 아니다. 그러나 객관적이고 합리적인 고증을 거치지 않으면 그것은 이미 학문일 수가 없다. 오늘날과 같이 신화를 역사적 사실로 받아들여야 한다는 것을 민족의 이름을 빌어 정신적 협박을 가한다든가, 혹은 또 일정한 목적을 위하여 역사적 사실을 왜곡하는 경향이 확대되어 가는 현실 속에서, 객관적이고 합리적인 사실고증은 역사학을 학문으로서 지켜 가는 마지막 보루와 같이 되었다. 이 보루가 무너지는 날은 곧 한국사학 자체가 무너지는 날이다. 그러므로 선생이 남긴 근본정신이 오늘의 한국사학에서 확고하게 살려져야 한다고 생각하는 것이다.

　세월의 흐름은 실로 덧없는 것인가 보다. 선생께서 우리와 유명을 달리한 지가 벌써 10년이 되었다고 한다. 기록을 찾아보기 전에는 좀처럼 믿기지가 않는 것이다. 이제 선생의 10주기를 맞이하여, 선생께서 선두에 서서 창립하고 또 일생 동안 자신의 분신과도 같이 정성을 다하여 키워온 진단학회(震檀學會)가 선생을 추모하는 『진단학보』 특집호를 펴낸다고 한다. 응당 한 편의 논문을 기고하여 그 취지에 부응하도록 했어야 옳았을 터인데, 게으른 탓으로 인하여 어느덧 기약한 날짜를 넘기고 말았다. 이에 편집의 책임을 맡은 진단학회 회장의 청을 감히 거역하지 못하고, 선생께서 남기신 학문적 정신을 다시 일깨워 보는 기회를 가짐으로써 맡겨진 책임을 면해 보고자 하는 것이다.

〈『진단학보』 88(두계 이병도 선생 10주기 추념호), 1999년 12월〉

와그너 교수 별세를 애도하며

오늘날 미국에서의 한국사 연구는 괄목할 만한 성과를 거두고 있어서 국내 학자들도 이를 참고하지 않을 수 없게 되었다. 그러한 발전이 어느 한 사람의 노력에 의해서 이루어졌다고는 생각하지 않지만, 그 같은 성취의 기초를 닦은 학자가 바로 에드워드 와그너 교수였다고 하지 않을 수 없다. 그는 무엇보다도 미국에서의 한국사 연구를 진정한 학문적인 수준으로 끌어올렸다. 스스로 큰 연구성과를 올렸을 뿐만 아니라 많은 제자를 양성하였다. 지금은 그의 손제자에 해당하는 학자들이 미국의 한국사 연구를 주도하고 있는 실정이다.

와그너 교수는 세속적인 욕심이 없는 순수한 학자였다. 그는 사료의 글자 한 자 한 자를 소홀히 하지 않는 철저한 고증을 통하여 학설을 세우려 하였고, 또 그렇게 제자들을 지도하였다. 세상의 어느 곳을 가도, 특정한 목적 의식을 가지고 사실을 왜곡하고 비뚤어진 해석을 일삼는 사람들이 있게 마련이다. 그는 그러한 경향을 누구보다도 싫어하였다. 그래서 때로는 일반의 관심을 외면하는 것 같은 인상을 주기도 한다. 그러나 먼 훗날까지 남아서 학계에 영향을 끼치는 것은 결국 그러한 착실한 연구일 것이다.

조선시대의 사화(士禍)에 대한 연구로부터 시작한 와그너 교수는 조선시대

의 정치기구와 이를 움직인 양반에 대한 연구에 일생을 바쳤고, 뒤에는 중인
(中人)으로까지 범위를 확대하였다. 그 과정에서 과거제도의 중요성에 주목
하여 그 합격자에 관한 자료를 집대성하는 작업을 시작하였다. 그는 단순히
문과방목(文科榜目)에 기재된 합격자의 가계뿐만 아니라 그 인척관계를 아울
러 조사하여 카드를 만들었다.

이 작업은 자연히 족보를 이용할 수밖에 없게 하였다. 그래서 하버드-옌칭
연구소의 동양학도서관 한국부는 한국의 어느 도서관보다도 많은 한국 족보
를 소장하게 되었다. 원본의 구입이 불가능하면 이를 복사하여 소장하였다.
이같이 족보의 학문적 중요성을 강조한 것도 그의 업적 중 하나일 것이다.

그렇게 광범하게 수집하여 정리된 자료가 공개되면, 조선시대를 연구하는
많은 학자들에게 지대한 편익을 제공하리라는 것은 국내외의 공통된 의견이
다. 이 사실은 그가 한국사의 학문적 연구에 정성을 다하여온 실상을 잘 드러
내 보이고 있다고 하겠다. 또 그가 얼마나 세속적 욕심이 없는 순수한 학자였
나 하는 것을 웅변하고 있다.

오늘날 어디서나 학문의 세계가 점점 세속화되어 가는 것 같다. 순수한 학
자가 그리운 때다. 이런 때에 진정한 학자 한 사람을 또 잃었다. 가랑잎이 모
두 떨어진 앙상한 나뭇가지를 보면서 와그너 교수가 별세했다는 소식을 듣는
마음은 쓸쓸하기만 하다. 길이 영혼의 평안을 누리길 빌 뿐이다.

〈『동아일보』, 2001년 12월 11일〉

제4편

국사 이야기

머리말

우리나라 역사에 관한 기초 지식이 없는 독자들이 흥미 있게 읽을 수 있도록 우리나라 역사 이야기를 써달라는 것이 편집자의 부탁이었다. 사실 전문적인 논문이 아닌 다음에야 역사 이야기는 흥미가 있어야 할 것이다. 그리고 그것은 결국 쓰는 사람의 능력에 달려 있는 문제이기도 할 것이다. 정작 붓을 들고나서야 이것이 얼마나 힘든 일인가를 새삼스레 느끼게 되었다.

그러나 독자 여러분께도 몇 가지 부탁을 드려 두어야 할 것 같다. 그것은 첫째로 우리나라의 역사를 내 자신의 일과 같이 알아보고자 하는 열의를 가져 달라는 것이다. 배고픈 사람에게는 맛없는 음식이라도 달게 먹히는 법이다. 이와 마찬가지로 우리나라 역사를 간절하게 알고자 하는 사람에게는 서투른 이야기라도 재미있게 읽혀질 것이다.

또 하나의 부탁은 우리나라의 역사에 대해서 과거의 막연하게 들어 온 나쁜 선입관을 버려 달라는 것이다. 대부분 일본 학자들에 의하여 조작된 나쁜 선입관들이 우리나라 역사의 올바른 모습을 흐리게 만들어 왔던 것이다. 이것이 우리 자신의 역사를 우리 스스로가 무시하고 경멸하는 고약한 풍조를 조장하였었다. 이 나쁜 풍조를 바로잡는 길은 깊은 애정이라고 믿는다. 그러므로 나는 독자들에게 먼저 우리 민족에 대한 깊은 애착심을 가져 달라고 호소하고 싶다.

만일 위의 두 조건이 갖추어진다면 나는 비교적 홀가분한 기분으로 이 글을 쓸 수 있을 것이다. 그러나 이것은 물론 나의 책임을 회피하는 도피구를 마련하려는 것은 아니다. 독자 여러분과의 따뜻한 공감 속에서 이 글이 씌어지기를 바라는 염원에서인 것이다.

이 「국사 이야기」는 딱딱한 개설(槪說)의 체제를 벗어나서 비교적 자유로운 기분으로 써나가고자 한다. 그러나 시대의 변천에 따라서 대체의 줄거리는 세워야 할 것이다. 그 줄거리의 기둥을 역사의 표면에 나서서 활약한 주인공들의 사회적 성격에 두고자 한다. 이 방법은 반드시 가장 좋은 길이 아닐는지 모르겠으나, 비교적 흥미 있게 우리나라 역사의 커다란 흐름을 이해할 수 있는 편리한 길이 아닐까 하고 생각하기 때문이다.

〈『한양』, 1965년 12월호〉

제1화 족장들의 시대

1. 즐문토기의 제작인들

즐문토기(櫛文土器)는 V자 모양으로 밑이 뾰족하고 회색 빛깔을 띤 토기이다. 이 토기의 표면에 빗 같은 것으로 점을 찍거나 선을 그은 것 같은 무늬가 있기 때문에 즐문토기라는 이름이 붙여진 것이다.

이 토기는 금속기와 함께 발견되는 일이 없고 오직 석기(石器)와 함께 나올 뿐이다. 이것은 이 토기가 신석기시대에 사용되던 것이었음을 말하여 주는 것이다. 이 토기는 주로 해안이나 하천변 같은 물가(水邊)에서 발견되기 때문에 이 즐문토기의 제작인들은 물가 생활자였다고 생각된다. 이들의 집은 움집(竪穴)이거나 동굴이었음이 알려지게 되었다. 즐문토기가 나오는 유적에서는 돌화살촉(石鏃)·갈돌(碾石) 등과 함께 뼈낚시바늘(骨釣) 등이 발견되고 있으므로, 그들은 사냥이나 고기잡이를 하고 살았으며, 짐승의 고기나 과실 같은 것을 연석에 갈아서 가루를 만들어 먹었던 것임을 짐작할 수 있다.

이 즐문토기는 우리나라뿐 아니라 멀리 스칸디나비아 반도에서부터 시베리아 동부에 이르는 유라시아 대륙 북부의 각지에서 발견되며 남으로는 일본에서 그 영향을 받았다고 생각되는 야요이토기(繩文土器)가 나오고 있다 그러므로 이 즐문토기의 제작인들은 시베리아 지방으로부터 우리나라에 들어와서 살았으며, 그 일부는 일본으로까지 건너갔던 것으로 짐작된다. 그들이 우리나라에 들어온 시기는 대략 B.C. 2천~3천 년 전일 것으로 추측되지만, 그 이후 청동기문화가 들어올 때까지 오랫동안 우리나라의 주인공으로 있었다.

이들이 들어오기 전에는 구석기시대인이 살고 있었다. 최근 남한과 북한의 몇 군데에서 그 유적이 발굴되고 있다. 그러므로 우리는 가까운 장래에 그들의 생활상을 알 수 있겠지만, 아직은 그들에 대해서 자세한 이야기를 할 수가 없다. 이 글에서도 신석기시대의 주인공들로부터 이야기를 해나가는 까닭이 여기에 있는 것이다.

오랜 동안 즐문토기 제작인들은 신석기문화를 갖고 조용한 생활을 즐기었다. 그들은 서로 핏줄기가 가까운 사람들끼리 모여서 촌락을 이루고 공동체 생활을 하였다. 이것을 보통 씨족(氏族)이라고 부르는 것이다. 음식물을 얻기 위하여 고된 노동을 하였을 것이지만, 그들은 씨족의 엄격한 질서 속에서 서로 협동하는 정신을 지니고 있었다. 그러나 그들의 평화는 청동제의 무기를 지닌 무문토기(無文土器) 사용자들이 나타남으로써 깨어져 버리고 말았다.

2. 무문토기 제작인의 출현

무문토기 제작인들이 우리나라 역사에 등장한 것은 B.C. 6, 7세기경의 일이다. 그들은 시베리아 미누신스크(Minussinsk) 지방의 청동기문화를 가지고 우리나라로 와서, 신석기문화밖에 모르는 즐문토기 제작인들과 접촉하게 되었다. 그들의 우수한 문화는 쉽사리 구문화를 흡수 혹은 정복하여 새로운 역사의 주인공이 된 것이다.

무문토기는 작은 돌알〔石粒〕이 섞인 흙으로 빚어 만든 다갈색 토기인데, 모양은 타원형이고 밑은 평평하다. 소뿔과 같은 손잡이가 달리기도 하는데, 표면에 아무런 무늬가 없으므로 보통 무문토기라고 부르는 것이다. 이 무문토 기는 구릉에서 발견되고 있으므로 이를 사용하던 사람들은 구릉지대의 생활 자였을 것이다. 구릉에 자리 잡은 그들의 집은 네모진 움집이며, 중앙에는 불 피우는 화덕 장치가 있고, 둘레에는 나무 기둥을 세워 지붕을 덮도록 되 어 있다.

이 무문토기 사회에서 특히 중요시해야 할 것은 벼(稻)농사가 시작되었다 는 사실이다. 무문토기 유적에서 나온 유물 중에는 반달 모양의 돌칼(반월형 석도)이 있는데, 이것은 벼농사와 관계가 있는 물건이다. 추수를 할 때에 이 돌칼을 손에 쥐고 벼 이삭을 잘랐던 것이다. 이 반월형 석도는 중국을 통하여 들어온 것인데, 이로써 이때에 이미 우리나라에 중국지방으로부터 벼가 전해 졌다는 것을 짐작할 수 있다. 우리나라가 쌀을 주식으로 하게 된 것은 이때부 터이며, 이 이후 줄곧 농업사회로 발전하여 왔던 것이다.

청동무기의 사용과 농업의 발달은 사회의 모습을 크게 변화시켰다. 밖으로 는 전쟁에 의한 정복이 행해지고, 안으로는 씨족사회의 공동체적 질서를 흔 들리게 하였다. 사회는 점점 활기를 띠고 발전하여 가게 되었다. 이러한 과정 에서 역사의 무대에 등장한 것이 족장들인 것이다.

3. 지석묘의 주인공

청동기시대의 족장을 생각할 때에 제일 먼저 머리에 떠오르는 것은 지석묘 (支石墓)이다. 이 지석묘는 우리나라 각지에 허다하게 널려져 있다. 시골 여행 을 하노라면 길가의 언덕이나 밭이랑 속에서 넓적한 거석들이 여러 개씩 모 여 있는 것을 자주 발견하게 된다. 그것이 바로 지석묘이며, 우리나라에선 예 로부터 '고인돌'이라고 불러 왔다. 한강 이남에는 땅 위에 몇 개의 잔돌을 놓 고 그 위에 큰 개석(蓋石)을 올려놓은 기반식(碁盤式)이 많지만, 한강 이북에는 땅 위에 몇 개의 지석으로 네모난 방을 만들고 그 위에 큰 개석을 덮은 탁자식(卓子式)이 많다. 원래는 이 북방의 탁자식이 먼저 만들어졌는데, 뒤에 남방의 기반식으로 변화한 것으로 추측되고 있다.

처음에는 고인돌이 무엇 때문에 만들어졌는지에 대해서 여러 가지 억측들이 있었다. 혹은 이것을 제단(祭壇)이라고 보는 사람들이 있었다. 사실 아직도 여기서 제사를 지내는 경우가 흔히 있다. 혹은 또 가옥일 것이라고 생각한 사람도 있었다. 북방식의 큰 것인 경우에는 그 안에서 충분히 사람이 살 만도 하며 6·25동란 때에는 군대의 지휘소로 이용된 예가 있기까지도 하다. 그러나 이것은 무덤이었음이 밝혀졌다. 그 속에서 시체를 보호하기 위한 시설이 나타났으며, 때로는 인골(人骨)이 발견되기도 하였던 것이다.

지석묘가 무덤임이 밝혀진 뒤에도 그것이 만들어진 시대에 대해서는 해석이 구구하였다. 처음은 그것이 신석기시대의 무덤일 것이라고 생각했었다. 그 밑에서 간돌검[磨製石劍]이 흔히 발견되는데, 이 석검을 신석기시대의 것으로 보았기 때문이었다. 그러면 지석묘는 씨족사회의 공동묘가 된다. 이러한 공동묘에 관한 기록은 옥저(沃沮)에서 찾아볼 수 있는데, 옥저에서는 사람이 죽으면 우선 가매장을 하고, 살이 다 썩은 뒤에 뼈만 추려서 무덤의 입구를 열고 차례로 묻어 주었던 것이다. 지석묘가 이 같은 공동묘였다면 이것은 씨족사회의 공동체적 생활의 상징으로 생각해야 할 것이다.

그러나 지석묘에서 발견되는 마제석검은 실은 청동검을 본떠서 만든 것이며, 따라서 청동기시대 이후의 유물이다. 실제로 청동검이 지석묘에서 발견되는 경우도 있다. 그러므로 지금은 지석묘를 청동기시대의 유적으로 보게 되었다. 게다가 이것은 개인의 무덤이지 여러 사람의 무덤이 아니다. 무덤의 크기나 발견된 시체의 수가 이를 증명하고 있다.

때로는 그 길이가 28척을 넘고 보통 그 무게가 수십 톤에 이르는 거대한 개석을 얹은 지석묘가 개인을 위해서 만들어진 것이다. 그것도 수십 리의 먼 곳에서 석재를 운반해다가 만들었던 것이다. 이것은 그 속에 묻힌 사람이 상당한 수의 인간을 자기의 무덤을 만들기 위하여 동원할 수 있는 권력자였음을 말하여 주는 것이다. 그의 권력은 또 그 당대에 그치는 것이 아니라 대를 이어 세습이 된 듯하다. 그것은 지석묘가 한 곳에 적으면 3, 4기 많으면 수십 기씩 무리를 이루고 있으며, 때로는 일직선을 이루고 정연하게 나열되어 있는 경우가 있는데, 이들은 동시에 만들어진 것이 아니라 대를 이어가면서 시대를 달리하여 만들어졌다고 추측되기 때문이다.

지석묘는 우리나라에 처음으로 위대한 권력자, 정치적 지배자가 탄생했다는 것을 말하여 주는 좋은 기념물인 것이다. 씨족이나 부족의 족장들이 이제는 단순한 씨족이나 부족의 대표가 아니라 이를 지배하는 권력자가 되었다. 적어도 그 시초를 B.C. 10세기경까지 올려 잡을 수 있는 청동기시대의 일인 것이다. 바야흐로 우리나라 문명의 여명기요, 정치적 사회의 발생기라고 부를 수 있는 새로운 시대가 닥쳐온 것이다.

이 지석묘의 주인공인 족장들은 그 밖에도 자기의 권위를 나타내는 많은 물건들을 지니고 있었다. 청동검 같은 예리한 무기도 그 예의 하나다. 청동제품이 극히 귀한 그 시대에는 이것을 누구나가 가질 수는 없었다. 그것은 족장들의 독점물이었던 것이다. 하지만 족장들도 그들이 죽어서 지석묘에 묻힐 때 이 귀한 청동검을 부장(副葬)할 수가 없었다. 그래서 그것을 모방하여 만든 마제석검을 부장하였다. 그러므로 청동검이 지니는 권위는 대단하였을 것이다. 거울 뒷면에 꼭지가 둘 있고, 그 주위에 기하학적인 직선의 무늬를 넣은 다뉴세문경(多紐細文鏡)은 권위의 상징물로서 중요한 구실을 하였다.

4. 태양의 아들

권력을 가지고 지배하는 족장을 받드는 부족은 신석기시대의 부족과 같을 수가 없었다. 이 사회는 이미 정치적 성격을 지니고 있으며, 따라서 부족국가라고 불러야 할 것이다. 이 부족국가의 지배자들은 스스로 태양의 아들로 자처하는 경우가 많았던 것 같다. 이것은 말하자면 그들의 권위를 관념적으로 표현한 것이 될 것이다. 이것은 신석기시대 이래의 태양숭배신앙과 연결되는 것이지만, 그 원시적 신앙이 변모한 셈이다. 우리는 이러한 예를 후대의 설화 속에서 찾아볼 수가 있는 것이다.

우선 고구려의 시조(始祖)라고 전하는 고주몽(高朱蒙)의 이야기를 예로 들수가 있다. 주몽의 어머니는 유화(柳花)라고 불렀다는데, 그가 방 안에 있을 때 태양빛이 그의 몸을 비추었다. 유화가 몸을 피했더니 햇빛은 또 그를 따라와서 비추었다. 이로 말미암아 유화는 잉태하여 달이 차자 큰 알을 낳았다. 이를 괴이하게 여겨 밖에 버렸으나 새와 짐승이 모두 보호하므로 기이하게 생각해서 어머니 유화에게 돌려주었다. 유화가 이를 잘 싸서 따뜻한 곳에 두었더니 그 속에서 남아(男兒)가 껍질을 깨고 나왔다. 이것이 곧 주몽이었다는 것이다. 이 설화는 주몽의 아버지를 태양이라고 하였고, 따라서 그 아들도 아버지인 태양과 같이 둥근 알로 태어난 것으로 되어 있다. 나중에 여러 부족들과 연맹(聯盟)하여 고구려를 세웠다는 고주몽은 계루부(桂婁部)라는 부족국가의 족장이었던 것인데, 그는 스스로 태양의 아들이라고 칭하였음을 알 수가 있다.

박혁거세(朴赫居世)의 경우도 이와 거의 비슷하다. 어느 날 나정(蘿井)이란 우물가에 전광(電光)과 같은 이상한 기운이 땅에 드리우고 거기에는 한 마리의 흰말이 있었다. 6촌의 촌장(村長)들이 가서 보니 자색 알을 남기고 말은 하늘로 올라갔다. 그 알을 깬즉 거기서 남아가 나왔다는 것이다. 이들이 놀라서 동천(東泉)에 가서 목욕을 시켰더니 남아의 몸에서는 광채가 나더라는 것이다. 이로 인하여 혁거세라고 이름 지었는데, 또는 불구내(弗矩內)라고도 불렀다. 전광과 같은 이상한 기운이란 태양의 광선을 가리키는 것으로 생각되므로 혁거세의 아버지는 태양인 셈이다. 어머니는 말인 양 되어 있는데, 이것은 토템(totem)신앙에서 온 것일 것이다. 즉 혁거세의 씨족은 말 토템씨족이었던 것으로 생각된다. 그가 알로 태어난 것은 태양의 아들이기 때문이며, 그의 몸에서 광채를 발하였다는 것도 그 때문일 것이다. 이런 점은 그의 이름에도 나타나 있다. '박'은 '밝'을 음대로 적은 한자요, '혁'은 그 의역(意譯)일 것이다. '거세'는 '거서간(居西干)'의 '거서'와 같은 것으로 족장의 칭호이지 이름이 아니다. 그러므로 우리는 보통 '박혁거세'라고 부르고 있지만 실은 오직 '밝'이었음을 알 수 있다. '불구내'라는 별칭이 이를 뒷받침해 주고 있다. 박혁거세도 신라부족연맹을 형성하는 한 부족의 족장으로서 태양의 아들로 통하였음을 알 수 있다.

현재 남아 있는 단군신화(檀君神話)도 후대의 윤색이 섞여 있어서 소박한 옛 모습을 많이 잃고 있으나, 고주몽이나 박혁거세의 그것과 거의 마찬가지로 이해할 수 있다. 단군의 아버지는 환웅(桓雄)인데, 그는 천상에 있는 환인(桓因)의 아들이었다. 환인은 하느님을 표시하는 말일 것이며, 이는 태양을 신격화한 표현일 것이다. 고주몽이 스스로 천제자(天帝子)라고 칭하였다고 한 것을 참조하면 알 수 있다. 즉 단군은 태양의 손인 것이다. 그의 어머니가 곰으로 되어 있는 것은 단군씨족이 곰 토템씨족이었기 때문일 것이다. 장차 고조선(古朝鮮)을 건설할 중심 부족의 족장이었을 단군도 태양의 아들로 믿어졌음을 알 수 있다.

이 태양의 아들들은 인간 이상의 힘을 가진 주술사(呪術師)로 행세하였던 것으로 보인다. 단군이 곡식·생명·질병·형벌·선악 등의 일을 맡았다고

함이 이 사정을 말하여 주고 있다. 그것은 인간세계에 불행을 가져오는 악신
을 물리치고 행복을 가져오는 무거운 책임을 지고 있었다. 말하자면 그들은
정치적인 군장(君長)인 동시에 종교적인 주술사이기도 하였던 것이다.

5. 족장들의 연맹

각지에서 발생한 부족국가들은 점점 여럿이 뭉쳐서 하나의 연맹체를 구성
하기에 이르렀다. 말은 부족들의 연맹이라고 하지만 실상은 족장들의 연맹
이었다. 그 연맹체에서 발언권을 가지는 것은 부족원들이 아니라 부족장들
이었기 때문이다. 이러한 부족연맹으로서 제일 먼저 이루어진 것이 대동강
(大同江) 유역의 고조선이었다.

믿을 만한 중국 측 기록에 의하면 주(周)가 쇠하고 연(燕)이 왕을 칭할 무렵
인 전국시대(戰國時代) 초기에 고조선에서도 스스로 왕이라고 칭했다고 한다.
이 왕이란 칭호는 조그마한 부족국가의 족장에게는 적합하지 않았다. 더구
나 고조선은 이때에 연을 정복할 계획을 세우고 있었다고 한다. 이러한 모든
사실이 대동강 유역의 여러 족장들이 연맹에서 커다란 부족연맹체를 형성하
였음을 말하여 주는 것이다. 그 뒤 그 자손들은 점점 교학(驕虐)하여졌다고 중
국 측 기록은 말하고 있는데, 이것도 재미있는 표현이다. 중국인들의 고조선
에 대한 적대적 감정을 노골적으로 표시하고 있기 때문이다. 이 기록을 우리
입장에서 고쳐 쓴다면, 중국조차도 두려워하는 강대한 국가가 형성되었다고
해야 할 것이다. 입장이 다르면 역사의 서술도 이렇게 표현이 달라진다는 것
은 흥미 있는 사실의 하나이다.

그러나 고조선은 고도로 발달한 철기문화를 갖고 동방으로 진출해 오는 한
족(漢族)과 대항해야 하는 무거운 시련을 겪게 되었다. 고조선은 이 시련을 끝
내 감당해 내지 못하였다. 위만조선(衛滿朝鮮)을 거쳐 결국은 한(漢)의 사군(四

郡)이 설치되었다. 이 결과로 우리나라의 장자(長子)라고도 할 수 있는 고조선
의 정치적 성장은 영원히 좌절되고 말았다.

그러나 낙랑군(樂浪郡)에 포위망을 치듯이 그 둘레에는 우리 민족의 여러
정치적 세력이 자라나고 있었다. 북으로 송화강(松花江) 유역의 부여(扶餘), 압
록강(鴨綠江) 유역의 고구려, 그리고 한강(漢江) 이남의 한(韓) 등이 그것이었
다. 이들은 비록 약간의 차이는 있었으나 모두 부족연맹체로서 성장하고 있
었다. 이들은 비록 문화적으로는 낙랑 치하의 주민들보다 뒤져 있었으나, 독
자적인 사회발전을 기약받은 새로운 세력들이었다. 장차 낙랑군을 축출하고
우리나라 역사의 주도적인 구실을 담당할 강대한 고대국가의 성장은 이들 속
에서 이루어졌던 것이다.

6. 왕과 족장

부족연맹은 어떻게 형성되어 갔을까. 고주몽과 송양(松讓)과의 다음과 같
은 이야기는 이 점에 대해서 많은 암시를 던져 주고 있다. 주몽이 졸본(卒本)
부여(扶餘)에 자리 잡은 이후 비류수(沸流水) 상류에 있는 비류국(沸流國)의 지
배자 송양과 만나게 되었다. 주몽은 스스로 천제(天帝)의 아들이라고 하고
송양은 스스로 선인(仙人)의 후손이라 하며 각기 자기에게 복속하라고 하였
다. 결국 둘은 활로써 기(技)를 겨루게 되었는데 승리는 주몽에게 돌아갔다.
송양은 드디어 주몽에게 귀부(歸附)하고 주몽은 그를 다물후(多勿侯)로 봉(封)
하였다. 그 뒤 송양의 딸은 고구려 제2대 유리왕(琉璃王)의 비(妃)가 되었다고
한다.

이 이야기는 물론 후대의 윤색이 많이 섞인 것이기는 하지만, 대체로 고구
려 부족연맹을 형성한 가장 유력한 두 부족—아마 중국 측 기록에 나오는 계
루부(桂婁部)와 소노부(消奴部)—의 이야기를 전해 주는 것 같다. 그 두 부족장

중에서 유력한 족장이 왕으로 추대된 것이다. 나머지 한 사람은 후(侯)가 되었다든가, 그 딸이 왕비(王妃)가 되었다든가 하는 것은 왕이 그들과 굳게 결합하고 있었음을 나타내는 것이다. 왕은 가장 유력한 족장으로서 큰 왕궁을 짓고 그 권위를 과시하였다. 그러나 그의 권력이 그리 대단한 것은 아니었다. 부여에서는 흉년이 들면 그 책임을 왕에게 돌려서 혹은 갈아 치우자느니 혹은 죽여 버리자느니 하였다고 함에서 알 수가 있다. 그러므로 왕실(王室)도 교체되어서 고구려에서는 소노부에서 계루부로 왕위가 옮겨졌다고 한다.

부족연맹을 형성한 여러 부족의 족장들을 부여에서는 가(加)라고 불렀다. 가에는 마가(馬加)·우가(牛加)·저가(猪加)·구가(狗加) 등 가축의 이름을 붙인 네 가가 있어서 이들이 각기 사방의 하나씩을 주관하였다고 한다. 이러한 조직은 오늘날의 윷놀이 말판을 연상케 하고 있다. 윷놀이 말 이름이 도〔猪〕·개〔狗〕·걸〔馬〕·윷〔牛?〕 등으로 되어 있는 것이 부여의 제가(諸加)의 명칭과 서로 통하고 있으므로 더욱 그러하다. 이 가들은 모두 왕과 같이 그 밑에 사자(使者)라고 불리는 가신(家臣)을 거느리고 있었다. 고구려에서도 부여와 비슷하여 족장을 가라고 불렀는데, 이들도 역시 왕과 같이 사자를 가신으로 거느리고 있었다. 한(韓)의 부족연맹은 더 완만하여서 모두 78에 달하였다는 부족국가의 족장—신지(臣智)·읍차(邑借) 등으로 불리었다—들은 거의 독립적인 상태에 놓여 있었다. 그러므로 부족연맹시대는 아직 족장들의 시대였다고 할 수가 있다.

7. 가부장의 권위

족장들은 정치적으로 발언권이 강할 뿐 아니라 가족 내에서의 가부장(家父長)으로서의 권위도 십분 발휘하였다. 그들은 보통 여러 처를 거느리고 있었다. 이 일부다처제(一夫多妻制)는 조선시대(朝鮮時代)의 처첩제(妻妾制)로 변형

될 때까지 오래 계속되었지만, 그 시초는 이때에서 구할 수 있다. 일부다처의 가족에서 여러 부인들 사이의 질투를 금한다는 것은 당연하다고 하겠다. 부여에서는 질투하는 부인은 사형에 처하였다고 한다. 뿐 아니라 그 시체는 산 위에 버려서 묻지도 못하게 하였다는데, 죽은 뒤의 영혼에게 안식처를 허락하지 않는 것은 가장 가혹한 형벌이라고 할 것이다. 만일 그 시체를 거두어 가려면 우마(牛馬)와 같은 값비싼 재물을 바쳐야 했다고 한다. 장발미인(長髮美人)으로 유명한 고구려 중천왕(中川王)의 관나부인(貫那夫人)이 질투죄(嫉妬罪)로 사형을 받은 것을 실례로 들 수가 있다. 관나부인은 연씨(掾氏) 왕비를 질투하여 죄를 꾸며 죽여 버리려고 하다가 도리어 자기가 가죽 부대 속에 묶이어 강물에 던져졌던 것이다. 강물에 던져 죽이는 것은 우리나라 옛날의 사형의 한 방법이었다.

그러나 아직 원시적인 모계제(母系制)의 전통은 남아 있었다. 이 시대의 전형적인 혼인제도인 서옥제(壻屋制) 같은 데서 이를 찾아볼 수가 있는데, 서옥제란 이러한 것이었다. 혼인이 결정되면 신부집에서는 집 뒤에 소옥(小屋)을 짓고 이를 서옥이라고 불렀다. 신랑은 저녁이 되면 신부집 대문 앞에 가서 꿇어 엎드려 절을 하며 신부와 함께 자게 해달라고 빌었다고 한다. 빌기를 두세 번 하면 신부의 부모가 이를 허락하게 되는데, 신랑은 서옥에 돈과 비단〔錢帛〕을 쌓아 두고 또 아들을 낳아서 키운 뒤에야 비로소 신부를 데리고 자기 집에 갈 수 있었다는 것이다. 내가 어렸을 때만 해도 신랑이 장가를 가고 신부가 시집을 오는 기간이 1년을 넘어서 신부가 시집올 때에는 어린애를 안고 오는 것을 본 적이 있다. 지금도 시골서는 결혼을 하면 적어도 3일 동안은 신랑이 신부집에서 자게 되어 있다. 이것은 모두 이 서옥제의 유습(遺習)일 것이다.

이 서옥제 이전은 오늘날과는 오히려 반대되는 현상이 있었지 않을까. 우

리는 이 서옥제에서 하나의 과도적인 현상을 찾아볼 수 있을 것이다. 그러나
이 서옥제도 이미 가부장적인 가족제도가 성립하였음을 증명해 주고 있다.

8. 흥겨운 축제

부족들과 그들의 추대를 받은 왕이 사회의 지배세력으로 그 위세를 떨치고
있었지만, 아직 소박한 씨족 공동체의 전통은 남아 있었다. 부여나 고구려의
일반 민호(民戸)는 중국의 하호(下戸)와 같지만 노비(奴婢)처럼 부림을 받았다
고 하였음을 보면 그들이 사회적 정치적 경제적으로 무능하였음을 알 수 있
다. 그러나 이것은 그들에게 공동체적인 유제(遺制)가 오히려 많이 남아 있었
기 때문에 더욱 그렇게 보였을 것이다. 심지어 후진적인 한(韓)에서는 족장과
민호 사이의 상하 구별조차 흐려져 있었다.

이렇게 남아 있는 공동체적인 전통이 가장 뚜렷하게 나타나는 것은 축제
때였다. 흥겨운 축제가 되면 상하의 구별이나 남녀의 차별 없이 온 나라 사람
들이 한결같은 즐거움을 맛보았다. 그들은 서로 무리를 지어 밤낮을 가리지
않고 술을 마시며 노래 부르고 춤추었다고 한다. 이러한 축제는 그들의 가장
중요한 산업인 농업과 관련되는 것이었다. 우선 씨를 뿌리고 난 뒤인 5월에
는 농사가 잘 되기를 비는 기풍제(祈豊祭)가 있었다. 또 10월에는 가을걷이가
끝난 뒤의 추수감사제(秋收感謝祭)가 있었다. 이 추수감사제를 고구려에서는
동맹(東盟), 예(濊)에서는 무천(舞天)이라고 하였다 한다. 부여에서만은 영고
(迎鼓)라고 하여 12월에 있었는데, 이것은 수렵을 하던 유습이 아직 남아 있었
던 때문인 것 같다. 오늘날 전자는 단오(端午)로, 후자는 추석(秋夕)으로 그 전
통이 이어져 내려오고 있다.

이러한 축제에는 일정한 종교적 의식이 있어서 제사장이 이를 집행하였다.
한(韓)에서는 이 제사장을 천군(天君)이라고 불렀다는데, 그는 소도(蘇塗)라고

부르는 신성지역을 주관하고 있었다. 소도에는 큰 나무를 세우고 방울과 북을 달아 두었다가 종교적 의식에 사용하였다고 한다. 이들 제사장은 이미 신을 움직이는 능력을 가진 주술사가 아니라 신에게 기원을 올리는 것뿐이었을 것이다. 옛날의 족장들은 그들 스스로가 주술사였지만, 이제 제사장은 족장과 구별되었다. 이미 정치와 종교가 분리되었던 것이다.

〈『한양』, 1965년 12월호〉

제2화 왕관을 받드는 장군들

1. 고분과 금관

신라의 옛 서울이던 경주에 가보면 시가지의 일부를 포함한 여기저기에 허다한 고분들이 널려 있는 것을 볼 수 있다. 어떤 분이 경주에 다녀와서는 무덤만 실컷 보고 왔다고 불평을 하더라는 이야기를 들은 적이 있는데 그런 불평이 나올 정도로 고분은 큰 인상을 남겨 주는 것이다. 그중에는 무덤이라기보다는 산이라고 해야 좋을 봉황대(鳳凰臺) 같은 것도 있다. 사실 얼마 전까지만 하더라도 봉황대를 무덤이라고는 생각하지 않았다. 경주의 지세(地勢)가 봉황새가 날개를 펴고 날아가는 모양을 하고 있으므로 이 서조(瑞鳥)를 멀리 다른 데로 가지 못하게 하기 위하여 새알과 같은 산을 부러 만든 것이라고 생각했던 것이다.

이런 고분들이 고구려의 옛 서울인 퉁거우(通溝)나 평양(平壤) 근처, 또 백제의 서울이던 공주(公州)나 부여(扶餘)에도 많이 있다. 고구려에서는 처음 돌을 다듬어서 피라미드식으로 쌓아 올린 석총(石塚)을 만들었다. 뒤에는 토총(土塚)으로 변하였는데, 이 토총 중에는 석총에 주인공의 일상생활이나 사상 등을 보여 주는 훌륭한 벽화가 있어서 유명하다.

백제에서는 처음 돌을 무더기로 쌓아 올린 적석총(積石塚)을 만들었으나 이것은 역시 석총을 가진 토총으로 변하였으며, 때로는 벽돌을 사용하여 현실(玄室)을 가진 전축분(塼築墳)도 나타나고 있다. 이들은 모두 옆으로 출입구를 만든 횡혈식(橫穴式)무덤들이었기 때문에 도둑을 맞기가 쉬워서, 현실 속에 간직되어 있어야 할 부장품(副葬品)들을 지금 거의 찾아볼 수가 없게 되었다. 단지 그 웅장한 규모나 내부의 구조 및 벽화 등을 볼 수 있을 뿐이다.

그런데 신라의 고분들은 먼저 땅에다 광(壙)을 파고 시체를 묻은 뒤에 그 위에 돌과 진흙을 섞어 쌓아서 봉분(封墳)을 만든 수혈식(竪穴式) 고분이기 때문에 좀처럼 도굴할 수가 없었다. 금관을 위시해서 찬란한 순금제 부장품들이 경주의 고분에서 쏟아져 나오는 까닭이 여기에 있는 것이다.

금관이 나왔기 때문에 금관총(金冠塚)이라고 이름 붙여진 고분은 바로 봉황대와 이웃하여 있다. 금관총은 물론 어느 왕의 능이었을 것이지만, 이와 나란히 있는 봉황대도 왕릉일 것임이 분명하다.

봉황대 속에도 금관을 위시해서 많은 유물들이 아직 고스란히 보존되어 있을 것임도 의심할 여지가 없다. 이 봉황대를 교묘히 파서 원상을 그대로 둔 채 사람들이 드나들며 볼 수 있도록 한다면 그대로 산 박물관이 되리라는 어느 고고학자의 의견은 흥미 있는 제안이 아닐 수 없다.

금관은 그것이 지니는 선전적인 가치 때문에 일반에게 널리 알려져 있다. 그러나 그것이 예술적으로 특히 높은 평가를 받고 있는 것은 아니다. 세련된 미를 나타내 준다기보다는 차라리 권력자가 자기의 힘을 과시하려는 목적을 보다 더 가지고 있는 것이다.

금관을 쓰고 금대(金帶)를 두르고 금니(金履)를 신고 신하들을 굽어보는 왕—그들이 죽어서 묻힌 곳이 저 거대한 고분인 것이다. 그들은 이미 족장들의 대표자만은 아니었다. 신하들 위에 군림하는 군주(君主)였다. 그러므로 이 고총(高塚) 고분의 출현은 곧 전제적인 왕권이 점점 자라나고 있다는 증거가 되는 것이다. 부족연맹국가로부터 고대국가에로의 전환이 이루어지고 있는 것임을 알 것이다.

이 고대국가로서 우리나라의 역사상에 나타난 것이 고구려·백제·신라의 소위 삼국이었다.

2. 자라나는 왕권

고구려의 태조왕(太祖王)·차대왕(次大王)·신대왕(新大王)은 모두 형제로서 차례로 왕권을 차지하였다. 태조왕은 특히 오래도록 살았기 때문에 차대왕은 자기가 생전에 왕위에 오르지 못할까 두려워해서 불평을 하였다. 그 때문에 태조왕은 살아 있으면서 왕위를 동생에게 물려주었다고 한다. 신대왕의 뒤에는 그 아들 고국천왕(故國川王)이 즉위하였는데, 고국천왕이 죽은 뒤에 왕위는 또 동생 산상왕(山上王)에게로 갔다. 이 과정에 대해서는 다음과 같은 이야기가 전하고 있다.

고국천왕은 아들이 없이 죽었다. 왕비(王妃) 우씨(于氏)는 왕의 죽음을 남에게 알리지 않고 왕제(王弟) 발기(發岐)에게로 가서 "왕에게 아들이 없으니 그대가 이를 계승하라"라고 하였다. 발기는 왕이 죽은 줄을 몰랐기 때문에 형수인 왕비가 밤에 나다니는 것을 나무랐다. 이에 왕비는 다음 동생인 연우(延優)에게로 갔다.

연우는 왕비를 반가이 맞아들여 대접하고 함께 궁성으로 가서 즉위하고(산상왕), 드디어 형수 우씨를 자기 비(妃)로 삼았다. 이에 발기는 노하여 군대를 동원해서 왕궁을 포위하였으나 국인(國人) 중 따르는 자가 없어서 실패하고 말았다. 여기에 나타난 바로는 왕위가 동생에게로 갔을 뿐 아니라 왕비도 또한 동생이 차지하고 있다.

그런데 이 뒤에는 왕위가 동생에게로가 아니라 줄곧 아들에게로 갔다. 뿐

아니라 동천왕(東川王) 다음의 세 왕은 모두 동생을 반란죄로 죽이고 있는 것
이다. 아마 아들에게 왕관을 물려주는데 동생들이 적대적 존재로 생각된 때
문이 아니었던가 한다. 그렇지 않으면 왕제(王弟)들은 자기들이 왕위에 오르
지 못하는 것을 불만스레 생각하여 실제로 반란을 꾀하였는지도 모른다.

이상은 대략 2세기에서 3세기에 걸치는 고구려에서의 왕위 계승관계의 변
천이다. 이 과정 속에서 왕위가 형제상속에서 부자상속으로 넘어가는 동시
에 전제적 왕권이 성장하고 있는 것을 엿볼 수 있다. 백제에서도 초기에는 왕
제가 수상직인 내신좌평(內臣佐平)에 임명되었고, 신라에서는 왕제가 준왕(準
王)과 같은 존재인 갈문왕(葛文王)에 임명되던 사실 등에서 이와 비슷한 경우
를 추측할 수 있다. 형제상속은 연장자가 족장으로 추대되던 원시적 전통의
산물이라고 보아야 하겠는데 이러한 전통을 극복한 뒤에야 전제적 왕권이 확
립되었음을 알 수가 있다.

그런데 신라에서는 갈문왕의 왕비의 부(父)나 왕모(王母)의 부도 임명되었
다. 신라의 갈문왕과 비슷한 지위를 누리고 있는 백제의 고추가(古雛加)에도
역시 왕비족의 족장이 임명되었다. 백제의 내신좌평에도 역시 마찬가지였
다. 이렇게 왕비족의 지휘가 일정한 시기에 커다란 정치적 비중을 차지하고
있었던 것이다. 그 결과 마치 고구려에서는 고씨(高氏)와 명림씨(明臨氏), 백제
에서는 부여씨(扶餘氏)와 진씨(眞氏), 신라에서는 김씨(金氏)와 박씨(朴氏)가 각
기 왕족과 왕비족으로서 서로 결합하여 정권을 유지해 나가는 듯한 인상을
주는 시기를 가지고 있었다. 하여튼 왕권을 확립하기 위하여 이 왕비족의 정
치적 간여를 물리쳐야만 했을 것임도 또한 짐작할 수가 있다.

삼국은 모두 반드시 같은 과정을 밟으며 성장한 것은 아니었다. 그러나 비
슷한 현상들을 여기저기서 찾아볼 수가 있다. 위에서 말한 두 가지 현상도 그
러한 예에 드는 것이다. 그리고 이 왕권의 성장은 곧 고대국가의 발전을 가늠

하는 하나의 지표가 된다고 할 것이다.

이렇게 성장해 나가는 군주들은 자기네의 권위를 조상들의 빛나는 역사와 전통에서 찾으려고 하였다. 그 결과가 각기 자기 나라의 역사를 편찬하는 사업으로 나타났다. 즉 고구려는 국초에 유기(留記)를, 백제는 근초고왕(近肖古王) 때 서기(書記)를, 신라는 진흥왕(眞興王) 때에 국사(國史)를 각기 편찬한 것이다. 고구려의 유기 편찬 연대는 확실하지가 않으나 대략 소수림왕(小獸林王) 때쯤이 아닌가 한다. 하여튼 이렇게 자기 나라의 역사를 편찬하던 시기는 각기 세 나라가 고대국가로서의 체제를 대체로 갖춘 시기로 보아서 좋을 것이다.

3. 새 술은 새 부대에

527년(신라 법흥왕 14)에 법흥왕의 사랑하는 신하 이차돈(異次頓)이 사형을 받았다. 그의 죄목은 거짓으로 왕명을 전달하여 절〔佛寺〕을 지었다는 것이다. 사인(舍人)이라는 벼슬을 가진 이차돈은 왕을 가까이 모시는 오늘날의 비서와도 같은 직책을 맡고 있었다고 보이는데, 그가 왕명을 거짓으로 전하였다는 것은 적어도 이 시대에서는 상상하기가 힘들다. 실제로는 왕의 명을 받들어서 절을 지으려고 하였을 것이다.

중국 양(梁) 나라의 사신으로 승려 원표(元表)가 신라에 왔을 때부터 불교는 궁중에까지 알려졌었다. 그 뒤 법흥왕은 이 불교를 나라 안에 널리 펴려는 생각을 가지게 되었던 것 같다. 그 계획의 실천을 근신(近臣)인 이차돈에게 당부한 것이다. 그러나 여러 귀족들은 모두 불교를 펴는 데 반대하였다. 그들은 화백회의(和白會議)를 열고 이 창사(創寺) 계획을 중지시키기로 결의하고 그 책임을 왕에게 물었다.

법흥왕은 앞으로 나아갈 수도 뒤로 물러설 수도 없는 딱한 입장에 처하게 되었다. 이에 이차돈은 창사의 일은 왕이 모르는 자기 개인의 독단적인 처사라고 하여, 모든 책임을 스스로 짊어지게 되었다. 이리하여 이차돈은 형장의 이슬로 사라진 것이다. 그러나 여기에 이적(異蹟)이 나타났다고 기록들은 전하고 있다. 그의 목에서는 흰 젖이 솟아나고, 머리는 날아서 금강산(金剛山, 지금의 경주)의 꼭대기에 떨어졌다. 땅이 진동을 하고, 하늘이 캄캄하여지더니 꽃비가 내리었다. 이에 군신(群臣)들은 놀래어 드디어 신심을 발하여 불교를 받들게 되었다. 보통 법흥왕 14년(527)을 신라에서 불교를 공인(公認)한 해로 잡고 있는 것은 이러한 까닭에서인 것이다.

이 이차돈의 순교(殉敎) 사화(史話)는 우리에게 다음과 같은 점을 알 수 있게 한다. 우선 불교는 신라인이 동경하는 문화적 선진국인 중국으로부터 그 사신을 통해서 전하여졌다. 즉 불교는 중국문화를 받아들이는 큰 조류(潮流)를 타고 전해졌다. 다음으로 불교를 믿고자 한 것은 왕과 그 근신이었다. 말하자면 왕당파(王黨派)였다. 이에 대해서 이를 반대한 것은 화백회의를 구성하는 일반 귀족들이었다. 즉 불교를 받아들이느냐 거절하느냐 하는 의견대립은 곧 왕권과 귀족세력과의 대립을 말하여 주는 것이었다. 이것은 귀족들의 승리를 말하여 주는 것이다. 그러나 끝내는 불교가 받아들여졌다.

이차돈의 순교에 따르는 여러 가지 이적들은 그대로 믿을 수가 없다. 그가 순교한 후에도 약 7년 동안은 여전히 불교문제를 에워싸고 심각한 대립을 계속했던 것 같다. 그러다가 법흥왕 21년(534)에 이르러서야 비로소 불교의 신앙이 공인된 것이다. 하여튼 결국은 불교의 공인으로 결말이 났다.

이것은 끝내 왕권이 승리하였다는 것을 뜻하는 것이다. 불교는 왕권의 성장과 짝하여 받아들여진 것이다. 고대국가라는 새 부대에 담겨진 새 술인 것이다. 이리하여 신라의 귀족들은 하나의 왕을 받드는 신하일 뿐 아니라 같은 신앙을 가진 신도로서의 공감을 더하게 된 것이다.

고구려나 백제에서는 불교의 전래에 따르는 순교 사화를 기록에 남기고 있
지 않다. 이것을 민족성의 차이로 돌리려는 견해가 있으나 그런 것은 아니다.
이 두 나라는 불교를 말썽 없이 받아들일 만큼 중국 문화에 대한 이해가 깊었
고 또 왕권이 그만큼 성장하고 있었던 때문이었다. 그러나 이 두 나라에서도
모두 중국 사신의 파견에 따라서 불교가 왕실에 알려지고, 왕의 적극적인 수
용에 의하여 널리 믿어지게 된 경위는 신라에서와 다름이 없었다.

요컨대 불교는 왕실불교요 국가불교로서 받아들여졌다. 그러므로 호국신
앙(護國信仰)이 퍽 강하게 지배하였던 것이다. 죽은 뒤에 극락에 가기를 바라
는 내세신앙(內世信仰)은 거의 유행하지가 않았다. 개인의 내세 문제보다는
국가의 현실문제가 더욱 절실하였기 때문이었다. 현실의 세계와 관계가 깊
은 부처는 석가불(釋迦佛)이요, 미륵불(彌勒佛)이었으므로 이 두 부처를 극진
히 모시었다. 그중에서도 과거불(過去佛)인 석가보다는 미래불(未來佛)인 미륵
에 대한 신앙이 두터웠다.

신라에서는 심지어 미륵불이 화랑(花郞)이 되어서 국가를 지켜 준다는 신앙
이 널리 퍼져 있었다. 화랑 김유신(金庾信)도 그러한 미륵의 화신(化身)으로 믿
어져 왔던 것이다. 백제에서는 미륵불을 모시는 미륵사라는 큰 절을 지어서
호국의 도량으로 삼기도 하였다.

신라의 호국 도량은 황룡사(皇龍寺)였다. 여기에는 신라를 지키는 세 보물
중의 둘이 있었다. 장육불상(丈六佛像)으로서 인도(印度)의 아육왕(阿育王, 아소
카왕)이 불상을 만들려다 실패하여 바다에 띄워 보낸 금과 철로써 만들었다고
전한다. 다른 하나는 목조구층탑(木造九層塔)인데, 이는 일본(日本)·중화(中
華)·오월(吳越) 등 아홉 나라의 침략을 막기 위하여 세워진 것이라고 전한다.
탑신(塔身)의 높이가 183자, 철반(鐵盤) 위까지 합치면 225자에 이르렀다는 이
구층탑을 세운 것은 백제의 공장(工匠) 아비지(阿非知)였는데, 그는 찰주(刹柱)

를 세우는 날 본국이 망하는 꿈을 꾸고 이를 그만두려고 하였다. 그런데 어떤 노승과 장사(壯士)가 나타나서 찰주를 세우고는 사라졌다. 이에 아비지는 사람의 힘으로는 거역할 수 없는 일임을 알고 공사를 계속하였다고 한다. 이 황룡사를 에워싼 여러 가지 사화는 당시 사람들이 지니고 있던 불교신앙의 특징을 잘 나타내 주고 있다.

4. 귀족의 발생

고대국가가 성장하는 과정은 동시에 족장들이 귀족화하는 과정이기도 하였다. 부족연맹시대(部族聯盟時代)에 각지에서 독자적인 세력을 가지고 있던 족장들은 왕권의 강화로 중앙집권화되어 감에 따라서 서울로 올라오게 되었다. 그들은 원래의 세력의 크기라든가, 왕에 대한 충성도에 따라서 일정한 신분이 결정되고 거주지가 지정되었다. 이에 따라서 서울에는 부(部)의 조직이 이루어지게 되었는데 고구려와 백제의 5부, 신라의 6부 등이 그것이었다.

우리는 앞서 고대국가에서의 고총고분(高塚古墳)의 의미를 말하였지마는, 그 고분들이 모두 왕의 무덤인 것은 아니다. 오히려 그 대부분은 귀족들의 무덤인 것이다. 귀족들도 왕들의 그것을 닮은 커다란 무덤을 만들 줄 알았다는 것은 귀족들의 사회적 지위가 극히 높았다는 것을 말하여 주는 것이 아닐 수 없다.

귀족의 대표자들은 한자리에 모여서 국가의 중대한 일을 의논하여 결정하였다. 신라에서는 이것을 화백(和白)이라고 불렀다고 한다. 화백회의는 상대등(上大等)을 의장으로 하고 대등(大等)을 구성원으로 삼고 있었다. 이들은 왕위의 계승이라든가, 다른 나라와의 전쟁이라든가, 혹은 불교의 수용이라든가 하는 중대한 일들을 논의하였다. 안건을 결정하는 데 있어서는 만장일치의 원칙을 써서 한 사람이라도 반대하면 통과되지가 않았다. 또 서울의 동서남

북에는 네 영지(靈地)가 있어서 특히 중대한 일은 이들 영지에서 논의를 하였고, 거기서 결정된 일은 반드시 좋은 성과를 거두었다고 한다.

이러한 회의체(會議體)가 고구려나 백제에도 있었는지는 확실하지가 않다. 그러나 신라의 상대등과 그 말뜻이 비슷한 고구려의 대대로(大對盧, '等'을 '돌'로 읽으면 '對盧'와 음이 서로 비슷해진다)는 왕이 임명하는 것이 아니라 3년마다 귀족들이 선거하였다고 한다. 만일 이 선거에 불만이 있는 사람이 있으면 그는 자기의 군대를 거느리고 실력으로 당선된 자와 싸워서 이기는 편이 대대로에 취임하였다. 이때에 왕은 일체 간섭하지 않고 스스로 왕궁을 지킬 뿐이었다고 한다. 이 대대로의 선거제를 보면 고구려에도 귀족회의가 존재하였을 가능성이 크다고 하겠다.

백제에서도 선거로 재상(宰相)을 뽑던 모양이다. 재상을 뽑을 때에는 정사암(政事嚴)이란 바위 위에 3, 4명의 후보자 명단을 적어 놓고 조금 있다 가보아서 성명 위에 인(印)이 찍힌 자를 재상으로 삼았다 한다. 이 전설은 필경 재상을 선거하던 사실을 말하는 것임이 틀림없다.

그러므로 삼국은 모두 귀족들의 회의체가 있어서 거기서 국가의 중대사를 결정하였음을 짐작할 수 있다. 즉 이 시대의 왕권은 귀족들의 뒷받침 속에서 유지되어 나갔던 것이다. 이러한 뒷받침을 받지 못하는 경우에는 반란이 일어나게 되는 것이다. 고구려의 막리지(莫離支, 대대로)인 연개소문(淵蓋蘇文)의 시역(弑逆) 사건이나, 신라의 상대등인 비담(毗曇)의 반란 등이 그러한 예가 될 것이다. 따라서 삼국의 정치는 이를 귀족연합정치(貴族聯合政治)였다고 하는 것이 오히려 마땅할 것 같다.

5. 장군들의 활약

삼국시대의 귀족들은 모두 장군(將軍)들이었다. 이것은 그들이 단순히 무술에 능하였다는 뜻만이 아니다. 그들은 그들대로의 군대를 거느리고 있는 독자적인 군사력의 소유자였던 것이다. 고구려의 연개소문은 막리지 즉 대대로에 뽑혀 왕과 반대파를 숙청할 때에 자기 부의 군대를 동원하였다.

백제에서는 왕은 영동대장군(領東大將軍), 다른 귀족들은 관군(冠軍)장군·행로(行虜)장군 등등의 장군의 칭호를 각기 중국으로부터 받고 있었다. 이것은 백제의 행정조직체계와는 다른 사회실태의 일면을 나타내 주는 것으로 생각된다.

신라에서는 당(幢)이니 정(停)이니 하는 부대조직의 사령관을 장군이라 하여 이 자리에는 상류귀족들만이 임명되었다. 이 장군들은 형식상으로는 국가의 군사조직 속에 포함되어 있지만, 실제로는 그들의 지휘 밑에 있는 독자적인 병력을 거느리고 있었다. 그러한 군대는 당연히 일가친척을 중심으로 조직되었을 것이다. 그러므로 부자가 함께 전투에 참가하는 예를 많이 발견할 수가 있다. 가령 김유신(金庾信)은 아버지 서현(舒玄)과 함께 낭비성(娘臂城, 지금의 청주)에서 고구려군과 싸웠다. 또 황산(黃山, 지금의 연산)에서 백제의 계백(階伯) 장군의 군대와 싸울 때 장렬하게 전사한 소년 관창(官昌)은 그의 아버지 품일(品日)과 함께 출전하였다. 이러한 장군들의 충성에 의하여 그들의 총사령관인 왕의 위엄이 더욱 빛나고 또 국가의 밖으로의 발전이 약속되었던 것이다.

신라의 귀족장군들은 15, 16세의 소년시절에 대개 화랑으로 있었던 것 같다. 장군으로서 후대에까지 이름을 떨친 김유신, 죽지(竹旨) 등이 다 화랑 출신이었다. 화랑들은 장차 성년이 되어 장군이 될 수련을 쌓았다고 할 수가 있다. 화랑이 거느리는 낭도(郎徒)들 중에서도 국가를 위하여 전쟁에서 목숨을 버린 예를 많이 찾아볼 수가 있다. 김대문(金大問)이 그의 『화랑세기(花郎世記)』에서 양장(良將)과 용졸(勇卒)이 이로부터 나왔다고 한 것은 결코 과장이 아닌 것이다.

화랑도는 무술을 익힐 뿐 아니라 정신적인 도의교육에도 힘을 기울였다. 귀산(貴山)과 추항(箒項)의 두 청년이 원광법사(圓光法師)로부터 받았다는 세속오계(世俗五戒)는 화랑의 무리들이 몸에 지니기를 원하던 덕목들이었다. 세속오계라는 것은 임금을 충(忠)으로써 섬기며, 어버이를 효(孝)로써 섬기며, 벗과 신(信)으로써 사귀며, 싸움에 나아가 물러나지 말며, 살생(殺生)을 가려서 한다는 것이었다. 이 다섯 덕목은 모두 당시의 신라사회가 절실히 요구하는 것들이었다.

전제군주의 탄생, 가부장적인 가족제도의 발달, 화랑도나 군대와 같은 단체생활의 영위 등에 필요한 것이 충ㆍ효ㆍ신이었다. 나머지 두 덕목은 말하자면 전쟁도덕이었다. 대외적인 정복사업의 발전에 따라서 요구된 것들이었다. 이러한 덕목들이 무엇보다도 귀족장군에게 가장 요구되는 것들이었을 것이다.

화랑도는 그러나 이러한 구실만을 한 것이 아니었다. 이것은 훌륭한 종교적인 단체이기도 하였다. 이들은 명산대천(名山大川)을 찾아다니며 노래를 부르고 춤을 추었다고 한다. 어떤 이는 이를 신라인의 낙천적인 천성의 소치라고 한다. 그러나 그들은 명산대천에 유람을 간 것이 아니라 신에게 기도하기 위하여 갔던 것이다. 노래를 부르고 춤을 춘 것은 일종의 종교적 행사였다.

화랑 김유신이 산속에 들어가 삼국의 통일을 기원하였다는 이야기는 이를 증명해 주는 하나의 예가 될 것이다. 화랑이 처음 원화(源花)라 하여 여성이 되었고, 남성이 화랑이 되게 된 뒤에도 미모의 소년을 택하여 화장을 하게 하였다는 것도 이 종교적 기능을 말하여 주는 것이다.

화랑도란 원래 원시시대의 미성년 집회에 그 기원이 있는 것이다. 이것이 고대국가가 성립한 뒤에는 국가의 통제하에 귀족적인 단체로 개편되었다.

안으로는 정치적인 통일을 기하고, 밖으로는 영토의 확장을 꾀하는 시대적 요구에 부응하기 위해서였다. 화랑도는 이 시대적 요구에 부응하는 활동을 충분히 하였다고 하겠다.

6. 신분의 사슬

온달(溫達)은 6세기 말엽의 고구려 명장이었다. 그는 3월 3일의 낙랑구(樂浪丘)의 수렵대회(狩獵大會)에서 그 능력을 평원왕(平原王)에게 인정받아 출세하기 시작하였다. 그는 북주(北周)와의 전쟁에서 가장 뛰어난 공을 세웠고, 한강(漢江) 유역을 신라로부터 빼앗기 위하여 자진해서 출동하였다가 전사하였다. 이렇게 유명한 장군이건만 그는 장군으로서보다는 오히려 바보로서 더욱 유명하다.

그렇다고 그가 바보인 이유가 분명한 것도 아니다. 그는 얼굴이 못생겨서 우습기는 하였고 가난하여 밥을 빌어다 먹었으나 눈먼 어머니를 극진히 봉양하는 마음 착한 효자였다고 전하고 있다. 이러한 일들은 그대로 믿을 수도 없지만 설혹 그랬다 하더라도 그것이 바보라는 개념에 해당하는 것은 아니다.

그러면 온달은 왜 바보라고 불리었던가. 그것은 그의 신분과 관계가 있는 것 같다. 그는 아마 북주와의 전쟁 뒤에 왕의 사위가 되었던 것 같다. 그는 이 전쟁에서 왕의 생명을 구해준 것 따위의 특별한 전공(戰功)을 세웠고, 이로 인해서 왕은 그를 사위로 삼기로 약속하였던 것은 아닐까. 그러나 온달은 왕족과 결혼할 만한 신분이 못 되었기 때문에 상류귀족들이 이를 반대한 것은 아닐까. 왕도 고민하기에 이르렀다. 그러나 공주는 분연히 부왕(父王)의 은인의 아내가 된 것이다. 온달과 평강공주(平岡公主)와의 관계는 이렇게 생각해야 순탄하게 풀리는 것이다.

공주가 스스로 거지의 아내가 되었다는 것은 도저히 믿을 수 없는 이야기이다. 후대의 역사가들은 평강공주의 의협심을 과장해서 현재의 온달전(溫達傳)의 전반부를 꾸몄을 것이다. 이같이 고구려의 귀족사회에는 몇 개의 신분상의 계층이 있어서 이것이 출세·혼인 등 각 방면에 제약을 가하고 있었다고 생각된다.

백제에도 이와 비슷한 신분제도가 있었을 것이다. 그러나 가장 뚜렷하게 알 수 있는 신분제도는 신라의 골품제도(骨品制度)였다. 우선 신라의 왕은 성골(聖骨)만이 될 수가 있었다. 진골(眞骨)도 왕이 될 수 있게 된 것은 태종무열왕(太宗武烈王) 이후의 일인데 이때에 성골은 소멸되고 말았다.

진골은 원칙적으로 왕족(王族)과 왕비족(王妃族)에 한하였으나, 가야(伽倻)의 왕족이 여기에 겨우 끼어들게 되었다. 위에서 말한 화백회의는 이들의 독차지였다. 여러 행정기관의 영(令, 장관)이나 장군의 직(職)도 이들만이 할 수 있었다. 즉 정치와 군사의 실권을 진골이 독점하였던 것이다. 결혼도 그들 사이에서만 행하여졌다. 같은 진골 중에서도 가야왕족의 가문은 멸시되어서 좀처럼 왕족과 혼인을 통할 수가 없었다. 가야왕족의 계통인 서현(舒玄, 김유신의 아버지)은 갖은 고비를 겪고서야 겨우 왕족의 딸과 혼인할 수 있었다. 그의 딸 문희(文姬, 김유신의 누이)도 김춘추(金春秋, 太宗武烈王)와 결혼하기 위하여 죽을 고비를 겪어야 했던 것이다.

그러므로 진골이 아닌 육두품(六頭品)·오두품(五頭品)·사두품(四頭品) 등의 하급귀족들은 더 말할 나위도 없었다. 설계두(薛罽頭)의 이야기는 이를 웅변으로 말하여 주고 있다. 그는 진골이 아닌 하급귀족 출신이었다. 그는 신라에서 골품에 의하여 사람을 등용하고 재(材)나 공(功)은 생각지 않음을 불만스레 생각하여 중국으로 가서 비상한 공을 세워 영달하기를 기약하였다. 뒤에 그는 당(唐) 태종(太宗)을 따라 고구려군과 싸우다가 전사하였지만, 아마 이것을 영달할 기회를 얻으려고 한 때문이었을 것이다.

이와 비슷한 이야기는 이 밖에도 찾을 수 있다. 우리는 앞서 삼국시대의 정치를 귀족연합정치라고 하였는데, 그 귀족이란 신라에서의 진골과 같은 고급 귀족을 말하는 것임을 알게 되었다.

7. 밖으로 뻗어나는 힘

국왕을 중심으로 귀족 출신의 장군들로써 뭉쳐진 고대국가의 성장은 활기에 넘치는 시대를 만들어 주었다. 삼국은 모두 새로운 토지와 인간을 얻기 위하여 밖으로 활발한 정복을 꾀하였던 것이다. 이리하여 고구려의 광개토왕(廣開土王), 백제의 근초고왕(近肖古王), 신라의 진흥왕(眞興王)과 같은 위대한 정복군주들이 탄생하였다.

대외적인 발전 과정에서 가장 험난한 길을 걸어온 것은 고구려였다. 그것은 압록강(鴨綠江) 골짜기에서 자라난 고구려가 진출하려고 한 요하(遼河) 유역이나 대동강(大同江) 유역은 모두 중국세력의 지배 밑에 있어서, 한족(漢族)과의 투쟁 없이는 발전할 길이 막혀 있었기 때문이었다. 고구려는 이 숙제를 해결하고 이들 지방을 모두 차지하는 데 성공하였다.

고구려의 욕망은 중국을 쳐서 온 천하의 주인공이 되는 일이었다. 이를 위하여는 백제와 신라를 제압할 필요가 있었다. 이러한 고구려의 남하작전에 몰려서, 한때 평양까지 말발굽을 울려 고구려왕을 전사시킨 백제가 남쪽으로 쫓기어 갔다. 남쪽으로 몰린 백제를 재흥(再興)시키는 데 성공한 성왕(聖王)은 신라의 야심만만한 진흥왕과 연합하여 북상작전을 실시하였다.

이로 인하여 한때 옛 땅을 차지할 수 있었으나, 이번에는 신라군에게 몰려났다. 한강 유역은 이리하여 신라의 소유가 되었는데, 진흥왕은 또 가야를 완전히 멸망시켜 낙동강(洛東江) 유역을 모두 차지하고, 멀리 북으로는 함흥(咸興) 평야까지 점령하기에 이르렀다.

신라는 한강 유역을 차지함으로써 고구려와 백제를 모두 적으로 돌리는 고립상태에 빠졌다. 고구려의 온달이 신라를 치러 온 것도 이때의 일이었다. 백제가 자주 신라를 침범하여 김춘추의 딸과 사위를 죽게 한 것도 이 이후의 일이었다.

이에 신라는 중국과 손을 잡는 길을 모색하기에 이르렀다. 결국 중국의 힘을 업은 신라에 의하여 삼국이 통일되고 말았던 것이다.

그동안 고구려는 수(隋) 양제(煬帝)의 대군과 싸워 이를 이겼고, 또 당 태종의 침략을 꺾어 그 이름을 떨치었다. 고구려의 이러한 승전이 가지는 민족사적 의의는 매우 크다.

만일 이 전쟁에 고구려가 패했더라면, 그것은 고구려뿐 아니라 백제와 신라까지도 멸망의 길로 인도했을 것이다. 그러므로 고구려는 이 외적의 침략을 막음으로써 장차 닥쳐올 민족의 통일과 자주적 발전의 길을 터놓았다고 해야 할 것이다.

〈『한양』, 1966년 1월호〉

제3화 전제군주의 애환

1. 통일국가의 성립

641년에 즉위한 백제의 의자왕(義慈王)은 해동증자(海東曾子)라는 칭송을 듣던 효심이 지극한 명군이었다. 그는 왕위에 오른 다음 해인 642년(신라 선덕여왕 11)에 소백산맥(小白山脈)을 넘어 신라로 쳐들어가서 그 40여 성을 함락하였다. 이때 신라의 전방기지인 대야성(大耶城, 지금의 합천)도 함락하였으며, 성을 지키던 품석(品釋) 장군과 그의 아내요, 김춘추(金春秋)의 딸인 고타소(古陁炤)도 전사하였다. 이 패전으로 인하여 신라의 국경은 낙동강(洛東江)선으로 후퇴하는 위기에 처하였다. 대야성의 비극을 전해 들은 김춘추는 집 기둥에 기대어 서서 종일 눈을 깜박이지 않아 마치 정신 나간 사람과 같았다고 한다.

김춘추는 복수하기 위하여 원군을 청하러 고구려에 갔다. 그러나 이것은 위험한 모험이었다. 신라가 한강 유역을 차지한 이래로 고구려도 역시 신라를 적대시하고 있었기 때문이다. 더구나 바로 그해에 정권을 쥔 연개소문(淵蓋蘇文)은 안으로 무서운 독재를 할 뿐 아니라 밖으로는 강경한 외교정책을 쓰고 있었다. 연개소문은 김춘추더러 한강 유역을 돌려주면 청을 들어주겠노라고 하였다. 신라는 이 요구를 들어줄 수 없었다. 그것은 신라가 발전할 수 있는 길을 막아 버리는 거나 마찬가지였기 때문이었다. 김춘추가 이를 거

절하자 연개소문은 그를 감금하였다. 여기서 김춘추는 거북이에 의하여 용
궁으로 잡혀가던 토끼의 지혜를 빌리었다. 그는 본국에 돌아가면 왕에게 이
야기하여 요구를 들어주도록 노력하겠노라고 하였다. 이리하여 김춘추는 겨
우 무사히 돌아올 수가 있었으나 얻은 것은 없었다. 당대의 두 영걸(英傑)의
숨막히는 대결은 결국 1 : 1의 무승부였다고나 할까.

고구려에 기대할 수 없음을 안 김춘추는 이제는 당(唐)과 손을 잡을 수밖에
없었다. 그는 바닷길의 험난과 고구려 경비병의 위험을 무릅쓰고 당으로 갔
다. 이로부터 양국의 동맹은 더욱 굳어지고, 이 동맹군은 끝내 백제와 고구려
를 차례로 정복한 것이다. 그러나 이 양국의 동맹은 곧 파탄에 직면하게 되었
다. 처음부터 양군은 그리 화합한 것이 못 되었다. 신라의 군대가 황산(黃山)
에서 백제의 계백(階伯) 장군과 고전하여 약속한 기일에 늦게 도착하자 당나
라 장수 소정방(蘇定方)은 신라의 독군(督軍) 김문영(金文穎)을 벌주려 하였다.
이를 본 김유신은 노하여, 먼저 당군과 싸워 결전한 뒤에 백제를 치겠다고 하
였다 한다. 이때 그의 머리털이 꼿꼿이 서고 검은 절로 칼집에서 튀어나왔다
고 기록되어 있다. 결국 소정방이 굴함으로써 무사하게 되었으나 양군의 불
협화는 이런 이야기에서도 엿볼 수 있다. 당군은 백제와 고구려를 멸한 뒤에
평양(平壤)에 안동도호부(安東都護府)를 설치하고 신라까지를 포함하는 동방
세계 전체를 지배하려고 하였다. 이 당과 감연히 싸울 것을 주장한 것은 김유
신이었다. 당의 대원정군은 해상과 육지에서 모두 신라군에게 격멸되었다.
이리하여 신라는 삼국의 통일을 실질적으로 이룩할 수 있었던 것이다.

통일의 과업은 신라로서는 힘에 겨운 일이었다. 그러나 김춘추와 김유신은
이 어려운 과제를 해결하기 위하여 필요한 국민의 전투력을 단결시키는 데
성공한 것이다. 이 두 사람은 신라로 하여금 삼국의 통일을 이룩하게 한 두
기둥이었다. 동시에 안으로는 상류귀족의 전횡을 누르고 하급귀족들의 지지

속에서 전제적인 왕권을 굳게 하는 터를 닦은 인물이기도 하다.

2. 이단자의 승리

경주(慶州) 시가지의 동쪽에는 높이가 50미터가 될까 말까 하는 낭산(狼山)이라는 조그마한 산이 있다. 원래 나력(奈歷)이라고 불리던 이 산은 보잘것없는 얕은 산이긴 하지만 신라사람들이 우러러 신성시하던 산이다. 이 산의 여신은 신라를 지켜 주는 여러 산신들 중에서도 가장 존경을 받고 있었던 것이다. 남북으로 약간 길게 뻗친 이 산등성이의 남쪽 끝에 신라의 세 여왕 중에서 맨 처음인 선덕여왕(善德女王)의 능이 자리 잡고 있다. 여왕은 이 무덤자리를 자기 자신이 생전에 정하였다고 한다. 그리고 그곳을 불교에서 이르는 도리천(忉利天), 즉 33천(天)이라고 생각하였다. 그러므로 여왕은 죽어서 도리천에 가 살고 있는 셈이다.

선덕여왕은 진평왕(眞平王)의 딸이었다. 성골(聖骨)의 남자가 끊어졌기 때문에 성골인 그는 여자의 몸으로서 왕이 되었다고 한다. 그러나 안팎으로 다사다난한 시기에 위로 여왕을 받드는 것이 귀족들에게 불안한 점이 없었다고 말할 수 있을까. 여왕은 능히 백제와 고구려의 침략을 막아낼 만하며, 당과의 외교를 잘 꾸려 나갈 만하였던가. 모두 의심스러운 일이다. 여왕은 즉위한지 16년 만에 돌아갔는데, 그 최후는 과연 순탄한 것이 못 되었다. 화백회의(和白會議)의 의장인 상대등(上大等) 비담(毗曇)의 반란군이 궁성을 포위하고 있는 속에서 여왕이 갑자기 목숨을 거둔 것이다. 그런데 그 뒤는 또 여왕인 진덕(眞德)이 계승하였다.

이들 여왕의 존재는 신라사의 한 수수께끼이다. 골품의 문제만으로는 해결되지 않는 점이 있다. 그렇다고 우리에게 이 수수께끼를 풀 아무런 실마리도 없는 것은 아니다. 무엇보다도 선덕여왕을 에워싼 여러 신비로운 설화들이 그 실마리가 되는 것이다. 여왕은 정치적인 통치자이기보다는 오히려 종교적인 예언자와 같은 느낌을 주고 있다. 저 유명한 첨성대(瞻星臺)도 선덕여왕이 지었다고 하는데, 고대에 있어서 천문학(天文學)이 지니는 종교적 의미를 생각하면 무언가 연결되는 바가 있다. 그러므로 이들 여왕은 종교적인 면에서 국가의 권위의 상징으로 추대되었던 것은 아닌가라고 생각된다. 만일 이와 같다면 이 신비로운 종교적 권위를 등에 업고 정치의 실권을 행사한 사람이 따로 있었을 것이다.

비담은 상대등으로서 귀족의 최고 대표자였다. 이 정통적인 귀족세력은 왜 선덕여왕을 축출하려고 하였을까. 그것은 그 배후에 이단적인 요소가 숨어 있었기 때문이었을 것이다. 그리고 그 이단자란 선덕여왕을 받들고 비담과 싸운 김유신이요, 그 일파인 김춘추였음에 틀림이 없다. 김춘추는 진지왕(眞智王)의 손자였다. 진지왕은 진골로서의 사회적 규약을 어기고 서녀(庶女) 도화랑(桃花娘)과 사연(邪戀)을 하였다는 이유로 왕위에서 쫓겨난 왕이었다. 그 때문에 그의 자손들은 진골로 떨어졌으며, 또 전통적인 귀족들로부터는 사회적인 패배자로 돌림을 받았던 것 같다. 김유신은 대가야 왕실의 후손이었다. 대가야가 망하자 신라의 서울로 와서 진골의 대우를 받기는 하였으나 신라의 전통적인 귀족들로부터는 냉대를 받았다. 그의 부(父) 서현(舒玄)의 만명부인(萬明夫人)과의 혼인에 대한 이야기는 이 사정을 짐작케 하는 것이다. 비록 경우는 서로 다르지마는 이 두 이단적인 요소는 모두 귀족세력과 대항하여 전제왕권과 결합할 요소를 지니고 있었던 셈이다. 따라서 이 양자가 쉽게 서로 손을 잡을 수 있었다는 것도 짐작할 수가 있다. 이리하여 김춘추는 김유신의 매부가 되고 김유신은 김춘추의 사위가 된 것이다. 두 여왕을 계속 받들던 이들은 결국 여러 다른 귀족들이 추대한 알천(閼川)을 물리치고 김춘추가 왕위를 차지하게 하는 데 성공하였다.

태종무열왕 김춘추의 즉위는 신라사에서 하나의 커다란 전환기를 가져왔다. 이때에 삼국통일의 길이 트였고 또 전제왕권의 확립을 보았다. 이에 따라서 정치적인 권력기구에도 자연 변화가 생기게 되었다.

3. 상대등과 중시

651년(진덕여왕 5)에 신라에는 처음으로 집사부(執事部)가 설치되었다. 김춘추와 그의 맏아들이요 장차 문무왕(文武王)이 되는 법민(法敏)이 연달아 당을 다녀온 직후의 일이었다. 그들 부자가 당으로 간 주된 이유는 물론 외교적인 교섭이었을 것이다. 그러나 이 영민한 두 부자는 당에 가서 여러 가지를 두루 살피고 돌아왔다. 김춘추는 일부러 당의 국학(國學)에 가서 석전(釋典)과 강론(講論)을 보고 왔다. 이러한 당의 문물을 보고 온 그들의 건의에 따라 집사부(執事部)가 설치된 것으로 보인다.

집사부는 국가의 기밀사무를 맡은 곳이라고 되어 있다. 기밀사무란 막연한 표현이긴 하지만, 그 직책이 왕과 밀접한 관계에 있었음을 짐작하기에는 충분하다. 말하자면 집사부는 전제왕권을 대변하는 최고 관부(官府)였던 것이다. 따라서 집사부의 장관인 중시(中侍)는 수상직(首相職)에 해당하는 셈이다. 이 집사부 밑에 병부(兵部)니 창부(倉部)니 하는 많은 관부가 예속된다고 보아야겠다. 그런데 이상한 것은 이 집사부의 중시가 반드시 병부나 창부의 장관인 영(令)보다 관등(官等)이 높지가 않다는 사실이다. 이것은 집사부 중시가 그 스스로의 권위보다는 왕의 권위의 그늘 밑에서 강력한 권력을 쥐고 있었다는 증거가 되는 것이다. 이러한 집사부의 설치가 신라의 귀족연합정권적인 정치형태를 깨뜨리고 전제주의적인 행정체제를 갖추어 가는 중요한 계기가 된다는 것은 누구나 쉽게 알 수 있을 것이다.

그러면 귀족연합정치를 구현하는 기관이던 화백회의는 어떻게 되었는가.

이것이 없어지지는 않았다. 그러나 그 발언권이 크게 무디었다. 왕위는 줄곧 장자(長子)에 의해서 규칙적으로 계승되었으므로 화백회의는 이에 발언할 여지가 없었을 것이다. 구체적인 정치에 대해서도 이는 마찬가지였다. 기껏해야 천변지이(天變地異)가 있을 때에 이것을 구실로 그들의 불만을 토하는 정도였다. 왕은 이에 응하여 중시를 교체하는 정도로 간단히 일을 수습하였다. 중시는 왕의 대변자일 뿐만 아니라 왕권의 안전판이기도 하였던 셈이다. 그러므로 화백회의의 의장인 상대등은 옛날과 같은 권위를 상실하였다. 그가 아직도 신라의 최고관직이었음에는 틀림이 없으나 그의 존재는 극히 의례적인 것이었다. 신문왕(神文王)의 귀족세력에 대한 대숙청 이후에 이 사실은 더욱 굳어졌다.

신문왕은 그가 왕위에 오른 지 약 1개월 뒤에 김흠돌(金欽突)을 위시한 많은 귀족들을 모반죄(謀叛罪)로 사형에 처하였다. 김흠돌은 신문왕의 장인이었으므로 왕과의 관계로나 사회적 지위로나 비중이 큰 인물이었다. 그런데 이 사건은 이로써 그치지를 않았다. 이로부터 약 20일 가량의 시일이 상당히 지난 뒤에 바로 얼마 전까지 상대등이었던 김군관(金軍官)이 또 사형을 받았다. 그의 죄목은 김흠돌의 모반을 사전에 알고 있었으면서도 이를 고발하지 않았다는 것이었다. 무죄한 사람을 옭아매기에 알맞은 이 죄목은 어딘가 믿어지지 않는 구석을 남기고 있다. 비록 이것이 사실이었다 하더라도 좀 가혹하다는 느낌이 든다. 그러나 신문왕으로서는 전통적인 귀족세력의 뿌리를 뽑으려는 용단이었을는지도 모른다. 김군관의 처형은 상대등 자체의 정치적 생명을 죽이는 것같이 보이며, 또 실제로 이 사건 이후에 전제왕권은 확고한 지반을 구축하였다고 생각된다.

4. 신라의 평화

백제와 고구려를 멸망시키고 당군을 몰아내기까지 스스로 말을 타고 전쟁터를 분주히 다니던 문무왕이었다. 이제 통일의 위업을 자손에게 물려주고 세상을 떠나는 자리에서도, 그의 가슴에는 나라의 장래에 대한 근심이 가시지 않았다. 그래서 그는 죽어서 호국룡(護國龍)이 되어 국가를 수호하기를 바랐다. 그는 자기의 시체를 동해의 큰 바위 위에 장사 지내 주기를 부탁하는 유조(遺詔)를 남기고 죽었던 것이다.

이 부왕(父王)의 뜻을 받들어 신문왕(神文王)은 동해의 대왕암(大王岩)에서 화장하여 그 뼈를 바다에 뿌리었다. 그리고 그 가까이에 감은사(感恩寺)라는 큰 절을 지어 대왕의 명복을 빌게 하였다. 감은사의 금당(金堂) 계단 아래에는 큰 구멍을 뚫어 바닷물이 그리로 넘나들게 하였다. 그것은 부왕의 화룡(化龍)이 이리로 들어와 머물 수 있게 하자는 것이었다. 몇 년 전에 감은사 자리를 발굴하여 그 유구(遺構)를 조사한 바 있는데, 이때 그 구멍 자취를 완연히 찾아볼 수 있어서 큰 화제가 되었었다. 단지 떠돌아다니는 뜬 전설만이 아니었음이 밝혀진 것이다.

그런데 이상하게도 감은사 앞 바다에 조그마한 산이 나타나서 물결을 따라 감은사를 향하여 오가곤 한다는 보고가 신문왕에게 들어왔다. 신문왕이 이상히 여겨 일관(日官, 천문학자)에게 물어 보았더니 그는 다음과 같이 대답하였다. 즉 지금 부왕은 해룡(海龍)이 되어 나라를 지켜 주고 있고, 또 김유신(金庾信)은 33천(天)의 1자로서 지상에 내려와서 대신(大臣)이 되었던 것인데, 이 두 성인이 한마음이 되어 국가를 수호하는 값진 보물을 주려고 하는 것일 것이라고 하였다. 이에 신문왕은 곧 동해(東海)로 가서 사람을 시켜 이를 자세히 조사케 하였다. 산 모양은 거북이 머리와 같은데 그 위에 한 그루의 대나무가 있어서 낮에는 갈라져 두 줄기가 되고 밤에는 합쳐져 하나가 되더라는 것이다. 왕은 대가 하나로 되었을 때 이를 베어다가 피리를 만들게 하였다. 이 피리를 불기만 하면 쳐들어오던 적병도 물러나고, 번지던 질병도 낫고, 궂은 장마가 멎는가 하면 가물던 하늘에서 비가 내리었다. 이에 모든 풍파가 잠잠하여진다는 뜻에서 이 피리를 일컬어 '만파식적(萬波息笛)'이라고 하였다.

만파식적이란 이름 그대로 신라는 태평시대가 되었다. 평화가 온 것이다. 신문왕이 정치와 군사, 중앙과 지방의 모든 제도를 완비한 뒤를 이어 8세기 초의 성덕왕(聖德王)대에 이르러 신라는 정치적인 안정을 누릴 수가 있었다. 그의 덕을 기리는 신종(神鐘, 奉德寺鐘)이 자손들에 의해서 만들어진 것은 당연한 일인 것이다.

이 안정은 전제군주의 권력을 토대로 한 것이었다. 역대의 왕들은 여러 진골귀족들이 자기 권력의 왕좌에 가까이 오는 것을 반가워하지 않았다. 가령 성덕왕은 어느 8월 한가윗날에 김유신의 손(孫)이요 중시(中侍)인 윤중(允中)만을 가까이 불러다 술을 나누며 명월(明月)을 즐기었다. 좌우의 종실(宗室) 친척들이 이를 못마땅히 여겨 불평을 늘어놓았으나 왕은 고집을 굽히지 않았다. 요컨대 통일신라의 평화는 전제군주하의 평화였다. 그리고 모든 풍파를 잠잠하게 하였다는 만파식적의 이야기는 전제군주 치하의 평화를 상징하는 것이라고 하겠다.

5. 불국사 연기

신라 미술의 대표가 될 만한 것을 들라고 하면 아무래도 경덕왕(景德王) 때에 건립된 불국사(佛國寺)와 석굴암(石窟庵)을 들어야 할 것이다. 임진왜란(壬辰倭亂) 때에 왜병(倭兵)에 의해서 목조 건물들은 불타 버렸지만 석조물만은 아직도 남아서 그 웅장한 규모와 아름다운 미를 자랑하고 있는 것이다. 다보탑(多寶塔)이나 석가탑(釋迦塔) 혹은 석굴암의 여러 불상들은 모두 당대의 명장(名匠)들이 필생의 힘을 다하여 만들었을 것임에 틀림이 없다. 우리는 이들을 대할 때에 가슴에 울려 퍼지는 은은한 감동의 메아리를 느끼게 된다. 그것은 인간 세계에 있어서 애증을 넘어선 순수한 감정일는지도 모르겠다.

　그러나 역사가들은 이들을 순수한 미술품으로서보다는 역사적 소산으로 보려고 한다. 이 위대한 미술품들이 왜 만들어졌을까에 관심이 더 큰 것이다. 물론 김대성(金大城)과 관계되는 연기설화(緣起說話)가 없는 것은 아니다. 하지만 김대성이란 개인이 전세(前世)와 현세(現世)의 이세부모(二世父母)를 위해서 이 거창한 사찰을 지었다고는 도저히 생각할 수가 없다. 김대성은 국가의 창사(創寺) 계획을 감독 지휘한 인물에 지나지 않았을 것이다. 이것은 국가의 사업이었고, 경덕왕의 비원(悲願)이 담긴 계획이었다. 경덕왕은 그 일을 중시(中侍)였던 김대성에게 맡기었다. 김대성은 역시 중시를 지낸 바 있는 김문량(金文亮)의 아들이었다. 그의 가문은 이렇게 대대로 왕권과 연결되어 있었던 것이다. 이것은 혹은 경덕왕에게 종교적 신심 이외에 정치적 목적에 이바지하려는 뜻을 나타내 주는 것은 아닐까. 즉 정치적인 역량으로써는 처리할 수 없는 국가적 위기를 종교적인 힘으로 타개하려고 한 것은 아니었을까. 이 추측이 옳다면 어떤 위기의식이 경덕왕의 마음을 괴롭혔던 것일까 하는 의문이 솟구치게 된다. 우리는 잠시 경덕왕대의 정치적 현실에 눈길을 돌려야 할 것 같다.

　보통 경덕왕대를 신라사의 절정기라고들 한다. 문화적인 면에서는 틀림없는 일이다. 그러나 문화적인 절정기가 대개는 정치적으로는 절정기를 지나서 기울기 시작하는 때라는 것도 사실이다. 경덕왕대는 약 백 년 동안 계속되던 전제주의에 대한 귀족들의 반항이 차츰 고개를 들기 시작하는 시기였던 것이다. 적어도 748년(경덕왕 7)에 정찰(貞察) 1명을 두어 백관의 잘못을 규정(糾正)케 하던 무렵부터는 이것이 사회문제 내지는 정치문제로서 표면화 하고 있었다고 보아야 할 것이다. 백관의 월봉(月俸)을 녹읍(祿邑)으로 대신케 한 것은 귀족들의 요구를 무시할 수 없었음을 나타내 주는 것이다. 그러나 경덕왕은 문제의 해결을 대체로 강경책에 의존하려고 하였던 것 같다. 그의 한화(漢化) 정책의 추진 같은 것이 이것을 말하여 주고 있다.

하지만 이 강경책은 763년(경덕왕 22)경에는 파탄에 직면하였던 것 같다. 그의 정책을 추진하는 데 손발이 되어 오던 상대등(上大等) 신충(信忠)이 이해에 파면되고 있기 때문이다. 신충은 경덕왕의 정책에 반대하던 김사인(金思仁)이 파면된 뒤를 이어 상대등에 임명된 후 그의 정책에 절대적으로 협력한 인물이었다. 그러므로 그의 파면은 신충으로 하여금 경덕왕 내지는 그의 파면을 불가피하게 만든 세태에 대한 원망의 감정을 품게 하였다. 그가 "누리도 아쳐론데여"(세상도 싫어지는구나)라는 구절로 끝나는 원가(怨歌)를 지은 것은 이때의 일이었을 것이다. 왕은 뒤에 그의 원혼을 위로하기 위하여 신충봉성사(信忠奉聖寺)를 지어 주었다고 한다. 신충의 파면이 그의 본의에서 나온 것이 아님을 알 만하다. 왕이 뒤에 유락(遊樂)에 빠졌다고 전하는 것은 그의 실의(失意)로 인해서 나온 것일 것이다.

이러한 경덕왕대의 사정을 대략 살펴본다면 752년(경덕왕 11)에 시작된 불국사(佛國寺)와 석굴암(石窟庵)의 창건이 불교의 힘을 빌려 전제왕권의 안태(安泰)를 빌려는 소원에서 나온 것이 아니었을까 하는 생각이 노상 헛된 공상만이 아님을 알 수 있을 것이다. 위에서 지적한 바와 같은 김대성의 인물로 보아서도 이는 뒷받침될 수 있는 일이다.

불국사와 석굴암이 신라 전제왕권의 찬란한 낙조(落照)였다고 하면 이것은 지나친 문학적 표현이 되는 것일까. 불국사의 석가탑이나 다보탑, 석굴암의 석가여래상(釋迦如來像)을 위시한 여러 불상들은 예나 지금이나 말이 없다. 그러나 그들로부터 우리는 역사의 산 숨결을 느끼는 것만 같다.

6. 어린 왕의 비극

경덕왕의 전비(前妃) 사량부인(沙梁夫人, 三毛夫人)에게는 아들이 없었다. 그 때문에 왕은 사량부인을 폐하고 후비(後妃) 만월부인(滿月夫人)을 맞이하였다. 그러나 역시 아들이 없었음인지 왕은 승려 표훈(表訓)으로 하여금 천제(天帝)에게 청해서 자식을 낳게 해달라고 부탁하였다. 표훈이 천제에게 그 뜻을 전하였더니 천제는 딸을 낳게는 할 수 있으나 아들은 안 된다고 하였다. 왕은 표훈을 통하여 다시 천제에게 꼭 아들을 낳게 해달라고 졸랐다. 천제는 정 소원이라면 그리 할 수도 있으나 그러면 나라가 위태로울 것이라고 하였다. 경덕왕은 나라가 위태로워지는 한이 있더라도 아들을 낳기를 원하였다. 이리하여 만월부인의 몸에서 난 것이 혜공왕(惠恭王)이었다고 한다. 그는 여자로 태어날 것이 남자가 되어 그런지 어려서는 항상 부녀자들과 놀았고 또 계집애들같이 비단주머니 차기를 좋아했다고 전한다.

이 설화에서도 우리는 경덕왕이 고집 센 전제군주였다는 암시를 받을 수 있다. 그러나 그의 고집이 쉽게 관철되지가 않은 데에 전제주의에 대한 반대세력이 성장하고 있었음이 나타나고 있다. 하여튼 이 혜공왕은 겨우 8살에 부왕의 뒤를 이어 왕위에 올랐다. 나어린 연약한 왕의 즉위는 귀족세력이 대두할 수 있는 좋은 기회를 마련하여 주었다. 그가 즉위한 지 4년 만인 768년에 전국적인 대반란이 폭발한 것이다.

이 반란의 주동자인 대공(大恭)은 막대한 재부를 소유하고 있던 세력가였다. 그는 아마 혜공왕을 축출하고 자기 자신이 왕이 되기를 바랐을 것이다. 그러나 이 난은 진압되고 대공을 위시한 많은 반란분자들이 처형되었다. 이 대반란의 기억이 아직도 새로운 후년에 또 김융(金融)의 난이 일어났다. 김융은 김유신의 자손이었는데, 그가 귀족세력에 가담하고 있는 것은 퍽 흥미로운 일이 아닐 수 없다. 대공난(大恭亂)의 연속과도 같아서 중국 기록에는 반란

이 3년 동안 계속되었다고 되어 있지만 이 반란도 진압되고 김융도 역시 사형을 받았다.

이렇게 혜공왕을 축출하려는 귀족들의 반란은 실패로 돌아갔다. 그러나 결국 연약한 왕은 그들 일파에게 정치의 실권을 맡기게 되었다. 이것이 774년(혜공왕 10)의 일이었다. 이해에 귀족파의 거두의 한 사람인 양상(良相)이 상대등에 임명되었던 것이다. 이 이후 경덕왕의 개혁은 모두 폐기되고 있다. 이것은 결코 혜공왕의 뜻이 아니었을 것이다. 어쩔 수 없이 끌려간 것일 터이다. 또 일찍이 반란의 주모자로 몰렸던 자들도 그 죄가 풀리기 시작하였다. 김융의 경우에서 이를 알 수 있다.

전하는 말에 의하면 어느 날 김유신의 무덤에서 말을 탄 기사(騎士)가 종자(從者)들을 거느리고 미추왕릉(味鄒王陵)으로 가더라는 것이다. 미추왕은 김씨로서 처음 왕위에 오른 분이며, 그는 김씨의 시조와 같이 존경을 받아 오던 분이다. 묘지기가 듣자니 왕의 자손이 나의 자손을 죄 없이 죽였으니 이제 멀리 다른 나라로 가서 신라를 수호하지 않겠다고 김유신이 말하더라는 것이다. 그러나 미추왕의 간곡한 만류로 인하여 김유신은 다시 자기 무덤으로 돌아갔다는 것이다. 이 말을 전해 들은 혜공왕은 사람을 김유신의 무덤에 보내어 사과하였다고 한다. 이런 이야기는 정권이 바뀐 뒤가 아니고는 생겨날 수 없는 일이다.

이에 왕당파는 왕권의 회복을 위하여 적지 않은 운동을 일으키었다. 그러나 이 운동은 모두 실패하고 말았다. 그리고 드디어 혜공왕마저 시해(弑害)되었던 것이다. 혜공왕을 끝으로 태종무열왕(太宗武烈王, 김춘추)의 자손은 영영 왕위에서 축출되고 말았다. 혜공왕의 뒤를 이은 선덕왕(宣德王, 良相)은 내물왕(奈勿王)의 10세손이라고 하니, 남계(男系)로만 따진다면 혜공왕과는 아득한 촌수를 가지고 있다. 혜공왕이 시해됨과 함께 태종무열왕계로 대표되던 전제주의도 막을 닫고 말았다.

7. 끊어진 길

시대는 분명히 바뀌고 있었다. 그러나 이 큰 변동의 여파는 그 이후에도 약간의 동요를 가져왔다. 김주원(金周元)의 사화(史話)라든가 그의 아들 김헌창(金憲昌)의 반란 같은 것이 그것이었다.

선덕왕은 아들이 없이 세상을 떠났다. 왕위의 계승자는 부득불 화백회의(和白會議)에서 결정하게 되었다. 때를 만난 귀족들의 이번 회의는 퍽 활기를 띤 것이 아니었던가 한다. 후보자로는 김주원과 김경신(金敬信)이 가장 유력하였다. 그중에서도 귀족들의 서열로 보아서 주원이 오히려 우세하였다.

그런데 주원은 태종무열왕의 후손이요, 경신은 그와 다른 내물왕의 12세손으로 일컬어지는 인물이었다. 그런데 그날 공교롭게도 큰비가 내려 북천(北川)이 넘쳐흐르는 바람에 북천 북쪽에 살던 주원은 궁성으로 들어갈 길이 막히게 되었다. 이에 경신이 먼저 궁성으로 들어가 귀족들의 지지를 얻어 왕위에 올랐던 것이다.

이 이야기만 들으면 김경신이 왕이 된 것은 마치 천명(天命)에 의하여 정해진 일인 것 같다. 그것은 이 이야기의 출처가 김경신 일파에 있음을 말하여 주는 것이다. 사실인즉 김경신은 배후에서 적지 않은 정치적 공작을 한 것 같다. 다음 설화에서 이를 짐작할 수가 있다.

아직 선덕왕이 살아 있던 어느 날 김경신은 꿈을 꾸었다. 복두(幞頭)를 벗고 그 대신 소립(素笠)을 쓴 그가 12현금(絃琴)을 들고 천관사(天官寺)의 우물 안으로 들어가는 꿈이었다. 수상하게 생각한 그는 점자(占者)에게 해몽을 시켰다. 그랬더니 그는 복두를 벗은 것은 관직을 잃을 징조요, 금(琴)을 든 것은 칼을 쓸 징조요, 우물 안으로 들어간 것은 감옥에 들어갈 징조라고 풀이하였다. 이 말을 들은 경신은 낙심하여 집 안에 들어앉아 나다니지 않았다.

그러던 어느 날 여삼(余三)이란 자가 찾아왔다. 그는 꿈 이야기를 듣자 일어나 절을 하며 길몽(吉夢)이라고 다음과 같이 풀이하였다. 즉 복두를 벗은 것은 윗사람이 없는 높은 자리에 오른다는 것이요, 소립을 쓴 것은 면류관(冕旒冠)을 쓴다는 것이요, 12현금을 든 것은 궁궐에 들어감을 뜻한다는 것이었다. 경신은 의아하여 상위(上位)에 주원이 있는데 어떻게 자기가 왕 되기를 바라겠느냐고 물었다. 이에 대답하여 여삼은 비밀히 북천신(北川神)에게 제사를 지내라고 일렀다. 경신이 그 말대로 하였더니 과연 북천의 물이 넘쳐 길이 끊어져서 주원은 기회를 놓치게 되었다는 이야기다.

필시 김경신은 평상시부터 자기보다 석차가 위인 김주원과 대항하기 위하여 은밀히 자기의 힘을 모으고 상대방의 세력을 약하게 할 계획을 짜고 있었음이 분명하다. 이 원모(遠謀)가 그로 하여금 화백회의에서의 많은 지지자를 얻게 했을 것이다.

이로 인해서 어쩌면 태종무열왕계가 왕위를 다시 이을 수도 있었을 기회를 놓치고 말았다. 김주원의 아들 김헌창은 뒷날 웅천주(熊川州, 지금의 공주)를 근거로 삼아 국호를 장안(長安)이라 하고 대규모의 반란을 일으키었다. 그러나 이도 정치적 판도를 바꿀 수는 없었다.

또 하나의 새로운 시대가 앞에 다가오고 있는 셈이었다. 중앙에서는 여러 귀족들이 서로 연립하고, 지방에서는 새로운 호족(豪族)들이 대두하는 시대가 말이다.

〈『한양』, 1966년 2월호〉

제4화 호족의 등장

1. 갈라진 진골들

홍덕왕(興德王, 826~836)은 국산품을 천히 여기고 이국산의 진기한 물건들을 좋아하는 풍조를 경계하는 글을 신하들에게 내린 일이 있었다. 왕의 이러한 경고는 바꾸어 생각하면 당시의 귀족들이 얼마나 외국제의 사치품 속에서 향락을 즐기고 있었나 하는 것을 증명해 주는 것이기도 하다. 실상 홍덕왕 자신도 이 풍조에서 예외이지는 않았던 모양이다. 앵무새에 관한 다음과 같은 이야기가 이를 말하여 주고 있다.

당에 갔던 사신이 앵무새 한 쌍을 가져다가 왕에게 드리었다. 원래 앵무새는 당에서도 외국으로부터 수입해 들여오는 것이었으므로, 신라에서는 이를 재수입한 셈이다. 그 귀한 앵무새의 암컷이 죽었다. 이에 수컷이 슬피 우니 왕은 이를 불쌍히 여겨 거울을 달아 주었다. 처음 수컷은 거울에 비친 자기 모습을 보고 짝을 다시 얻은 줄로만 알고 기뻐하였다. 그러나 주둥이로 쫓다가 거울임을 알고는 다시 슬피 울다 죽고 말았다. 왕은 이를 애달피 여겨 노래를 지었다 한다. 이국산 앵무새를 즐기는 취미는 홍덕왕 자신이 경계하던 바로 그 신라 말기 귀족들의 이국취미였음이 분명하다.

물론 귀족들의 향락과 사치는 그들의 경제력이 뒷받침하여야 비로소 가능한 것이었다. 이들은 상당히 많은 노비(奴婢) 혹은 천인(賤人)에 의해서 경작되는 넓은 토지들을 소유하고 있었던 것 같다. 뿐 아니라 수천 마리의 소, 말, 돼지 등의 가축을 기르기도 하였다. 이 경제력은 사치의 토대일 뿐 아니라 또 수천의 무기를 장만하였다가 그들의 족당(族黨)이나 종을 무장시켜서 사병(私兵)을 만들기도 하는 힘의 원천이 되기도 하였다. 이처럼 뻗어난 개인의 힘은 저마다 귀족의 정점인 왕위를 향하여 달리게 되었다. 그 결과로 일어나는 내란은 대체로 혜공왕 이후에 만성화하다시피 하였으나 흥덕왕이 돌아간 뒤의 난맥상은 특히 심한 것이었다.

흥덕왕은 아들도 동생도 없이 돌아갔다. 원래는 충공(忠恭)이라는 동생이 있어서 상대등(上大等)의 벼슬을 하고 있었으나 왕보다 오히려 일찍이 돌아갔던 것이다. 충공이 죽은 뒤에는 왕의 종제(從弟) 균정(均貞)이 상대등에 취임하였다. 이러한 관계로 균정은 흥덕왕을 이어 왕위에 오를 제1후보자로 자처하고 일당의 지지를 받아 궁성으로 들어가서 왕좌에 앉았던 것이다. 그러나 충공의 아들 김명(金明)과 사위인 제융(悌隆)이 합세하여 이에 반기를 들고 자기들의 군대를 몰아 궁성으로 쳐들어갔던 것이다. 마침내 균정은 죽고 그의 아들 우징(祐徵)은 겨우 몸을 빼서 청해진(淸海鎭)에 가서 장보고(張保皐)에게 의지하였다. 균정을 축출한 뒤에는 먼저 제융이 즉위하고(희강왕) 김명은 상대등이 되었으나, 이어 김명은 희강왕(僖康王)을 죽이고 스스로 왕이 되었다(민애왕). 이때 청해진에 가 있던 우징이 장보고의 군대를 빌려 가지고 서울로 쳐들어와 민애왕(閔哀王)을 죽이고 왕이 되니(신무왕) 천하의 대세는 재반전한 셈이다.

이제 왕위의 계승은 왕족들 사이의 실력 차에 의해서 결정되는 세상이 되었다. 누가 먼저 궁성에 들어가서 왕관을 쓰느냐, 누구의 군대가 더 강하느냐가 문제였다. 우리는 앞서 전제주의가 타도되고 다시 귀족들의 시대가 왔다

고 하였다. 그런데 이 귀족들의 시대는 단결이 아니라 분열의 시대요, 연합이
아니라 연립의 시대였다. 신라사회의 중추인 진골귀족들의 세력이 이렇게
찢어져 서로 싸우게 된 것은 곧 신라사회의 붕괴가 가까워지고 있다는 징조
인 것이다. 그러면 이들을 대신하여 다음 사회를 담당하고 나갈 새로운 세력
으로 어떤 것이 자라나고 있었던 것일까.

2. 신라를 등지는 유학자

강수(强首)는 통일전쟁이 한창이던 때에 살고 있던 유학자(儒學者)였다. 그
는 당(唐)과의 사이에 오가는 외교문서를 작성하는 어려운 임무를 잘 수행한
공으로 문무왕(文武王)의 극진한 사랑을 받았다. 그가 아직 젊었을 때 그의 아
버지가 불도(佛道)를 배우겠는가 혹은 유학(儒學)을 배우겠는가라고 물은 일
이 있었다. 그때 강수는 불교를 세외교(世外敎)라고 하여 이를 배척하고 유학
을 배우겠다고 대답하였다 한다. 또 고승 원효(元曉)의 아들 설총(薛聰)도 유명
한 유학자였다. 아버지 원효가 대불교학자요, 정토신앙(淨土信仰)을 널리 편
대전도승이었던 데 반하여, 그의 아들 설총이 신문왕(神文王)에게 유교적인
정치이념을 강조한 유학자였다는 것은 재미있는 일의 하나라고 해야겠다.

그런데 이 두 사람은 모두 육두품(六頭品) 출신이었다고 생각된다. 육두품
출신이 항상 유학자로 출세했다고 판에 박아서 이야기할 수는 없다. 감산사
(甘山寺)를 지은 것으로 해서 유명한 김지성(金志誠)도 육두품이지만, 그는 불
교나 도교의 신앙에 의존해서 현세에 대한 체념 속에 여생을 고요히 보냈던
것이다. 그러나 그들은 문벌(門閥)의 배경보다도 개인의 높은 식견을 가지고
사회적 진출을 꾀하고자 하는 경향을 나타내고 있는 것이다. 전번에 이야기
한 바 있는 원성왕(元聖王)의 꿈 해몽을 잘하였다는 여삼(余三)의 경우는 그 하
나의 예가 될 것이다. 또 상대등(上大等) 충공(忠恭)이 인사행정에 고민하여 병

에 걸린 것을 적절한 충고로써 쾌유케 한 녹진(祿眞)도 그 하나의 예가 된다. 이렇듯 육두품 출신은 그들의 높은 식견으로써 정치의 실제에 늘 중요한 발언권을 행사하고 있었다. 그리고 그 식견의 원천을 대체로 유교적인 정치이념에서 구하고 있었다. 말하자면 그들은 신라사회에서 출세할 수 있는 현명한 길을 스스로 터득하고 있었다고도 할 수 있다.

그러나 그들의 정치적 진출은 골품제도(骨品制度) 밑에서 항상 제한을 받고 있었다. 그리하여 과거제도(科擧制度)에 의해서 개인의 능력에 따라 사람을 등용하는 당에 대한 동경심이 자라났던 것이다. 이러한 출세의 길을 가장 잘 시범하여 보여 준 것이 최치원(崔致遠)이었다. 그는 12세의 어린 나이에 당으로 유학을 갔다. 그때 그의 아버지는 10년이 되어도 급제하지 못하면 내 아들이 아니라고 하며 어린 최치원을 격려하였다고 한다. 그는 10년이 되기 전에 급제를 하였고, 그리고 거기서 벼슬길에 올랐다. 그의 명성은 당에서도 자자하였던 것이다.

그는 28세에 신라로 돌아왔다. 그는 약간의 관직을 거치고 10여 조의 시무책(時務策)을 올렸다고도 하는데, 이어 곧 벼슬을 버리고 각처를 두루 돌아다니는 유랑생활을 즐기다가 일생을 마치고 말았다. 이것은 그가 고국인 신라에 환멸을 느꼈다는 것을 말하여 준다고 생각한다. 10여 조의 시무책이 어떤 내용의 것이었는지는 알 길이 없으나, 거기에 당에서와 같은 과거시험의 실시라든가, 골품을 초월한 인재의 등용 같은 조목이 끼어 있었다고 추측할 수는 없을까. 기록에는 왕이 가납(嘉納)하였다고 되어 있지만, 실은 이 건의안은 거절되고 말았을 것이다. 그의 유랑생활은 그 결과였을 것이다.

뒤에 최치원은 "계림황엽(鷄林黃葉) 곡령청송(鵠嶺靑松)"이라고 하여 신라가 망하고 고려가 흥하리라는 예언을 하였다고 전한다. 이것이 그대로 사실인지는 의문이지만, 사실 그의 일문(一門)이라고 생각되는 최승우(崔承佑)는 후

백제(後百濟)의 견훤(甄萱)을 섬겼고, 또 최언위(崔彦撝), 최승로(崔承老) 등 고려의 신하가 된 학자들도 많았다. 골품제의 껍질을 깨려는 조용한 반항이 이렇게 육두품 출신의 유학자들에게서부터 먼저 일어나고 있었던 것이다.

3. 지방의 세력가들

유학자들의 반신라적 경향은 신라를 멸망시키는 중요한 분해작용을 하였다. 그러나 그것 자체가 신라를 타도할 힘을 가지고 있었던 것은 아니다. 신라를 타도할 힘은 지방에서 자라고 있었던 것이다. 우리는 그 사정을 화랑 응렴(膺廉)에 대한 다음 이야기에서 어렴풋이 짐작할 수가 있다.

응렴은 헌안왕(憲安王, 857~861) 때의 화랑이었다. 하루는 왕이 그를 궁중으로 불러 잔치를 베풀었다. 이때 왕은 응렴이 화랑으로서 사방을 돌아다니며 무슨 특이한 일이라도 본 일이 없는가 하고 물었다. 응렴은 이에 대답하기를 미행(美行)이 있는 자를 세보았는데, 첫째는 남의 윗자리에 있으면서 겸손하여 아랫자리에 앉는 자요, 둘째는 부호(富豪)이면서도 그 옷이 검약한 자요, 셋째는 본래 귀세(貴勢)이면서도 그 위엄을 부리지 않는 자라고 하였다. 왕은 이 대답을 듣고 응렴이 현명한 인물임을 알고 그를 사위로 삼았다. 그 뒤 왕은 아들이 없이 돌아갔으므로 그가 왕위를 계승하기에 이르렀다(경문왕).

화랑 출신인 경문왕(景文王)에 대하여는 여러 가지 흥미진진한 설화들이 많이 전하고 있다. 그의 귀가 당나귀 귀같이 컸는데 복두장(幞頭匠)이 이를 알고는 참을 길 없어 수풀 속에 가서 "우리 임금님 귀는 당나귀 귀와 같다"라고 소리를 쳤더니, 뒤에 바람이 불 때마다 그 수풀 속에서 같은 소리가 났다는 것이 그 하나다. 또 밤마다 그의 침실에 무수한 뱀이 모여들었다는 것도 그 하나다. 그러나 위에 적은 화랑 시절의 이야기는 거의 진실된 사화(史話)라고 생각된다.

그런데 이 이야기를 그저 도덕적인 교훈을 담은 미담으로만 보아 넘길 수는 없다. 우리는 이 이야기 속에서 지방에도 상당한 권귀(權貴)와 부호들이 있었다는 사회적 실정을 알 수가 있는 것이다. 그리고 거기에 대해서 깊은 관심을 표시한 응렴의 현명이 높이 평가된 것이라고 생각된다. 중앙의 귀족들은 지방에서의 새로운 세력의 대두를 경계하지 않을 수 없게 되었던 것이다. 이렇게 일어나는 지방세력들 중에서 중요한 세력이 해상(海商)들의 세력이요, 군진(軍鎭)의 병력(兵力)이요, 도적(盜賊)의 무리들이요, 그리고 성주(城主)의 세력이었다.

4. 바다의 지배자

신라에는 용(龍)의 전설이 허다하게 전하고 있다. 신라 사람들은 문무왕이 죽어서 용이 되어 나라를 지키고 있다고 믿고 있었다. 그리고 의상(義湘)을 짝사랑하던 소녀 선묘(善妙)가 바다에 몸을 던져 용이 되어 의상의 뱃길을 편안히 보호하여 주었다고들 생각했다. 중으로 변신하여 용을 괴롭히던 늙은 여우를 죽인 거타지(居陁知)는 용의 딸과 결혼하여 행복하게 살았다고도 믿었다. 아마 이런 투의 용의 전통을 들자면 한이 없을 것 같다. 이것은 용이라는 상상적 동물이 지니는 종교적 성격에 말미암은 바가 크다. 그러나 한편 바다의 신인 용과의 친밀은 또한 바다와 신라 사람들이 친숙하였다는 것을 말하여 주는 증거가 되는 것은 아닐까. 신라인에게는 바다가 두려운 존재이기보다는 오히려 좋은 활동무대로 여겨졌던 것 같다.

특히 장보고(張保皐)가 완도(莞島)에 청해진(淸海鎭)을 설치하고 있었을 때에 신라인의 해상활동은 절정기에 도달하였다. 그의 배는 당(唐)과 일본(日本)을 내왕하며 대규모의 무역을 행하고 있었다. 그는 당의 연안 각지에 거주하는 많은 신라 상인들과 밀접한 관계를 가지고 있었다. 그의 배편을 이용하여 당에 갔다온 일본 승려 자각(慈覺)의 여행기(旅行記)에 의하면, 당시 당의 해안지대에 정착해 사는 신라인들의 거류지가 여기저기 있어서 신라방(新羅坊)이라고 불리었다고 한다. 거기에는 신라소(新羅所)라는 행정기관이 설치되어 있었고 그 직원으로 신라인이 임명되었다. 또 이들 거류지에는 적산법화원(赤山法花院) 같은 신라 상인들이 세운 사원(寺院)들이 있어서 신라의 풍속과 절차에 따라서 법식(法式)이 진행되었다. 적산법화원에서 행해진 법회에 일시에 모여든 신라인의 수는 250명을 넘었다고 한다.

장보고는 원래 완도 사람이었던 듯하다. 처음 그는 당으로 가서 군인으로 출세하였다. 그러다가 당말의 혼란기에 당의 해적들이 날뛰어 신라의 해상무역이 위협을 받게 되자, 고향으로 돌아와서 일도(一刀)의 해군(海軍)을 건설하여 해적들을 소탕하였다. 그리고 황해를 지배하는 바다의 왕자(王者)가 되었던 것이다. 그러므로 장보고는 단순한 해상(海商)이 아니라 스스로 모집한 용맹한 사적인 군대를 가진 장군(將軍)이기도 하였다. 이것은 충분히 반국가적인 군사력으로 발전할 가능성을 지니고 있었다. 신무왕(神武王)만 하더라도 그의 군대를 빌려서 왕위에 오른 것이었음은 이미 언급한 바와 같다.

그러나 장보고의 힘은 아직 신라를 타도하고 새로운 왕국을 건설하는 데까지 성장하지는 못하고 있었다. 그는 신무왕을 도와 줌으로써 진골 귀족과 연결되는 것으로 만족하였다. 그는 자기의 딸을 신무왕의 며느리로 삼음으로써 그가 진골귀족의 일원이 되고 중앙의 정치무대에 등장하기를 바랐던 것이다. 그러나 이 희망은 중앙귀족들의 심한 반발을 불러일으켰고, 결국 그는 암살되기에 이르렀다. 진골귀족과의 어처구니없는 야합을 꾀하다가 해를 입은 셈이다. 이리하여 그의 해상 왕국은 하루아침에 무너져 버리고 말았다. 그러나 그의 뒤에 오는 자들은 그의 말로에서 큰 교훈을 얻었을 것이다.

5. 군진의 반기

신라 말기의 청해진과 비슷한 군진(軍鎭)은 여럿 있었다. 현재 기록에 전하는 것만도 서해안에 당성진(唐城鎭)과 혈구진(穴口鎭)이 있었다. 당성진은 지금의 남양만(南陽灣)에 있어서 당으로 드나드는 출입구였다. 혈구진은 지금 강화도(江華島)로서 한강 입구에 자리 잡은 서해상의 요해지(要害地)였다. 황해에서 남해로 가는 골목길에 자리 잡은 완도의 청해진과 함께 모두 군진을 설치할 만한 그럴 듯한 곳이다. 장보고의 뒤를 이어 이러한 해상의 군진세력을 배경으로 등장한 것이 견훤(甄萱)이었다.

견훤은 원래 가난한 농민의 아들로 태어났다고 전한다. 그의 부모가 들에 나가 일을 할 때면 갓난 견훤을 나무 그늘 밑에 혼자 재워 두기가 일쑤였는데, 견훤이 배가 고파 울면 호랑이가 내려와서 젖을 먹여 주었다고 한다. 체구가 크고 지기(志氣)가 특출한 그는 자원하여 군인이 되었다. 처음 왕경(王京)에 머물렀으나 뒤에 서남해(西南海) 방면에서 수자리를 보게 되었다. 그가 두각을 나타내기 시작한 것은 이때 동료 군인들의 인기를 얻으면서부터였다. 이때에 기근으로 인하여 농민들이 흩어지고 도적들이 각지에서 일어나는 소연(騷然)한 사태가 벌어졌으므로, 그도 무리를 모아 군사행동을 공공연히 개시하였다.

견훤은 옛 백제 땅인 호남지방 일대를 무력으로 지배하는데 성공하자, 완산주(完山州, 지금의 전주)에 도읍(都邑)을 정하고, 의자왕(義慈王)의 원수를 갚는다는 구호 아래 나라 이름을 후백제라고 하였다(892). 진골귀족과 야합하여 중앙으로 진출하려는 생각을 그에게서는 찾아볼 수가 없다. 그는 백제의 후계자로 자처함으로써 신라에 공공연히 선전 포고를 한 셈이었다. 그의 목표는 신라의 타도였고, 그 중추를 이루는 것은 진골귀족의 타도였다. 그리고 견씨(甄氏)의 새 국가를 키워 가는 것이었다.

그러나 그가 꿈속에 그리고 있던 국가의 형태는 여전히 고대적인 전제국가였던 것으로 보이며, 이 점에서 신라와 본질적으로는 같은 것이었다고 생각된다. 그는 뒤에 신라의 서울을 쳐서 왕을 죽이고 왕제(王弟)와 재상(宰相)을 위시해서 보물, 무기, 공장(工匠) 등을 함께 가지고 간 일이 있었다. 이것은 그가 신라귀족들의 사치를 그대로 누리고 싶었던 때문이었을 것이다. 그는 전제군주의 재현을 그 시대가 원하고 있지 않다는 것을 미처 알지 못하고 있었다.

6. 도적과 영웅

궁예(弓裔)는 원래 신라의 왕자였다고 한다. 그러나 왕족들 사이의 왕위다툼 때문이었는지는 모르나, 그가 세상에 태어나면서부터 죽음의 위협을 받게 되었다. 할 수 없이 아직 핏덩어리인 그는 유비(乳婢)의 품에 안겨 피신하지 않으면 안 되었다. 이때에 다락 밑에서 궁예를 받아 안던 유비가 잘못하여 손끝으로 그의 눈을 찔러 애꾸가 되었다고 한다. 겨우 목숨을 부지한 그는 머리를 깎고 중이 되어 젊은 날을 보내었다. 궁예에게서 엿볼 수 있는 신경질에 가까운 신라에 대한 증오심은 이러한 그의 경력과 관계가 있는 것 같다.

그는 자라서 죽주(竹州, 지금의 죽산)에서 일어난 기훤(箕萱)의 도적 떼에 투신하였다. 원래 이들 도적의 무리는 농민 출신의 유민(流民)으로 구성된 것이었다. 그동안 농민들은 원효(元曉)가 전해 준 정토신앙(淨土信仰)으로 현실의 빈궁에 말미암은 허전한 가슴을 달래며 비교적 안온한 생활을 해왔었다. 그러나 말기 귀족들의 사치한 생활은 그들에게 부당한 공부(貢賦)를 재촉하였고, 이것은 그들이 유민화(流民化)하는 것을 조장하였다. 이들은 나아가서 대소의 도적집단을 이루고 각처에서 반란을 일으켰으니 소위 초적(草賊)이라고 한 것이 그것이었다.

기훤은 이러한 도적 떼 중의 하나의 두목이었다. 궁예는 그로부터 푸대접을 받자 이번에는 북원(北原, 지금의 원주)의 도적 두목인 양길(梁吉)에게로 갔다. 궁예는 양길로부터 퍽 우대를 받았던 것 같다. 그에게 일부 군대를 거느리고 강원도 일대를 정복하는 중요한 임무가 맡겨졌던 것이다. 이에 성공한 궁예는 스스로 자립하였고, 드디어는 고구려를 부흥한다는 구호 아래 후고구려(後高句麗)를 건국하고 그 왕이 되었다(901). 이제 도적 떼의 한 두목이던 궁예가 건국의 영웅이 된 셈이다.

궁예는 무척 변덕이 심한 고집쟁이 전제군주였다. 그는 20년도 안 되는 짧은 재위 기간 중에 국호를 마진(摩震), 태봉(泰封) 등으로 두 차례나 바꾸었고, 연호도 무태(武泰), 성책(聖册), 수덕만세(水德万歲), 정개(政開) 등 몇 차례씩 바꾸었다. 그는 자기에게 정치적인 지배자 이상의 권위를 부여하려고 하여 스스로 미륵불(彌勒佛)이라고 칭하였으며, 두 아들은 각기 청광보살(淸光菩薩), 신광보살(神光菩薩)이라고 불렀다. 그는 머리에 금책(金幘)을 쓰고 몸에 방포(方袍)를 입고 있었고, 밖으로 나갈 때에는 백마(白馬)를 타고 앞에는 동남동녀(童男童女)를 앞세우고 뒤에는 수백의 종들을 뒤따르게 하였다.

그는 또 신통력을 가지고 남의 마음을 꿰뚫어 알 수 있다고 양언(揚言)하며 많은 애매한 사람을 죄에 몰아 죽이었다. 그렇게 희생된 사람들 중에는 그의 처와 두 아들도 끼어 있었다. 이것은 모두가 정상적인 궤도를 벗어난 행동이다. 그는 이제 폭군으로 전락한 것이다. 그리고 이 도적 출신의 폭군을 용납할 정도로 시대가 너그럽지도 않았다.

7. 성주들의 자립

견훤과 궁예가 각기 백제와 고구려를 부흥한다는 구호를 내걸고 새로운 국가를 건설하여 신라와 맞서게 되매, 천하의 대세는 마치 옛날의 삼국시대를 방불케 하였다. 그래서 이때를 후삼국시대(後三國時代)라고 부르는 것이다. 그러나 이 대립된 정권의 존재에만 눈이 팔려서 그 배후에서 일어나고 있는 사회적 세력을 외면한다면, 이 시대의 진상을 잘 파악할 수 없게 될 것이다. 그러면 새로운 사회적 변화란 무엇이었는가. 그것이 바로 성주(城主)들의 등장인 것이다.

호족(豪族)들은 지방에서 조상 때부터 오랜 전통을 이어 내려온 세력가들이었다. 이 점에서 군진(軍鎭)의 병사나 도적의 두목과는 차이가 있었다. 그들은 비록 중앙의 정치무대에 등장할 길이 막혀 있기는 하였으나 신라 말기의 혼란기에 접어들면서 사회적으로 큰 구실을 담당하였다. 그들은 자기 지방에 각기 성을 쌓고 스스로의 힘으로 도적의 무리들로부터 자신을 보호하고 있었다. 이런 관계로 해서 그들은 성주(城主)라고 불리었다. 그들은 또 농민들을 동원하여 군대를 조직하고 그 지휘관이 되었으므로 장군(將軍)이라고도 칭하였다. 이렇게 해서 그들은 마치 독립된 소왕국(小王國)의 지배자와도 같이 된 것이다. 그들의 향배가 곧 국가의 운명을 좌우할 정도로 그들의 존재는 전국적이요 또 유력하였다. 그러므로 후삼국은 바로 호족의 시대라고 불러도 좋을 것이다.

이러한 여러 호족들 중에 송악(松岳)의 왕씨(王氏)가 있었던 것이다. 송악은 왕씨를 상징하는 거룩한 산이었다. 전설에 의하면 왕씨로서 처음으로 그 이름이 기록에 나타나는 성골장군(聖骨將軍) 호경(虎景)은 송악산의 여산신(女山神)과 결혼하였다고 한다. 호경의 아들 강충(康忠)은 풍수가인 팔원(八元)이 송악산에 소나무를 심어 이를 푸르게 하면 자손 중에 삼한을 통일하는 영웅이 나오리라는 말을 듣고 소나무를 심었다고 전한다. 강충의 아들 보육(寶育)이 송악에 올라가 오줌을 누니 삼한의 산천이 모두 은빛 바다가 되었는데, 이것은 삼한을 통일할 인물을 낳을 징조라고 생각했다고도 전한다. 이같이 왕씨는 대대로 송악에서 살면서 그 자연에 대하여 신앙에 가까운 자부심을 지니고 있었다. 이것은 지방의 토착호족(土着豪族)들이 지니는 성격의 일면을 나타내 주는 것이라고 믿는다.

왕씨는 자기의 고향 산천에 대한 애착을 가지고 있을 뿐 아니라 그 주위에 있는 여러 요소의 세력들과도 깊은 인연을 맺고 있었다. 우선 강화 혈구진(穴口鎭)의 해군과 밀접한 관계가 있었다. 보육의 딸 진의(辰義)가 황해를 건너 동유(東遊)해 온 당 황제와 결혼하여 왕건(王建)의 할아버지 작제건(作帝建)을 낳았다는 전설이 이를 시사하고 있다. 또 작제건이 용왕(龍王)을 위험으로부터 구하여 준 공으로 용왕의 딸과 결혼하여 왕건의 아버지 용건(龍建)을 낳았다는 전설도 이를 증명하여 주고 있다. 뒷날 왕건이 해군을 거느리고 멀리 나주(羅州)까지 원정(遠征)한 일이 여러 차례 있은 것은 이러한 조상 때부터의 전통에서 온 것일 것이다. 왕씨는 또 평산(平山) 패강진(浿江鎭)의 육군과도 밀접한 인연을 맺고 있었다. 일설에 의하면 작제건의 부인은 평산 사람이었다고 한다. 그리고 왕건의 부하로 유금필(庾黔弼)를 위시해서 평산 출신 용장(勇將)이 허다하게 있었던 것을 주목해야 할 것이다.

8. 성주들의 연합

왕건이 하루는 자기의 군대를 거느리고 정주(貞州, 지금의 풍덕)지방을 지나게 되었다. 늙은 버드나무 밑에서 말을 내려 쉬고 있는데, 마침 길 옆 냇가에 퍽이나 덕스런 얼굴을 한 여자가 서있는 것이 보였다. 그는 이 지방의 장자(長者)인 천궁(天弓)의 딸이었다. 왕건이 인하여 천궁의 집에 머물게 되고, 천궁은 그의 딸로써 왕건을 모시게 하였다. 그 뒤 천궁의 딸은 머리를 깎고 여승이 되어 정결(貞潔)을 지키었는데, 이 소식을 들은 왕건은 그를 불러다 부인으로 삼았다. 이분이 궁예를 내쫓고 즉위할 때에 머뭇거리는 왕건에게 손수

군복을 입혀 주며 격려를 해주었다는 신혜왕후(神惠王后) 류씨(柳氏)였다.

장화왕후(莊和王后) 오씨(吳氏)는 나주 사람이었다. 왕건이 해군을 거느리고 나주로 갔을 때, 목포에 배를 대고 바라보니 천상에 오색 구름이 떠돌고 있었다. 이상히 생각하고 가본즉 오씨가 강가에서 빨래를 하고 있었다. 왕건이 그를 불러다가 자리를 같이하여 아들을 낳으니, 이가 고려의 제2대 왕인 혜종(惠宗)이다.

왕건에게는 이같이 해서 얻은 부인이 무려 28명이나 되었다. 그는 영웅호색(英雄好色)이란 말 그대로 호색가였던 것같이 보인다. 그러나 이것은 잘못된 생각인 것이다. 그의 결혼은 호색에 의한 것이 아니라 정략적인 것이었다. 여러 지방의 호족들과 굳은 결합을 하기 위하여 결혼이란 수단을 썼을 뿐이다. 그러므로 당시의 유력한 호족들은 거의 왕건과 혼인관계에 있었다. 평산의 유금필(庾黔弼)이나 박지윤(朴知胤), 박수문(朴守文), 박수경(朴守卿) 등 여러 박씨, 서경(西京)의 김행파(金行波), 황주(黃州)의 황보씨(皇甫氏), 신천(信川)의 강씨(康氏), 광주(廣州)의 왕씨(王氏), 강릉(江陵)의 왕씨, 충주(忠州)의 유씨(劉氏), 홍천(洪川)의 홍씨(洪氏), 춘천(春川)의 왕씨, 의성(義城)의 홍씨, 합천(陝川)의 이씨(李氏) 등등과 그리고 신라 경순왕(敬順王)의 백부(伯父) 김억겸(金億兼)의 딸과 후백제 견훤의 사위 박영규(朴英規)의 딸 등이 모두 그러하였다.

이러한 혼인정책 이외에 왕건은 유력한 호족들에게 자기의 성(姓)을 주기도 하였다. 이것은 그들과 의제가족적(擬制家族的)인 관계를 맺으려고 한 것일 것이다. 그 대표적인 예를 강릉의 왕순식(王順式)에서 찾아볼 수 있다. 왕순식은 처음 왕건에 굴하지 않아 왕건의 마음을 괴롭혔다. 그러다가 왕순식이 자기 아버지의 권고에 따라 왕건에게 신복(臣服)하게 되자, 왕건은 이를 무척 기뻐하여 그에게 왕성(王姓)을 주었다는 것이다. 아마 광주나 춘천의 왕씨들도 그와 비슷한 경로로 왕성을 가지게 되지 않았나 한다. 그리고 발해(渤海)의 태자라는 대광현(大光顯)에게도 왕성을 준 일이 있었다. 왕건이 얼마나 여러 호족들의 지지를 얻고자 노력하였는가를 알 수가 있다.

후삼국의 혼란을 누가 수습할 것인가는 결국 호족의 지지를 받을 수 있는 가에 달려 있었다. 그리고 이 지지를 얻은 것이 곧 왕건이었다. 호족의 아들로서 자란 왕건은 타고나면서부터 호족들과 연결할 수 있는 충분한 자격을 갖추고 있었던 것이다. 이제 왕건이 어떻게 건국을 하고 후삼국을 통일하였는가 하는 자세한 이야기는 하지 않아도 좋을 것 같다.

9. 새 통일왕조의 과제

광주(廣州) 지방의 호족 왕규(王規)는 자기의 두 딸을 태조(太祖) 왕건의 비(妃)로 삼게 하였는데, 이들은 광주원부인(廣州院夫人)과 소(小)광주원부인이라고 칭해졌다. 소광주원부인은 아들을 하나 두었는데, 그가 광주원군(君)이다. 태조가 돌아가고 혜종(惠宗)이 즉위하자 왕규는 혜종을 죽이고 광주원군을 왕으로 삼으려고 하였다. 그는 두 번씩이나 혜종을 죽이려고 하였으나 번번이 실패하였다. 혜종은 왕규의 역모를 뻔히 알면서도 그를 처치하지 못할 뿐 아니라, 그가 두려워서 감히 바깥출입도 하지 못하였다. 이러한 분위기 속에서 혜종은 발병하여 죽었다. 그리고 그의 동생 정종(定宗)이 서경(西京)에 있는 태조의 종제(從弟) 왕식렴(王式廉)의 군대를 끌어들여다가 왕규를 처치하고 왕위에 올랐다.

태조 왕건이 돌아간 뒤의 어수선한 정계의 단편적인 모습인 것이다. 태조는 후삼국을 통일한 직후에 「계백료서(誠百僚書)」란 것을 친히 지어서, 호족 출신의 공신(功臣)들에게 신자(臣子)로서의 도리를 가르쳐 주었다고 한다. 비록 그들의 협조를 얻어 천하를 얻기는 하였으나 뒤의 자손들이 적잖게 걱정이 되었던 모양이다. 과연 태조가 염려하였던 바와 같이 그가 돌아간 뒤의 왕의 권위는 말이 아니었다. 여러 공신들에게 나어린 왕건의 아들들은 안중에 없었을 것이다.

왕규를 처치한 정종은 그 나름으로 여기에 대한 대책에 부심하였다. 그는 아예 서울을 서경(평양)으로 옮겨 버리려고 하였다. 고구려의 옛 서울로서 풍수설로 보아 명당이라는 것이었다. 사실 서경은 왕식렴의 군사적 기반이 튼튼한 곳이었다. 여기로 서울을 옮김으로써 여러 공신들의 포위망으로부터 벗어나자는 것이었다. 그러나 이 천도(遷都)가 실천되기 전에 왕식렴이 죽고 고립무원(孤立無援)의 상태에 빠진 왕도 또한 병으로 이어 돌아가고 말았다. 고려왕조(高麗王朝)가 성립하는 뒷받침이 되었던 호족의 존재는 이제 도리어 왕권의 커다란 위협물이 되었다. 이 문제를 어떻게 처리하는가 하는 것은 새 통일왕조의 시금석(試金石)이 되었다.

〈『한양』, 1965년 4월호〉

■후기

선생님의 원고를 정리해
출간을 마무리 지으며

선생님께서는 지난 2004년 5월 13일 한 통의 우편물을 제게 보내 주셨습니다. 그 전날에 부치신 등기였는데, 제게 친필로 쓰신 다음과 같은 편지가 「한국사(韓國史)의 진실(眞實)을 찾아서」라는 원고와 함께 들어 있었습니다.

이 글은 수필류 맨 끝에 첨가해 주면 고맙겠습니다.

원고가 정리되면 직접 일조각에 전해 주기 바랍니다. 제가 원고를 검토할 힘이 없습니다.

일조각에서는 약간 체제를 바꾼다는 말이 있었는데 그대로 따라 주기 바랍니다.

이 기 백

선생님의 이 편지를 받은 바로 그날 낮에 저는, 사실은 선생님의 원고를 모두 정리하여 일조각에 넘기고 돌아온 터였습니다. 2003년 초가을에 선생님께서 제게 원고 뭉치를 입력하도록 맡겨 주셨고, 이를 거의 마친 것이 그해

연말 무렵이었습니다. 하지만 일조각의 요청에 따라 한글로 손질하는 일을 거든다는 이유로 지체하고 있었는데, 앞에 먼저 내기로 기획한 『한국고전연구(韓國古典硏究)』의 출간이 아무리 늦더라도 이 원고의 전달을 더 이상 미룰 수는 없다는 판단 아래 일조각에 넘겼던 것입니다.

이후 추가하라고 지시하신 원고를 정리해서 일조각에 이메일로 보낸 것이 5월 18일이었고, 이 사실을 전화로 사모님을 통해 곧 말씀드렸더니, 무척 고맙다고 하시면서 매우 기뻐하셨답니다. 참으로 안타깝게도 이로부터 며칠 뒤에 선생님께서 더욱 위중해지셨다고 후에 전해 들었습니다. 제가 제대로 도와드렸으면 선생님께서 손수 서문도 쓰셔서 온전한 모습의 저서를 내신 뒤 무척이나 흡족해하셨을 텐데 하는 생각에 너무나 가슴이 저밉니다. 저서를 출간하실 때는 늘 초교가 나온 뒤에야 서문을 쓰셨으므로, 이번에도 그러려 하셨음을 알기 때문입니다.

이 책에 편집된 글들을 입력하는 동안, 내용에 관한 구체적인 말씀을 몇 차례 들으면서 선생님께서는 과연 새로운 구상을 끊임없이 하시고 이를 하염없이 재검토하시는 일이 체득되어 있는 분이심을 새삼스럽게 새길 수가 있었습니다. 원고 한 줄, 말씀 한 마디라도 곰삭히는 작업에 몰두하신 흔적은 곳곳에서 저절로 우러나옵니다. 선생님께서 누우셔서도 손에 잡을 수 있게 항시 놓여 있던 『한국사신론』 한글판에는 마지막까지 정성 들여 늘 고치신 표식이 깨알같이 적혀져 있을 정도입니다.

또한 이 『한국사산고(韓國史散稿)』에 포함된 조사(弔辭)와 서평(書評) · 논문평을 보면 연구자 한 분 한 분 그리고 책과 논문 하나하나에 대한 애틋한 애정이 물씬 묻어나고 있는데, 이 역시 선생님 자신의 민족과 진리에 대한 사랑과 믿음에서 나온 것임을 더욱 깨닫게 됩니다. 그리고 이 책의 마지막 부분에 편집된 「국사 이야기」는 선생님께서 『한국사신론』 · 『우리 역사의 여러 모습들』과 함께 3부작의 하나로서 누구라도 읽기 쉽도록 쓰시려 했던 새로운 개설서의 일부 원고입니다. 이를 완성하지 못함을 늘 안타까워하셨는데, 읽을수록 선생님 40년의 구상을 새록새록 되새김질하게 해주는 글이라 여깁니다.

이 책에 수록된 원고의 입력을 굳이 제게 시키신 것이 저를 조금이라도 더 제대로 공부하도록 가르치시기 위함이었음은 물론입니다. 저같이 부족하기 그지없는 자도 겨우 뜻이 통하는 논문을 그나마 쓸 수 있도록 이렇듯이 거두시느라고 마음고생을 하지만 않으셨더라면 장수하시고 더더욱 많은 업적을 남기셨을 텐데 하는 생각에 그저 몸 둘 바를 모를 따름입니다. 선생님께서 10년이라도 더 살아 계시면서 활동하셨으면 민족과 진리를 위해 훨씬 많은 일을 하셨을 것임을 어느 누구도 믿어 의심치 않습니다. 하지만 선생님께서 평생 오로지 지향하셨던 학문적 진리와 상반되는 일이 간혹 세상에서 벌어질 때는, 오히려 선생님께서 이런 일들을 직접 보고 겪지 않으셔서 다행이다 싶기도 합니다.

이제 뒤늦게 이 책을 출간하면서 선생님 생전에 보시게 해드리지 못한 씻을 수 없는 죄를 지은 제가, 선생님께서 손수 서문을 쓰시지 못한 경위를 밝히는 글을 이렇게 쓴다는 게 너무 염치가 없는 일인 줄 잘 압니다. 그래서 하염없이 흐르는 눈물을 두 손에 받아가며 가까스로 이 글을 마치면서도, 혹 선생님께 티끌 같은 흠이라도 될까 못내 두렵기만 합니다. 엎드려 마음을 다해 간절히 기도드릴 뿐입니다.

선생님! 하늘나라에서 영원한 안식을 누리시옵소서.

2005년 봄

끄트머리 제자 노용필 씀

李基白韓國史學論集 13
韓國史散稿

1판 1쇄 펴낸날 2005년 3월 31일

지은이 | 이기백
펴낸이 | 김시연

펴낸곳 | (주) 일조각
등록 | 1953년 9월 3일 제300-1953-1호(구 : 제1-298호)
주소 | 110-062 서울시 종로구 신문로 2가 1-335번지
전화 | 734-3545 / 733-8811(편집부)
733-5430 / 733-5431(영업부)
팩스 | 735-9994(편집부) / 738-5857(영업부)
이메일 | ilchokak@hanmail.net
홈페이지 | www.ilchokak.co.kr

ISBN 89-337-0471-X 94910
89-337-0108-7(세트)

값 23,000원

* 이 도서의 국립중앙도서관 출판시도서목록(CIP)은 e-CIP홈페이지
(http://www.nl.go.kr/cip.php)에서 이용하실 수 있습니다.
(CIP제어번호 : CIP2005000655)